文化产业创意与策划

袁连升　王元伦　主　编

张育齐　王胜男　王禹心　副主编

清华大学出版社

北　京

内 容 简 介

本书首先介绍了文化产业创意与策划的基础理论，阐述了文化产业创意与策划的内涵与特征，然后对文化产业创意与策划的程序与原则进行了分析。在阐述创意与策划的基本理论后，分别对文化产业不同行业的创意与策划内容进行了讲解。主要内容包括：纸质传媒文化产业创意与策划、网络文化产业创意与策划、出版产业创意与策划、手机媒体产业创意与策划、影视文化产业创意与策划、动漫文化产业创意与策划、娱乐业创意与策划、网络音乐产业创意与策划、广告产业创意与策划、文化旅游产业创意与策划、会展业创意与策划、文化产业创意与策划典型案例解读。每章包含章前引例、思考题和章末案例，部分章、节穿插相关知识链接和典型案例。

本书可供文化产业管理专业及致力于培养文化产业管理或创意专业技能的相关专业师生使用，也适合企业营销、管理人员以及对文化创意产业感兴趣的读者阅读。

图书在版编目(CIP)数据

文化产业创意与策划 / 袁连升，王元伦　主编. —北京：清华大学出版社，2016（2024.4重印）
ISBN 978-7-302-45557-8

Ⅰ.①文… Ⅱ.①袁…②王… Ⅲ.①文化产业—研究 Ⅳ.①G114

中国版本图书馆 CIP 数据核字(2016)第 277416 号

责任编辑：施　猛　马遥遥
封面设计：常雪影
版式设计：方加青
责任校对：牛艳敏
责任印制：沈　露

出版发行：清华大学出版社
　　　　　网　　　　址：https://www.tup.com.cn，https://www.wqxuetang.com
　　　　　地　　　　址：北京清华大学学研大厦 A 座　　　　邮　　编：100084
　　　　　社　总　机：010-83470000　　　　　　　　　　　邮　　购：010-62786544
　　　　　投稿与读者服务：010-62776969，c-service@tup.tsinghua.edu.cn
　　　　　质　量　反　馈：010-62772015，zhiliang@tup.tsinghua.edu.cn
　　　　　课　件　下　载：https://www.tup.com.cn，010-62781730
印　装　者：三河市铭诚印务有限公司
经　　销：全国新华书店
开　　本：185mm×260mm　　　印　　张：19.25　　　字　　数：457 千字
版　　次：2016 年 12 月第 1 版　　印　　次：2024 年 4 月第 7 次印刷
定　　价：58.00 元

产品编号：067340-03

前　言

随着我国文化产业的发展，对文化产业高级专门人才的需求日益增加，在这一背景下，文化产业管理专业应运而生。在2004年之前，上海交通大学、华中师范大学、山东艺术学院等高校，在相关专业招收与文化产业管理有关的如文化管理、文化艺术事业管理等本科专业方向的学生，为文化产业管理类人才的培养做出探索性贡献。到了2004年，为了更好地适应社会发展需求，教育部批准了山东大学、中国海洋大学、中国传媒大学、云南大学等全国重点高校开办文化产业管理专业，标志着文化产业管理学科正式形成。编者在经过四年的文化事业管理本科学习和三年的文化产业研究生学习后，有幸在毕业后进入吉林动画学院和济南大学泉城学院工作，在此过程中，结识了一批年轻且充满正能量的从事文化产业管理和文化市场营销专业本科教学工作的同仁。在学习交流和教学过程中，我们越来越认识到专业教材建设的重要性，也一直在努力尝试做这一方面的工作，以期为提高文化产业人才培养质量奠定坚实的基础。

文化产业创意与策划作为文化产业生产过程中的核心环节，在文化产业管理专业的教学过程中处于灵魂地位。文化产业不是一种单纯的文化现象，也不同于一般的经济产业，它是一个跨学科的新兴领域，涉及文学、艺术学、政治学、经济学、传播学、管理学、法学、国际关系等学科领域，因此，在本书的编写过程中，我们尽量以不同的思维习惯，运用不同的研究方法，选择不同的切入角度，结合大量的实践案例，来阐述文化产业各个门类的策划与创意内容，希望能为文化产业管理的教材建设提供一种极具包容性的参照。

本书由袁连升、王元伦担任主编，张育齐、王胜男、王禹心担任副主编。具体分工：王元伦(第1章、第3章、第5章、第6章)，王胜男(第2章、第7章)，袁连升(第4章、第9章、第11章、第12章、第13章)，王禹心(第8章)，张育齐(第10章)，最后由袁连升、王元伦对全书进行修改和总撰。吉林动画学院和济南大学泉城学院的部分学生也为本书的完成付出了心血，在此对他们表示感谢！最后还要感谢清华大学出版社对本书出版的大力支持，感谢责任编辑施猛为本书出版付出的辛勤劳动！

编者在编写本书过程中，参阅、引用了大量文献著作和网络资源，在此特向所有的作者表示衷心的感谢！由于我们是一支年轻的团队，才疏学浅，加之编写时间仓促，书中难免存在疏漏和错误，敬请读者海涵，希望将意见反馈给我们，帮助我们不断改进。反馈邮箱：wkservice@vip.163.com。

编　者

2016年5月

目　　录

第3章 网络文化产业创意与策划

第4章 出版产业创意与策划

第5章
手机媒体产业
创意与策划

第13章
文化产业创意
与策划典型案
例解读

第1章

文化产业创意与
策划概述

印象丽江：文化创意与城市魅力

雄壮的马帮、生活气息浓郁的行酒令、凄婉美丽的殉情故事、神圣庄严的对天祈愿……

这一幅幅用艺术形式再现的颇具民族风情的画面共同构成了大型实景演出——《印象丽江》雪山篇，历经近一年的筹备后，已于2006年五月在丽江开始试演，并将于七月下旬正式公演。整个演出以雪山为背景，以民俗文化为载体，400名本地农民担当主演，巧妙地把自然景观、民俗文化融入一场原生态的表演实景中，不能不说这是一个绝妙的创意，从一开始就吸引很多人的关注和期待，它带给游客的不仅是一场赏心悦目的视觉盛宴，更让游客体会到一种民族文化的内涵，以一种最为独特的方式把这座美丽的古城长久地印在游客的心中。面对过度开发旅游资源和缺乏创意的旅游市场，丽江正试图探寻用文化创意来留住游客、留住丽江的美丽。

艺术的创意之所以能够带来一种震撼力，是因为它具有一种独创性，而当一种创意被多次复制以后，其杀伤力也会锐减，以《印象刘三姐》为开端的实景演出如今也将面临这样的尴尬局面。不过，白长虹对此似乎并不是很担心，"张艺谋可能会到处复制这种实景演出，但是丽江独特的资源是不可复制的"。他还充满信心地告诉记者，将于明年推出的《印象古城》比《印象丽江》更加精彩、更具震撼力，"印象古城将以古城为背景，在晚上演出，用灯光把现实中的古城和天接在一起，古城将会成为梦幻的古城……将会是非常壮观的，张艺谋也非常兴奋，他说这绝对创造了世界上独一无二的景观"。

资料来源：http://tech.sina.com.cn/d/2006-06-30/11231015700.shtml, 2006-06-30.

在全球化和后工业时代，世界资源和社会要素在全球范围内重组着一个国家的未来，国家间的竞争已经不再仅仅是经济或者军事实力的角逐，而是体现为基于社会能力的综合实力的博弈。文化产业作为一种新的经济发展形态，之所以受到中国政府乃至世界发达国家的重视，一方面是因为它改变了原有的以资源消耗型和环境污染型为主要财富增长方式的经济发展模式，并且逐渐形成一种以发展文化经济为经济社会发展方向的新的财富创造形态；另一方面是因为它还改变了人们精神生产和精神消费的方式，人们在购买文化产品与服务的精神消费的过程中实现了财富的创造。因此，文化产业兼具经济和文化的双重属性，使得它成为现代国家调整产业结构和转变经济发展方式的重要选择。

自然资源枯竭之后人类靠什么来继续社会发展已成为当前各国乃至全人类面临的共同困境。纵观人类发展的历史，不难发现每次危机过后的胜利者都具有一个共同特征，就是拥有革新和创意能力。作为当前重要的经济发展形态的文化产业，蕴藏其中的创意与策划就成为整个行业发展的灵魂所在，它贯穿文化产业链条的各个环节。对于文化产业而言，缺乏优秀的创意与策划，其市场战略就很难实现，其文化产品也很难受到受众的青睐。

二十世纪五六十年代，最伟大的表演艺术家的收入来源仅限于现场观看的观众。时至今日，世界一流的歌唱家通过全球发行CD、MP3等音乐作品，享有不计其数的收入。如果说，科学的创造直接改变了物质世界的存在形态和生命方式，那么，文化的创意与策划将同时改变社会存在的物质世界和精神世界。

1.1 创意与策划概况

1.1.1 创意的内涵

世界创意产业之父、英国经济学家约翰·霍金斯先生在《创意经济：如何点石成金》一书中指出，创意经济将成为21世纪的主导经济形式，这在一定意义上等于向全世界宣告了创意时代的到来。美籍奥国经济学家、社会科学家约瑟夫·阿洛伊斯·熊彼特在《经济发展理论》一书中则指出，现代经济发展的根本动力是创新，而不再是传统的资本和劳动力，只有在实现了"创新"和"发展"的情况下，才存在企业家，才产生利润，才有资本和利息。因此，身处以知识和信息为主要特征的新经济时代，创意贯穿生产经营的全过程，优秀的创意既在生产阶段赋予产品独特的个性，又存在于市场经营的策略方式中，同时也渗透到管理的方方面面。

从字面意思来看，创意是创造意识或者创新意识的简称，它是一种复杂的思维活动，是一种超脱于物质世界的精神运动现象。"创意"一词属于西方舶来品，其最早对应的英文单词是"Creative"，在《21世纪大英汉词典》中，该词也被翻译为"创造的、创作的"。"造"的观念最早产生于古希腊时期，它所蕴含和表达的是与客观世界、万物实存不同的，关于人的精神与思维能力的另一类含义和意蕴。由此可见，早在古希腊时期，先人就已经意识到物质世界是客观存在的，而"创造"则是一种与人的精神和思维密切联系的人类独有的能力，并且这种能力不仅作用于客观世界，在此基础之上人类还可以有所发明和创造。古希腊时期著名的思想家柏拉图认为，创造的意义是极广泛的。无论什么东西从无到有，中间所借助的手段都是创作，所以一切技艺的制造都是创作，一切手艺人都是创作家。意大利哲学家维柯在建立历史发展观点的过程中指出，因为能凭想象来创造，他们被称为"诗人"，"诗人"在希腊文中就是"创造者"。在我国的传统文化中，"创意"更多地与艺术作品的意境、风格的创造有关，这在一定意义上与维柯的观点有异曲同工之处。汉王充《论衡·超奇》："孔子得史记以作《春秋》，及其立义创意，褒贬赏诛，不复因史记者，眇思自出於胸中也。"宋程大昌《演繁露·纳粟拜爵》："秦始皇四年，令民纳粟千石，拜爵一级，按此即鼂错之所祖效，非错剙意也。"近代著名学者王国维认为，"美成深远之致不及欧秦。唯言情体物，穷极工巧，故不失为第一流之作者。但恨创调之才多，创意之才少耳"。

创意产业之父约翰·霍金斯将"创意"的概念界定为，创意就是催生某种新事物的能力，它表示一人或多人创意和发明的产生，这种创意和发明必须是个人的、原创性的，且具有深远意义的。在他看来，创意无时无处不在，它属于拥有才能和智慧的人，这些人要比只懂得操纵机器的人强大，而且多数情况下也比那些拥有机器的人强大。简而言之，霍金斯认为，"创意"是个人的、独创的、有意义的和有用的"新点子"或者"新主意"。广告创意大师詹姆斯·韦伯·扬在《生产意念的技巧》一书中指出，创意是将一些司空见惯的元素以常人意想不到的方式展现给消费者，从而令消费者与品牌之间建立某种关系。在他看来，创意的生产过程和福特轿车的生产过程颇为相似，两者都是流水线似的生产流程，创意思维是可以被学习与掌握的，只要符合具体条件或者实际要求，创意就可以发挥作用。我国学者陈放在《创意学》中指出："创意源于人类的创造力、技能和才华，创意源于社会又指导着社会发展。人类是在创意、创新中诞生的，也要在创意、创新中发展。"

综上所述，创意是人类独有的创造性的思维活动，通过创造力、技能和才华作用于个体活动和社会实践，进而产生巨大的经济价值和社会效益，它具有以下几个特点。

(1) 反常规的抽象性。与传统的形式逻辑思维相比，创意具有反常规的抽象性特点，具有突破常规思路的开拓性。常规的线性思维方式，由于是在传统思路的束缚下展开的，往往可靠性较高，但是在遇到需要突破传统观念的问题时，就不得不让位于非线性的、灵活的创意方式。创意性思维所要解决的问题，是没有现成答案的，不能用常规、传统的方式加以解决，它要求重新组织观念，以便产生某种新的甚至以前在思维者头脑中不存在的东西。因此，创意往往是对客观事物或者常规思维的打破，在其思维活跃的过程中却又是合乎逻辑的。这就导致创意来无影去无踪，无法确切预料，常常是非预期状态下突然迸发出来的。创意者在无意当中，由自己所见、所听、所感的客观事物诱发出灵感，进而进入一种富有创造性的突发思维状态，通过意识与潜意识的相互作用，往往能够产生抽象性的、反常规的、合乎逻辑的"好点子"或"好主意"。

(2) 广泛的愉悦性。正如约翰·霍金斯认为的那样，"我们都是有创意的"。创意的群体是广泛的，每一个智商、情商健全的个体都可能成为一个创意者。一方面，创意所涵盖的内容是广泛的，它不仅仅存在于文化创意产业的理论与实践当中，在其他与人类生产生活相关的领域当中也随处可见；另一方面，创意者创意思维活动的过程本身又是富有愉悦感的，它是人们在经过复杂艰苦的思索和探寻后，迸发出新的发明或发现的快乐过程。创意的点点火花都在向世人展现我们各自的个性特质，都在不断地实现我们的人生价值。在创意思维的过程中，这种快乐是深刻而持久的，这种愉悦感是无法用语言表达的。

(3) 敏锐的组合性。许多优秀的创意往往产生于一些不引人注意的细节中，这些细节常常稍纵即逝，要想抓住这些细节，进而产生天才的创意，就必须具备敏锐的眼光，准确地抓住别人容易忽视的东西。当然，仅仅善于观察、敏锐捕捉还是远远不够的。在敏锐地抓住这些细节的基础上，将各种学科知识进行叠加、组合，从不同的学科角度、理论维度反复斟酌和思考，探寻不同配置，才可能产生新的认识和发现。

(4) 超前的深刻性。创意是一种突破常规的思维方式，其思维活动的认识和发现往往具有一定的超前性。这种超前性，很多时候不能被当代民众所接受，使其结果带有一定的风险性，这就要求创意者在实践创意结果的时候采取恰当的方式方法，尽可能地将创意风险降到最低。同时，创意说起来简单，但是在具体的实践过程中往往布满荆棘。只是简单地看到事物的表面，往往难有作为，只有深刻地把握事物的本质和规律，才能产生优秀的创意，这些创意才会拥有深刻的内涵。

1.1.2　策划的内涵

奥美广告公司董事长奥格威曾有过这样的论断：我们的目的是销售，否则便不是做广告。有人统计，现在每一个正常的人一天平均会接触二三百条广告，当然广告策划只是我们日常生活中所接触的琳琅满目的策划中的一种。由奥格威的论断来看策划，我们可以得出类似的结论："我们的目的是解决问题，如果不能解决问题那么我们就不谈策划。或者说，我们的目标是实现目的，如果不能实现目的那么我们就不谈策划。"

"策划"的思想由来已久，最早可以追溯到我国的西汉时期。在《礼记·中庸》中有"凡事豫则立，不豫则废。言前定则不跲，事前定则不困，行前定则不疚，道前定则不穷"的说法，这里说的就是策划的作用。在《后汉书·隗嚣传》中，则有"是以功名终申，策画复得"的说法，这里的"策画"就等同于"策划"。"策"原是指古代编好的记录文字的竹简，后来成为一种考试形式，称为"策问""对策"。在现代社会中，"策"的含义被进一步引申为计划、计谋、策略。"划"主要是指设计，出谋划策的意思。故在清代魏源《再上陆制府论下河水利书》中有"前此种种策画，皆题目过大，旷日无成，均可束之高阁"的说法。

关于"策划"一词的概念存在着上百种解释，本书主要选取了中西方两种比较典型的、具有代表性的解释。第一个典型的代表是哈佛大学的定义，它是从流程的角度来看策划的，它把策划看成一种流程。从这个角度出发，它对策划的定义表述为：策划在本质上是一种运用脑力的理性行为，是针对未来要发生的事情做出的当前的决策。换言之，策划是找出事物的因果关系，衡量未来可采取的措施，即策划可解决决定做什么、何时做、谁来做的问题，策划如同一座桥，它连接着我们目前所在的地方和我们要经过的地方。第二个定义来自我国本土人士的观点，这种观点认为"策划是整合科学"，从这个角度出发，他把策划定义为："策划是通过全新的理念和思路，对生产力的各种要素、资源重新整合，使之产生1+1>2的效果，甚至产生类似原子裂变式的市场效应或者经济效益。策划是全部生产力要素的整合，甚至是经济因素与政治因素、社会因素以及其他多种因素的整合。"通过比较东西方的观点，我们可以发现西方主要侧重流程和程序。策划在许多西方资本主义国家也具有企划的含义，流程和程序的设计就是他们习惯的企划方法。而我国的观点则主要侧重策划的谋略性，运用谋略就是他们的一个方法来源，所以这种观点强调如何通过创意来达到1+1>2的效果。正是由于侧重点不同，使得"策划"在东西方体现为不同的内容，西方更加注重企业的可持续发展和战略目标的实现，而我国的策划则更多地强调通过造势和炒作实现目的。

结合东西方的诸多观点,策划可以定义为根据内外部的环境因素,在搜集整理信息的基础之上,理性地推断客观事物的发展变化趋势,以此制定切实可行的目标,通过资源的优化配置设计缜密的行动方式和手段,最终形成决策计划的复杂思维过程。一个成功的策划,必须有准确的预测、有效的实施方案、周密详细的运作计划和脚踏实地的执行能力。与创意一样,策划本身也具有如下一些特点。

(1) 预测性。对将要实现的目标进行预测,是策划成功的关键,预测不等同漫无目的的猜想,猜想是无科学依据的盲目行为,预测则是对整个运作过程中的随机现象及可能产生的直接或间接效益进行定量或者定性的分析,从中找出最大的比较值,从比较值中判定整体运作的价值系数,以此作为决策的依据。同时,策划在本质上是领先一步的超前行为,是在整体运作尚未开展之前,先在头脑中对运作过程进行模拟预演,分析实践过程中可能出现的问题,周密地筹划实践过程中每一个环节之间的衔接及多个相关要素之间的融合,将整体运行建立在科学组合的基础上,这就有效地避免了盲目性带来的损失,也使得策划的预测具有一定的超前性。

(2) 时机性。对于时机的准确把握,往往决定着策划成功的关键。所谓时机,是指在某一特定的时空,在社会政治、经济生活中发生或产生了重大事件,引起社会公众的广泛关注,由此产生新的优势需求,形成对策划极为有利的环境。善于捕捉策划时机的工作者,其感觉触角无时无刻不处于快速反应状态,悉心捕捉从各种渠道得到的与策划相关的信息,一旦发现机不可失,便抓住不放,从特定的时空中挖掘利用策划资源,通过一定的形式,使策划巧妙地应运而生,成为社会舆论的中心,畅通无阻地走进受众的感觉世界。

(3) 独特性。独特是策划的灵魂,是策划成功的内在动力,是策划的价值内涵。独特性要求策划具有全新的思路,运用全新的理念,给人以全新的生理和心理体验。要使得一个策划取得预期的效果,关键是要在准确把握内外部环境因素的基础上,搜集各种资料和信息,进而产生不同的具有轰动效应的策划思路,并将这一策划思路放到一定的文化层面上进行观照,赋予选题策划以不同寻常的意义,最终产生情理之中、意料之外的戏剧性冲突,以此达到预期的效果和目标。

■ 1.1.3 创意与策划的区别联系

创意与策划尽管存在着诸多差异和不同,但也有着千丝万缕的联系。一方面,创意不等同策划,它与策划有着本质上的区别。从一定意义上来讲,创意更具抽象性,它是指创造出新的思想点或意义点,它更加强调创新思维和灵感的瞬间迸发,往往处于策划的前端,是策划的萌芽阶段。而策划则更有具象性,它是人们为了实现某一特定目标而进行的构思、规划、设计、论证、比较等一系列具体行为过程,它更加强调思维的缜密性和逻辑性,它往往伴随于创意之后,是对创意的贯彻和实践。

另一方面,创意与策划紧密相关,一切策划活动都是由众多优秀的创意组成的,人们依据某些客观规律和原则,把这些创意采用相应的手段和科学方法组织起来以完成某一目标。如果没有优秀的创意，策划活动往往缺乏具体实践的可行性，难以实现预期的目标和效果；离开了策划提供的科学严谨的事实和架构，创意也就无法体现自身的价值。

1.2　文化产业创意的含义

文化产业(在国外亦称创意产业、版权产业、内容产业、文化创意产业)虽然属于舶来品，但在中国的产生仍有自己的特殊语境和政治经济需要。发展文化产业是国家治理观的一次深刻革命，中国在经历了政治治理(以阶级斗争为纲)、经济治理(以经济建设为中心)之后，提出了"建设社会主义文化强国"的文化治理需要，从而使得文化产业越来越引起社会的普遍关注和重视。在国家统计局公布的《文化及相关产业分类》中，将文化产业划分为文化产业核心层、文化产业外围层、文化产业相关层，其中提供新闻、出版发行、广播影视、文化艺术等服务产品的核心层是我国文化产业的主体，这些产品的本质属性是精神性的意识形态产品，这就决定了创意在文化产业中的核心地位。

1.2.1　文化创意与文化产业创意

从通俗的意义来看，文化创意就是与文化相关的创意，它主要是指为了满足人类的精神需求和体验，以文化为基本生产资料和核心内涵，以创意创新为手段，优化配置文化资源，运用多学科、多种载体创新再造文化产品、文化服务和文化活动的创意行为。在文化创意的过程中，不仅集中体现为个人发挥自身的思想创造、技术技巧、智慧才华等创意才能，而且需要综合市场、资本、政府、品牌、营销等多种因素。此外，社会语境的变迁和现实环境的变化也对创意对象的文化表达提出了诸多要求。当然，缺乏新意的文化表达，根本谈不上创意，也就不可能达到创意者的预期效果；即使创意达到了新颖的要求，但与现实语境不符的话，也会淡化文化主体的内涵，同样无法达到预期的目标。

2001年，美国文化艺术中心提交的《艺术、文化与国家对策》报告中指出，美国文化是美国智慧和创造精神积聚而成的一种资本。这种特殊的资本既是人类成就和历史的宝藏，也是人类创造力和创新精神的源泉。文化作为基础性的生产资料可以产业化，同样作为生产手段的创意也可以产业化，两者结合在一起就自然地形成了文化产业创意。文化产业创意是站在市场和产业的宏观立场，对文化生产和文化服务所进行的思维创新和观念创新。文化产业作为一种区别于传统的资源消耗型和环境污染型的新的产业形态，它是以向公众提供体验性的内容为核心的产业，创意或者创造力无疑是内容的灵魂所在，文化产业的创意是整个文化产业发展的关键动力。文化产业创意既包括文化产品的构思与设计，又包括文化产品的生产与发行；既存在于文化项目的开发与实施中，又深入到文化内容或者文化服务的创新层面；既涵盖文化产品和文化服务的生产流通，又牵涉文化产业的宏观与微观管理。

文化创意与文化产业创意处于辩证统一的系统当中，优秀的文化创意是产业化的前提和先导，直接决定了创意者的预期目标的实现。同时，文化创意的产业化，又会为文化创意提供市场信息和资金支持，两者在相互影响的过程中，实现了互补与融合。

■ 1.2.2 创意产业与文化产业创意

创意产业概念的明确提出，最早是在1998年出台的《英国创意产业路径文件》中，它指出"所谓创意产业，就是指那些从个人的创造力、技能和天分中获取发展动力的企业，以及那些通过开发知识产权来创造潜在财富和就业机会的活动"。一方面，创意产业强调创意在总体经济活动中的核心地位，它具有多学科、多门类、多行业交叉的性质。也就是说，创意产业涉及的行业和门类更为宽泛，而文化产业创意只是创意产业众多涵盖门类中的一种形态，这是两者的区别。

另一方面，创意产业与文化产业创意又存在千丝万缕的联系。创意产业与文化产业创意是种属关系，前者是属概念，后者是种概念，后者是前者的重要组成部分之一。创意是两者的核心所在，文化产业创意的最终目标是向大众提供关于文化、艺术、精神、心理等诸多内容的文化产品和服务，它是文化产业的高端部分。

■ 1.2.3 文化产业创意的特征

(1) 内容为王，创意为本。技术发展和社会环境变化使文化产业的竞争更加突显内容为王的重要性，它主要涵盖三层含义："一是内容能够满足或引领观众的某些或某一方面的需求；二是要和自身的资源、品牌相结合，传播内容应与传播载体定位相契合；三是超越，也就是打造精品、引领创新，成为规模化的优质内容生产基地。"内容是文化产业竞争的核心，创意则是内容的灵魂，将新颖的创意融入具有抽象性内涵的文化当中，才能创造出具有高度经济价值的产业形态，改变传统的经济发展模式，从而调整当前的经济发展结构。传统产业形态的发展往往是以资源的消耗和环境的污染为代价来生产和制造实体的物质产品，文化产业则是通过创意手段，既可以生产和制造有形的文化产品和服务，也可以生产和制造抽象的、无形的产品和服务，其特殊的生产方式不仅改变了过去必须依托实体产品的财富增值方式，而且也为那些具有文化内涵的传统行业提供了转型升级的手段与可能。

(2) 上游产业，价值保证。正如前文所述，文化创意与文化产业创意处于辩证统一的系统当中，优秀的文化创意是产业化的前提和先导，直接决定了创意者预期目标的实现。文化产业创意的优秀与否，直接决定了创意源头质量的高低，进而影响了文化产品和文化服务经济价值能否实现。创意贯穿文化产业生产经营的产业链条中，它首先存在于产业生产的前端，后续的经营管理都是围绕最初的创意展开的，这也就导致了产业的经济价值直接由文化创意的价值来决定。

(3) 学科交叉，跨界融合。文化产业之所以能够引起世界各国的关注与重视，很重要的原因就在于它成为原属于不同产业类别的各行业的融合剂，在所有的产业门类当中都能寻到创意产业的踪迹。文化产业创意将文化产业与创意产业的概念集于一身，这样既扩大了创意对象的范畴，又实现了不同学科的交叉，将经济学、工学、理学、管理学等学科知识交叉融合在一起。此外，文化产业创意是以丰富的文化资源为依托，以飞速发展的科学技术为支撑手段，这就导致文化产业在创意的过程中，可以更为轻松地跨越不同行业之间的界限，在不同产业门类、不同产业领域之间进行重组与合作。

(4) 强化知识产权保护，实现品牌化优势。文化产业是体验型经济，这里的体验更加强调知识和信息的独一性。很多时候，知识和信息的创意性开发，往往是创意者付出大量的脑力劳动、刻苦钻研的结果，甚至有时候是多个创意者共同努力的结果，一旦创意成果被他人轻而易举地窃取，其损失是无法估量的，这也是"文化产业"在美国更多地被称为"版权产业"的原因。所以说，文化产业创意的成功与否，与知识产权保护体系的是否完善息息相关，缺乏强有力的知识产权保护，文化产业创意也就失去了发展的动力。正是众多优秀的创意组合在一起，最终形成了特有的品牌，成功的品牌往往意味着特定的消费群体和市场，往往意味着更多的经济财富的创造，因此，只有建立完善的知识产权保护体系，才能实现文化产业创意的不断涌现，才能更多地保护品牌的特性。

(5) 市场先导，消费推动。文化产业竞争的本质在于满足消费者的生理和心理体验，这就要求在创意的初始阶段就应该以市场需求为第一导向，准确把握消费者的精神需求，改变过去僵化的文化生产模式，不断关注社会大众的消费习惯和消费趋势的市场变化，进而推动文化产业创意创造文化消费习惯，提高文化消费人群的审美趣味，引导文化消费的时尚潮流。

1.3　文化产业策划的含义

从根本上讲，进行文化产业创意的目的是在激烈的市场竞争中立于不败之地，实现经济价值最大化。但是，市场是瞬息万变的，这就使得文化产业创意的整个过程充满风险，任何一个环节出现问题，都可能产生无法弥补的损失。所以说，如何在创意的过程中，尽可能地规避风险关系整个创意的成功，这就要求在实践创意之前必须拥有严谨周密的策划。此外，文化产业运作是一项极其复杂的系统工程，从运作动机的产生到项目的构思设计、建成投产、发行营销、经营管理，产业运作的每一个环节都伴随着挑战与风险。只有在运作之前，完成严谨周密的策划，才能保障每一个环节的顺利实施，才有可能取得预期的效果和目标。

1.3.1　文化策划与文化产业策划

在经济全球化的今天，策划已经渗透到我们生活的方方面面，与各项事业的成功和发展紧密地联系在一起。"策划"一词最早出现在《后汉书·隗嚣传》中"是以功名终申，策画复得"之句，其中"画"与"划"相通互代，"策画"即"策划"。《哈佛企业管理》丛书中提到，策划是一种程序，在本质上是一种运用脑力的理性行为。基本上所有的策划都是关于未来的事物，也就是说，策划是针对未来要发生的事情做当前的决策。换言之，策划是找出事物因果关系，衡量未来可采取之途径，作为目前决策之依据。策划的步骤是以假定的目标为起点，然后制定策略、政策，以及详细的内部作业计划，以求目标之达成，最后还需针对成效做评估及回馈，再返回到起点，开始策划的第二次循环。策划是一种连续不断的循环，因为一个组织的内在及外在环境不可能是静止不变的。因此，策划是一种为达到一定目标而进行谋划、决策的程序。文化策划就是策划者在对策划对象进行充分调查研究分析的基础上，通过新颖的创意、先进的技术、专业的视角，运用相关的文化背景资料，科学、合理、有效地推动文化活动的进程。文化策划以取得经济效益和社会效益的双赢为目标，涵盖诸如图书报刊、影视作品、演艺活动、文化旅游等领域。

文化产业策划是在充分把握产业内外部环境的基础上，搜集整理相关的资料和信息，而做出的对于文化产业运作过程的整体计划，是为了达到预期效果和目标预先进行的统筹规划，是为提出、实施及评定文化产业策略而进行的前期研讨和规划。它是文化产业运作的设计蓝图，是文化产业运作之前的整体把握，是文化产业投资的前提和依据。离开了完善的文化产业策划，往往会导致策划主体丧失良好的市场机会，增加投资风险，自然也就无法取得理想的社会效益和经济效益。

文化产业策划的基本要素包括：策划的主体(策划人或决策者)，策划的客体(策划过程中的客观环境和主要竞争者)，策划的资源和条件(策划人或决策者的优势和条件)，策划的思维方法(策划人的创新手法和手段)，策划的对象和目标(策划的具体对象和想要达到的目的)。

具体来看，文化产业策划又可以从两个层面来剖析它的深刻内涵。首先，文化产业策划是一个指导文化产业活动得以实施的全盘谋划，它需要执行人员进行具体的操作和实施。文化产业策划并不能完全等同文化产品的生产、销售等文化产业步骤，它是这些步骤在具体实施前的总体规划和统筹安排，是一份具体的操作指南。同时，文化产业策划又不是高高在上的"天书"，而是具有可操作性的具体实施手段，一个真正具有价值的策划，不仅能够高屋建瓴地提出策略和目标，而且具有较强的可操作性和切实可行性，它能够让具体的操作人员一目了然，按照要求井然有序地开展工作。其次，文化产业策划与营销策划在激烈的市场竞争中越来越多地处于相互交织、难以分割的情境中。当前的文化产业运营已经不可能清晰地将生产和营销整合区分开来，两者越来越多地融合在一起。所以说，文化产业策划不仅需要准确地反映和配合营销策划的总体构思、战略意图和具体安排，而且要为营销策划的具体展开提供策略性的帮助和战略性的服务。

■ 1.3.2 文化产业策划的类型

根据文化产业运作的范围、对象、业务、性质、需求、频度等不同的标准，可对文化产业策划进行以下类型的划分。

1. 按文化产业策划的范围划分

(1) 文化产业全程策划：解决文化企业或文化行业总体发展的系统策划。

(2) 文化产业领域策划：解决文化企业或文化行业某个领域的策划。

(3) 文化产业专项或专题策划：解决文化企业或文化行业某个环节或某个专题的策划。

2. 按文化产业策划的对象划分

(1) 文化产业战略策划：关于文化企业或文化行业"做什么"的策划。

(2) 文化产业战术策划：关于文化企业或文化行业"怎么做"的策划。

(3) 文化产业实施策划：关于文化企业或文化行业"怎么做好"的策划。

3. 按文化产业策划的业务划分

(1) 文化产业调查类业务策划：针对市场现状调查、主题调查、可能性调查等所做的策划。

(2) 文化产业分析、判断类业务策划：针对现状分析、问题分析、假设分析等所做的策划。

(3) 文化产业实施类业务策划：针对实施计划、方案组合等所做的策划。

4. 按文化产业策划的性质划分

(1) 文化产业处方型策划：解决已产生问题的策划。

(2) 文化产业改善型策划：针对现状寻求改善、提高的策划。

(3) 文化产业预防型策划：预防可能发生的问题的策划。

5. 按文化产业策划的需求划分

(1) 文化产业委托性策划：由文化企业或相关的文化组织委托进行的策划。

(2) 文化产业自主性策划：策划人预见性的可交易的策划。

6. 按文化产业策划的频度划分

(1) 文化产业周期性策划：具有一定周期性的策划。

(2) 文化产业重复性策划：面向政府、公众、社会等不同对象重复进行的策划。

(3) 文化产业一次性策划：针对特定的对象所进行的一次性策划。

1.3.3 文化产业策划的特征

从本质上讲，策划的最终目的是指导实践活动，所以说，文化产业策划也是一项将特定的文化产业项目、活动、产品等内容与科学严谨的策划流程相结合的文化产业实践活动。它对于文化产业的生产实践具有较强的指导意义，是实践整个活动的纲领性文件，通常具备以下几个特征。

(1) 策划主体的组织化。文化产业实现了不同产业门类的跨界融合，涵盖了诸多学科门类的知识，这就使得文化产业策划的内容越来越庞大，所针对的问题越来越复杂。文化产业策划的复杂化发展，使得这一原本属于个人的智慧活动，逐步演变为一种有组织的团队整体协作活动。尤其是一些大型的文化产业项目策划，不仅涉及政治经济等因素，还要顾全经济效益与社会效益的平衡，更要综合考虑科学技术的操作水平，仅仅依靠个人或者几个人的能力是很难完成的，只有依靠一个有组织的团队，依靠团队整体这一"智囊团"的群策群力，才能完成这一庞大的策划工程。

(2) 策划活动的目的性。文化产业策划的目的主要是针对特定的问题，提出极具实践性的解决方案。客观事物是复杂多变的，有真相、有假象，有本质、有表象，如果没有对文化产业策划对象的深入调查和周密策划，就不可能较高质量地解决问题。同时，策划具有很强的主观色彩，策划主体必须先明确策划的目的性，然后经过精心的策划，使策划与客观事物相吻合，从而准确地把握问题的本质，从这一点来讲，如果策划主体没有明确的策划目的，主体的主观能动作用便很难发挥出来，也就不存在好的策划。因此，对于文化产业策划的主体来说，明确策划的目的性，是整个策划活动的根本和动力所在。

(3) 策划过程的系统化。凡由相互联系、相互作用的因素组成的并具有特定功能的总体，都是一个复杂的系统，任何系统都不是组成因素的简单相加，其总体应大于各因素属性之和，文化产业策划就是在综合分析各种因素的基础上，形成有机的整体，以解决问题，达到预期的目标。单纯地依靠经验直观层面的非系统性、非科学性的策划活动，其成功与否完全依赖策划主体个人素质的高低，这就增加了文化产业策划的风险。因此，文化产业策划是个系统化的工程，它包括周密的构思、确定方案、制订计划、协调实施、检验效果、反馈评价等内容。只有在科学理论的指导下，在策划主体按照严谨的逻辑推理和科学的运作程序，结合自身的经验、智慧的基础上，以系统化的思维统筹思考和谋划，才能保证策划的科学性和合理性，才能降低策划的风险，最终保证策划方案执行的计划性，进而达到策划的预期效果。

(4) 策划手段的科学化。策划主体在进行文化产业策划之前，必须搜集整理大量的信息资料，这些海量的信息单纯依靠传统的人脑进行储存和分析是不可能完成的。电子计算机和互联网的迅速发展则为文化产业的策划提供了科学化的分析手段。同时，伴随科学技术的发展，以及系统论、控制论、信息论理论的进步，为文化产业策划的定量分析提供了无限的可能。运用科学化的手段进行大量的数理统计和运筹分析，可以保证策划的科学准确性，也为预期效果的达到提供了可能。

(5) 策划内容的可操作化。在文化产业策划及实施的过程中，策划者和操作者往往是一体的，策划的目的是更好地进行文化产业实践。在明确了策划的目标和规模之后，还要做好具体的实施方案。文化产业实践活动存在于社会中，影响社会，甚至其所影响的社会范围远远超过活动所在地，这就决定了文化产业活动所具有的社会性的极其重要的地位。同时也要求，在进行文化产业策划的过程中，既要综合分析考虑社会环境和公众的可行性，又要顾及财力和物质水平的可行性，只有满足两者要求，才能保证策划的可操作化，最终才有可能实现策划的目标。

■ 1.3.4　文化产业策划的功能

从万里长城到颐和园，从天坛到故宫，从金字塔到埃菲尔铁塔，到处都是文化策划的丰碑。一切文化产业的发展都离不开策划，成功的策划能够推动文化产业的发展，文化产业越发展，越需要策划的创意，策划的作用也就越大。

(1) 文化产业策划能够促进文化产业目标的实现。任何文化产业运作都是针对特定的文化产业目标展开的，都强调投入产出的产业效益。这里的产业效益，既包括产品销售实现的财富增长的经济效益，也包括企业形象等方面的潜在社会效益。文化产业策划将经济学、管理学、营销学、传播学等学科的内容交叉运用到具体的产业运作中，以保证产业目标的实现，并随着目标的变化及时做出相应的调整。如果策划内容偏离了产业运作目标，所得出的策划文案也只是一纸空谈，既无法解决问题，又距离目标的实现越来越远，正所谓"差之毫厘，谬以千里"。

(2) 文化产业策划可以保证产业运作的实效。文化产业策划将企业的长远计划和短期计划相衔接，使文化产业运作更富实效。一个成功的文化产业策划，不仅可以保证文化产业活动的自动、合理运行，使文化产品和服务的特性得以突显，而且能够充分发挥市场调节的功能，优化资源配置，降低产业运作的成本，减少资源损耗，形成市场规模效应和累积效应，确保文化产业活动以最少的投入获得最大的经济效益和社会效益。通过科学的策划，可以使文化产业活动自发地沿着一条最简捷、最顺利、最迅速的途径运作，真正提高产业运作的时效性。

(3) 文化产业策划可以提高文化企业的市场竞争力。现代企业家必须清醒地认识到，在现代市场经济条件下，竞争越来越激烈，文化产业策划越来越重要，文化产业策划活动已经成为文化企业参与市场竞争的强而有力的手段。现代文化企业之间的竞争不仅仅是财力、物力的竞争，更主要是智力的竞争，是企业策划能力及水平的竞争。西方发达国家的文化企业具有较强的市场竞争实力，所生产的产品能够抢占世界市场，不仅是因为这些企业拥有先进的科学技术和先进的设备，更主要的是因为它们拥有较高的策划能力。对现代社会中的文化企业而言，企业的文化策划已成为企业的经营之魂、管理之魂，对企业的发展起着举足轻重的作用。文化产业策划既能准确地把握文化企业参与市场竞争的优劣势，充分研究市场现状，又能为企业的生产经营提供行之有效的市场策略，提高文化企业的市场竞争力。

(4) 文化产业策划有利于促进社会精神文明建设。文化企业的生存离不开社会这个大环境，企业文化策划的好坏直接或间接影响着社会，优秀的文化产业策划必然促进社会主义精神文明建设。一方面，通过各种贴近大众、贴近生活的文化产业策划，推陈出新，开展健康向上、积极活泼的文化活动，可推动文化事业自身的发展。另一方面，成功的文化产业策划在达到它的功利性目的的同时，也大大地弘扬了中华民族的文化，增强了全世界炎黄子孙的民族自豪感，这有利于中华民族的稳定与团结，有利于促进全社会的精神文明建设。

1.4 文化产业策划的原则与程序

文化产业策划不仅是指导性的策略计划，而且是具体实践的操作方案，突出地表现出应用性、操作性的特征。当然，在文化产业实践的过程中，文化产业创意和文化产业策划始终是息息相关、密不可分的整体。因此，在具体的运作过程中，两者具有很多共通的原则。由于文化产业创意更多地表现为思维意识活动，存在于文化产业运作的前端，并且具有很强的突发性和灵活性的特征，这就使得文化产业创意不可能遵循既定的原则和程序，所以本节重点阐述文化产业策划的程序。

▌1.4.1 文化产业创意和文化产业策划的关系

文化产业创意和文化产业策划是不可分割的整体，两者之间是辩证统一的关系。唐代李翱在《答朱载言书》中有"六经之词也，创意造言，皆不相师"的论述。李翱所谓的"创意造言"可以简单解释为"立意遣词"的意思，"立意"也就是我们现在所说的"创意"，两者在本质上是一致的；"造言"是遣词造句、谋划全篇的过程，也就是我们所说的"策划"。

在文化产业的实践过程中，文化产业创意和文化产业策划居于核心地位，前者是内容，后者是手段和方法。如果文化产业活动仅仅有一个好的计划谋略，而没有优秀的创意，自然也就失去了灵魂；反之，仅仅拥有独特新颖的创意，而缺乏专业的策划方案，自然也就无法付诸实践。只有将文化产业创意与策划有机地结合在一起，才能创造出富有特色的文化产品和文化服务，才能产生规模效应，才能实现经济效益和社会效益的双丰收。同时，文化产业创意与策划贯穿于产业发展的全过程，既包括文化项目的开发、文化活动的构想、文化产品的设计，又涵盖文化内容、文化服务、文化产业经营方式的创新、文化产业管理的变革等内容。因此，文化产业创意与策划已经成为文化产业发展的先导，成为文化产业发展的动力所在，成为文化企业竞争的核心。

文化产业创意是文化产业策划的灵魂，文化产业策划是文化产业创意得以实现的设计蓝图。文化产业创意只是一个点子，是创意者脑海中虚的概念，它要求创意者在结合自身智慧、经验的基础上，突破传统思维认识的束缚，以新的方式和视角寻求思维、构思的创新与突破。文化产业策划则是一个系统，是将文化产业创意具体化并付诸实践的方案，它要求逻辑严谨，强调方案的科学合理。

▌1.4.2 文化产业策划的原则

凡事都有原则和标准，文化产业策划也不例外。原则不仅决定了对一个事物的判断，而且决定了我们对这个事物的理解，甚至决定了这个事物的存在。文化产业策划的原则就是策划主体对文化产业项目或者活动的判断理解，是对其本质的把握，同时，也是在进行文化产业策划过程中必须遵循的标准与要求。

(1) 特色化原则。克隆的价值是有限的，策划贵在新颖性、特色化。只有创新才能保持竞争优势，文化产业策划要有创造力，让人耳目一新，从而引起人们的关注，以实现策划的目的。策划要不断出新、求变、求异，涉足别人未涉足的领域，尤其要善于独辟蹊径，不拾人牙慧，不拘泥于陈规。总之，只有在内容上、形式上、策划手法上不断出奇制胜，有独特的视角，有新奇的创意，才能在竞争中独树一帜，立于不败之地，取得最佳的社会效益和经济效益。另外，创意是策划的灵魂。策划要创新，要求变。唯有如此，才能给人以影响和感染，才能达到传播和冲击效果。策划的特色化原则就是要做到"唯一性、权威性、排他性"，要做到人无我有，人有我先，人先我变。不管是企业还是个人，最主要的是找准定位，即找出自己的特色优势。只有突出自己的优势，才能以最少的投入，取得最多的收获。

(2) 需求创造原则。需求创造原则的中心内容是需求并非固定或有一定限度，而是可以通过企业的努力去扩大和创造。文化产业策划主体需要认识到，一方面，公众的需求具有多样性、发展性和层次性等特点，而且它会随社会和科技的进步及经济的发展而变化；另一方面，公众的有些需求实际存在，但没被企业发现或者企业对其不予关注，甚至有时候连顾客自己也意识不到自身存在的需求。因此，对于文化产业策划而言，就要求策划主体懂得如何创造需求，即发现、创造、提供什么样的文化价值。只有当文化产业策划真正解决顾客的问题和满足顾客的精神需求，才可能达成预期的目标。

(3) 可行性原则。任何策划的初始状态只是人脑中虚幻的设想或简单的图文组合，是未经检验的假设，所以很难判断在具体实践过程中成功与否。可行性原则要求策划者实事求是，对策划主题进行深入、客观、全面的调查，并在客观真实的材料上构思，提高策划的准确性。在实施方案前，必须细致审视，周密策划，进行可行性分析。文化产业策划既要综合考虑政府的政策法规、社会的道德规范、公众的文化意识，受众的接受能力和消费水平等因素，又要与社会的客观实际相结合，既不能滞后也不能过于超前。当然，文化产业策划所讲的可行性并不是被动消极、按部就班地等待，而是可以按照具体的流程进行处理。一方面，可以在进行可行性分析的基础上选择最优方案，进行小范围的可行性实验；另一方面，在文化产业策划方案的实践过程中，优化配置资源，取得收益和成功率。

(4) 整体联动原则。文化产业策划应立足于全局，注意某个因素的变化可能引起连锁变化而产生的影响。同时各因素之间应当相互协调，彼此联系，环环相扣，承上启下，既有阶段性，又有连续性。在文化产业策划的过程中，单靠肤浅的点子的时代已经过去，过于倚重一两个灵光突现的点子，没有整体的配套措施，策划也会过早夭折。此外，文化产业策划的联动效应是指进行一次文化产业策划，产生的是整体的效果，在整个过程中会有连动影响。只有优化资源配置，集中优势力量，以整体带动局部，内外结合，重视长期效益，文化产业策划的预期目标才有可能达成。

(5) 文化把握原则。一方面，文化产业与传统的农业、工业相比，最大的不同就体现在其所提供的文化产品和文化服务具有明显的意识形态特征，蕴含着丰富的文化内涵。这就要求文化产业策划必须遵循公众的利益并以此为出发点和归宿，在此基础之上，努力寻求社会、公众、产业利益的平衡点，提出有助于文化产品有效传播的策划方案。另一方面，文化产业策划的本质是对文化的巧妙运用，是对文化价值和文化神韵的把握。这就要求策划者在进行文化产业策划时，必须全面地搜集整理相关的资料，准确地把握策划对象的文化内涵和本质，结合社会公众的精神文化需求，策划出具有深刻文化内涵、符合公众审美情趣、与时代相符的方案。

(6) 时效性原则。尽管文化产业策划方案是进行产业实践的指导性文件,但这并不意味着方案本身是一成不变的,它不仅需要策划者准确地把握策划的时机,而且也需要根据内部外环境因素的变化做出相应的调整。一方面,它要求策划者在有效的时间内完成策划方案,而且要在最佳的时间内实施策划方案;另一方面,策划者必须用发展的眼光看策划,在活动策划中,初创期侧重产品的基本信息的宣传,发展期侧重产品的差异比较,成熟期侧重品牌的建设和维护,衰退期则注重对活动策划本身的评估和总结。几乎所有的计划都经历了从目标设计到实施、效果评估等生命周期。图1-1为文化产业活动的生命周期,分析并计划了各阶段的主要工作。经过精心策划的方案在通常情况下是不能轻易改变的。但是,一个活动的寿命周期短则数月,长则数年。在此期间,活动环境常处于变化之中,这就要求活动计划要有动态性,策划者必须考虑制定灵活的应变对策,使方案有一定的灵活性,要随着环境和条件的变化而不断调整和修改,以保障完成预期目标。

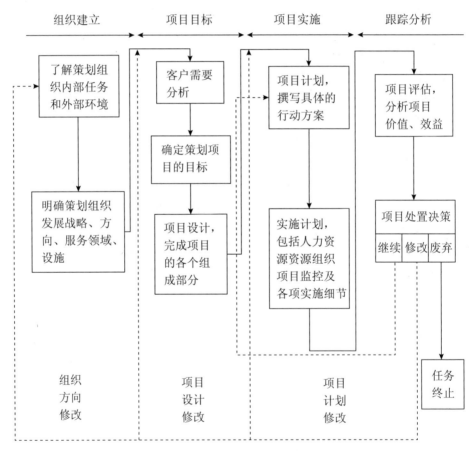

图1-1 文化产业活动的生命周期

▌ 1.4.3 文化产业策划的程序

文化产业运作是一项复杂的系统性工程,按照科学合理的程序进行策划,是其成功的必要条件。在整个策划实践的链条中，任何一个环节的失败，都会对全局产生毁灭性的影响。这就要求策划者必须明确文化产业策划先做什么、后做什么，按照一定的步骤、章法去思考问题，在符合客观规律的前提下发挥想象力。一般来说，文化产业策划的程序(如图1-2所示)大体上包括制定目标、设计方案、选择方案、实施方案等动态过程。

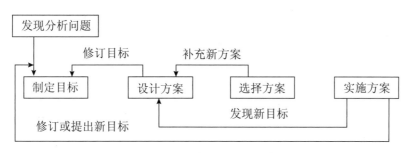

图1-2　文化产业策划的程序

1. 制定目标

策划目标是策划行动方向的指明灯，只有根据实际情况制定科学合理的目标，才能进行后续的策划活动。制定策划目标是整个策划过程的起点，并且制定目标本身也是策划过程。

(1) 明确策划主题。文化产业策划主体要善于抓重点，即把精力集中到重要的问题上来，然后细分主要问题以探寻问题的本质所在，更好地选择解决问题的切入点。此外，策划者还需要学会换位思考，打破思维定式，开阔自己的思维领域，多问"为什么"，以使问题明确化、浅显化、重要化。

(2) 做好策划的准备工作。明确策划主题后，策划者需要认真分析企业的策划动机，还要在众多的课题中，根据现实状况、策划人员的素质、经费等方面的因素，有效地确定课题对象。同时，策划者在着手进行策划构想、决定策划框架前，应当充分调查研究策划对象，以准确把握策划对象。

(3) 搜集策划资料。策划资料的来源有两种，一是直接来源，即策划者个人的经验、智慧、阅历等；二是间接来源，即通过图书报刊、互联网等途径获取的资料信息。直接资料是将存在于头脑中的信息，以及由外部搜集所得到的情报，加以选择、加工、变形、组合，整理出具有使用价值的信息；而间接资料有助于目前正在思考的策划案的创意或暗示的形成，这是最简单的方法。

(4) 制定策划目标。制定策划目标，即确定此次策划活动将要达到的直接目的和最终目的。首先，需要策划者勾勒一个整体上、原则上的粗略轮廓，将这个初步的设想在策划过程中逐步进行调整和具体化。其次，策划者设定的策划目标，要做到尽可能的数字化，以方便后续的反馈和评价。当然，策划目标的设定，要做到科学合理、均衡发展、先后顺序明确。

2. 设计方案

设计方案是文化产业策划过程中的关键环节。实现策划者的既定目标是所有设计方案共同的追求目标，这就要求策划者在设计方案的过程中要始终围绕实现目标的各种途径展开，寻找、设计具体行动的手段、途径和方法。

(1) 设计的创新。构思大胆的创意是整个策划成功的基础，可以极大地激发工作人员的工作热情。这就要求策划者在设计策划方案时，要对策划对象充满敏锐的观察力和想象力，准确地把握其本质。在大量观察实践活动的基础之上，抓住瞬间产生的灵感，把活跃的灵感转化为创意性的思维。

(2) 方案周全且具有独立性。正如前文所述，文化产业策划带有较强的团队群体化特征，由于每个策划成员思考问题的出发点不同，加之思维方式的差异，就会导致最终呈现多个不同版本的策划方案。尽管这在一定程度上增加了整个策划活动的工作量，但是，从长远的角度看，也保证了策划方案的周全，为策划方案的选择提供了更多的可能性，更利于全面综合地解决问题。

(3) 编写策划书。在策划书中要罗列每个方案的各项内容，以供后续选择方案时做出科学细致的评估。编写策划书应注意以下几个方面的问题：策划书的写作文字简明扼要，逻辑顺序合理清楚，主题鲜明，同时辅以必要的视觉化说明，如图表、实物照片、设计模型等。一般来看，策划书的结构主要有以下13个部分。

① 封面。策划书名称。策划书的名称必须写得具体清楚。封面注明下列4点：策划的形式、策划的主体、日期、编号。名称应简单明确，立意新颖。策划者的姓名、工作单位、职务均应一一写明。如果是集体策划的话，所有相关人员的姓名、工作单位、职务均应写出。

② 序文。序文围绕策划目标，对内容做整体概论，同时应尽可能地将策划效应体现出来。

③ 目录。对于目录，务求阅后让人了解策划的全貌。

④ 策划宗旨。内容包括策划的必要性、社会性、可能性等问题的具体解说。

⑤ 策划方案完成时间。依照策划书完成的年月日据实填写。如果策划书经过修正之后才定案，除了填写"某年某月某日完成"之外，还要加上"某年某月某日修正定案"。

⑥ 内容。策划书中的重要部分。包括策划缘由、背景资料、问题点、创意关键等方面的内容。具体内容因策划种类的不同而有所变化，但必须以"让读者一目了然"为原则。切忌过分详尽、拉杂，否则会令读者感到枯燥乏味。另外，必须具有可操作性。

⑦ 预算表。策划是一项复杂的系统工程，需要花一定的人力、物力和财力。因此，必须进行周密的预算，将各种花费控制在最小范围内，以获得最优的经济效益。为方便起见，最好绘制表格，列出总目和分目的支出内容，既方便核算，又便于以后查对。

⑧ 进度表。策划进度表是把策划活动的全部过程拟成时间表，将何月何日做某事标示清楚，便于进度检查。

⑨ 有关人员职务分配表。此项是人事安排上必需的，用于明确有关人员的具体责任。

⑩ 策划所需物品及场地。在策划案实施过程中，需要提供哪些场地、何种场地，需提供何种方式的协助等，均要加以说明。

⑪ 预测效果。根据掌握的情报，预测策划案实施后的效果。一个好的策划案，其效

果应是可期待、可预测的，而且实施效果经常与预测效果相当接近。

⑫ 策划的相关资料。有关参考资料，包括报纸、杂志、书籍、演讲稿、企业内部资料、政府统计资料、调查报告等，均应一一列出。一来表明策划者负责的态度，二来则可增加策划方案的可信度。

⑬ 其他注意事项。为使本策划顺利进行，其他重要的注意事项应附在策划方案中，诸如：执行本策划案应具备的条件；必须取得其他部门的支持协作；希望企业领导向全体员工说明本案的重要意义，借以达成共识，通力合作。

(4) 推介策划方案。首先，在激烈的市场竞争条件下，一家企业往往会和多家策划公司接洽，以选择最优的策划方案；也可在同一家策划公司中，针对同一文化产业策划项目组成两到三个策划小组。因此，策划书能不能通过审议会，被上级及有关部门接受，或被委托方采纳，就成为其能否确立的关键。这就要求策划者首先做好提案的准备工作，以提高被采用的概率。其次，要充分了解决策者，运用语言技巧将说明力提升为说服力。当然，在正式的提案过程中，策划者要注意自身的服装表情、行为举止，注意声调及语速的变化，对于重要的内容要反复强调，尤其需要注意审核者的反应，及时调整提案的内容。

3. 选择方案

通过前一阶段的提案审核后，各个策划小组的策划书已经完全呈现出来，接下来就是策划方案的选择，选择的好坏直接决定最终的实施效果和成功率。通常利用类比判断法、经验判断法、专家论证法和方案实行法等对众多方案进行可行性论证。同时，也可以结合文化产业策划的原则，选择最终的实施方案。

4. 实施方案

确定了要具体实践的策划方案后，应该制定具体的实施细则，保障策划方案的各项工作能够顺利展开。这就要求在实践的过程中，制定相应的监督保障措施、防范措施、评估措施等内容。

(1) 实施方案。通过制定相应的实施细则，可明确组织保障、人员保障、财务保障、措施保障等方面的内容，以将策划书中的实施流程和规则进行细化和明确，保障实践过程的顺利进行。

(2) 效果评价与信息反馈。文化产业运行的实际效果是文化产业策划的最终目标。文化产业策划在具体的实践过程中，往往会因为内外部环境的变化、工作人员素质的高低等因素，导致实施效果出现偏差，这就需要对执行效果及时做出评价，以迅速形成反馈，对方案做出必要的调整。

思考题

1. 什么是创意和策划？
2. 什么是文化产业策划？

3. 简述文化产业创意的特征。

4. 文化策划与文化产业策划的区别是什么？

5. 文化产业策划程序包括哪些方面内容？

章末案例

明星户外竞技电视真人秀节目的创意与策划
——以《奔跑吧，兄弟》为例

"真人秀"一词来自美国电影《楚门的世界》(The Truman Show)的直译，但国际上并不采用"Truman Show"的叫法。它真正走入公众的视野，则是根据2000年美国《新闻周刊》封面文章《我们都是窥视狂吗？》一文中对以《老大哥》和《幸存者》为代表的电视真人秀节目的正式报道，将这种节目形式称为"Reality TV"，中文译为：真实电视。如果给真人秀节目下一个定义的话，可以这样理解："电视真人秀作为一种电视节目，是对自愿参与者在规定情境中为了预先给定的目的，按照特定的规则所进行的竞争行为的真实记录和艺术加工。"在此基础上，对于明星户外竞技电视真人秀节目的界定，大抵上是指以大型户外场地为主体，由明星参与以体力运动的方式来完成游戏任务，并通过如实记录参与者的表现及游戏过程来增添节目效果。

很长时间以来，中国的电视真人秀节目主要呈现两种形态的发展模式：一是以《超级女声》《一战到底》《中国好声音》等为代表的草根阶层参加的电视节目；二是以《爸爸去哪儿》《极限挑战》《奔跑吧，兄弟》等为代表的明星阶层参加的电视节目。在此过程中，随着公众审美疲劳的逐渐蔓延，在经历了最初的全民参与、一夜骤红的草根狂欢之后，明星户外竞技真人秀节目开始大规模涌现，在这其中最为典型的代表当属中韩合作拍摄的《奔跑吧，兄弟》。纵观该栏目的整体形态，不难发现，独到的节目创意与策划是其收视长虹的根本保障。

中国版《奔跑吧，兄弟》在继承了韩国版《Running Man》的成功经验的基础之上，为了更加适合中国国情和观众口味，进行了大量的本土化创意与策划。第一，节目中的游戏创意与策划。这一点主要体现为两个方面：一方面是在保留韩版指压板和铃铛使者撕名牌大战等游戏以外，策划了大量诸如春饼上菜顺序加飞椅惩罚、西湖水上漂乒乓球大战等原创性的游戏环节；另一方面则是将原有的游戏与本土化场景进行结合，从而策划出诸如穿越世纪的爱恋、大漠公主争夺战等颇具创意的游戏形态。第二，节目中的角色创意与策划。中国版《奔跑吧，兄弟》选取了70后、80后明星来参与节目，年龄跨度较小，呈现年轻化态势，兄弟团成员的职业普遍比较单纯。此外，节目采取六男一女的主持群模式，对各个角色进行了明确的创意与策划定位，队长邓超、大黑牛李晨、女神经Angelababy、周五情侣郑恺、搞笑先生王宝强、开心果王祖蓝、无存在感的弱者陈赫，形象各异的角色分配有效地吸引了各类收视观众。第三，节目中主题故事的创意与策划。中国版跑男每一期节目都是一个独立的个体，在创意与策划的过程中既注重历史人文主题的呈现，也尝试娱乐元素的融入，录制地点大都集中在具有深厚的文化背景和浓郁地方色彩的区域，把本土的风土人情原汁原味地呈现在节目当中。第四，节目采取互联网思维化的营销创意与策划。节目在营销过程中，一方面，采取全媒体整合推进的策略，将新媒体以全覆盖的方式交叉整合传播，以"电视+互联网+移动终端"的模式进行营销推广；另一方面，在加快冠名及植入式广告的营销步伐的同时，开始尝试打造节目品牌，逐渐形成一条完整的产业链。

当然，明星户外竞技电视真人秀节目在国内仍然是一种新鲜的娱乐形式，尚未形成固定的节目制作体系，如《奔跑吧，兄弟》在创意与策划的过程中还存在明星之间团队感不强、明星个人标签不够突显、游戏设置与主题关联性较弱、缺乏深层人文关怀等问题。但是，该节目作为一种探索样式，能够取得当前如此傲人的成绩，这一切都归功于其成功的节目创意与策划。

资料来源：刘晓璇. 明星户外竞技电视真人秀节目的本土化创新研究——以《奔跑吧，兄弟》为例[D]. 长春：吉林大学，2015.

思考题：《奔跑吧，兄弟》如何保持节目自身的竞争力？

第2章

纸质传媒文化产业
创意与策划

→ 章前引例

《读者》：中国人的心灵读本

在最受中国人欢迎的杂志之中，肯定不会少了《读者》，一本《读者》可以反复阅读很多次，其精致的内容、严肃的内涵，使之成为人们的心灵鸡汤、精神支柱。

《读者》(原名《读者文摘》)自1981年创刊迄今，历经了35年的发展，月发行量由最初的3万册到2006年的898万册，发行量中国期刊排名第一，亚洲期刊排名第一，世界综合性期刊排名第四，走出了一条中国期刊发展的成功之路。以情感人，是《读者》的创刊特色，一次次带给读者心灵上的震撼，建立了良好的群众基础。首先，《读者》实现了与大众的良好沟通。创办之初就树立了为读者摘文、由读者自己摘文的办刊理念，这种理念最大限度地拉近了广大读者与编辑部的距离，使《读者》拥有了平民化的气质，获得了成千上万的读者。其次，《读者》在30年的发展历程中始终如一，在"俗"与"雅"中找到平衡。健康的内容、丰富的知识、耐人寻味的可读性始终是《读者》一贯的风格。这种统一，使《读者》做到了雅俗共融，并且为不同文化程度的读者所接受。最后，《读者》应对市场主要遵循出版精品和服务读者这两项原则，一方面极力保持杂志的高品质；另一方面为读者提供最完善的服务，采用短信、网络等与时俱进的现代化通信手段，从各个方面体现了读者本位的思想，并制定了符合市场特点的广告和推广策略，满足了读者的消费、娱乐和阅读需求。这些特色，使《读者》保持着不朽的生命力。

资料来源：林治波. 中国人的心灵读本《读者》创刊30年[EB/OL]. 人民网. http://www.people.com.cn，2011-04-15.

2.1 纸质传媒文化产业概况

欧阳友权认为：纸质传媒产业主要指报业、期刊业和出版业，依托报纸、期刊和出版的平面广告、发行和其他相关服务等，也可归并这一产业范围。纸质传媒业是建立在传播技术基础上，以提供精神食粮和传播信息为主要任务，以纸质媒介为载体的传播活动和文化产业类型。纸质传媒业与目前广泛兴起的互联网产业以及广播电视产业相比，表现出更强的区域特性；同时，纸媒的时效性也无法与互联网新媒体相比。纸质传媒产业受到网络新媒体的冲击，广告增幅趋缓，经营形势严峻。面对困局，纸媒从开始视新媒体为洪水猛兽到自觉与新媒体跨界整合，寻求新的发展机遇。但是大部分纸媒的经营状况依然堪忧，曾作为人类最为重要的信息传播媒介如今已陷入困局，衰落不可避免。事实上，美国报业界早已预感到纸媒的没落，他们用一个联合词"Newsosaur"来称呼当下的大众报纸，"Newsosaur"是News和Dinosaur的合写，意为"新闻恐龙"，它一方面反映了大众报纸现实生存环境之艰难，另一方面也反映出美国报界对报业未来的悲观态度。

进入21世纪以来，世界经济、政治、文化、科学技术和国际关系不断发生着新的变化，我国进入了一个重要的战略机遇期。在这一背景下，我国纸质传媒文化产业如何面对世界各种文化相互激荡、竞争发展的局面？如何深化改革，扩大开放，在市场经济条件下生存和发展？如何适应新媒体对传统媒介的挑战？如何满足受众日益提高的文化需求？这些问题的提出，都让我们深感任重道远。

据中国文化产业发展报告(2014)的统计结果，截至2012年，全国共出版图书414 005种(初版241 986种，重版、重印172 019种)，与2011年相比，增长12.04%(初版增长16.62%，重版、重印增长6.17%)；全国共出版期刊9 867种，与2011年相比，增长0.18%；全国共出版报纸1 918种，与2011年相比，下降0.52%；图书占13.2%，比2011年增长2.9%。2012年，全国出版报纸、期刊和图书共3 074亿印张，报纸占比71.9%，比2011年下降了2.7%；期刊占比6.4%，比2011年增长了1.7%。

■ 2.1.1 中国期刊产业

1. 中国期刊产业概况

据新闻出版总署于2011年4月20日公布的《新闻出版业"十二五"时期发展规划》，到2015年，我国新闻出版业总产出将达到2.94万亿元，增加值为0.84万亿元。与2010年相比，年均增长率约为19.2%。图书出版品种可达41.9万种，总印数也可达79.2亿册，报纸与期刊的总印数将分别增至552.3亿册和42.2亿册。毋庸置疑，期刊业已经具备一定的经济规模。可以说期刊业已经成为一个具有较强思想舆论引导能力、文化信息传播能力、社会资源聚合能力和文化市场开拓能力的重要文化事业和产业形态。

但是，杂志广告的分布尚不均匀，广告收入增长较大的是机动车行业、体育健身类、社会新闻类杂志。这些杂志的广告增长率在15%以上，其中机动车行业增幅为43%，体育健身类增幅达39.8%。原因在于，近几年机动车消费增长迅速，广告需求旺盛；体育类产品消费成为时尚，故而体育健身类杂志广告走俏。

2. 中国期刊产业发展的主要问题及应对措施

从我国图书报刊产业目前的运作情况来看，我们仍然面临着许多亟待解决的问题。

(1) 出版市场体制不够健全，产业发展活力不足，计划经济条件下的局限仍然存在。我国经营性出版单位在从事业到企业的转变中，大多数是由政府主导的。在转企改制过程中，大多数出版单位流于形式，尽管完成了法律意义上的公司注册和税务登记，但原有事业体制的传统观念和管理模式依然存在，尤其是经营管理模式并没有实质上的改变。这就导致许多出版企业目前还不是真正意义上的独立市场主体，存在"企业单位，事业化运作"的问题。

(2) 资源配置不够合理，行业管理系统落后，出版秩序有待规范。近年来，我国图书报刊出版品种、数量屡创新高。但非法盗版图书、不尊重知识产权问题日益突出。盗版问题严重影响图书出版行业的健康有序发展。

(3) 期刊结构不合理，缺乏原创性。我国期刊、图书出版商创新能力不足，图书产品盲目模仿，同质化现象严重，由此导致市场品牌实力不够。同时，国内图书出版商与国际同行的交流与合作的水平尽管近几年有所提高，但开放力度仍然有限，这也导致我国出版物在世界出版市场上的影响力不足，存在竞争乏力等问题。例如，《意林》《格言》走红后，《智慧》《箴言》《智言》《妙语》《笑语》《意汇》等数十本类似刊物竞相效仿。另外，期刊在栏目设置、编辑上也盲目跟风，缺乏创新。

针对上述情况，我们要进一步创新体制机制，推动出版业的健康发展。国家新闻出版总署署长柳斌杰强调："要进一步深化新闻出版体制改革，深入推进报刊出版单位分类改革工作。除党报党刊等时政类报刊出版单位按照事业单位的部署进行改革以外，其他具有独立法人资格的非时政类报刊出版单位，一律在2012年上半年前完成或基本完成转企改制任务。"传媒出版业的"二次改革"成为政府继续推动和深化出版业改革的关键。不少出版传媒集团加快建立和完善现代企业制度，积极推进股份制改革，大力推动出版传媒企业上市，并在内部"三项制度"(人事、劳动、分配)、经营机制、监督机制、激励与约束机制、内容机制建设等方面进行改革创新。

■ 2.1.2 中国报业

1. 中国报业发展概况

2013—2014年，中国的报纸出版呈现两极分化格局。一方面，受益于国家文化大发展的方针政策，中央级全国性大报无论是印数、印张还是定价总金额都有一定幅度的增长；另一方面，随着数字化阅读的进一步普及，尤其是报纸在手机市场上的开发与应用，对都市报、晚报等市场类报纸和省级、地市级的报纸的冲击进一步显现，多项指标呈下滑趋势。与此同时，报纸的数字出版在全行业所占的比重继续提升，新型数字化内容服务收入增长迅速。

报纸的出版品种总体稳定。2013—2014年，全国共出版报纸1915种，较2012年降低0.2%。其中，中央级报纸219种，地方报纸1696种。报纸出版总印数与上年相比基本持平。2013—2014年，全国报纸出版总印数482.4亿份，与上年基本持平。其中，中央级报纸80.8亿份，地方报纸401.6亿份。

数字新媒体对报纸的冲击日益显现，数字报纸是报纸向新媒体转型的一个方面，但加强数字出版产业发展模式的研究，加快数字出版融合发展，是所有报业媒体面临的重要议题。立足传统报业，发展技术优势，运用先进技术，走向网络媒体，是未来报业发展的重要方向。传统报纸与数字报纸的交替发展期还会持续一段时间，但读者越来越多地转向新媒体是不可阻挡的趋势，在遵循传统报业和数字报业发展规律的同时，要增强互联网思维，加快推动传统出版与新兴出版的融合发展，使传统出版和新兴出版优势互补、并行并重、紧密协同、此长彼长。

2. 中国报业发展的主要问题及应对措施

中国报业经济呈持续增长态势，但我们也注意到不平衡发展的情况有增无减，即不同地区、行业在发展过程中的资源分配、财富积累、经济收入、权利运用与参与等方面的不平等、不均衡的现象愈来愈显著。报刊业所在地区经济发展水平的高低、报业规模的大小、报业性质的不同，都会影响报业产业化发展的速度和程度，这是导致报业经济发展不平衡的一个重要原因。此种不平衡表现在如下几个方面：首先，经济发达地区报业经济活跃，欠发达地区报业经济起步艰难。其次，行业内呈现一种被称为经济效益的现象，即几家规模大、实力雄厚的传媒机构获取了极大比例的市场利益。再次，报业非均衡发展表现明显，即城市性报纸和非城市性报纸在产业化过程中呈现出彼此相反的发展态势。城市报纸主要指集中发行于特定城市的报纸，如《北京日报》《广州日报》；非城市性报纸是指发行范围不局限于某一特定城市的报纸，如《光明日报》等。随着报业产业化进程的深入，曾在报业中占据主导地位的非城市性报纸逐渐让位于城市性报纸。针对上述问题，可采取以下几项措施。

(1) 非城市性报纸可利用自身独特的政治优势积极进行产业布局。由于我国的报业集团多是以各级机关报为旗舰来组建的，为当地党和政府的中心工作尽职尽责，自然也具有很强的政治优势。报业应充分利用这种优势积极进行布局，为自己未来的转型争取最大的"势能"。

(2) 积极开拓新兴城镇的报业市场。城镇化是报业发展的前提，随着我国城镇化进程的加快，将会出现一些新的报业市场，这就需要报业深刻把握和分析这些市场，并根据这些市场的特点采取有效的措施来激活当地报业市场。

(3) 积极把握新兴的行业。互联网技术带来的第三次工业革命促使我国诸多行业发生颠覆性的变化。例如，蓬勃发展的互联网金融业、电子商务业、养老业和旅游业等，这就要求报业深刻分析这些行业变化，并及时抓住这些机会。

(4) 把报业作为"现金牛"，提升效益。从长远来看，报业无疑是衰落的；但从近期来看，很多报纸还拥有不错的现金流和利润来源，报业可以充分利用报纸的这种特点，提高管理水平，尽可能多地获取利润，为未来转型积累基金。

(5) 积极向新媒体转型。在行业出现颠覆性变化的前夜，唯有彻底转型才是出路。一方面，对于小型报纸来说，可以培养某一方面的核心能力，力争成为可以借助多元平台传播的优质内容提供商。另一方面，按照"以用户和市场为导向，以技术为驱动，以平台为基础"的要求转型为大型的智能信息服务平台，彻底解决信息过载时代的"信息过多过滥与有效信息又极度匮乏"的悖论。当然，无论是何种新媒体转型的实践，关键是要从适合传统媒体的"内容基因"彻底转型为适应新媒体的"技术基因"。

(6) 建立适应新媒体、投资业等行业的新机制、新规则。无论是新媒体还是投资业等行业，对于报业来说都是崭新的行业，尤其是这些高风险、高收益的新行业已经建立起一整套成熟的机制和规则以及高度竞争的企业文化，像管理层持股制度、市场化的竞争和薪酬机制等，这和报业现有的机制、规则和企业文化都极其不兼容。新媒体和投资等领域，采取的是事前制定出责权利清晰的方式方法，而传统报业则经常采取"做成了再论功行赏"的做法，这无疑难以吸引到高素质的人才，更难以建立起一整套有利于报业成功转型的体制、机制。

2.2 纸质传媒文化产业创意与策划的特点

2.2.1 纸质传媒文化产业经营概述

纸质传媒产业作为文化产业的一个重要组成部分，建立在传播技术基础上，以提供精神食粮和传播信息为主要任务。纸质媒介体现了传统的大众传播学特征，向范围较广的受众传递庞大的信息量，即个体对个体的单向、直线性传播，根据有限的、不精准的信息反馈和传播者对公众需要的估测，传递被媒介组织认为是适合大多数受众需要的信息。与数字媒介相比，纸质媒介的互动性较差，属于单向传播，但纸质媒介更符合传统阅读习惯，纸质媒介没有时间限制。纸质媒介也正因受限于纸张载体，而受到纸价和印刷费用的影响，但在内容上，纸媒可以进行深度挖掘。

纸质媒介的生产具有相对统一的标准化流程，报纸出版流程为：新闻采访任务的确立、采访、校稿、定稿、印刷出版。图书出版流程为：新书计划、审阅、会议决定、投票、签约、编辑、封面设计、印务制作、出书、仓管。杂志出版流程为：报选题、准备稿件、采访、拍片、编辑、主编看稿、总编改稿、美编排版、艺术总监定版、第一次样稿、修改、第二次样稿、修改、定稿、校稿、出版。任何报纸、杂志、图书的出版流程大都如此格式化，工作流程基本不变，只是内容的编排存在差异。报纸有对时效性的要求，时刻面临新鲜的信息；而图书的出版则因内容各异。报纸按照主营单位性质划分，可以分为党报、晚报、生活服务类报纸、行业专业类报纸。随着市场化改革的深入，纸质传媒产业的管理模式趋于企业化，逐渐建立起横向的组织机构，从而提升媒体的综合竞争力。

纸质媒介的发行与销售采用了传统的商品推广销售模式，包含自办发行、销售代理、批发经销、委托寄销等模式，需要投入大量的资源进行发行管理。发行网络意图触及与覆盖目标读者，就要广泛开发世界范围内的销售网点，配合杂志订阅与邮局发行，程序相对繁琐。目前，国内印刷媒介主要面向全国发行，国外订户的邮寄成本昂贵，限制了发行范围的延伸。

虽然报业、期刊业、图书业同属于纸质传媒产业，但各自获取利润的方式并不相同。图书业主要依靠版权获利，报业和期刊业除依靠发行量获利以外，还依赖广告收入。如今，市场化已经成为我国传媒产业发展的必然趋势，专业化、区域化市场格局是未来市场竞争的基础。

▌2.2.2　纸质传媒产业的优势

　　身处网络时代的大众已经开始更多地关注数字媒介的丰富多彩、灵活多变及资讯快捷和个性化服务，但这并不意味着人们已经放弃了对报刊等传统媒介的依赖和喜好。传统纸媒应把握自身优势，在激烈的市场竞争中争取更多的生存空间。

　　(1) 纸媒要明确自身发展优势。进入网络时代后，知识的传播速度得到极大提升，传播途径也已从传统媒体向自媒体转变，所传播的文字内容更为简单。相比之下，纸媒具有更多的原创性的空间，可体现报道的深度和广度。一篇优秀的深度报道通常包括如下具体指标的部分或全部：事件、背景、有关资料、说明、原因、意义、过程、分析、前景、时效、时态和建设性意见。深度报道以其追求报道的深度、广度和逻辑性的特点在各类新闻媒体中占据越来越重要的地位，《中国新闻周刊》《中国青年报》《南方周末》等媒体甚至将深度报道作为自己的主打作品和办刊的立足之路。深度报道以多角度、多层次、多侧面探索事物发展的原因。它不仅能满足一种信息的传播需要，还能分析事物的发展原因，克服了动态新闻的肤浅和表面化的缺点，极大地丰富了新闻的内涵。

　　(2) 纸媒的优势还体现在独家策划方面。目前，以互联网、移动媒体等为代表的新媒体形成了跨媒介、跨产业融合的全球传播新格局。受众通过手机、电脑、电子阅读器等平台可以实现即时信息的阅读。数字媒体给用户带来的是具有高时效性资讯的服务体验，而纸媒在时效性方面显然处于弱势地位，但纸媒带给受众的是与纸张和文字接触的阅读环境。这不仅体现在纸媒所传递的信息方面，还体现在纸媒作为一种传统媒介与人接触的非凡体验。在日本银座的铃木大楼有一间名为"一室一册·森冈书店"的小书店，在这间书店里只有一个房间，只有一本书。森冈书店每周只卖一本书，在这里读者没有挑选的余地，他们只能买或不买，但通常情况下，踏入书店的人，走的时候都会带走这本书。这不是一个噱头，而是森冈督行在电子书盛行、网络购书成为主流、实体书店纷纷倒闭的当下，为读者做出的新选择。森冈督行和他的团队每周精心挑选一本好书在店内售卖，再根据这本书构建一个相关主题，策划一系列与这本书有关的展览、活动、对话，而这些体验，是读者无法在网络上获取的。他组建了一支"搜索"团队，把时间和精力都放在分析用户的社交数据上。他们每天看大量的书，然后找出版社的出版信息，书店的销售信息，用户的读书兴趣等，罗列出用户可能最感兴趣的书籍和他们认为最值得推荐的书籍。现在森冈的读者越来越多，影响力越来越大，仅开业半年，书店就已经开始盈利。

▌2.2.3　纸质传媒产业策划的原则

　　纸质传媒产业策划是一个系统性的工程，在一定意义上决定着报业、期刊业、出版业未来的生存和发展。纸质传媒文化产业的创意和策划的目的，就是最大限度地开发资源价值，提升媒介自身的含金量。媒介组织在考虑报道什么和怎么报道的同时，还必须追求创意和良谋，着眼于优化报道效果对传媒产业全局性的影响，从而有利于传媒产业掌握主动权。此外，还应提高媒介产品质量，如新闻报道的有序性和有效性。下面我们从宏观、中观和微观三个层次来考量纸质传媒产业策划的原则问题。

1. 宏观上整体定位

宏观策划是对媒体整体定位和长远打算的思考，是为了使媒介能够在市场竞争中获得可持续发展而寻找的理念上的支撑。其中，对受众的明确定位和鲜明的差异性分析是媒介理念的核心，其创意和策划首先就要在整体上有明确的定位，找出核心竞争力。

2. 中观上彰显风格

理念是媒介的灵魂，栏目、版面就是媒介的骨架。理念作为一种媒介精神而存在，具有纲领性的指导意义。但仅有媒介理念是远远不够的，只有当理念可以转换为某种外在形式的时候，理念才能算得上是务实的。中观策划所要完成的工作正是通过媒介运作的具体环节，比如板块调度、版面设计、栏目编排、广告控制等，以及环节之间的组合关联，在感性形态上彰显媒介的理念风格，即令其宏观的策划最终以品牌的形象展示在受众面前。

3. 微观上出奇制胜

微观上的创意和策划是基础的创意和策划，是受众对纸质媒体存在的第一直观感受。出色的微观策划不仅能实现宏观策划和中观策划的意图，丰满媒介的形象，而且对受众的冲击力也不可小视。同时，新闻价值的多重性，也为微观策划的差异性突破提供了多种可能。对于微观策划来说，这是挑战，更是机遇。因此，纸质媒体微观上的创意和策划，就是同中求异，而不是人云亦云，制造无效传播。譬如，调整纸质媒体的信息采集与传播功能，另辟蹊径加强与读者的互动沟通，加强读者参与。

▎2.2.4 纸质传媒的自主创新

随着科学技术的发展，信息传播方式不断更新，特别是网络媒体的突起和发展给以报纸为主体的纸质媒体带来了巨大的挑战，纸质媒体应对挑战、走出困境的根本还是对自身主体发展的创新。

(1) 纸质媒体产品、副产品的创意设计。这是设计师的一种蓝图式的、规划式的设计，从某种程度上可以把这种设计看成一个规划与论证的过程。符合受众需求、创新设计思路，是纸质传媒创意发展一以贯之的核心内容。不符合受众需求，只能获得无人问津的结局，而缺乏创新活力，必然会导致产品走向枯竭和衰落。产品的设计要实事求是，结合实际。纸媒产品的创意设计要根据自身情况、市场情况确定发展方向，不能缘木求鱼。比如，报纸的问题是老年读者居多，而青年读者少，那么创意设计也要考虑到年轻读者群体的阅读偏好。

(2) 报纸营销方式、发行方式的创意设计。这一类创意设计，核心在于品牌推广设计，即利用报纸现有品牌，进行品牌经营与扩张。营销创新对传统体制下的媒体而言，也是较为重要的一个方面。

(3) 内容供应商的创意设计。作为内容供应商的纸媒，有一个最为关键的问题需要解决，即如何通过原创新闻、本地新闻在媒体的立体竞争中杀出一条血路；而原创新闻如何保持自主创新能力、如何提高创意水平，又是传统媒体难以解决的问题，因为它的可复制性极强。因此，从内容的创意设计角度而言：第一，寻求垄断性、不可复制的策划题材。比如，山东某市一家媒体与市文明办联合举办"邻居节"，由于举办方没有其他媒体介入，从而使这一策划成为其他同类媒体难以复制的资源，因此也限制了其他媒体对此新闻资源的共享。这种活动的创意策划是同城媒体难以复制的。第二，进行与读者的互动设计，增强读者的话语权。如何体现读者的话语权，防止媒体"语言"暴力，也是报纸内容供应商应努力的方向。第三，报道内容的创新。纸质媒体可以将资源循环利用，纸质媒体不仅要强化信息资源采集与传播的质量，而且要善于对传播过的资源进行分类整理，如可以掩盖获得的重要信息，待其他媒体打算进一步深入挖掘时，只能再次利用纸媒这条渠道。

2.3　报纸产业的创意与策划

近几年来，全球报业发展普遍陷入困境，表现为日报发行量大幅下降，报纸种类减少，日报广告额下降，大型报业集团经营困难，被兼并甚至破产，年轻人日益疏远报纸而钟情各种新媒体。因此，发达国家出现了很多报业衰退甚至衰亡的言论。面对数字新媒体的冲击，报业痛定思痛，开始探索新的出路，开始制订新媒体发展计划，积极与新媒体融合，加快数字化转型的步伐。

2.3.1　影响报业创意策划的主要因素

1. 数字技术

以数字技术为代表的新一代技术的发展是媒介融合形成的根源和直接诱因，同时也为传统报业的媒介环境带来了深刻变化。这一变化主要体现在其高效整合特性打破了传统报业行业间的界限，使得传统报业在信息的采集、加工、存储和输出等环节发生了翻天覆地的改变，同时报业的新闻传播理念也发生一定程度的更新和转变。数字化改变了传统报业的"我播你听(看)"的单向传输方式，使得"众播众听"的双向传播大受青睐。例如，在Web2.0时代，随着"Peer-to-Peer"(点对点网络技术)等互联网技术的应用，互联网从以门户网站为中心的网状结构转变成"去中心化"的网络结构，用户可以通过直接与其他用户计算机连接的方式，进行文件的交换和共享。对报业而言，报业对话语权"独领风骚"的时代一去不复返了，取而代之的是受众意见表达的多样化的"碎片化"时代的到来。报业作为主流传统媒体，在数字化传播时代，必须转变观念，向多元、开放、以用户为中心的方向努力，以适应技术环境的变化带来的媒介变革。

2. 受众资源

在媒介融合下，原本点对面的大众传播模式发生了改变，传播呈现"碎片化"的情境，这意味着大众传播时代的谢幕，自媒体时代的到来。在自媒体时代，受众不再是被动的、复数的，而是呈现出主动、个性化等特点。信息传播方式从点对面的单一线性传播发展到点对点的复合式传播，导致受众的多元和个性化需求更难以满足。近年来，报纸读者的流失，特别是青睐新媒体的年轻读者的流失十分严重。受众群体是一个复杂多变的因素，读者群的数量、年龄结构、职业分布、文化程度、收入水平以及读者对报纸的消费心理和行为等，都是制约报纸定位的要素，进而影响报业的发展。因此，对报业的创意与策划就必须重视并分析细化读者群的个性特征及心理需求，综合利用各种媒介手段和传输渠道，为读者提供更能满足个性化需要的定制化资讯与内容服务。

3. 媒介制度和政策的变化

制度和政策的规制对报业的生存与发展起着关键作用，它为报业的发展提供了保障和一个外在的生存发展环境。在我国，国家出版总署报刊司自2004年开始，进行了一系列关于数字报业的评估和部署。例如，在2004年对数字技术对报业的影响进行初步评估；2005年8月，第一次提出大力发展数字报业的主张；2006年，报刊司"数字化战略"和"数字报业实验计划"正式启动。这一切无不彰显了我国发展数字报纸的决心，同时也意味着传统报业的"数字化转型"已经从学界的理论探讨上升为实践中相关报业管理部门的政策支持，这也为未来报纸的发展指明了方向，提供了制度上的保障。

广告是现代报业集团的主要经济支点。因此，对广告市场份额的争夺在报业竞争中不可避免，尤其是那些完全进入市场的报纸，会更加自觉地将广告客户作为自己的服务对象和争取目标。我国各大报业集团都已完成或正在进行广告经营管理信息平台的建设。现行的广告信息平台多采用广告流程管理模式，从广告预定、合同管理、客户管理、广告划版、信息发布等方面满足广告经营所需的基本功能。整个流程的数字化程度较高，但是大多数的信息平台只是进行简单的数据处理和信息管理，尚未实现对数据信息的分析和分类，对广告管理决策的支持也相当落后。

■ 2.3.2 报纸产业创意策划的途径

面对新媒体，传统媒体不再是提供信息和资讯的唯一平台，但在新一轮媒介分工和空间拓展竞争中，报纸作为新闻媒体的核心能力非但没有减弱，反而成为新闻媒体的内容供应商。一方面，信息内容的采集、加工、分析和整合制作，是报纸特有的优势——报纸拥有更多的原创新闻采访、发布权和远优于新媒体的专业化采编队伍。另一方面，尽管电视、新媒体具有形象生动和速度快的优势，但报纸深度报道的长处，却是其他媒体难以企及的。如何用足、用好这些优势创新信息传播，对报业走出困局至关重要。

1. 以内容融合实现内容增值

以内容融合实现内容增值，提升报业核心竞争力。传媒业作为文化创意产业，内容生产十分重要，对内容的拓展是报业提升自身创意核心竞争力的重要途径。但从我国报业网络化发展的历程中我们可以看到，报纸在从纸质载体向网络载体转移的过程中，主体地位发生了转变，以往通畅的信息传播通道因网络化转型发生了变迁。此前，报业对信息内容传播通道不重视，报业生产的信息产品只能在报纸这一种介质上一次性使用，长此以往导致报业内容生产的优势不再，且造成报业资源的浪费和生产成本的高昂。数字内容更容易发送到各个终端上，有利于渠道的无限扩展。因此，为用户提供信息、观点、服务，并通过互联网、手机、报纸、杂志等形式将信息传递到用户手中将是报业未来的发展方向。在媒介融合成为现实的背景下，未来报业在内容生产上应重新对内容优势进行定义，报社要成为报业产业链上的内容生产商和内容提供商，通过内容产业所形成的大规模生产，降低生产成本，再通过建立报业数据库等方式将信息在多个终端多次使用以提高信息的资源利用率，实现信息内容产品的增值。在新一轮格局重构中，报纸应加速与新媒体的融合联姻。首先，报业应利用新媒体资源，如网络版等；加强与读者的互动，提高交互性；充分了解读者的需求和期望，有针对性地为读者提供服务，并在更高层次上履行社会瞭望者的职责；打造属于自己的数据库系统，提升竞争力和影响力。其次，一些报纸可以新技术为基础，进军互联网媒体、手机电视、手机报市场，开发电子报纸等媒介新形式。

　　在数字时代，单一的平面媒体形态早已被打破，媒体边界日益模糊化。传媒领域的广播电视、出版与电信三部门之间的产业融合正在成为现实。对传统报业而言，唯有积极进入数字市场，把握媒介融合这一发展机遇，才能找到一片属于自己的广阔"蓝海"。为此，传统报业要突破平面媒体的限制，整合媒介渠道，建立报业立体渠道，以各种数字平台为纽带创新业务组合，实现数字化生存。

2. 内容生产流程再造

　　澳大利亚有着15年新闻工作经验的Stephen Quinn在其专著《融合新闻：多媒体报道基础》中提出"智慧的新闻编辑部"的概念，他认为，在当今媒介融合日益加深、信息来源和渠道剧增的发展趋势下，记者编辑的工作已悄然发生了变化，正从新闻的采集逐步过渡到对新闻和信息的遴选和重新组合。这种遴选和重新组合就是要在新闻资源的开发利用上展现媒体独特的个性。具体而言，就是要突破传统媒体间的限制，整合所有的媒介，统一规划，资源共享，集中力量采集新闻素材，再根据各自受众的接受特点进行加工，制成不同的新闻产品，最后通过不同的传播渠道传播给受众。联合编辑部的理念源于"融合新闻"概念的提出。"融合新闻"又称"多样化新闻"(Multiple-journalism)，是对新闻业务层面上的要求，是指在新闻传播活动中运用多种媒介手段进行传播。在一个统一的信息操作平台上，对报纸、电台、电视台及网站等媒介进行统一策划，进行加工，再根据不同媒体和受众的特点通过分类的渠道和终端传播给不同的受众。

　　打造一个联合编辑部是对报业内部生产流程的再造，是内容融合发展的内在要求。就已有的实践发展来看，打造一个联合编辑部应分步进行：第一，在办公的物理区域中，要把印刷版和电子版编辑的办公室打通，物理上的一体化有助于他们在认识上达成一致。同时，还能有效降低沟通成本。第二，联合编辑部要向读者提供全天候新闻服务，打破报纸以一天为单位的传播习惯。同时，这也打破了互联网新闻缺乏原创和同步传播时没有专业新闻学支持的困境，为读者提供了混合多种新媒介的新闻服务，如印刷的新闻、无线的新闻、RSS订阅的新闻、电子邮件传送的新闻、电子终端下载的新闻等。第三，联合编辑部应同时、同步完成新闻事件的报道。例如，当一个新闻事件发生时，报纸记者携带多媒体装备进入现场采访；随后编辑首先在网站上上传新闻视频或音频，再迅速发布网络信息；接下来，无线新闻开始发出，电邮新闻开始发出，下载新闻服务开始提供；次日，报纸再发表深度报道和评论。这样的多媒介接力式的新闻传播，使报纸克服了自身介质上的不利处境，同时发挥专业的新闻团队在内容制作方面的优势，实现了同步、同时的全天候新闻传播。第四，从人力配备上，不再区分网络编辑和报纸编辑，不再分网络记者和报纸记者，不再分出各自独立的编辑部。在内部，有统一的一套人马，通过有效分工与沟通，同时服务多个介质。例如，《每日电讯报》建立的激进的联合编辑部已成为欧美报界效仿的对象。《每日电讯报》的联合编辑部被设计成一个辐射状的数字编辑中心(Hub)，11个长条办公台围绕着位于中心的圆形编辑台。中间的是总编办公室，各长条是各部门编辑，如文化、体育、娱乐、财经等。总编和编辑们就在这样的一个空间新布局中实现统一，通过电话、电邮、对话等多种低成本方式指挥多种介质的传播。在国内，一些新闻媒介同样也开始了组织结构和工作流程的再造与重构。《上海证券报》提出，要充分利用新技术推进报网融合、管理和机制创新，并与"中国证券网"实行同一个业务生产流程，实现全面融合。以联合编辑部的打造为代表的报社结构与流程再造，其目的是打造通用性的内容生产平台。在这个平台上，联合编辑部实现和解决了"合"与"分"的问题。"合"是指把所有报纸网站等的内容都集中在一个统一的内容生产平台上，"分"是指将内容产品进行分类分发，再根据不同的用户需求和传播特点分发到不同的媒介渠道和媒介终端上去。

2.3.3 报业经营方面的创意与策划

市场结构是指产业市场内卖方之间、买方之间、买卖双方集团之间以及已有的卖方(或买方)与潜在进入的卖方(或买方)之间关系的状况及特征。

形成稳定和可持续的盈利模式是一个产业持续发展的基础，只有形成稳定的盈利模式，产业中的企业才能实现价值补偿与增值，否则产业的后续发展无从谈起。因此可以说盈利模式问题始终是一个关系产业发展的战略性问题，报业也不例外。传统报业形成了非常成熟的二次售卖盈利模式，这种盈利模式能够保证报业的持续发展。但数字报业的发展面临一系列问题，其中盈利模式问题成为报业数字化转型的重要障碍。报业目前具有一些盈利点，例如有些报社通过手机报每年能获得几百万的收益，有些报业网站能够获得千万的收入，但是这些收入不稳定，拓展空间有限，可以说处于一种自发盈利模式阶段。这一阶段的特点就是企业对如何盈利、未来能否盈利缺乏清醒的认识，虽然盈利，但盈利模式不明确、不清晰，其盈利模式具有隐蔽性、模糊性、缺乏灵活性的特点，这样必然导致低利润率。这样的一种状态就使得很多报业集面对数字化转型的预期不明朗，不敢贸然投入大量资金和人力继续进行报业数字化转型，但不转型又面临着不可逆转的衰退命运。因此，很多报业集团处于一种两难的境地。

要突破这种胶着状态，唯一的出路就是由自发盈利模式阶段尽快进入自觉盈利模式阶段。自觉盈利模式是企业通过对盈利实践的总结，对盈利模式加以自觉调整和设计而成的，它具有清晰性、针对性、相对稳定性、环境适应性和灵活性的特点。如今，构建自觉盈利模式已成为报业数字化转型的一个重要突破口。由二次售卖到多次售卖，由规模经济到范围经济，盈利模式转型的趋向、传统盈利模式的特点及缺陷，传统报业经过多年发展形成了成熟的盈利模式即二次售卖模式，也称为广告模式。第一次面向读者市场，以低于成本价销售报纸；第二次面向广告市场，销售报纸所承载的读者的注意力资源。第二次销售的收入即广告收入可用于补贴第一次销售的成本。

1. 传统的盈利模式特点

1) 盈利模式高依存性

报业的二次售卖模式主要依靠广告收入，而广告收入受到经济大环境的诸多制约，很多政策性的因素及行业周期性波动都会影响报社的广告收入，因而广告收入存在诸多不可控因素，因此这种模式蕴藏着较大风险。

2) 盈利模式单一化

传统盈利模式是围绕内容产品的销售来实现的，一旦主导产品受到冲击，传媒产业便难以摆脱经营波动的困扰。在有限的市场容量中，盈利模式单一化制约了企业做强做大，导致严重的同质化竞争。最为重要的是，在主导产品和主要盈利来源受到冲击的时候，单一化的盈利模式的产业发展空间就会面临巨大的系统性风险。

3) 盈利模式线性化

报业从属于内容生产，渠道销售到终端需求属于上下游环环相扣的线性封闭式生产模式。这种模式中的价值链通常注重价值链成员上下游之间的固定联系，由于上下游成员之间不能灵活多向联系，更不能跨环节联系，一旦中间某一环节发生阻断，就会导致链条运转效率下降，甚至整个价值链无法运行，加上信息的不对称，成员之间的协作性比较差，导致价值链的运作成本高、效率低。

4) 盈利模式粗放

传统报业是低加工度的行业，报业产品的经营处于粗放经营阶段，其价值并没有得到充分挖掘。随着成本构成的演变以及新媒体的涌现，传统报纸生产中要素成本不断提高，而定价能力不断下降，导致传统报业的利润率逐步走低。

2. 由二次销售转向多次销售

数字报业的产品是高加工度、高附加值的产品，那么其产品的交换价值就需要采取一种集约的方式来实现。数字报业的产品必须在整合信息资源的基础上，利用数字挖掘技术，建立各种类型的数据库，然后在多个平台开发各种应用软件，即让一次采访获得的信息内容通过多种形式的渠道和终端获得多次销售机会，使传统的两次售卖模式转变为多次售卖模式。数字报业多次售卖商业模式的基础就在于建立稳定的、高效的全媒体数字化技术平台，在此平台上对信息资源进行重新组合，建立多种类型的数据库，才能打造持续的盈利模式。

3. 由规模经济走向范围经济

传媒产业是一个高初始投入、低边际生产成本的领域。传统报业通过提升报纸的发行量来摊薄生产成本，吸引更多读者，从而提升利润率。但数字报业是全媒体报业，它具有多种内容产品，不仅可以实现每一种产品的规模经济，更能实现多种产品销售的范围经济。例如，通过数字平台、网络平台、移动平台，可使产品结构多元化，交叉覆盖消费群体，形成众多盈利点。更为重要的是，数字报业由于混合了传统的多种产业形态，因此对于社会资源具有更强的整合能力，即多元化经营的能力更强。在数字报业中，各报业集团利用自身品牌影响力，参与多条产业链，实现其范围经济。例如，报业向会展业、创意产业等业态延伸，打造多条产业链，拉长价值链，向文化创意产业迈进。还可以从信息发布平台转型为交易平台，成为社会资源的节点。这些都有助于实现数字报业的范围经济盈利模式。

▌2.3.4　清晰的品牌定位

报纸品牌信息传播的信源是报纸品牌的经营者。这里的"经营者"是一个整体的概念。在市场经济化的社会条件下，作为上层建筑的报纸，不可避免地打上经济规律的烙印。因此，报纸所宣扬的意识形态、价值取向和报纸所秉持的经营宗旨、经营策略融合成特有的报纸品牌价值准绳，将报社工作人员凝聚成一个整体——报纸品牌的经营者，一切工作都围绕并以实现品牌价值而展开。

作为品牌传播的起点，报纸品牌经营者同时也是报纸品牌信息的"制造者"，因为品牌信息丰富的内涵和明确的目的性和竞争性，来自品牌信息经营者在进行传播时强烈的主观能动性。这种"主观"是建立在严格的"客观"的基础之上的，即品牌经营者对自身的定位、对要传播的品牌信息的把关，要通过对目标对象的分析把握和对自身软硬件条件的整合协调，才能顺利地实现主客观因素的高效整合，将品牌信息顺利"生产"出来。

在这一环节，品牌经营者首先要考虑的客观因素是消费者的需求信息。报纸和市场经济中的其他产品一样，需要获得消费者认同，才能得到稳定的市场份额、利润回报，从而保障自身正常运营，技术水平不断革新，从而拓展良性的持续发展空间。同时，报纸作为一种传播信息的大众媒介，因自身条件的局限，要完全满足受众的需求是不可能的。消费者实现信息消费的门槛，随着传媒技术的进步越来越低，媒体间的激烈竞争，也让消费者有了更多的选择机会，拥有一个"耳熟能详"的报纸名称不再是消费忠诚度的保证。

报纸品牌信息应该是因消费者的要求而产生的，在广告界有个著名的观点："你是什么并不重要，重要的是消费者认为你是什么。"但消费者怎样产生认知？还是要通过品牌经营者富有技巧地制造信息、传播信息。因为任何品牌信息，无论它的形式多么完美，内容多么美妙，如果消费者不需要，就不可能发挥传播的作用，更不用说促进消费者产生购买行为。例如，关注民生应该是都市报贴近读者的切入点，《南方都市报》是一张市民生活报，其读者构成为普通市民。为适应读者，《南方都市报》更加关注人情冷暖、世态炎凉、浮生百态，更加留意民众的生存状况、生活状态。在进行新闻报道时也是完全用百姓的语言讲述百姓故事，用百姓的眼光观察百姓生活，追求报道的原汁原味，追求新闻鲜活有力。报纸的实际表现完全印证了其"传播信息，提供资讯，引导消费，服务生活"的办报理念，它提出的"办中国最好的报纸"也鲜明地昭示了其区别于其他报纸品牌的特质。

2.4　期刊业的创意和策划

在互联网技术和数字化浪潮的冲击下，传统期刊业面临着生死存亡的挑战，同时也有着前所未有的机遇。纸刊整体平均零售量下滑，"去纸化"转型初露端倪，期刊的社会责任意识突显，利用新媒体开展营销和提升品牌活动，进行"编营分离"的进一步探索，是目前期刊业生存与发展趋势的六大特点。与此同时，期刊业数字化转型成为潮流，开始重视用户体验，提供精准化、个性化服务，进行数字化营销等，逐渐形成未来发展的新趋势。

期刊是一种有自身特色的纸质媒体，创意和策划的基础包括期刊的理念、封面、栏目、内容、编辑、经营、管理等各个方面，它们是期刊生存和发展的依托。只有对组成期刊的这些要素精心创新和策划，才能打造好的期刊品牌。

2.4.1　期刊封面的创意和策划

期刊封面是指期刊的外表部分。广义的封面包括封一、封二、封三、封四和脊封；狭义的封面仅指封一。这里我们着重探讨读者目光首先接触的那一面，即封一。从视觉表现的角度来看，期刊封面由图片、文字和色彩三大要素组成。从功能表现的角度来看，期刊封面包括期刊刊名、期刊出版年月、期刊卷期、刊号刊徽、期刊条码、封面标题、图片及广告语等众多元素。

期刊的封面体现着期刊的个性和品位，体现了办刊人的办刊风格和水平。期刊封面设计不仅仅是期刊刊名、期刊出版年月、期刊卷期、刊号刊徽、期刊条码、封面标题、图片及广告语等众多设计元素的简单相加，每一本期刊的封面都是编辑工作的延续，是封面设计者艺术构思的结晶，体现了期刊封面设计者的才气和办刊人的智慧。

1. 期刊封面的作用与功能

1) 标识期刊

期刊封面上的刊名、刊标、刊期与分类号等都是期刊的标识信息，而且是区别于其他期刊和出版物特征的重要信息。卷期号标明期刊自身所形成的序列和连贯性，是期刊生命期的记录。标识信息是读者区别、认定和选择期刊的依据，也是无可替代的检索入口。期刊通过封面的刊名、主要目录、图像、色彩等可向读者给予提示，表明本刊的类别、性质、内涵等，这是期刊封面的首要功能。

2) 吸引读者

封面刊名通过对内容的高度概括，可吸引对其相关内容感兴趣的读者，汉语拼音刊名和外文刊名有利于扩大交流范围和读者面；美术图片、新闻图片分别通过艺术美感和新闻效应给读者以视觉上的冲击，并产生强烈的吸引力；要目等直接揭示期刊的中心思想和主要内容，增加了读者通过封面了解期刊的深度。总之，封面信息可从不同角度吸引读者的注意力，从而增加读者量。

3) 展现特色

刊物的个性、特色是区别于他刊的重要标志，也是衡量刊物质量的重要标准之一。封面是最能展示期刊特色的，在期刊众多、百花齐放、竞争激烈的市场中，期刊的特色功能尤显重要。倘若各家期刊的封面都是千篇一律、大同小异，封面就完全失去了其本应有的作用，只能使该期刊淹没在千百万报刊的汪洋大海之中。

4) 包装和保护内芯页

期刊封面的包装和保护内芯页的功能是不言而喻的。漂亮的设计和良好的封面纸张能使人产生喜欢和长期保留期刊的愿望，有利于提升期刊的阅读率。

2. 期刊封面的创意和策划的理念

1) 传统理念与现代思维的冲突与调和

在挑战与机遇并存的当下，期刊业必须及时转变经营理念。然而万变不离其宗，一切改变都要围绕文章内容这个主题展开。美学家王朝闻先生在《美化书籍》一文中说过："任何强调独立思考的美术家都不能脱离文学内容的约束。"只不过在一些传统纸媒的设计形式上，我们看到这一相对的约束已经变成了完全的桎梏。纸媒的劣势一部分源于网络媒体等新兴媒体的崛起，另一部分原因则在其自身。多数刊物简单而固执地强调文字内容的重要性，而忽略了形式美感。19世纪末，欧洲一些作家对文学作品是否要装帧设计或配上插图曾有过争执，一派认为不需要装饰，认为这是作者与读者之间的交流，不需要设计师这个第三者来插足；另一派则认为很有必要，好的装帧设计是对文学作品的补充与强化。这样的争议，是由装帧设计相对于刊物的从属性引起的。现代设计强调思想的开放性、构思的创意性、表现的丰富性、形式的独特性和文化的传承性，这其实与传统纸媒的改版思路具有某种意义上的共通，摈弃了传统刊物保守的设计形态，把两种开放创新的理念有效地结合在一起，强调内容和形式的统一。

2) 以视觉语言精确反映媒体的文化内涵

创意是一种能够用各种不同的角度解读人生和世界的智慧。当我们的心中有了"这样是不是会更好"的念头时，便是创意闪现、活动的时候。然而这仅仅只是创意设计的开始，以视觉语言精确体现所诉求的媒体文化内涵，是创意设计活动的最高准则。

创意是对传统的叛逆，是打破常规的哲学，是超越自我、超越常规的导引，更是一种文化底蕴的视觉体现。创意设计人员在具备高超艺术设计能力和美学素养的同时，还必须有开阔的眼界、广泛的学识，多学科的知识储备做后盾，否则，只能是雾里看花，达不到创意设计的思想深度和艺术高度。

3) 多种艺术表现形式的运用

不同时代的期刊，在一定程度上体现着一个民族一个时期的生活方式、科技水准、审美心理和审美风尚。一直以来，国内期刊的封面设计多是在两条道上行走：一条道是大头照或美人图，另一条道是风光片或静物照，封面设计都是采用现成的照片或将照片做简单的编排处理。而《长江文艺》在封面设计上独辟蹊径，在充分读懂杂志深刻文化内涵的前提下，把每一期的封面都作为一个相对独立的艺术作品来创作设计。特别是《长江文艺》的封面及题图设计，采用了多样化的艺术设计手法，从古典到现代，从象征主义的象征表现，到后现代主义的分离解构，各种风格流派的表现手法都可以在刊物创意设计上找到踪影，多样化的艺术设计风格直接提升了杂志的视觉品位和美学价值。根据不同的文字风格，确立了不同的插图表现形式，不同的艺术形式突显着不同的文字主题。

3. 期刊封面设计的理念和总体构思要点

1) 突出刊名

对于期刊来说，刊名是封面不可或缺的内容，因此，从设计角度讲，刊名也应当醒目、大气和富有个性；而从客观性来讲，中国汉字具有很强的图案功能，能给设计者以较大的创意空间。期刊的刊名必须居于十分显要的位置，以便使读者一眼就能识别。一些期刊的封面设计把刊名放在不是十分明显的位置(左下角或右下角，或整个版面的下方)，这样做往往不能引起读者的注意力，期刊放在报刊架上有时刊名会被架板或别的刊物挡住。有些刊名的字号太小，加上在封面上印了不少主要文章的目录，使读者感到视觉混乱，一时难以辨认。同时，期刊的出版年月和期数的字号和位置也应明显。一些刊物的刊名虽很清楚，但哪年哪月、第几期却难以辨认，这也给读者的选择带来不便。

2) 删繁就简

对于读者而言，欲多予之，必简之。期刊的封面设计，应追求"以少胜多""以小见大"，以最简洁、精练、概括的艺术语汇，反映最丰富的内涵。有些设计者往往想通过封面把更多的内容传递给读者，把封面上的图、文塞得满满的，其结果却往往适得其反。但是，"简练"并不等于简单，高度的简练应基于反复的深思熟虑，周密的酝酿构思。

3) 明确定位

所谓定位就是确定办刊的宗旨和阅读的对象、层次、范围。在对期刊封面的形式、色彩、刊名、字体字号等进行设计定位时，应从刊物的内容、读者对象出发，设计出与之相一致的表现形式。一本期刊的创立，首先要考虑定位问题，定位准，才能赢得市场。但我们平时所说的定位，往往指内容定位、价格定位、目标读者定位，而忽略了封面的定位。诚然，封面是为内容服务的，它必须紧紧和内容相契合。但是，封面自身也应有明确的定位。刊物内容和封面定位，两者并驾齐驱为期刊走向市场注入了强大的力量。

4) 符合受众审美心理

提到期刊封面设计，企图迎合所有读者几乎是不可能的。况且期刊种类繁多，每个门类的期刊都有特定的读者群。精心设计符合读者审美趣味、欣赏习惯的封面，才能为读者所接受，从而赢得一定的市场份额。形式服从内容，反过来又作用于内容。期刊封面设计必须与期刊的内容、性质、内涵、风格相一致。然而封面又是以文字、美术、图片、色彩等直观形式使人们对期刊产生美的情感，从封面的形式、色彩等方面唤起人们精神世界的感知和振奋。

5) 色彩的注目性

平面设计以图文、色彩组合来传达信息，图文是信息传达的主要内容。但对视觉冲击力最大的却是色彩，色彩使用得当，往往能使人瞬间注目，会取得事半功倍的效果。由于色彩最容易产生视觉效应，所以在现代生活中，色彩已成为传达信息的载体。人们对色彩感觉最敏锐的是红色，其次是橙色，较迟钝的是灰色，注目性较差的是深蓝色和紫色，黑色是介于红与灰之间的颜色。从近中远的视觉感受来看，白色是版面上的近景，黑色是中景，灰色是远景。人的视线往往会被对比强的色彩所吸引，对比越强烈注视率就越高，注目性就越强。只要面色与底色搭配适当，便可增加色彩的注目性。在日常生活中，黑白灰三色经久不衰，它能给人以快意而含蓄的美感，如果能准确地把握三者之间的比例关系，版面将会获得意想不到的视觉冲击力。此外，还可在底色与图片的边缘处理上运用对比色来产生注目性效果。

6) 编排时的注目性

编排工作不是单纯地排列图片与文字的技术工作，它是内容与形式，思想性与艺术性融为一体的必要步骤，是体现作者表现手法与突出注目性的重要手段，是一组专题从素材到成品的最后一道工序。为此，在编排时应注意以下几点：①突出主题；②集中内容；③逻辑性要强；④统一格调；⑤注意空白。实际上空白可以调节版面结构，给读者以视觉休息的空间，并能产生版面均衡的感觉，同时也是一种装饰性很强的编排语言。在编排时尤其要吸收中国传统的美学原理，空白的形式、大小、比例，决定着版面主题内容的注目性，同时也决定着版面的整体编排效果。

■ 2.4.2 期刊业策划途径

1. 科技类期刊

相对于报纸、广播、电视和网络等媒体而言，大多数期刊属于小众型媒体，尤其以科技期刊更为明显。能让所有年龄背景和文化层次的人都关注的期刊，一般只出现在办刊人的梦想中。而作为小众媒体的科技期刊，最大的卖点是"见识"，即力求有深刻独到的见解，这就注定了期刊的编辑出版经营对创意策划提出的要求更高，倚赖程度也更深。科技期刊是发表自然科学及技术的媒介，由性质决定，不太可能覆盖广泛通俗的读者市场，想要真正做到在所属学科领域内有不可替代的地位，不仅要在学术上有创新和见解，而且在出版经营中要有独特的办刊理念和"见识"。

(1) 赢得受众市场的选题策划。期刊选题策划是针对期刊编辑出版内容而言的，是科技期刊的灵魂。全媒体时代的科技期刊仍要坚持以内容为王，任何形式的媒体运作终是围绕期刊的精神实质，为内容服务。

我国大多数科技期刊专业性较强，特别专注于某个行业及其连带产业，因此读者群分得较细，针对性也强。这对于科技期刊的受众定位恰是一件好事，国外不少小众期刊最后都做出了品牌大市场，其出版效果反比那些广而不精的撒网式传播要好得多。

(2) 彰显品牌个性的选题策划。我国科技期刊要通过选题策划的新奇独特充分展现个性魅力，塑造和培育鲜明的出版形象，体现深刻的阅读价值。期刊的品牌优势关键在于与竞争对手的不同，展现出较强的专业竞争优势，做到人无我有、人有我新、人新我变。

同样是地理类杂志，同样为吸引高端旅游消费者的目光，《中国国家地理》就大为不同，其在传统策划的基础上另辟蹊径，运用重构常识的方式开展选题策划，即以新的观念创造性地替代既有的常识地位。如在传统观念中，中国的大西北是荒凉的戈壁，但该刊在2007年推出的"圈点大西北"专辑中，以荒凉中的色彩、绿洲上的生命为主线，展现西北的生机勃勃、异彩纷呈和悠久深远的人文历史。该刊用干旱和半干旱区的地理概念带领国人重新认识西北，打破了传统的公众知识体系架构，以颠覆常识的战术更新了读者固有的思维模式，吸引了公众的广泛关注。

(3) 期刊平台策划。期刊平台策划信息资源的融合离不开数字化技术平台的支持，这也是全媒体出版运行机制的基本需求。科技期刊的平台策略是从出版产品丰富度和多样性的角度进行全面的研发和建设，为出版提供全方位的信息传播方式。全媒体期刊出版平台远非一个传统投稿系统所能承载的功能，更不止一个普通的网页，而是出版单位对期刊在运作中所采取的全方位、个性化的精深打造，从而建立起的有效的信息表达、参与和交流的综合平台。期刊平台策划应从媒体整合策划、产品延伸策划、刊网联动策划三个维度进行考量。

(4) 期刊商业策划。商业策划是全媒体为科技期刊的出版经营开启的一道具有划时代突破意义的大门。商业策划具有裂变效应，一个看似微小的创意能够带来巨大的商业利益和商业奇迹。国外很多文化创意产业就是靠对核心产品的多层次开发而获益的。

全媒体时代科技期刊的编辑策划应从有形产品、无形服务、增值产品3条路径来规划。其中，有形产品即期刊本身，是市场的核心需求和刚性需求；无形服务即期刊提供的信息服务，可满足读者体验性的需求，从而增加阅读的持续性；增值产品即服务的可见效益，是读者的潜在需求，可使期刊获得广泛的增值收益。在出版经营中，科技期刊应实现三次售卖，并尽可能争取第三次售卖的价值。这就要求科技期刊出版单位能够以内容产品为中心点，提供满足专业用户群除传统专业内容之外的其他附加需求的增值服务和产品，紧紧抓住受众群体，进行盈利模式的构建。

2. 消费类期刊

消费类期刊(Consumer Magazine)又称为"B to C 期刊"(商业对消费者)，主要指以满足广大消费者个人兴趣爱好为主要内容的各类期刊。消费类期刊主要是以大众为出版对象，其内容涉及大众感兴趣的方方面面，一般来说，它的收入主要靠广告。几乎所有的消费类期刊，都使用付费发行方式，即订阅或者零售。如果对消费类期刊进行细分，可以分为娱乐休闲类、生活服务类、文化艺术类和时政社会类4个二级分类。

1) 消费类期刊策划的原则

在进行媒体策划时，不能盲目无序，为所欲为，应该坚持一定的原则。消费类期刊的策划应该遵循以下5项原则。

(1) 与时俱进原则。时新性是新闻的一大要素。任何媒体，其内容和形式都应该随着社会的发展变化而变化。消费类期刊也应该随着时代的变化，随着客体、环境的变化而不断调整策划思想、思路和方案，使策划者的思想行为符合变化的客观实际。只有坚持与时俱进的原则，才能使期刊始终保持先进性，迎合社会形势不断发展壮大。

(2)"三贴近"原则。"三贴近"原则也是所有媒体在策划时必须遵循的原则。所谓"三贴近"就是要贴近实际、贴近生活、贴近群众。"三贴近"原则是期刊生存和发展的重要条件，因为只有深入实际、深入生活、扎根群众，期刊的发展才不会沦为无本之木、无源之水。

(3) 可读性、实用性原则。每份消费类期刊都有特定的读者群，读者阅读期刊就是为了寻找有用的信息。所以消费类期刊的稿件要有可读性，稿件的信息要有适用性。

(4) 创新性原则。创新是一切策划的灵魂，没有创新性，期刊的策划就无法打破传统思维的束缚。消费类期刊的策划只有以超凡的气势和独特的视角来刷新读者的视野，才能出奇制胜，才能吸引读者。

(5) 统一性、专门性原则。消费类期刊都有固定的内容，必须依据期刊的性质统一用稿标准、统一版面风格，在一定程度上体现期刊的性质。此外，消费类期刊的策划还应遵循审美性、效益性等原则。

2) 消费类期刊的策划战略

(1) 期刊形态的策划。期刊形态的策划是指对期刊的封面装帧、栏目设置、版式设计等要素进行精心的谋划，使期刊形成独特而精美的样式，从而对读者产生强烈的感染力，赢得读者的喜欢。不少期刊编辑在探讨如何提升媒体竞争力时，总是常常提到策划，这说明策划在期刊发展中有着极其重要的作用。然而，如今太多泛滥的"策划"，渐渐让读者感到厌恶。消费类期刊要跳出"策划"的困境，可以从以下几个方面去尝试。

① 刊面精美、刊内精彩。消费类期刊的策划要做到期刊形态精美，期刊内容扣人心弦，正如人们所说的那样，做到"精品店里幌子多"。美国的《生活》月刊为消费类期刊的策划发展起了很好的表率作用。《生活》月刊凭着其独到的形态和内容策划，在创刊很短的时间里成为期刊中的一个名牌，并进入世界期刊联盟发布的世界期刊发行量50强的行列，策划成为它的主要卖点。《生活》月刊让读者在阅读时，有一种逛精品店的感觉，它时尚的设计、精美的包装总能让人情不自禁地想进去看个究竟。进入《生活》这家"店"中，但见美女仪态万千，打扮得极为醒目耀眼，期刊中的那些极具煽动性、诱惑性的标题，就像店里千奇百怪的幌子一样跃入读者的眼中，让人久久不愿离去。

② 量大刊厚，读起来却省时省力。消费类期刊最撩拨人心的地方在于，以大版面、大标题、大图片来形成强烈的视觉冲击力，在最短的时间内抓住读者的眼球。很多时尚类期刊拿起来感觉很厚，但是阅读起来很省时间，原因在于它是通过视觉冲击来吸引读者，在大版面、大图片、大标题的牵引下配上少量的文字，使人在感受美的同时受到教育和熏陶，思想不由自主地被期刊所俘获。在阅读《世界时装之苑》时，读者便能找到上述感觉。有人说《北京青年报》不是卖报而是卖纸，也是因为它大版面、大图片、大标题而少文字的特征，然而其策划无疑是成功的。

③ 时髦与古韵并存。中国文化源远流长，传统文化至今有着巨大的影响。同时，随着改革开放的深入，带有大众性、时髦性的消费文化也冲击着我国的年轻人。在这种背景下，消费类期刊可以在时尚和古韵里大做文章。如养生类期刊可以在时尚的火辣中掺入一些古朴的图片和内容，既让读者感觉期刊时尚而有古韵，也让读者深信期刊所刊登的内容确实对自己的养生很有帮助。

④ 刊内可以附赠大量现金代用券。消费类期刊除了能够传播消费观念，对读者的消费行为进行导向和教育外，它本身与广大企业和商家也有着密切的联系。如果与企业和商家加强沟通，达成可以用现金代用券购买商家的产品，则必定会增加促进期刊发展的筹码。因为这样一来，读者购买期刊的可能性就会增加，期刊销量就会增大，而商家为了扩大产品知名度，也会在期刊上刊登他们的产品广告。如此，期刊社除了能够从销量上获得更多利益外，还可以在广告上大赚一笔，期刊的办刊资金将会更加充足，发展前景将会更加美好。

(2) 期刊内容的策划。期刊内容的策划是指对期刊所刊登的内容进行选择和组合，使其更加适合期刊的目标受众，引起目标受众的共鸣，达到增加销量、提升影响力的目的。期刊的内容策划也是很有讲究的，我们可以从以下三个方面去努力。

① 抓住反映社会生活发展趋势的信息。消费类期刊的内容与社会生活是密切相关的，而社会生活是不断发展变化的。今天的中国正在集中精力搞建设，党和国家领导人提出了全面建设小康社会、构建社会主义和谐社会的目标，当前我国的经济环境发生了很大的变化，经济持续快速健康发展，人民生活水平显著提高，经济环境变得更加复杂。同时，我国的社会环境也变得更加复杂，过去西方国家"特有"的很多现象，在我国也逐渐变得见怪不怪。在这些大背景下，新问题、新信息不断涌现，很多时尚的东西几年甚至几个月后就令人乏味了。因而，在对消费类期刊的内容进行策划时，我们应该保持高度敏锐的眼光，紧紧抓住消费热点，跟踪社会发展趋势，从社会的发展变化中寻求期刊的新内容，使其刊登的东西永远保持旺盛的生命力。

② 找到能够凝聚消费者共同兴趣的信息。在对消费类期刊进行市场定位时，我们总是不遗余力地追求目标读者数量的最大化，因而消费类期刊必须适应广大消费者的兴趣，否则，期刊的读者就会流失。由于读者在性别、年龄、文化程度、经济水平、职业、专业、社会地位与社会阶层等方面具有差异性，因而他们有着不同的兴奋点和兴趣点。所以，在消费类期刊内容的策划中，应该从不同读者众多的兴奋点和兴趣点中寻找最大公约数，以形成读者的共同兴趣。这样一来，期刊就能抓住与广大读者息息相关的内容，找到并保持数量众多的读者。

③ 注意期刊内容的导向性。消费类期刊的不少内容虽然不属于新闻报道，但是同样肩负着舆论引导的责任。消费类期刊的内容对人们的生活观念、生活态度、价值观念和道德观念都有着重大的引导和影响作用。所以，消费类期刊内容的策划不能一味追求猎奇和时尚，要牢记期刊的社会责任，坚持党性原则，坚持为人民服务、为社会主义服务的方针，确保消费类期刊的内容能给广大民众提供健康、文明、正确的价值导向和生活导向。

▌ 2.4.3　期刊经营的创意和策划

期刊市场复杂多变，营销也是一个动态的过程，所以在对消费类期刊进行营销时，必须掌握一定的策略。

1. 找到营销的对象

在谈到营销的含义时，我们说过营销的目的是使观念、商品或服务到达消费者或者用户手中，其功能是引导消费。既然如此，消费类期刊的营销就必须找到相关对象。期刊的营销对象主要有三大群体：首先是读者，期刊社需要向读者推销自己的期刊，读者群体通常分为在报摊购买期刊的读者和期刊订户，期刊社可以在报摊读者这一目标群体经常经过的公共场所附近的广告牌上做广告，也可以针对期刊订户直接邮寄广告(直邮广告)；其次是广告客户，期刊社需要向广告客户推销期刊。运用市场调查，向广告客户展示期刊有能力联系到广告客户心目中的目标群体。

2. 寻求合适的销售渠道

我国传统的期刊销售主要是通过邮局发行来实现的。依靠邮局征订来销售，在销售的过程中，期刊本身处于被动的地位，也较难得到读者的信息和反馈。为了扩大发行量，很多期刊开始自己成立发行部，走自办发行的道路。自办发行加强了读者对期刊的感性认识，对期刊扩大发行量有较大帮助，但由于整体发行市场的不规范，以及专业发行人才的匮乏，期刊社很容易陷入铺货难、回款难、收集读者信息难等各个环节的泥潭之中。

3. 在品牌和价格上有所突破

期刊的售卖已经不仅仅是"内容"和"读者"的二次售卖，它还增加了品牌以及服务提供商的售卖，这种四次售卖模式上文已有陈述。品牌是期刊生存的核心因素。英美出版商非常重视期刊品牌的建立和延伸，实现品牌的商业化和广告收益的最大化。例如，美国赫斯特期刊出版公司的《大都会》，充分利用品牌资源，在欧美市场开发以"Cosmo"为品牌的女性服饰、家居、手表和首饰等衍生专卖产品，形成了核心品牌的产业链。而随着品牌在市场上的扩张和影响力的加强，其广告价值也得以提升，从而拉动了刊物广告销售的收入。

4. 进行网络营销

现在的网络发展很快。将网络比作高速公路，消费类期刊比作汽车，谁的车子好、技术高，谁就跑得更快。网络高速公路为消费类期刊提供了高速发挥的条件，但如果不懂高速公路网的规则，不认真仔细地开发网络资源，就只能"望网兴叹"了。中国互联网络信息中心(CNNIC)发布的第二十次中国互联网发展状况统计调查显示，我国的网民数量已经达到 2.4 亿。这使得在纸质期刊市场持续低迷的环境下，期刊网络阅读率继续保持高速增长。期刊网络传播重构了纸质期刊的话语权分配，某些期刊细分市场由于特定因素而在某年度的榜单上展现实力。这足以说明开辟网络市场既能获得巨大利益，也是刻不容缓的事情。消费类期刊应加紧开辟自己的期刊网站，形成与读者的良好互动，实现期刊内容的延伸，从而取得更好的营销业绩。

2.4.4 期刊管理的创意和策划

中国中产阶层的迅速崛起，以及生活方式的多元化，为中国的期刊业营造了一个巨大的发展空间，催生了大量细分市场，同时也意味着作为传统媒介的期刊志业面临着激烈竞争。因此，经营管理起着十分重要的作用，是期刊发挥核心竞争力的发动机。有效的经营管理可使期刊从容面对市场，不高明的经营管理则会使期刊在市场竞争中节节败退，而期刊管理的创意策划便成为我们着重探讨的内容。

1. 确立期刊的目标

确立信息时代下各类期刊的目标犹如期刊的旗帜，旗帜就是方向，旗帜就是形象。把握方向，旗帜鲜明地行走在期刊市场中，乃取胜之道。在信息时代，各类期刊应该"以人为本"，培养团队的创新意识，激发他们的创新潜质，以便较早实现用户满意度最大化这个宏伟的目标。

2. 争取消费类期刊的自主权

虽然我国对期刊业采取了控制总量、调整结构、转变机制、管办分离的办法，使一大批期刊逐渐与行政事业脱钩，逐步转制为企业，并使少部分定性为"事业单位性质、企业化管理"的期刊能够进入市场并有所表现，但是由于这种体制"前不挨，后不靠"，很难界定其性质，使这类期刊没有自主权，人、财、物由主管部门说了算，在市场化道路上走得很辛苦，发展遇到瓶颈。所以各类期刊应该在遵守国家方针政策的情况下，尽力摆脱计划经济体制的阴影，争取期刊的自主权，加快发展的步伐。

3. 采取编辑和经营相分离的方法

美国《财富》期刊设有两个独立平行、互不干涉的序列，即以总编辑为首的编辑系统和以总裁为首的经营系统。总编辑和总裁平行并列，没有隶属关系。总编辑不考虑经营，只考虑按他们的原则和理念办出一本读者信任的最好期刊。总裁负责市场推广，但不能对总编辑施加任何影响，不干涉期刊的报道。在这种编辑和经营相分离的制度下，《财富》期刊内容不受广告商和经营环节的影响，使其长期恪守职业道德，较为真实与公正地报道和评论工商界的人物和活动。正是这样，《财富》的质量得到了保证，威望极高，深受读者欢迎。

4. 实行多媒体跨国经营

多媒体跨国经营是期刊发展的必然趋势。多媒体整合，跨出国门，期刊便有了更广阔的发展天地。法国阿歇特集团之所以会成为世界最大的期刊出版商，主要原因之一就是实施了多媒体跨国经营。实施多媒体跨国经营，能够优势互补，共同发展。阿歇特集团最初只是经营一些儿童教育类和旅游指南类图书，但在1945年，它开始出版著名的娱乐性期刊——《她》(Elle)，此后陆续拓展自己的经营范围，在图书、期刊、发行、广告、广播、影视、互联网等多个领域都取得了不菲的业绩，尤其在期刊出版方面。目前，该集团在全世界34个国家出版204种期刊，其中亚太地区35种，具有代表性的有《她》《巴黎竞赛画报》《旅行假日》《划船》《汽车与驾驶》《妇女生活》《大众摄影》等，影响着全世界读者。

5. 充分利用高新技术，积极开发新型媒体

20世纪二三十年代以来，高新技术的推广和应用已成为为传媒产业的发展带来新的增长点的主要因素。很多期刊纷纷利用新兴电子技术来推动期刊的发展，其中尤以《时代》最为典型。《时代》开创了自己的门户网站 www.Time.com，在网上实行信息更全、角度更新、分析问题更透彻深入的报道；同时它还采用滚动发布、连续报道、追踪采访等方式，最大限度地发挥网上时效性强、内容丰富的优势。

思考题

1. 纸质传媒产业策划的原则有哪些？
2. 纸质传媒产业创意策划的特点是什么？
3. 传统报业的盈利模式有什么特点？
4. 期刊管理的创意和策划需要哪些注意事项？

章末案例

《新周刊》《第一财经》封面专题策划

《新周刊》的封面专题策划是其"新锐"的集中表现，纵观《新周刊》的封面专题策划，"新锐"一词贯彻其中。1997年的号外《中国不踢球》树起了批判社会问题的大旗；1998年的《弱智的中国电视》《世界杯大批判》，以"愤青"之姿态矗立期刊界；《1997大盘点》开启了盘点模式，被期刊界效仿；1998年的《城市魅力排行榜》走上了"榜爷"之路，延伸成后来的"四大榜单"，成为《新周刊》的品牌。2000年第1期《新三十而立》实现了转型，由批判的"破"转向成熟的"立"，把重心转移到"生活"上，确定了"生活方式"这一中心，当年策划了《飘一代》专题，成为《新周刊》史上的经典佳作，并创立了"概念策划"这一新的专题制作形式，后制造了"F40""25：00""Morld"等新概念作为专题主题。《新周刊》每年的固定封面专题有情人节特辑、年度新锐榜、生活方式创意榜、中国电视榜、酒店魅力榜和年终大盘点。封面专题围绕"生活方式"，每年有不同的阐释，2000年的《住得像个人样》，2001年的《回到北京》，2002年的《一定要有一个个人品牌》《像什么一样生活》，2005年的《生活家》，2008年的《穷忙族》到2010年的《给我生活，地方随便》，再到2011年的《低成本生活指南》，展现了《新周刊》的"生活方式"观。《新周刊》的封面专题倾向于对社会问题的探讨，调

查80后生存状态的《80年代下的蛋》，透析90后的《他们不是另一代人，他们是另一种人》，《未富先懒》《急之国》《橡皮人》等，通过对社会现象、社会群体的观察，提炼主题，透过社会现象，解读现象背后的社会学内涵。例如，《急之国》讨论中国盲目追求高效，为什么丧失了慢的能力这一问题，两年后的封面专题借由白岩松的新书倡导慢下来，静下来"做点无用的事"，体现了《新周刊》的期刊价值观以及封面专题内容的呼应性。

在一个新媒体不断挤压传统媒体、传统媒体竞争日益白热化的时代，一本新创刊的财经类杂志要想取得市场成功，必须有清晰的发展战略。《第一财经周刊》在众多原有的老牌财经杂志中，特色鲜明，走的是差异化竞争的路线。

1. 定位精准

2008年创刊之初，《第一财经周刊》前总编辑何力曾指出："那些细分市场的和财经相关的，服务于各种不同的受众群体的专业化媒体，现在在中国市场还依然是空白，会有非常大的发展前景。"何力和他的同事发现，中国的公司人群是一个非常年轻的群体，而且数量庞大，杂志就是要吸引这样的一个群体。在此之前，《财经》杂志服务于社会精英人士，《中国企业家》杂志服务于企业家群体，《哈佛商业评论》杂志服务于企业经营管理者，没有一本财经类杂志明确提出要服务于公司人。而《第一财经周刊》所在的上海，是中国的经济重地，拥有其他城市无法比拟的企业数量。在中国的中产阶级形成过程中，公司人成为首当其冲的组成力量。他们生活在城市，主要由70后、80后组成，年轻、有朝气，喜欢时尚、新潮的生活方式；或多或少受过西方文化的熏陶，对洋派的事物拥有足够的热情；他们在强大的压力下努力工作，习惯网上购物，买车买房是人生大事；他们关心政治经济，又不像上辈人那样严肃刻板……这部分群体在不断扩大，他们有旺盛的阅读需求，迫切需要有媒体站在自己的立场说话。《第一财经周刊》正是这样一本完全对味的杂志。《第一财经周刊》把年轻的公司人作为主要阅读群体，努力迎合目标读者的阅读需求，表现在封面报道中有以下特点：在《第一财经周刊》的封面报道中，注重以公司人的口味和需求为立足点，尽力迎合公司人的阅读习惯，创造轻松、时尚、西式的阅读体验。这从上文所分析的语言风格、设计特色等可窥一二。从选题看，着重关注互联网产业、汽车、电影等与公司人生活密切相关的选题。而在策划报道中，突出为公司人服务的主旨，显示无微不至的关怀，如推出以公司人的薪酬福利、喜欢的品牌为主打的调查报告，即使是在《5.12地震》的系列报道中，也是以大公司的应急安全措施这个点切入的。年轻的读者讨厌媒体居高临下的姿态，喜欢多元、轻松的表达方式。《第一财经周刊》投其所好，一改家长式、教条式、训诫式媒体的古板形象，像一位和公司人聊天的朋友，把严肃的商业解构成浅显易懂的报道，娓娓道来，故而深受欢迎。

2. 关注创新

《第一财经周刊》关注商业创新，一切创新的商业思维、商业现象以及新的商业举措都是其关注的重点，诸如对创新的营销方案的总结，对好的设计法则的归纳等议题，还有电视未来的发展、大数据将对未来生活产生的改变等讨论，都足以表明杂志对创新的关注。认知心理学认为，用户信息的90%都来自视觉。视觉信息在很大程度上决定了消费者对产品的判断，从而影响他们的购买决定。杂志封面的视觉元素能够建立起杂志、封面、受众三者之间的联系，在某种程度上成为本期杂志的广告。《第一财经周刊》的封面一定和"封面报道"相联系，即封面即头条，主打明确。总体来看，《第一财经周刊》封面的构成大体可以分为三类：漫画类、品牌类和象征类。

漫画类封面一般通过风格前卫的漫画在封面讲故事，增强趣味性。例如，《小清新制造者》的封面采用手绘的绿草蓝天以及放风筝的年轻人形象，并把"小清新"的元素用文字形式加入，很好地诠释了小清新的形象；又如《马云反腐》这期封面报道中，把马云的形象卡通化，把反腐的事件用小丑抛球杂耍的形式体现出来，具有新意。有趣是漫画类封面的主要诉诸点。

品牌类封面一般突出品牌形象标识或利用封面直接进行品牌宣传，设计较为简洁，仍旧突显创意。例如，《狙击星巴克》以星巴克的标志为原型，并设计成"靶子"，突显"狙击"意味；《可乐门背后》以事件的主体可口可乐公司的招牌产品为原型，巧妙地将可口可乐本身的英文标志替换成事件背后的英文单词，切合主题，很有创意。象征类封面构图抽象，具有隐喻性，强调色彩及明暗对比。例如，在《谁买了骑士队》这一篇报道中，用篮球和背后的黑皮鞋隐喻这一事实；《下一个是你吗？》用辞职的纸箱隐喻全球裁员的现状；《志愿者的光荣与迷茫》用羽翼守护的形象意指志愿者的努力。

总体来看，《第一财经周刊》的封面设计有以下几个特点：①创意十足，形成视觉冲击力。《第一财经周刊》的封面设计元素，舍弃了大多数财经类杂志偏好采用人物图片、新闻图片或导读式的设计手法，更多采用矢量风格的设计，别出心裁，突出杂志清新、时尚、有趣的整体风格。②封面与头条内容融为一体，主打明确。封面的图片、标题都为核心内容服务。最多为第二头条做导读，摒弃了过多的文字导读内容，以海报的形式吸引读者阅读封面主打报道。③树立鲜明的品牌形象。《第一财经周刊》之前的封面设计仿造《时代周刊》等杂志有黑边框包围，版式基本也按照1∶2的比例放置导读文字和图片。从2011年3月21日(第10期)开始打破这种限制，设计更加开放，杂志logo和封面图片按照1∶3设置，用色上依旧偏爱黑色、黄色和红色，形成足够的视觉冲击力。充分发挥Visual Identity System(视觉识别系统)的特性，在封面上半部突出品牌的英文logo。以英文为主要logo表现的杂志极易吸引读者注意，这种类似英文、数字、标点的符号，常被视为图形化文字，除表义外，还具有设计和造型功能，容易从汉字符号中跳出。较为稳定的封面设计风格也为《第一财经周刊》树立了鲜明的品牌形象，读者即便不看杂志上方的logo，仅看封面图片基本也可以将其从众多财经杂志中区别出来。

资料来源：郎晶晶.《第一财经》封面报道研究[D]. 昆明：云南大学，2013.

资料来源：艾菲菲.《新周刊》封面专题策划探析[D]. 长沙：湖南师范大学. 2014.

思考题：《第一财经》的封面创意策划有什么特点？

第3章

网络文化产业
创意与策划

→ 章前引例

优酷与土豆合并

2012年3月12日，优酷、土豆宣布将以100%换股的方式合并。合并后，优酷股东及美国存托凭证持有者拥有新公司约71.5%的股份，土豆股东及美国存托凭证持有者拥有新公司约28.5%的股份，新公司被命名为优酷土豆股份有限公司。

战略合并完成后，土豆将保留其品牌和平台的独立性，帮助加强和完善优酷土豆的视频业务。优酷与土豆的合并使我国视频行业的竞争格局出现了明显的变化，由原先的群雄纷争变为一家独大。从收入规模来看，优酷始终保持领先地位，再加上土豆的收入，其地位已不可撼动。2012年第三季度，优酷、爱奇艺、搜狐视频占据中国网络视频市场综合收入前三名，三家收入总和占41.57%的市场份额。

资料来源：李晴. 优酷土豆以100%换股的方式合并土豆退市[EB/OL]. http://tech.ifeng.com/internet/detail_2012_03/12/13139897_0.shtml，2012-03-12.

3.1 网络文化产业的发展概况

文化的产业化，是文化在现代社会的变革和发展。在欧美发达资本主义国家，文化在其社会文明的发展进程中发挥的作用越来越明显，文化产业已经取得了合法地位，并且逐渐获得各国政府的重视。当前，全球文化产业发展的一个重要趋势就是文化与科技相融合，即文化的科技化趋势和科技的文化化趋势。当今世界，高新科技在文化领域的广泛应用，造就了众多新的文化形态，为传统的文化地图开拓了大片领土，推动着人类文明不断迈向更高的境界，通达更远的边疆。多数文化产品属于内容产品，天生具有虚拟特性，被认为最适合于网上生产、流通和消费。这些文化产品可以在网上完成从生产、交易直到消费的全部过程，网络文化市场便成为最符合网络世界本性的市场。

从这一意义上来说，我们把网络文化产业界定为新兴文化产业门类或新兴文化业态。作为新兴文化业态的网络文化产业，是相对传统文化业态而言的，是伴随着传播技术、传播介质以及传播形态的更新发展而发展起来的。网络文化产业，一方面体现了科技与传统产业形态的高度融合性，另一方面其产业发展速度也是有目共睹的。从总体上来考量网络文化产业，它不仅改变了人类社会的文化生产方式，而且改变了人类社会的精神生活方式。

3.1.1　网络文化的内涵与特征

随着信息技术的发展以及信息内容产业的崛起，网络文化正日渐引起人们的关注。它是互联网与文化艺术相结合的一种全新的社会文化现象，它集中体现在文化内容、表现形式和传播手段的全方位创新上。网络文化的江湖性、实时性、跨地域性及个性化等特征使网络文化与传统文化有着本质的不同。因其信息量空前丰富的特点，故又称"网络信息文化"或"信息文化"。

网络文化是一种蕴涵特殊内容和表现手段的文化形式，是人们在社会活动中依赖以文本、网络技术及网络资源为支点的网络活动而创造的物质财富和精神财富的总和。对于网络文化深层内涵的理解与把握，可以从两个方面着手：一方面，网络文化体现为传统文化的集成。在传统文化的发展过程中，受制于科学技术的发展程度，那些带有明显的物理的、模拟的信息特征的信息内容，很难实现其与文化的相互转化、交流和利用。互联网技术的出现，开辟了数字化信息集成的新纪元，将各种数据、文本、图像有机地整合在一起，利用信息技术的先进性进行转化、加工、传播，进而实现了传统文化形态的集成化、网络化和信息化。另一方面，网络文化在实现了传统文化的集成化的同时，也在不断地衍生新的文化形态。在企业管理的内容中，信息资源正逐渐成为继人、财、物之后的第四对象。人类在利用互联网生活、学习、工作的过程中，也开始对自身的价值观、思维方式、行为举止等进行深刻反思，在这一过程中不断地创造着新的文化形态。由此可见，网络文化是以网络技术为支点，在以产业化的方式提供文化产品和服务的过程中所创造的物质财富和精神财富的总和。作为一种崭新的文化形态，网络文化具有以下几个特征。

(1) 网络文化体系的开放性。在人类文明发展和交流的历史长河中，任何文明形态下的文化都带有突出的区域性特征。交流是实现文化形成和发展的根本途径。受制于地理时空限制、语言障碍、科技差异等因素，不同地域之间的文明难以进行文化交流，这就使得农耕文明时期甚至工业文明初期的文化呈现出独立性、封闭性的特征。互联网超越了传统跨地域信息交流中存在的政治、经济、文化和语言障碍，减少了不同种族、国家民族、宗教和信仰的人们进行交流的限制，促使网络文化的无障碍的开放性交流与传播，呈现出无疆界全球流动的开放性特征。网络文化在实现了跨地域交流传播的同时，也完成了现实文化与虚拟文化的时空融合，真正达到了文化信息全球一体化与个体文化多元化的有机统一，超越了以前的文化形态传播的单一性。由此可见，网络文化体系的开放性特征，实现了历史时空与现实时空的交融，而且直接促成了网络文化的全球性。

(2) 网络文化参与的大众性。依托于互联网技术发展起来的网络文化，尽管其科技因素较为复杂，但是其对于应用者的科学技术水平要求却很低，这在很大程度上就形成了人人可以平等参与的局面。当然，各国政府也相继颁布了关于网络文化方面的法律法规，但是这并没有破坏网络文化的"自由"原则，它对于参与者没有民族、政党、级别等身份的限制，每个在网络空间里的网民都可以通过网络各取所需，可以充分享受进出网络世界的自由、选择身份角色的自由、发表言论的自由、选择网络信息的自由等。此外，网民还可以平等、自由地选择自己喜欢的网页和购买喜欢的网络文化产品而不受身份的限制，如欣赏网络音乐，观看网络电影，与网友进行视频聊天等。所以说，网络文化的平等参与性，使得目前对网络文化的制约呈现松散状态，进而形成了网络文化参与的大众性特征。

(3) 网络文化的数字虚拟性。网络文化以互联网技术为基础，以数字化为核心。数字技术革命为信息技术与文化资源之间的互渗创造了可能，它引发了一场波及全球的信息传输手段汇流的浪潮，即传媒汇流与媒体转移，并为文化产业与数字技术之间的融合嫁接提供了前提条件。而且，数字化技术革命在实现技术革命的同时，也创设了新的时空世界。在网络这个新的时空世界中，互联网营造了一个与现实物理空间相对应的虚拟世界，它不仅建造了诸如图书馆、商店、医院等现实时空的物质实体，而且创设了虚拟的爱情和家庭等情感内容。当然，虚拟并不等于虚假，也不等同于虚无，它是现实世界与计算机技术的结合，是创造性的时空建设，它在很大程度上改变了我们认识世界的方式。

(4) 网络文化内容的交互动态性。在互联网技术出现之前，除了人与人之间可以面对面地进行原始状态的交流外，所有的传播交流方式，在一定的时空范围内都是单向的。网络文化借助互联网技术，克服了传统交流方式的局限性，开辟了人类文化交流传播的新途径，实现了人类交流的互动性。在互联网构筑的网络空间中，每一个参与者既是文化的传播者又是文化的接受者，在任何时空范围内，都可以进行实时、无限量的交流互动。网络文化交互性的核心在于参与，内容的动态性是公众参与其中的动力所在。由于网络文化以互联网为传播载体，它通过二进制的数字0和1的排列与组合传递数据，塑造了一个绚丽多彩的网络空间，并动态地传递着大量数字、符号和声音、图像等数据与信息，实现了文字、声音、图画等的同步接收、交流与再分配，使得文化传播行为脱离时区限制和现代性的领域关系，提供了即时、高效的全球接触，将现代后现代的主体置入网络性的器械之中，实现了文化消费与网络文化生产的共时性。同时，网络文化的互动交流，又实现了内容的个性化动态变化。在网络世界中，每个网站、每个网页或者每个网络社区通过参与者的动态交流，逐渐形成了自身的独特文化内容和风格。

(5) 网络文化的两面性。互联网自诞生之日起就饱受争议，正如法兰克福学派的本雅明对"文化工业"的认知一样，互联网在一定程度上带来了一些消极的影响，但是，从总体上来看，它所带来的积极影响更为重要和引人注目。网络文化具有发展经济与繁荣文化市场的功能、文化传播与互动娱乐的功能以及教育功能等。互联网技术为网络文化创造了新的载体，提供了新的传播媒介，发明了新的文化符号，诞生了新的文化意义，既改变了人类的精神生活方式和内容，也激发了人类的创造力，为文化的创新提供了诸多可能。当然，网络文化在为社会的进步与发展带来积极影响的同时，也带来诸多新的社会问题：①网络文化改变了固有的文化生存语境，形成了新的文化生态环境。在新生的文化环境中，一方面，由于极为迅速的文化变更频率，势必造成强势文化对弱势文化的侵蚀，成为强势文化入侵不同种族、不同国家的平台；另一方面，由于网络的便捷性，极易造成即使是一条不健康的网络信息，或是一张不健康的视频图片，或是一个变异的网络病毒都可能在整个网络生态场域里兴风作浪的局面，进而形成巨大的网络文化事故，给社会精神文明建设带来危害，也同样增加了网络治理的难度。②网络文化变异更迭过快，会形成强势文化对弱势文化的侵略。当然，无论从任何角度来看，网络文化的形成和发展的积极影响远大于消极影响，只不过在发展的过程中我们需要注意建设网络文化的双重导向选择：既要充分利用、发展网络文化带来的优秀文明成果，又要积极摒除网络糟粕，保持、发扬民族特色文化，维护国家网络文化安全。

▋3.1.2 网络文化产业的内涵与特征

网络文化的发展，使得网络文化的产业化趋向逐渐明朗，最终促使网络文化产业蓬勃发展。网络文化产业是一个外延比较广泛的概念，在国际上又被称为"数字内容产业"或"数字娱乐产业"。关于"数字内容产业"的概念最早出现在1996年欧盟提出的"信息2000"计划中，并把数字内容产业明确为"那些制造、开发、包装和销售信息产品及服务的产业"。而后，诸如日本、韩国、澳大利亚、爱尔兰等发达资本主义国家相继出台了关于发展数字内容产业的规章制度，在这些国家产业实践的过程中，数字内容产业的概念逐步得到明确。数字化内容产业是指将文字、影像、语音等内容，运用数字化高新技术手段进行整合运用的产品或服务，包括互联网信息服务、网络游戏、网络动漫、网络电影、网络音乐、数字出版等多个领域。

网络文化产业是一种借助现代高新科技，通过网络化、数字化方式提供精神文化消费产品和服务的新型产业形态。关于网络文化产业的概念，较为流行的观点主要有以下几种：第一，信息说。网络文化产业是指以网络技术为依托，以产业化的方式提供文化产品和服务的新经济。第二，内容说。网络文化产业是在信息产业与文化产业、网络产业与内容产业的跨越和融合发展中崛起的一个新产业，国际上又称为"数字内容产业"或"数字娱乐产业"。第三，服务说。网络文化产业是利用计算机网络为社会提供各种服务，并从中获得一定服务费用的服务性行业。第四，融合说。网络文化产业是以网络技术为依托，以产业化的方式提供文化产品和服务的行业，包括网络出版、网络新闻、网络广告、网络教育、网络旅游等诸多网络与文化相结合的产业。

由此可见，学术界在界定网络文化产业的过程中，站在不同的角度给出不同的定义，这在一定程度上也为我们界定它的含义提供了诸多参考价值。网络文化产业是以计算机网络技术为基础，以网络与文化的融合为形式，提供以数字化为核心的文化产品和服务的经营性产业。作为与新经济形态和技术形态相适应的新型文化产业形态，网络文化产业也必然有着与生俱来的特征。

(1) 网络文化产业的科技特性。网络文化产业的发展进程也是一段科技发展史，它以计算机技术为基础，通过信息高速公路的建设将世界联系成一个整体，最终促成了全球化趋势下的开放性。网络文化产业的迅速发展，不仅改变了人类的生存状态和精神生活方式，而且改变了各国的经济生活方式。传统经济活动的进行，往往受制于各国时区的差异，无法在同一时间展开，网络文化产业则突破了这一限制，成为一种24小时全天候的经济形态。同时，网络文化产业不仅缩短了经济运行的周期，而且在全球化趋势的推动下呈现出不同以往的经济形态的开放性。一方面，网络文化产业满足了消费者个性化的精神诉求，极大地鼓舞了消费者的自主性，消费者可以在极为透明的网络信息中，根据自己的爱好选择订购符合自己精神需要的产品；另一方面，互联网技术的全球化进一步加剧了地球村的进程，在一定程度上消解了种族观念，使得公众对于文化产品的需求越来越趋向于一致化，也就使得网络文化产业所面向的消费市场更为广阔，这是其他传统产业门类无法比拟的。

(2) 网络文化产业的经济特征。网络文化产业实现了文化产业与信息产业的融合、内容生产与网络运作的有机整合，具有明显的经济联动性。一方面，网络文化产业依托科学技术的强大支撑力和渗透力，使得异质文化产业之间的联系更为紧密，延伸了各文化产业的产业链条，扩大了市场覆盖面，实现了产业的增值和再发展。另一方面，网络文化产业的经济特征，还体现为其强大的交互性优势。在互联网技术构筑的多元结构中，网络用户可以用自己的方式控制获取信息的顺序，并可以成为网络文化产品的主体，强化了与文化内容相关的一种信息内容生产者与消费者之间日益增长的交互关系，实现了网络信息内容影响下的动态双向交流。以阿里巴巴旗下的淘宝网为例，消费者在选择自己要购买的产品时，可以自主地按照价格高低、店铺信用、产品品牌等内容排序，然后挑选自己心仪的产品，这在现实社会中不仅需要耗费大量的人力和时间，而且也很难真正实现。此外，网络文化产业在运行过程中的经济特征还体现为高风险与高收益并存。

(3) 网络文化产业的产品特征。网络文化产品的首要特征体现为知识密集程度高，网络文化产业是基于互联网这个平台进行文化内容的创造和商业化运作的产业，它包括网络出版、网络新闻、网络广告、网络教育、网络旅游等诸多网络与文化结合的产业。网络文化产业在生产经营过程中，创造出许多人们未敢想象的新产品、新服务，这些产品和服务也越来越知识化、智能化、数字化、人性化。正是由于网络文化产品高度的知识密集性特征，使其具有非排他性。传统的物质产品包括部分以实体物质为载体的文化产品都具有明显的排他性，消费者一旦付出金钱便占有此产品，而网络文化产品以互联网为依托，不同的消费者可以同时使用，不会因使用人数的增多和时间的交叉而受到影响，相反，会因使用人数的上升提高该产品的受众群体，扩大产品的边际效用。此外，网络文化产品和服务还具有高流动性，与传统物质产品不同，互联网是一个24小时全天候运行的动态经济网络，它突破了时空限制，消费者随时需要随时获得，这就使得产品和服务一直处于流动的过程中。

(4) 网络文化产业的社会性特征。网络文化产业的功能伴随其边界的扩展而日趋多样化，也就使得其社会性特征日益明显。一方面，网络文化产业的发展为人们提供越来越多的新颖、便捷的网上娱乐方式——网民借助网络文化产业的各种形态可以进行网上聊天、传递信息、网上购物、网上休闲娱乐等，有利于缓解人们的工作和生活压力，并提供相应的综合性、导向性的大众教化功能。另一方面，网络使人类以更便捷的方式获得并传递人类创造的一切文明成果，它在与传统文化产业融合的过程中，不断塑造新的产业形态和多元化的文化形态，创造着当代社会的文明。此外，网络文化产业为所有公众提供了一个平等的交流平台，在这个平台中，网民不仅可以便捷地浏览各大学术、图书网站，而且可以无障碍地、自由地表达自己的思想。也就是说，网络文化产品正在用一种完全不同的方式重新诠释生活，解构传统金字塔权力控制模式的文化价值观，又培育和强化了关注个体、尊重平等的文化形态。

■ 3.1.3　网络文化产业的发展概况

由于网络文化产业是通过计算机技术将传统文化产业与信息产业融合在一起的新兴文化产业形态，所以其涵盖的行业门类众多，也有着多样化的产业分类标准。不同的网络文化产业的分类标准，反映了不同的理论切入点，但不同的分类标准并非界限分明、相互独立。总体来看，学术界对网络文化产业的分类依据主要有产业来源、产业功能、产业性质、产业的产品类别、物理载体、产业链的位置、产业生命周期阶段等。虽然分类依据不同，但这些不同的类别之间有时也呈现相互交叉的特点。本书在论述网络文化产业发展概况时，选取当前发展势头比较迅猛、发展状况较好的行业门类，主要涵盖网络视频产业、网络游戏产业、网络音乐产业、网络出版产业。

1. 网络视频产业发展现状

截至2014年，我国各类视频网站总数约200家，网络视频行业整体市场规模突破100亿元，同比增长45.6%。截至2015年8月，我国在线电视台日均覆盖人数已达1200.5万人，有效浏览时间达2573.7万小时，在线电视台成为继视频网站之后又一迅速发展的网络视频经营业务。至此，我国的网络视频用户人数已经突破5亿大关，网络视频成为互联网位列第一的服务内容。从视频产业的市场情况看，视频网站的市场营业收入主要来自网站的视频广告。广告处于视频网站具体收入份额的核心地位，相比往年增加了一定比例的份额，综合观察后得知，主要原因在于近年来网络视频媒体地位逐渐提高，并且举办了大量重大活动，在品牌策略的推动下，相比2013年，视频网站广告主数量和广告单价都出现了大幅提高，这是视频广告得以健康发展的强力支撑。

2014年，网络视频的增值服务所占的份额较小，具体原因在于网络视频付费用户的基数比较低，而且主要集中在几个大型企业。但由于视频网站的内容差异化在逐步提升，版权市场也在逐步规范，在这一行业大背景下，网络视频增值服务具有明显的增长趋势。同时，网络视频的其他业务，主要包括游戏联运等，市场收入份额减少约11.7%。可预见的是，随着在线视频行业地位的提升，以及视频网站收入来源的多样化，这方面份额将持续减少。

纵观当前我国网络视频产业的发展现状，可以发现我们无论是在经营机构、受众人数还是在市场规模等方面都取得了长足的进步。但是，也出现了一系列问题：一方面，视频网站在追求较新、较热、较经典内容的经营过程中，版权问题突显；另一方面，各大视频网站在大力尝试新的盈利模式并取得一定成效的同时，仍然无法摆脱广告收入单一盈利模式的困境。

2. 网络游戏产业发展现状

截至2013年，我国网络游戏市场规模达到891.6亿元。2015年，中国游戏(包括客户端游戏、网页游戏、社交游戏、移动游戏、单机游戏、电视游戏等)市场实际销售收入达到1407.0亿元人民币，同比增长22.9%。网络游戏市场规模的扩大主要得益于移动游戏的高速增长，2014年移动游戏市场的份额首次超过网页游戏，达到24.9%。2015年移动游戏实际销售收入达514.6亿元人民币，同比增长87.2%，已成为中国网络游戏的龙头。

综合分析艾瑞咨询的统计数据，可以发现我国网络游戏产业的发展呈现出"三端并行、两翼齐飞"的格局。端游企业发力移动端，移动游戏趋于重度化。在这一过程中，客户端游戏虽保持增长但黄金时代已过，浏览器端游戏新增用户的规模明显减小，移动游戏市场经过迅速发展后已开始从渠道为王进入内容为王的时代。随着客户端游戏企业向移动端的转变，2014年上市公司并购游戏公司的案例愈演愈烈，其中涉及移动游戏的占比达89.9%之多，移动游戏的概念在资本市场中受到追捧。在渠道格局基本稳固、游戏内容提供商又缺乏经验和资源的情况下，中小企业面临的生存压力加剧，将遭遇重新洗牌，选择"背靠大树好乘凉"，被有实力的大企业并购或将是最佳出路。

当前，我国网络游戏在迅猛发展的过程中，也出现了各种各样的问题。一方面，版权保护措施不健全，导致网络游戏作品同质化现象严重，主流网络游戏类型长期沿袭固有模式，内容重复、玩法单一，缺乏创新元素；另一方面，对于网络游戏产业的多头管理与管理滞后的问题，使得在市场监管方面存在着管理跟进不够与市场快速变化的矛盾。

3. 网络音乐产业发展现状

截至2013年，我国数字音乐市场规模达到440.7亿元人民币，其中网络音乐市场规模达43.6亿元，用户数量超过4.53亿人，规模以上提供网络音乐产品或音乐服务内容的企业有200多家。网络音乐的传播、消费、体验模式日新月异，具有巨大的市场发展潜力。

在全球音像业市场不景气的情况下，正在崛起的网络音乐产业的营业收入占整个音乐产业的营业收入的比例是逐年攀升的，其未来发展将会在全球音乐产业中发挥日益重要的作用。这一方面得益于互联网技术创新带来的网络音乐质量的提高和网络音乐运营商成本的降低；另一方面得益于全社会网络消费观念的逐步形成，网民也更愿意以手机音乐、网上付费下载、视频点播等形式来享受网络音乐。

从总体上来看，我国音乐产业的体量虽然小于新闻出版产业、广播影视产业等传统文化产业，但仍然排在传统文化产业行业的前列，其中网络音乐产业功不可没。当然，作为新兴的网络文化产业，网络音乐产业所面临的问题更为严峻。一方面，《中华人民共和国著作权法》的修改，使版权问题成为整个产业发展的关键问题；另一方面，虽然以百度、腾讯、酷我、酷狗、多米、虾米为首的网络音乐从业企业相继推出正版付费音乐，但是从短期来看还是难以搭建一个良好的中国网络音乐用户付费的行业环境。

4. 网络出版产业发展现状

当前，业界对于网络出版产业的界定并不明确，本书主要引述解学芳的观点：所谓网络出版，是以互联网为依托的，进行图书、音像的编辑、出版、销售的总称，是在产品数字化、流通网络化和交易电子化的过程中所形成的高效、快捷、节能的新型出版模式，如电子书籍、电子报刊、网络杂志、网络小说等，都归属于网络出版的范围。网络出版产业范围的界定，可以帮助我们更好地梳理相关的数据。2012年的出版行业统计数据显示，在我国出版业的产业类别中，网络出版的利润总值位列第三，仅排在印刷复制、出版物发行之后，约占全行业利润总额的11.5%、总产出的11.4%、增加值的11.8%和营业收入的11.7%。

分析数据可以发现，尽管网络出版产业位列整个出版业的第三位，但是在具体产值上与印刷复制、出版物发行相比差距较大，这主要是因为我国网络出版业基本上还处于在网络技术平台上模仿传统出版业的初级阶段。从出版内容来看，还是基于传统出版物的内容，只是经过技术处理再上传到网络上，文件格式改为CAJ或PDF格式，但内容未变；从运作营销模式来看，主要是通过网上书店进行，如当当网、卓越网和蔚蓝网等。

当然，处在起步阶段的网络出版业还存在诸多问题：网络出版技术还不够成熟；相关法律法规不健全；大多数网民尚未形成网络化的消费方式和阅读方式，对网络出版业发展的推动作用尚未释放出来；网络盗版侵权问题比较严重等。可见，网络出版业的真正发展不仅依赖于相关制度的完善和相关技术的成熟，还依赖于独有的网络化内容体系和模式，而不仅仅是形式层面的网络化。

3.2 网络文化产业创意与策划的特点、方法

网络文化产业是文化产业与科学技术交融发展的结果，是信息产业与知识经济背景下的新兴产业形态。由于科学技术一直处在更新变化中，文化产业与多种产业形态的融合也在不断磨合中，这就使得网络文化产业仍然处在一个不成熟的初级发展阶段。不断追求创新是网络文化在激烈的市场竞争中生存壮大并在繁多的文化产业门类中确立产业地位的核心动力。创意是创新的源泉，在Web2.0时代背景下，网络文化产业创意的特点也呈现出不断变化的趋势，表现出许多新的特点。

3.2.1 网络文化产业创意的特点

(1) 以产品为基础，以服务为先导。传统的文化产业形态主要是向消费者提供文化产品，网络文化产业形成之初也主要是提供网络产品，所以，初期的网络文化产业创意的对象主要集中于产品层面。但是，伴随着互联网技术的不断更新发展，用户文化需求的不断持续变化，网络文化产业的创意逐步开始由产品层面向服务层面转化。特别是经济危机的深层蔓延，许多主导产品创新的网络文化企业业绩持续下降，而主导服务创新的新兴网络文化企业则逐渐站稳脚跟。作为中国领先的互联网安全产品及服务供应商的奇虎360科技有限公司，一直将创新作为企业理念和发展动力，360公司从最早的360安全卫士到360杀毒，向互联网用户提供免费的服务，使得360迅速在中国的互联网浪潮中站稳脚跟。在由产品向服务转型的过程中，360一直以向用户提供免费的安全服务为核心，陆续推出360安全浏览器服务、360保险箱服务、360云盘服务、360手机卫士服务、360免费WiFi等多种服务项目，使其逐渐获得用户的信赖，成为中国三大互联网公司之一。当然，对于如雨后春笋般迅速崛起的网络游戏产业而言，为玩家提供多样化的游戏体验服务是其制胜的法宝。传统的网络游戏制造商仅仅关注游戏画面的美观度和游戏剧情的曲折性，这在很大程度上导致网络游戏陷入"同质化"的困境当中。所以，在激烈的竞争中生存下来的游戏制造商更加注重

对游戏的服务功能的挖掘与整合，以韩国Smile Gate开发、腾讯公司运营的《Cross Fire》(穿越火线，简称CF)为例，游戏在设计转化的过程中，不仅注重游戏画面的优化和多种对战模式的开发，而且更加注重玩家在游戏过程中的互动性体验，社区交流和战友推荐服务功能可以更好地帮助玩家掌握游戏要领，尤其是帮助新玩家迅速提升自己的游戏等级。

(2) 以互联网为平台，以用户参与为核心动力。网络文化产业是一种双向性的产业形态，在具体的买卖关系中，更加注重消费者的参与性。网络文化产品和服务的消费者的参与和互动，成为提升网络文化产品和服务质量的关键所在。中国Web2.0时代的购物代表网站天猫就抓住了这一点，网站根据使用用户自由选择的关键词标签对网站的商品进行分类，从而构成网站的主体内容。在此基础之上，天猫网站内部运营系统通过多重重叠交叉关联，然后根据用户的浏览内容和浏览习惯自动推送相关的产品和信息，这种基于关键词标签的检索服务能为消费者提供更为贴近自身需求的产品。同样，由奇虎360创建的好搜百科之所以取得成功，关键原因就在于用户的参与，通过用户贡献各自的信息资源与知识进而提高服务内容的质量。在好搜百科中，创新性地设置了"大家在关注"模块，通过整合分析用户的搜索数据形成"百科热搜榜"，这样就便于用户第一时间链接到想看的最新热点新闻。例如，旅游词条中的游记，汽车词条中的汽车大图，而且模板内容可以直接链接到专业网站。特别是好搜百科旗下的"好搜问答"服务，由用户有针对性地提出问题，并由问答本身的奖惩机制来发动其他用户解决问题。同时，这些问题的答案又会进一步作为搜索结果，提供给其他有类似疑问的用户，达到分享知识的效果，以此营造"你问大家答"的良好网络知识氛围。以天猫、好搜百科等为代表的新型交互式服务网站，在建设并完善互联网平台的同时，发动用户参与其中，成为网络经济发展的不竭动力。

(3) 以内容整合为重点，同时兼顾互联网长尾效应。与Web1.0时代信息共享主要体现为静态信息之间的交叉链接不同，Web2.0时代将信息共享的方式从静态信息转向了内容整合。以目前互联网浪潮中如雨后春笋般崛起的搜索引擎为例，如何有效地共享信息、整合相关的内容是其进行持续创新的主要目标，也是其吸引用户的关键所在。好搜百科之所以能够在较短的时间内迅速地崛起，原因就是其秉承"让求知更简单"的理念，通过和好搜搜索的结合以及同专业网站的合作，大规模地整合信息资源，从而帮助用户更加及时、便捷地获得最为准确、权威的知识与信息。此外，与Web1.0时代只顾社会上层群体不同，Web2.0时代则兼顾长尾效应。Web2.0时代下的网络文化产业创意，也开始有意识地减少对于所谓"顶层用户"的关注，转而面向所谓的"屌丝群体"，这一点在互联网金融领域体现得尤为明显。受制于金融体制的固有问题，使得银行"嫌贫爱富"的本性暴露无遗，这就使得"屌丝群体"陷入投资理财无路可寻的境地。对于"屌丝群体"而言，个人所拥有、能够支配的资产数量较小但群体数量庞大，互联网金融就很好地吸引了这一群体，以"余额宝"为代表的互联网"宝宝"系列产品就服务于理财需求不能被满足的"屌丝群体"。

▌3.2.2　网络文化产业策划的方法

网络文化产业作为新兴的文化产业形态，还处在一个不成熟的初级发展阶段，尽管知识经济时代的到来，为网络文化产业提供了巨大的发展空间和市场潜力。但是，作为一种全新的产业经济形态和文化形态，网络文化产业在生产、分配、消费等环节还存在着诸多挑战，这就要求任何网络文化产业项目都要有一个成熟完善的策划实施方案，在创意策划实施方案的过程中还要有意识地遵循一定的原则、方法。

(1) 整合文化资源，挖掘文化内涵。对于文化资源的利用和转化，是实现文化资源产业化的重要途径，更是文化产业得以持续发展的本质所在。网络文化产业依托互联网技术，将物质世界的文化资源转移到网络平台中，这就降低了文化传播的成本，加快了文化交流的速度，为网络文化资源的整合和利用提供了无限的可能性。因此，对于网络文化产业的策划而言，不能仅仅将文化资源简单地转移到网络平台之上，单纯的"旧酒新瓶"反而会失去品尝的韵味，只有依托互联网平台，整合优化文化资源，通过文化内容的交叉融合，才能充分挖掘文化内涵，建设全新的网络文化平台，创造出更多的具有深刻文化内涵的、符合消费者精神需求的网络文化产品和服务。以豆瓣网推出的阅读器为例，尽管它是一款比较小众的软件，但是其准确把握了"读书"的文化内涵，在设计的过程中有意识地创设与现实世界"读书"相吻合的场景、环境、纸张，所以，软件一经推出就获得了较好的社会反响。

(2) 把握消费需求，有效细分市场。中国多达13亿的人口基数，无疑为网络文化产业提供了一个巨大的市场空间，同时，也为网络文化产业带来了市场选择的困惑。因此，如何准确地把握消费者的文化需求，有效地细分网络文化市场，针对特定的消费群体提供网络文化产品和服务，就成为当前创意与策划的关键。所谓网络文化市场细分，就是以网络文化产品和服务的消费者需求的异质性为基础，根据消费者文化需求的不同，把整个网络文化市场划分成不同的消费群体的过程。当然，当前的网络文化产品和服务呈现出多样化、多种类的特点，如果一个网络文化企业想要在网络文化领域全面开花，容易陷入顾此失彼的困境，这就要求企业集中自身的优势资源，专注于某一领域或某一群体研究开发产品或服务。如果从网络文化产品和服务的角度来细分，一般而言，网络文化产品和服务可以细分为三种市场：初级产品和服务市场、中级产品和服务市场、高端产品和服务市场(见表3-1)。这就要求网络文化产业在创意与策划的过程中，针对不同的生产方式，提供差异化的产品或服务，投向不同的网络文化市场。此外，在网络文化产业创意与策划的过程中，还可以针对不同的消费群体，利用互联网技术生产创造不同的产品或服务。以上文提到的豆瓣阅读器为例，这款软件就很好地把握了当下想要潜心于读书的群体的心态，尽管这一群体比较小众化，但是豆瓣网针对这一群体的消费需求，准确地定位了产品的市场角色，成功地吸引了这一群体的目光。

表3-1　网络文化产品和服务的三种细分市场

市场等级	生产方式	典型产品(服务)
初级产品(服务)市场	文化资源的数字化商业利用与开发	数字音乐、数字出版等
中级产品(服务)市场	文化资源的工业化再生产和创造	博客、搜索引擎等
高端产品(服务)市场	文化资源的网络化、数字化再生产和创造	网络游戏等

(3) 注意知识产权保护，走民族化产业道路。互联网技术为网络文化产品的传播插上了翅膀，在急速的传播过程中，网络文化产品的保护变得极为困难。这就要求，在网络文化

产业创意与策划的过程中，既不能越界以抄袭、模仿的方式侵犯他人的知识产权，又要学会对自我知识产权的保护，一旦出现他人侵犯自身利益的情况，要拿起法律武器维护自身的合法权利。此外，在经济、政治全球化的背景下，互联网技术进一步加速了文化的全球化。各个国家、各个地区、各个民族生产的网络文化产品，正在源源不断地通过互联网这一全新的传播媒介，被世界各地的用户消费。尽管各种网络文化产品都是基本上依托于相同的科学技术，但是，技术的全球化、同质化，并不能也不应该掩盖网络文化产品内容的民族化、差异化。网络文化产业的发展，正是得益于不同国家、地区、民族生产的具有本民族特色的网络文化产品，这极大地满足了世界各地的消费者。所以，网络文化产业的创意与策划应该注意知识产权的保护，没有知识产权保护的网络文化产品是危险的；同时，也应该坚持走民族产业化的道路，没有民族特色的内容必然陷入"同质化"的窘境。

(4) 重视文化建设，注重网络内容创造。对于"网络文化产业"一词，有多种不同的解读，"网络文化"是"产业"的基础，"网络"又是对"文化"的界定和分类，也就是说，"网络文化"本质上是一种文化形态，同时也是产业的基础生产资料。因此，网络文化产业要想获得更为持续健康的发展，就必须不断地营造全社会的"网络文化"氛围。在网络文化产业创意与策划的过程中，既注重产品的商业属性，也不能完全放弃社会效应，更不能抛弃文化氛围的营造。此外，在"内容为王"的传媒时代，在网络文化产业创意与策划的过程中，还应该注重网络内容的创新与创造。从产业链运行的角度来看，网络文化企业在生产、销售网络文化产品或服务的过程中，首先为"内容提供商"，其次才是"渠道运营商"。只有将技术、艺术、文化、产业四者融为一体，才能生产出既符合消费者需求又有文化内涵、既有实用性又有娱乐性的网络文化产品或服务。伴随着互联网技术的发展，网络视频服务成为当前各大网站竞争的重要领域。以乐视体育为例，其创立之初仅仅是单一的视频媒体网站，与之前早已占领市场的搜狐体育、新浪体育、网易体育等相比，在内容上没有丝毫的优势。所以，在产业探索的过程中，其逐渐转变为基于"赛事运营+内容平台+智能化+增值服务"的全产业链体育生态型公司。正是通过网络内容的创新与创造，才使得乐视体育形成了以体育内容传媒为核心的战略优势，通过抢占有限的内容资源，吸引更多用户的关注度，抢占市场竞争的先机。

3.3 网络视频产业的创意与策划

互联网的普及，带动新媒体产业迅猛发展。作为最受欢迎的新媒体应用之一，网络视频深刻地影响并改变着传媒产业的市场格局，其产业化发展前景良好，市场前景广阔。同时，作为新兴产业，我国的网络视频产业链还不完善，无论是网络视频内容的制作生产，还是后期的宣传营销，都尚处在摸索阶段，这就要求网络视频产业的精英制作者在创意与策划方面做足功夫，唯有如此，才能保证在未来的网络视频市场竞争中占得先机。

3.3.1 视频网站与网络视频

2005年2月，一个名为YouTube的视频网站在国外兴起，这个网站的初衷是为用户提供一个可上传、搜索、观看视频文件的平台，使全世界的用户都能分享他们的经历与知识。随着YouTube视频网站的迅速走红，全球掀起了一阵分享热潮，人们开始热衷于上传自己的原创视频内容，同时也从共享平台下载、评论别人上传到网络上的视频，分享别人的经历与知识。这股热潮很快感染到中国，以土豆网、优酷网、酷6、搜狐视频、乐视视频等为代表的网络视频网站开始大规模出现，并迅速席卷全国，占领网络视频市场。

所谓视频网站是指以互联网技术为基础，将文字、图像、声音、影像等内容结合在一起，利用新媒体技术发布、管理和分享视频内容的网站。按照此定义界定的范围，我们可以发现视频网站不仅仅指土豆网、优酷网这些发展较为成熟的网站，凡是进行视频生产、制作、传播的网站都可以称为视频网站。面对数量繁多的视频网站，本书按照平台运营商的不同，将其划分为视频分享网站、网络电视类网站、门户类视频网站、传统媒体类视频网站4种类型(见表3-2)。

表3-2 视频网站4种类型

视频网站类型	区别	典型代表
视频分享网站	采用UGC(用户制作内容)的分享理念，提供视音频节目上传平台供网民上传各类节目，视频分享用户既是网站内容生产者，又是内容使用者，其核心在于"分享"	优酷网(Youku.com)、土豆网(Tudou.com)、酷6网(Ku6.com)、新浪播客 • 视频(You.video.sina.com.cn)等
网络电视类网站	网络运营商利用P2P流媒体技术起家，通过P2P技术提供在线直播、点播服务，视频资源多为电视直播类节目或电影	PPTV、PPstream、QQlive、悠视UUSEE 等
门户类视频网站	通向某类综合性互联网信息资源并提供有关信息服务的应用系统，是门户网站营运商在其子频道下设置的提供网络视频服务的视频频道	搜狐视频、新浪宽频、凤凰宽频等
传统媒体类视频网站	以传统媒体即电视台的丰富视频资源为基础，提供视频点播服务	有中央网络电视台CNTV、上海东方宽频SMG、湖南卫视芒果TV、安徽网络电视台等

对于门类繁多的视频网站而言，其参与竞争的核心竞争力就在于自身的网络视频内容。顾名思义，网络视频是互联网络与影音技术相结合的产物。关于网络视频的定义，学界和业界尚无一个明确而统一的概念，各自从相异的侧重点出发，给出不同的表述：从网络技术的角度看，网络视频指内容格式以WMV、RM、RMVB、FLV以及MOV等类型为主，可以在线通过Realplayer、Windows media player、Flash、QuickTime及DIVX等主流播放器播放的文件内容。而从传播媒介的角度来说，网络视频只是网络媒介中的一种新形式，属于后者的次层级，被认为是一种新兴的视频媒介，同时也被看做"媒体新品"。综合以上概念表述，本书为网络视频做出如下定义：网络视频是指以互联网为传播载体，以网络技术为动力支撑，以流媒体为基本播放格式，通过客户端播放软件以及浏览器等工具，可以实现信息交流的多种节目内容的影像。根据视频内容特点以及终端接

入方式的不同，可以将其划分为网站长片、网站短片、互联网电视、视频直播、视频监控、无线视频等类型(见表3-3)。按照视频来源的不同，又可以分为受众上传、传统媒体内容平移、内容制作机构提供等类型。

表3-3　不同类型网站视频的特征

网站长片	视频网站上时长长于7分钟的长片，如电影、电视剧等
网站短片	视频网站上时长短于或等于7分钟的短片，如新闻等
互联网电视	能直接或通过机顶盒接入互联网的电视机
视频直播	视频直播系统，如PPS、PPTV等
视频监控	基于互联网的实时视频监控系统
无线视频	通过电信运营商的2G，3G，4G网络观看的视频

3.3.2　网络视频产业内容创意与策划

从一定意义上来说，网络视频是电影电视在互联网领域的再现与发展，它自然也就具备了很多电影电视本身的特点，同时，又有别于传统的影视作品。诚如上文所述，按照视频来源的不同，网络视频可以分为受众上传、传统媒体内容平移和内容制作机构提供三种类型。对于受众上传的网络视频，视频网站只负有监察权；对于传统媒体内容平移的视频，视频网站也只是充当了传播载体转换的职能，所以以上两者很难说是视频网站创意策划的产物，唯独内容制作机构提供的视频可以说是视频网站参与创意策划的结果。因此，本书中所涉及的网络视频内容创意与策划主要指的是各大网站自主制作或参与制作的视频内容，对于这些视频内容的创意与策划方法主要有以下几个方面。

(1) 紧跟时代潮流，把握用户精神需求。随着传播平台的增多和欣赏口味的变化，很多人不再像过去那样单纯守着电视机观剧。在这种情况下，网络自制剧、网络自制节目应运而生，且在短时间内风生水起、渐成一派，足见其旺盛的生命力。这里需要指出的一点是，这些网络自制剧、自制栏目都基于大规模的调查、数据分析，充分了解用户的精神需求。当然，身处巴赫金所谓的"狂欢时代"，当代社会民众往往受社会现实的影响，不自觉地产生与现实世界相吻合的精神需求。对于现实世界的艺术表现最为直接的当属影视艺术，所以说，网络视频在创意策划的过程中既要准确地把握当代社会的思想潮流，又要敏锐地洞察当前正在或即将在电视屏幕和电影荧幕上绽放光彩的影视作品类型，只有这样才能保证自身制作的网络视频面向受众播出之后，获得好的反响和认可。以网络自制剧《曾经想火》为例，这部由优酷出品、醉龙制片联合打造的时尚跨国风情Mini剧，自2014年4月1日上线以来，收获好评无数，并获业界专家称赞为"网络剧新标杆"。之所以能取得如此高的评价，得益于视频制作团队在创意策划的过程中，准确地把握了当下社会群体追逐时尚文化的心理诉求以及长久不衰的青春怀旧风情。

同时，制作团体又迎合了当前中西合作的制作模式，将东方化的时尚浪漫与西方先进的技术理念将结合，从而将一部以"东方故事+西方制作"为模式，以时尚摩登的剧情、生动的剪辑和清新的风格为核心内容的网络视频自制剧呈现在用户的面前。又以优酷网出品的网络自制节目《晓说》为例，节目制作团队在策划选题的过程中不断地摸索，最终形成了"海外篇""国内军事篇""社会热点篇"以及"特别篇"4大社会文化板块。4个板块的内容既突破了本土，又将民众关注的军事内容涵盖其中；既聚焦军事政治，又囊括社会热点，可以说照顾了大部分网民的收看诉求。同时，节目的呈现方式也体现出很强的创意性，与以往坐而论道的方式不同，高晓松以游走的方式，边走边说，用他独特的个人视角、文化内涵以及作为"杂家"的知识储备，带观众了解他眼中的世界。优酷娱乐中心副总裁、《晓说》总监制李黎认为《晓说》成功的原因就是"视频制作团队成熟的创意与策划，可以让优酷的受众用更宽广的视野去看待这个世界，这是一种更多维、更平等的视觉"。来自优酷的统计数据显示，《晓说》第二季自2013年4月上线至2014年2月6日，44期节目总播放量2.25亿次，集均播放量488万次，单集最高播放量818万次。

(2) 摆脱传统叙事方式的桎梏，追求非线性的灵活叙事。传统的电影电视作品采用的是"一对多"的辐射状传播方式，而网络自制视频则与此不同，它采取的是"点对点"的网状化传播方式，碎片化的方式使得受众接受信息比较随意，不再受地域、时间及庞大线索的限制。这就要求网络视频制作者在创意与策划的过程中，不能单纯地拷贝传统影视作品的制作模式，而是应该脱离宏大的叙事，选择非线性的叙事手法。所谓非线性的叙事手法是指不强调事件与事件间的因果关系，而是使用碎片化的处理方式来勾连事件的情节的叙事手法。可以灵活地设置故事情节点是这种叙事手法最为突出的特点。这种灵活的非线性叙事的创意策划手法，以更加贴近生活的凡俗化故事视角对准小人物，碎片化的叙事随意自由，易于获得网络受众的熟知和认可。以搜狐视频制作的《屌丝男士》为例，该剧自2012年10月推出后，就受到了广大网友的追捧，单单第一季的播放量就突破3亿次。该剧是搜狐视频自制节目《大鹏嘚吧嘚》除"大鹏剧场秀"之外的第二个衍生品牌，是独立于《大鹏嘚吧嘚》每周播出的迷你剧集，由网络第一主持人大鹏(董成鹏)导演并主演，每集片长在15分钟之内。尽管片长相对较短，但是每集讲述多个令人捧腹大笑的小故事，基本上属于电视情景喜剧的"迷你化"、电视小品场景的"网络化"制作，没有传统影视作品的宏大叙事，采取灵活的段子喜剧的非线性叙事方法，围绕核心人物大鹏展开，从而将现实生活中的各种男性角色搬上了网络荧屏。

(3) 打破单线制作模式，注重创意策划过程中的双线互动交流。传统的影视作品往往是突出制作者的主体地位，即便是制作完成后也只是采用新闻发布会、短信互动、微信摇一摇等形式与观众进行互动。这种互动一方面是为了吸引观众观看，提高收视率和票房，但观众的参与往往是单向的，很难获得角色扮演者的回应，对于制作者的回应则更不可能；另一方面，这种互动往往都是在发行放映阶段，观众根本不可能参与到制作阶段。然而网络自制剧则很好地打破了这种媒介单向性的传播方式。所以，网络自制剧的制作团队在视频的创意策划过程中，可以边与网民互动，边创意制作。这样可确立受众在作品中的主体地位，通过互动沟通交流活动，受众将包含自己思想感情、审美经验和艺术情趣的"前理解"投射到作品中，用自己的历史和文化经验去填补原文本的"不确定性"和"空白"，从而达到制作者与受众在"视界"上的融合，构成一个新的文本途径和艺术视界。在这一过程中，观众不只是一种形成戏剧的"物质条件"，而是"能动地参与演员演技"的要素，并且将这种互动交流贯穿至整个制作流程。在剧本的创作过程中，制作方可积极与网友探讨交流进而进行修改，剧中角色的挑选也是通过网友的互动投票产生的；在拍摄过程中，关于剧组动态、摄影美术等相关部门在创作中也都会与网友充分地交流、互动。这类策划做得比较突出的是《苏菲日记》。这部网剧与受众的互动主要体现在：拍摄初期通过海选及网友投票决定演员的人选；推出两版供网友选择，最讨喜的是每一集结尾都会出现两种选择，而选择决定权也由网络自制剧的主人公转交给受众，观众观看后可以登录网站通过投票决定下一集剧情，整部剧在互动上做得很极致。

(4) 强调娱乐性，善于利用网络语言。娱乐性是网络与生俱来的特征，生活在现实重压环境下的现代人需要一个渠道来表达和发泄自己压抑的感情。传统的影视作品受制于广电总局的严格审查制度的限制，往往在追求社会效益的意识形态中失去了本应该具有的娱乐元素。因此，网络视频制作者就要摆脱传统影视艺术作品的束缚，准确地的把握网络自制剧"迷你剧"的特性，在有限的时长里限定人物行动和冲突的表现，刻画出完整又饱满的人物形象。同时，广大网民在参与网络狂欢的过程中，形成了大量耳熟能详的网络流行语。所以，网络自制剧创作者要经常上网和及时了解网络流行词语的用法，在创意策划的过程中，巧妙地将网络流行语融入故事情境、人物角色当中。对于能够看懂的观众，他们在无形中会产生一种满足感和智力上的优越感，这种微妙的观看体验是留住用户持续观看的有效手段，可以有效提高受众的忠诚度。比如，上文提到的网络自制剧《屌丝男士》节奏明快的剪辑风格就携带着"外国血统"，这种剪辑风格源于之前热播的德国电视剧《屌丝女士》，该剧融合了约会、工作、家务、运动、交友、育婴、孩子、父母等多个主题元素，覆盖了现代都市成年女性生活的方方面面。在这些观众无比熟悉的背景之下，该剧抓住某一个值得玩味的点，用夸张的手法对其变形，使其变得荒谬可笑。同时，《屌丝男士》在创意策划的过程中，也融入了很多网络流行语，诸如"我纯洁的外表下隐藏着冷峻的杀意，这种杀意学名叫做闷骚""我之前就知道有高帅富、矮挫丑、高瘦美、白富美、矮胖丑，今天才知道本来还有一个更超然的存在——土肥圆"。

(5) 坚持原创性，把握好商业性和作品性的平衡。网络视频制作者掌握着视频的知识产权，因此，视频网站就需要拥有一批属于自己的专门人才，制作原创性的网络视频内容。一旦缺乏自主创作、自有知识产权的网络视频作品，不仅要在运营利润分成方面被人分享利益，而且容易在版权问题上陷入法律争端。因此，网络视频产业的创意与策划，原创性至关重要。此外，在创意与策划的过程中，还需要注意网络视频是网站和商业资本相结合的产物，有些网络视频是根据广告主的品牌宣传需求量身打造的，因此在创意与策划的过程中，为了实现广告主的诉求，需要将广告及品牌元素尽量巧妙无痕地植入到剧情中，从而达到传播品牌的效果，达成广告主的诉求，实现视频网站创收的目标。但创意策划时必须把握好商业性和作品性的平衡，不能因为过多植入或是植入痕迹过于明显而让观众对自制剧本身产生反感情绪，到头来得不偿失。

▊ 3.3.3　网络视频产业营销创意与策划

网络视频营销属于网络营销的范畴，网络营销又都归统于"营销"，营销其实是一种营销方与消费者的沟通，是一种传播方式。在网络视频构筑的传播世界中，得网民注意力者得天下。在网络上因为有"关注限制法"的存在，注意力资源成为一种宝贵的存在。在纷繁复杂、包罗万象的赛博空间里，网民很难长时间停留在某个个体上，注意力极易被分散。所以从这个角度看，如何更好地将营销与传播相结合，实现有效传播，策略非常重要，而策略就来自创意与策划的过程中。

(1) 网络视频整合营销的创意与策划。所谓整合营销，"它是一种对各种营销工具和手段的系统化结合，根据环境进行即时性动态修正，以使交换双方在交互中实现价值增长的营销理念与方法。整合就是为了建立、维护和传播品牌，以及加强客户关系，而对开展的进行计划、实施和监督等一系列营销工作。整合就是把各个独立的营销工作综合成一个整体，以产生协同效应。"对于网络视频的营销创意策划而言，也需要运用整合营销的策略，以协同效应达到宣传营销的目的。首先，将网络视频营销类型与营销模式进行整合，以规模效应带动整体传播。目前，网络视频营销模式主要有病毒式视频营销、贴片广告、植入式视频营销、UGC视频营销、体验式视频营销、E-mail视频营销等，而网络视频营销类型主要有微电影营销、音乐电视营销、动画营销、网络自制剧营销、网络自制节目营销等。将这些不同的网络视频营销模式和营销类型进行随机组合，均可以形成一个整合营销方案。其次，整合网络收看平台，利用多个视频分享网站，多渠道营销传播。当前，网民利用互联网收看网络视频的平台主要有搜索引擎、视频播放软件、视频网站等类型，所以，对于网络视频营销策划人员来讲，要主动与搜索引擎网站合作，让网民在第一时间搜索到视频进行观看。同时，也要与主流的视频播放软件合作，做好视频播放软件的界面显示和小窗推送工作。此外，要准确分析不同视频网站的特性，比如优酷网重在原创、爱奇艺重在电视剧、乐视重在体育内容，找到与自制视频气质吻合的视频网站重点推介。当然，对于其他的视频网站也不能忽略，要做到由点到面、辐射面广、系统传播。

(2) 网络视频内容营销的创意与策划。网络视频产业从本质上讲，属于内容产业的范畴，网络视频内容的创意与策划，保证了视频内容的高质量。因此，如何利用高质量的视频内容进行营销的创意与策划，就是一个值得尝试的方法。首先，以新颖独特的名称标题带动视频的点击率，以高点击率吸引更多的网民观看，形成良性的循环效应。其次，在营销创意策划的过程中，将网络视频涉及的主题与领域尽量契合网民比较关注的话题，同时，重点将高质量的网络视频画面与音乐细节展示出来，以高品位、高艺术性吸引网民观看。最后，可以适当运用剧透营销，这和传统电视台的下集预告的手法类似。在网络视频开播前，可以通过花絮、剧组成员访谈等方式适当剧透，激发受众的好奇心和期待值，从而使得网络视频获得一定的关注度，达到未播先红的效果。以搜狐视频推出的《屌丝男士》为例，该剧之所以取得较高的点击率，一方面是因为它准确地抓住了当前网络流行的"屌丝"文化，很好地契合了庞大的"屌丝"群体心理，将网络流行话题与视频内容相结合，以标题赢得点击率，以内容博得网民的认同感和关注度；另一方面是因为该剧在播放之前，利用搜狐网站的各种资源，在诸如《大鹏嘚吧嘚》等节目中事先剧透视频花絮、报道相关的新闻，起到了较好的宣传效应。

(3) 网络视频跨媒体营销的创意与策划。业界关于营销的理论比比皆是，但是无论如何变化，其核心依然围绕4P理论和4C理论展开。4P营销理论主要涉及产品(Product)、价格(Price)、渠道(Place)和促销(Promotion)，而4C营销理论则包括消费者(Consumer)、成本(Cost)、交流/传播/沟通(Communication)、便捷(Convenience)。通过比较，我们可以发现，无论是4P理论还是4C理论，两者都强调传播交流的重要性，都重视经销商的培育和销售网络的创建。因此，对于网络视频的营销创意策划来说，也应该重视营销网络的系统建立，整合不同的媒体资源，通过多渠道、多链接、环环相扣的跨媒体传播方式，达到营销的目的。在媒体融合的时代背景下，选择更多平台，不仅局限在一家媒体，也不仅局限在一家网络视频网站上。还可以利用社交网络，如校内网、豆瓣网、QQ空间等进行病毒式的营销传播，让更多使用网络的人们关注到该视频；也可以使用自媒体，如微博、博客等自主发布链接关注到该视频；还可以利用自媒体，如微博、QQ、微信等，自主发布视频链接，@好友辅助传播，以"搜索—观看—分享"的循环互动模式，通过这些平台产生二次传播，开启另一轮"搜索—观看—分享"循环；或者在BBS，如百度贴吧等不同的平台宣传视频信息。跨媒体营销方面做得比较突出的例子是乐视网的《蒙面歌王》。除了常规地在乐视网站播出，还创新地利用微博、微信等社会化媒体平台开展线上线下活动，包括现场观众征集、网络投票等方式。

(4) 网络视频体验式营销的创意与策划。所谓体验式营销是指通过看(See)、听(Hear)、用(Use)、参与(Participate)的手段，充分刺激和调动消费者的感官(Sense)、情感(Feel)、思考(Think)、行动(Act)、关联(Relate)等感性因素和理性因素，重新定义、设计的一种思考方式的营销方法。网络视频的体验式营销就是以受众的体验出发，对受众的需求和感受进行深入和全方位的了解，并且在营销和体验时加入这些因素，从而使受众感受到尊重，获得良好的用户体验。所以，在网络视频营销创意与策划的过程中，可以尝试模拟实景空间，打造独特的交互式体验。在制作投放时，以观众的立场去思考、策划、设计，不能让受众产生抵触心理，而是要让他们感觉获得了良好的体验。此外，还可以尝试性地让受众不只停留在观看的层面，让他们互动参与，转变角色和身份。观众可以变成视频的主角，可以把昵称、图片、声音等加入到视频中，也可以成为创作者的一部分，提出自己的观点或参与视频制作。当前，对于体验式营销的应用在我国还处于尝试摸索阶段，真正应用还比较少。这其中，金鹰网推出的全媒体互动直播剧《爱的妇产科》进行了有益的尝试。该剧在营销过程中，金鹰网开辟《爱的妇产科》大结局现场观众报名通道，观众可到场观看更可以为自己喜爱的结局版本投票，决定主演的最终命运。

3.4 网络游戏产业的创意与策划

游戏是人类文化发展历史中出现较早的传播方式之一，也是较为重要的文化传承方式。早在古希腊时期，柏拉图就认为游戏源于人类身体活动的需要，亚里士多德把游戏当作人类休息和消遣的手段，而康德认为游戏的本质在于自由。因此，游戏是一种以追求身心愉悦为目标的活动。人的自然属性和社会属性决定了游戏既有生物功能又有社会功能。特别是随着社会的进步与科技的发展，人类的游戏又逐渐发展成为一种媒介传播活动。而网络这种媒体更是让游戏有了质的飞跃，它以互联网技术为基础，以其强大的交流性、艺术性、逼真性等特点迅速发展成为网络服务的重要载体之一。

■ 3.4.1　网络游戏与网络游戏产业

　　根据国际数据公司(IDC)的定义："网络游戏是利用TCP/IP协议，以Internet为依托，可以多人同时参与的游戏项目。"按此定义，1978年英国埃塞克斯大学的罗伊·特鲁布肖编写的MUD(Multiple User Dimension)游戏，是第一款真正意义上的多人交互式网络游戏。当然，受当时科学技术发展水平的制约，这款游戏还停留在纯文字的形态，时至今日，网络游戏不仅具有逼真的图像，而且还出现了3D游戏，这极大地丰富了网络游戏的类型。同时，需要注意的是，网络游戏和传统的单机电脑游戏相比具有很大的区别，它强调游戏玩家必须通过互联网载入游戏当中，按照游戏中对游戏角色、场景及任务的要求来进行多人的游戏互动。业界关于网络游戏的分类有多种讨论，一般把网络游戏按照使用形式、产品种类、游戏模式三个标准来分类(见表3-4)。

表3-4　网络游戏分类

分类标准	游戏类型		典型代表
使用形式	浏览器游戏		热血三国、开心农场
	客户端游戏		穿越火线、梦幻西游、魔兽世界
产品种类	休闲网络游戏		腾讯游戏、劲舞团、跑跑卡丁车
	网络对战类单机游戏		星际争霸、魔兽争霸
	角色扮演类网上游戏		传奇世界、大战神
游戏模式	RPG角色扮演	角色扮演游戏	仙剑奇侠传 仙剑奇缘
		动作角色扮演	暗黑破坏神 圣剑传说
		策略角色扮演	最终幻想战略版 英雄无敌
		网络角色扮演	大话西游 奇迹MU
	SLG战略游戏	策略	三国群英会、三国志
		模拟养成	美少女梦工厂、恋爱回忆
		模拟经营	铁路大亨、主题公园
		即时战略	红警、帝国时代
	STG射击游戏		逆战、三角洲部队
	RCG竞速游戏		极品飞车、QQ飞车

（续表）

分类标准	游戏类型		典型代表
其他分类	游戏画面风格	写实	指环王Online
		油画	魔兽世界
		卡通	仙剑传说
		国画水墨	剑侠情缘网络版3
	游戏视角	2D	征途、传奇
		3D	魔兽世界、完美系列、龙

在2000年以前，我国的游戏市场主要以单机版游戏为主，真正的网络游戏还没有太大的发展。自2000年《万王之王》进入我国网络游戏市场开始，正式进入了中国网络游戏的高速成长期。随着网络游戏的迅猛发展，网络游戏产业的整体市场规模也在逐年扩大，在第四届中国游戏产业年会上发布的《2007年度中国游戏产业报告》显示，我国网络游戏市场收入已达到105.7亿元人民币，同比增速高达61.5%，大大超出了增长预期。艾瑞咨询(IResearch)2011年发布的《2010—2011年中国网络游戏行业年度监测报告(简版)》认为，中国网络游戏市场在经历了2002—2005年的爆发式增长期与2006—2008年的游戏商业模式创新期之后，自2009年起，网络游戏市场整体增速明显放缓，竞争越来越激烈。从整个中国网络游戏市场的市场规模来看，环比增长趋缓，网络游戏整体营收波动性降低，如图3-1所示：

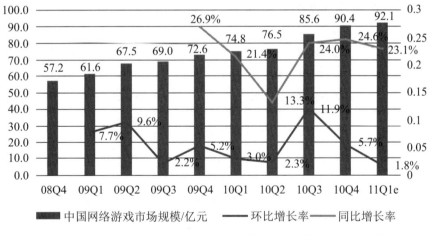

图3-1　2008年第四季度至2011年第一季度中国网络游戏市场规模

从中国网络游戏行业整体现状来看，上游集团竞争激烈，盛大、网易、腾讯借助其上市过程中积累的大量资金优势和在网络游戏市场中的领导地位优势，其市场份额一直占据该市场的前三位，并且这种优势有不断扩大的趋势。就上游厂商所占的网络游戏市场份额而言，2008年盛大占18.5%、网易占13.1%、腾讯占12.0%，到2011年腾讯占29.5%、网易占17.1%、盛大占17.1%。面对游戏运营这样的高利润空间，各家厂商纷纷在产品创新、服务创新、营销投放方面与同行竞争，竞争程度异常激烈。

■ 3.4.2　网络游戏产业内容创意与策划

　　创意与策划贯穿于网络游戏生产制作的整个过程，离开了成功的策划，网络游戏就失去了生气和活力，也就失去了参与市场竞争的实力。网络游戏内容创意与策划的过程，确切地说，就是对网络游戏资源认识、开发、挖掘、利用的过程。创意与策划的水平越高，创意的思路越新奇，策划的空间就越广阔，游戏资源的利用率也就越高。当然，网络游戏内容的创意与策划并不是即兴之作，更不可能是灵机一动的产物，而是有着丰富的内涵，是人的创造性思维的成果，体现了人类对网络游戏产业发展规律的认识，体现了人类对游戏资源的认识和了解的程度。现在，中国网络游戏产业这块巨大的蛋糕引起了众多投资者的兴趣，广大游戏制造商蜂拥而至，尽管在大浪淘沙的过程中成功的例子随处可见，但是失败的例子也比比皆是。究其原因，我们可以轻而易举地发现：缺乏吸引玩家的创意点，没有完整成功的策划，往往会导致游戏一经投入市场就陷入无人问津的境地。网络游戏产业内容的创意策划是伴随网络游戏生命全部周期的过程，只有不断地产生新的游戏创意，不断地策划更新，网络游戏产业才能获得发展。

　　(1) 重视市场调查，把握受众的分层。对于网络游戏产业内容的创意与策划来说，只有进行深入的市场调查，在综合分析数据信息的基础之上，才能使创意与策划的游戏内容更加符合各阶层受众的心理需求。对于网络游戏运营商而言，最重要的不是运营你能够生产的网络游戏，而是运营你能够出售的网络游戏，由此可见，研究网络游戏玩家的欲望和心理需求尤其重要。与传统的物质产品不同，网络游戏属于精神产品，而且属于长期持续面对受众的精神产品，这不仅需要维系老的网络游戏玩家，而且需要不断地吸引新的网络游戏玩家。所以说，在网络游戏产业内容创意与策划的过程中，应不断地进行市场调查，根据受众的反馈信息，即时调整更新创意与策划的结构和思路。以2005年金山公司与越南合作商Vina Game公司联合制作运营的网络游戏《剑网》为例，在创意与策划游戏的过程中，两家公司进行了大量的市场调查。通过市场调查，他们发现越南总人口为8000万左右，城市人口约占其中的20%，而35岁以下人口却占总人数的70%，尽管人口规模较小，但是越南有超过500万的互联网用户，重要的是面对这么大的用户群体，在越南还没有一家网络游戏运营商，仅有一两款韩国网络游戏在非商业运营。在经过充分的市场调查之后，《剑网》一经公测，短短几天内，玩家数量就突破10万，进入收费阶段后，在线人数突破60万，占据越南60%的市场份额。此外，在网络游戏产业内容创意与策划的过程中，还要考虑到不同受众的心理需求特点。按照网络游戏玩家花费在游戏当中的时间和金钱的不同，可以把他们划分为核心市场、中间市场和大众市场三个群体，他们所占的比重分别为10%、20%和70%。只占网络游戏玩家10%的核心市场，他们会花费大量的金钱和时间；处于中间市场的网络游戏玩家往往会投入大量的时间但是很少愿意花钱；剩下的庞大的大众市场，在金钱和时间方面都不愿意投入得过多。所以说，网络游戏制造商在游戏内容创意与策划的过程中，需要进行充分的市场调查，把握不同的网络游戏玩家的心理需求，才能获得老玩家的信赖，吸引新玩家的加入。巨人公司CEO史玉柱在没有踏入网络游戏产业以前，就是盛大公司的终极fans，经常把自己封闭起来不分昼夜地玩盛大的招牌游戏《传奇世界》。在玩游戏的过程中，史玉柱产生了做一款自己的网络游戏的想法，并且打算创造 "永久免费，靠道具赚钱" 的商业模式。在他看来"让穷学生和亿万富翁在点卡面前，一律平等，这是不对的，不符合营销规律"。因此，巨人公司在策划网络游戏《征途》的过程中，充分地考虑了玩家的分层情况，靠免费吸引大众玩家和中间阶层的玩家来积攒人气，然后以此吸引更多的核心玩家花费金钱购买道具来赚取利益。

(2) 运用戏剧手法，强化游戏的故事背景。对于网络游戏玩家而言，玩网络游戏是为了创造属于自己的传说和描述自己的故事，所以说，在网络游戏产业创意与策划的过程中，必须融入戏剧化的元素，才能设计出扣人心弦的游戏剧情，不断吸引新的游戏玩家加入。开始创意与策划网络游戏时，首先，要确定游戏的主题，这个主题可以是容易引起游戏玩家共识与共鸣的爱情主题、战争主题等，也可以是在传统的游戏主题的基础上在游戏的体裁、观念等方面进行创新，达到"旧瓶装新酒"或者是"新瓶装旧酒"的效果，让游戏玩家在不同的方面领略到新意。其次，在网络游戏创意与策划的过程中，要恰当地为游戏玩家设置障碍和冲突，让游戏玩家不断地产生克服困难前进的动力，从而带动故事情节向前发展。在玩游戏的过程中，玩家需要把障碍变成需要解决的难题，为冲突找到有效的解决办法，这些都需要设计者创造出一个成功的游戏主人公。游戏中的主人公不一定非要是一名善良、优秀的人，也可以是邪恶的，或者是介于正邪之间的，主人公的设计不要脸谱化、原形化，不要落入俗套。主人公如果没有独特的个性、独特的形象，是不可能使游戏者感兴趣的。

要想使网络游戏中的主人公足够精彩，还需要注意游戏中的情感与悬念的设置。游戏中的情感因素非常重要，只有人的本性才可以触动人，使游戏玩家沉醉于这个游戏；悬念是游戏中制造紧张气氛和不确定性的因素，是吸引玩家不断探索的动力所在。所以，作为游戏设计者，首先应该保证自己的设计能够感动自己，才可以说是成功的开始；同时，悬念产生的价值不在其本身，而在于随之而来的解脱，悬念及其解除的过程实际上也是网络游戏玩家焦虑、释放的过程。此外，对于网络游戏的创意与策划而言，尽量让游戏者控制游戏的节奏，而不要由设计者来控制，即使设计者不得不控制游戏节奏，也要做到尽量让游戏者难以察觉。此外，在网络游戏创意与策划的过程中，尤其需要注意的一点是，不要过于完整地设计游戏的故事剧情，应该给他们一个合适的游戏环境，包括设计剧情开端、提供道具、分派后续任务，然后就退回去让他们自己来继续整个游戏，来完成属于玩家的故事剧情。纵观中国的网络游戏历史，不得不提到《仙剑奇侠传》，它是大宇资讯的代表作，也是众多玩家满心期待的网络游戏，但是，结果却令玩家大失所望。

究其失败的原因，可能有金钱味太浓、外挂横行、游戏画面太粗糙等，但最重要的原因是剧情设计缺乏新意。《仙剑奇侠传Online》与单机版的剧情相挂钩，并且有很多雷同之处，这就使得玩家在玩的过程中缺乏悬念，失去了吸引力。很多网络游戏玩家玩游戏就是玩剧情，而他们玩《仙剑奇侠传Online》玩到19级才能看到那么一点点剧情。更重要的是，那些剧情好像是把自己的角色强加进去，一点联系都没有，剧情都是强制的，也是老套的，根本没有网络游戏的感觉。由此可见，在网络游戏产业内容创意与策划的过程中，如何更好地运用影视剧戏剧化的创作手法，如何策划更为精彩的游戏剧情，就成为其成功的关键所在。

(3) 尝试性地运用影视视听语言，增强网络游戏的视听效果。在电子游戏产生的早期，游戏的画面与声音效果并没有太多的考究。随着科学技术的发展，如今的网络游戏的创意与策划，不得不将游戏的视听效果考虑在内。在网络游戏产业内容的创意与策划过程中，首先，要注意画面构图的设计，在贴合游戏剧情需要的同时尽量达到美观的效果，比如对于平衡构图、三角形构图、多画面构图的运用。同时，需要注意第一人称视点和第三人称视点的交叉切换，比如在剧情发展和游戏背景展示时采用较为全景化的、客观的第三人称视点，而在打斗的过程中则注意第一视点的运用，以增强网络游戏玩家的代入感，产生身临其境的感觉。其次，对于网络游戏画面的剪辑也要尽量做到专业化。很多原先从事影视创作的人员，非常喜欢在游戏中利用剪辑的手法来衔接游戏中的各个场景。其实在游戏中，除了特殊需要，剪辑手法很少应用到实际制作中。因为游戏总是跟着主人公的遭遇来发展的，很少有数线并行的情况发生。不过对于交代剧情和展示全局，剪辑是不错的选择。最后，也是尤其需要注意的一点就是，对于网络游戏中角色对话的设计。很多网络游戏在创意与策划的过程中，往往更注重剧情的悬念、画面的优美，而游戏角色对话的设计很少被顾及。其实，对话对于体现游戏中各个人物的个性起着至关重要的作用，无论是在戏剧、电影还是游戏中，人物性格在对话的内容方面体现得最为突出。所以，在设计游戏角色的对话时，一定要保证各人有各人说话的风格和特色，通过别有风格的对话体现每个人的性格和角色特点，同时，不同的对话内容和风格又可以隐形地表现游戏的主题。当然，对话是体现主人公性格特点的最佳方法，并不意味着对话必须拘泥于现实生活，也不意味着对话单调呆板，要尽量夸张一些，也有必要带上一些幽默的成分。游戏毕竟是娱乐产品，让游戏玩家得到最大的享受和放松才是它最突出的功能。如果不是题材被严格限定于正正经经的严肃题材的话，不妨适当地放松对话的设计尺度，不必完全拘泥于时代和题材的限制。

(4) 强化网络游戏的交流性功能，注重交互性设计。对于很多网络游戏玩家而言，他们在游戏的过程中不仅仅追求游戏等级提升的快感，也想要得到游戏过程中的精神满足，这种精神满足一方面体现为其他玩家对该玩家的认可，另一方面体现为游戏角色在游戏中的地位的提高。网络游戏与传统的单机游戏相比，与其他玩家的交流合作是区别之一，正所谓"为游戏而来，为朋友而留下"，就是这个道理。如果没有交流，没有朋友，没有互动关系，网络游戏的魅力会大打折扣。因此，设计出好的团队功能是大大有利于游戏发展的，玩家加入团队，认识朋友，并和战友们一起在游戏里生活娱乐，会成为吸引他们的重要内容。一个完整的团队功能设计策划应该包括：创建一个公会、命名公会、邀请会员加入、同意加入申请、拒绝会员申请、开除会员、设立会员等级和头衔、离开公会、解散公会、变更领导权，还应有公会自己的聊天频道和公会仓库。这些都是基本的东西，在这些基础上可以设计其他的新的特色功能，用来满足用户的需求。对于设计策划来说，团队功能和聊天功能是很重要的，不能把它们当作游戏的基础设计来看待，要把它们和游戏内容、游戏操作等看成同等重要的核心项目来做。

团队功能随着游戏的发展而不断创新，形式也五花八门，这其中比较成功的案例当属腾讯运营的对战类游戏《穿越火线》，在游戏的过程中，玩家可以互相加为好友，一起参与游戏，也可以在"爆破模式""挑战模式""生化模式""团队模式"中组成战队，要想取得最终的胜利，团队成员之间在游戏的过程中需不断地通过语音或者文字消息相互交流，在此过程中不仅可以体会到游戏的乐趣，而且也可以结交朋友。现在几乎所有的网络游戏都可以实现游戏玩家之间的交流，但是游戏的交互性设计现在还几乎看不到。所谓交互性，是指游戏对游戏者在游戏中所做的动作或选择有反应。举个很简单的例子，当一名游戏玩家通过完成各种任务，由平民百姓或"游戏菜鸟"逐渐成为"英雄"时，游戏角色所在的城镇中的民众对于他的前后变化没有丝毫反应，不会因为他帮助城镇消灭了"怪兽"成为"英雄"而在见面时产生尊敬之感。这种情况，就与现实当中的反应不同，不符合现实生活的常理，也就是缺乏交互性的设计。再比如，当游戏角色帮助了一名NPC后，这名NPC会因为难题得以解决而在以后见到他时改变态度。当然，更加完善的创意与策划应该是给游戏角色加上某个参数，使他一系列的所作所为，最后影响游戏的进程和结局。

(5) 尊重游戏玩家，注重人性化的后台服务。网络游戏产业内容创意与策划的人性化是指协调技术和人的关系，即强调每位游戏玩家的个人价值，尊重玩家"人"的属性，让技术的发展围绕人的需求来展开。在中国目前的网络游戏市场，《魔兽世界》一直遥遥领先于其他的网络游戏，其在中国大陆注册用户数最高时突破了1500万，尽管随着九城游戏的退出，导致大量玩家流失，但其中核心玩家就占了500万。取得这样的成就，绝不是偶然的，关键在于其在创意与策划的过程中注重为玩家提供人性化服务。首先，任何一个网络游戏如果同时登录游戏的玩家过载造成服务器人员满额的话，那么再登录的玩家只能获得类似于"服务器已满，请稍候登录"的信息，不明所以的玩家则要不断地刷新重启游戏客户端登录才能挤进游戏。在这方面《魔兽世界》做得很出色，排队登录的方式让玩家登录游戏变得井井有条，如果登录的服务器人数已满，则会像现在很多公司的互联网客服系统一样，提示现在有多少人在尝试登录此服务器，你排在第几位，什么时候将进入游戏。当排在你前面的玩家都依次进入游戏后，你就可以顺利地进入游戏了。如此人性化的设计，玩家无须为登录而手忙脚乱，游戏创意策划商暴雪公司对玩家的体贴和理解，可见一斑。其次，任何一款网络游戏内部都会有虚拟物品的交易，这是虚拟环境必需的产物，也是游戏策划商获得利益的手段。所以，可以经常在很多网络游戏中看到大批的游戏玩家会在游戏里大喊"出售×××、收购×××"的消息。《魔兽世界》的买卖系统同样充分考虑了玩家的感受，为了让玩家有更多的时间出去探险，游戏为玩家提供了"拍卖行"，也就是国内玩家俗称的"寄卖系统"。游戏创意策划者允许玩家通过拍卖NPC来出售自己的物品，玩家可以设定起拍价或一口价、拍卖时间。玩家需要为委托NPC拍卖的物品交纳一定的保险金，保证金在物品卖出后将退还给该玩家，但如果到设定的拍卖时间该物品还未出售，保证金将不会退回。这个设定其实是在鼓励玩家尽可能地出售其他玩家需要的物品，而不是一些"垃圾"。再看买方玩家，只要在游戏里找到拍卖NPC，就可以看到分类列出的各类待售物品，并且可以像常用的搜索引擎一样，按自己的选择条件对此类物品进行搜索筛选。当选到中意的物品时，直接一口价买进来。成功购买拍卖物品后，物品将通过游戏里的内部邮件系统直接邮寄给玩家，一种最现代化的送货上门服务在游戏中体现得淋漓尽致。最后，作为一款客户端高达10G以上的超级大型RPG网络游戏，玩家的数量无疑是巨大的，这就导致游戏里有限的游戏资源很难满足所有玩家的需要，于是，《魔兽世界》的设计公司暴雪设计出网络游戏产业历史上的里程碑作品——副本。《魔兽世界》中文官方网站对副本的解释为：副本，俗称"私房"，玩家可以在副本这个独有的私人地下城中体验、探索、冒险或完成任务，也可以邀请其他人加入自己的副本区域。这样可以解决许多问题，诸如蹲点、盗猎、垄断Boss装备等问题。副本中的怪物通常更强大，因此玩家必须组队才能进入这里。副本就是针对一个团队的特殊拷贝。此副本里的玩家仅仅是玩家自己和队友，其他任何人都不能进入此副本。这样可以让玩家在探索私人地下城时不会受到外来的任何干扰。

通过以上分析，我们可以发现，网络游戏《魔兽世界》的创意与策划非常注重游戏玩家的游戏体验，尊重每一位玩家的心理感受，以人性化的服务赢得玩家的认可。

(6) 深入挖掘文化资源，注重网络游戏的文化性。从本质意义上来说，网络游戏是一种特殊的文化产品，对于网络游戏的产业内容的创意与策划应该尝试性地从文化资源的深入挖掘与开发入手，寻求能够吸引游戏玩家的深刻文化内涵，将文化与游戏、技术与文化内涵融合在一起，才能策划出真正吸引游戏玩家的网络游戏。我国拥有上下五千年的古老而神秘的各种文化形态，其文化内涵也是丰富多样的，从中选取一些适合用于网络游戏剧情故事创作的形态进行创意和策划，也是有益的尝试。特别是当前我国自主原创策划的很多网络游戏在技术能力方面还无法与游戏强国相抗衡，那么我们就可以在游戏内涵上下足工夫，可以探索性地深度挖掘民族文化，以游戏内容的深刻性来弥补与国外创意策划商之间的技术差距，这也是我国本土化网络游戏产业发展壮大的关键。2005年，网域公司创意策划的网络游戏《华夏online》，就是一款富含中国文化元素的成功网络游戏创意与策划案例。《华夏online》以中国古代神话传说和历史风貌为背景，生动刻画了一个令人神往的远古玄幻世界。游戏基本遵循了正统角色扮演类游戏的特点，在中国古代神话传说的基础上构造了游戏背景和任务体系，通过与怪物和邪神的战斗冒险提升等级，并收集神话传说中的奇珍异宝。游戏玩家登录游戏客户端，进入游戏后可以发现，这里的剧情和人物大部分都参考了中国古代的名著《山海经》。

作为我国先秦时代的古籍，它不仅涵盖了地理、物产、古史、医药、民俗等方面的知识，而且包括古代神话、巫术、宗教等方面的内容，女娲补天、夸父逐日、刑天舞干戚、精卫填海、后羿射日等耳熟能详的神话故事就来自《山海经》的记载。《华夏online》游戏里有很多人物就取材于《山海经》中的神话传说，然后运用现在的电脑技术按照书中描述设计出这一系列人物，譬如"其神状虎身而九尾，人面而虎爪"的陆吾，"龙身而人头，鼓其腹"的雷神，"衔蛇操蛇，其状虎兽人身，四蹄长肘"的强良，"其状如禺而四耳"的长右等游戏角色。正是因为《华夏online》的游戏创意策划者深入挖掘了《山海经》这一文化资源，才使得游戏具有很强的文化内涵，吸引了广大游戏玩家乐在其中。同时，该游戏凭借其品质获得了"中国大陆最佳历史题材国产网络游戏"评比第一名、"中国大陆玩家最喜欢的2D网络游戏"第三名的好成绩。

■ 3.4.3　网络游戏产业营销创意与策划

网络游戏产业随着行业自身的成熟、从业人员的努力，已进入新的发展阶段，行业形态和各方博弈形态都有了重大的转变。中国网络游戏市场已进入成熟期，竞争趋向激烈，再用色情、暴力等营销方式和抄袭、复制等手段已很难获得大的市场份额和较高的营业收入。因此，一个成功的网络游戏不仅仅需要在生产制作阶段融入创意与策划的意识，而且在营销过程中也需要不断的创意与策划。

(1) 网络游戏产业产品生命周期策略营销创意与策划。产品生命周期理论是由美国经济学家雷蒙德·弗农在1966年的著作《产品生命周期中的国际投资与国际贸易》中首次提出的。在这本著作中，他指出经济社会的所有产品和自然界的生物一样都在经历着"生老病死"的生命周期，他将自然界生物的生命周期划分为要出生、成长、成熟、死亡4个不同的阶段，与此相对应，经济社会的产品先后也要经历相同的几个阶段：引入、成长、成熟和衰退。网络游戏产品属于经济、科技、文化等多种元素融合的产物，必然也在经历着引入期、成长期、成熟期和衰退期4个阶段。在生命周期的不同阶段，网络游戏产品也呈现出不同的形态，因此，也就要求网络游戏运营商在不同的营销阶段，采取差异化的营销创意与策划。在网络游戏的引入期，网络游戏厂商可采取"免费试玩"或者"免费公测"的营销噱头，玩家通过登录Web或客户端可以免费体验游戏。通过吸引玩家体验游戏，一方面，网络游戏厂商可以利用玩家测试并收集游戏的改进建议，以此清除游戏产品的程序和策划漏洞，试图将游戏做到尽善尽美；另一方面，以免费体验游戏的方式吸引大量的网络游戏玩家加入游戏，为游戏积攒大量的人气，这样就可以扩大产品的知名度和美誉度，进而获得后续市场规模和增加玩家数量。在网络游戏的成长期，已经度过游戏的修改和调试阶段，这一阶段游戏的各个方面的运营应该趋于完善。所以，网络游戏厂商的营销重点应该是扩大用户群，并提高游戏玩家的体验度，一方面，通过开设新的服务区，满足新老玩家顺利登录游戏的需求，并在在线人数爆棚的情况下，保障服务器的稳定；另一方面，在网络游戏的玩家规模扩大后，网络游戏厂商可在游戏玩家可承受的价格基础上开启部分收费功能，但需要注意的是，切不可为了短期利益定价过高，造成初期刚刚积累的游戏玩家流失的状况。在网络游戏的成熟期，网络游戏厂商一方面需要不断地投放新的升级补丁、提供新的内容与玩法来留住玩家，同时将盈利模式从计时模式转变为免费模式，以尽可能地延长游戏的生命周期，降低玩家的流失率；另一方面，网络游戏运营商还可以利用成熟期游戏玩家数量最大、忠诚度最高的特点，吸引广告主的加入，通过网络游戏内嵌式广告的发布，获得广告利润。在网络游戏的衰退期，由于网络游戏本身的特性与玩家高额的转换成本，网络游戏的衰退期较为缓慢，此阶段的营销重点是降低玩家的流失率，并不致力于获得新的玩家。在这一时期，网络游戏厂商可以延长游戏的产业链，开发游戏周边市场的潜力，如玩偶、服饰、生活用品等兑现游戏价值。

(2) 网络游戏产业差异化营销创意与策划。伴随着我国网络游戏产业的迅猛发展，众多投资商将资本投向了网络游戏产业，各种网络游戏类型的研发团队数不胜数，无形当中加剧了行业内部的竞争压力。从一定意义上来说，一些大型网络游戏制作公司可以凭借其雄厚的经济实力和日渐壮大的品牌优势,迅速抢占网络游戏市场。但不可否认的是,在当前我国的网络游戏市场中,大型公司屈指可数,还是以中小型公司为主导。对于这些中小型网络游戏公司而言,它们自身既不具备与大公司相抗衡的品牌优势,又缺乏雄厚的资本基础,所以在与大公司的竞争中往往处于不战而败的境地。当然,这并不意味着中小型网络游戏公司就没有生存的可能,如何更好地避免网络游戏的同质化,以低成本高创意的差异化方式暗度陈仓,不失为一种取胜的策略选择。根据网络游戏产业的特性与相关数据的分析,我国的网络游戏厂商可以在游戏类型、游戏题材、收费模式和游戏品牌等方面尝试采用差异化策略。在本节的第一部分,我们已经论述过,当前我国网络游戏的类型非常多样。综合分析来看,角色扮演仍然是网络游戏的主流类型,特别是创意灵感来自金庸、梁羽生等作家创作的武侠小说的网络游戏更是深得广大游戏玩家的喜爱,从《仙剑奇侠传》到《大话西游》,游戏中的快意恩仇、行侠仗义、英雄不问出处等情节一直吸引着游戏玩家沉迷其中。此外,音乐、体育类型的网络游戏也有一定的用户群体,《劲舞团》厂商久游网也取得了成功。射击类游戏受玩家喜爱的概率一直上涨,尤其是《穿越火线》的用户规模不断刷新着一个又一个的纪录。当然,这些游戏类型在深得玩家喜爱的同时,也不可避免地造成了很多游戏制作商的疯狂复制甚至抄袭,所以,在营销的创意策划阶段,如何巧妙地宣传自身的差异化,就成为市场竞争的关键。

同时,在网络游戏产业营销的创意与策划中,还可以利用企业品牌的差异化特点进行宣传和推广。纵观当前我国的网络游戏市场,欧美老牌厂商研发力量比较强、制作的游戏往往品质较高,拥有很强的市场号召力,这也是国内众多厂商的短板并希望拥有的。目前,我国国内比较知名的游戏制作运营商,大多是在涉足互联网领域取得一定的市场地位和社会认可度之后,才踏入网络游戏的市场领域。与传统的欧美游戏品牌相比,我们可能在画面制作、游戏关卡、角色设计等方面存在各种不同。所以,在网络游戏营销的创意与策划中,我们要有意识地避开这些局限性,转而以自身已经形成的企业品牌为营销的突破口。譬如国内的游戏厂商,网易、金山、腾讯等公司研发的游戏还未公测,便已经吸引了很多玩家。可见,品牌效应对一款游戏的成功具有非常重要的促进作用。所以网络游戏制作运营商在日常运作中,要保证持续出精品,提高用户体验度,同时提高品牌的美誉度,并且在运营环节避免低俗营销,以提高品牌形象。

(3) 网络游戏产业创新盈利模式营销创意与策划。随着我国网络游戏产业的不断发展,单纯的"免费体验"的游戏营销模式,在具体产业实践过程中暴露出诸多问题,更为关键的是已经很难成为吸引游戏玩家的法宝。这就要求我国的网络游戏制作运营商要摆脱传统的营销模式,调整产业盈利模式,转变网游产业的颓势,扩大营收,引导潮流。一方面,可以尝试性地内置一些商业广告,以内嵌式广告的模式,获取经济收益。在具体的创意与策划的过程中,网络游戏厂商要深入挖掘游戏的广告资源,比如游戏人物的穿衣打扮、游戏场景的布置、虚拟物品的名词等,都可以成为广告商投放广告的载体。以网络游戏《跑跑卡丁车》为例,游戏开发商将赛道周五的广告牌设计成类似现实赛道的广告牌,供广告主投放广告,就获得了很好的商业效果。

另一方面,也可以延伸网络游戏的价值产业链,开发售卖网络游戏周边产品。如果网络游戏厂商拥有游戏的版权,可授权一些制造型企业或自己独立开发与网络游戏相关的产品,比如,以游戏人物为原型的玩具、服装、小说、生活用品等多系列商品,从而获得销售收入。目前,在我国网络厂商中,周边产品这块做得比较好的是腾讯游戏。腾讯利用其即时通信软件打造的平台优势和大规模的用户数量,顺势在动漫、文具、鞋帽、衣服等领域制造周边产品。在周边产品被购买的过程中,不仅带来了收益,也加深了市场对腾讯的接受度与美誉度,产生了良好的相互促进作用。此外,还可以利用网络游戏的市场知名度,开展跨行业合作。例如,完美世界投资3300万元人民币拍摄电影《非常完美》,并在影片中植入网游《热舞派对》,事后公布的数据显示,《热舞派对》的在线玩家数量在电影放映后同比增长了10%。当前的网络游戏市场游戏类型多样,各大游戏运营商都面临着营销的困境,所以,在营销的创意与策划过程中,不能仅仅固步于传统的盈利模式,应该大胆创新,采用多种盈利模式,以取得营销的最终胜利。

(4) 网络游戏产业的整合营销创意与策划。整合营销是指在一个统一的营销目标的前提下,分析各种营销工具和手段的优劣势,根据市场环境,有选择性的采用和综合,从而加强各方在交互中的优势,降低劣势,产生"1+1>2"的协同作用。这些独立的营销工具和手段包括广告、平台、公关事件、销售促进等。一方面,在网络游戏产业营销的创意与策划中,要注重广告的投入。尽管与其他的营销手段相比,广告的资金投入最大,但也是效果最好的营销手段之一。尤其是在当前"娱乐至死"的文化背景下,越来越多的游戏运营商选用娱乐明星来代言自己的网络游戏,往往都会取得不错的效果。比如,歌手张杰代言《逆战》,演员Angelababy代言《大战神》,模特张馨予代言《名图》等。通过娱乐明星的号召力,可以吸引他们的粉丝加入游戏玩家的行列,甚至很多网络游戏打着"和明星一起玩游戏"的噱头来提高游戏玩家的忠诚度。另一方面,在网络游戏产业营销创意与策划的过程中,还要注意多种营销渠道的整合运用。当前来看,网络游戏的线下网吧联盟和线上销售系统是最主要的两个营销渠道。网吧一直被运营商作为产品的推广平台,因为其汇聚终端用户资源的特性,在网络游戏产业链中,运营商与网吧的合作是双赢典范。网络游戏运营商通过与网吧形成联盟,加大线下推广力度,可夯实用户基础。随着网络技术的发展和宽带的普及,网络游戏运营商可以通过搭建在线销售平台直接接触网络游戏玩家,以电子商务的形式销售游戏点卡、游戏道具等虚拟商品,不仅更加方便游戏玩家,而且可以大幅度降低成本,提高利润。以腾讯运营的大型网络游戏《穿越火线》为例,它在线下与全国各地的网吧合作,陆续推出了CF百城联赛、CF全民联赛等线下比赛,同时,在游戏的官方网站也开展了各种游戏装备和道具的线上销售,这样多渠道的整合营销,不仅提高了经济收益,而且也间接地扩大了游戏的品牌影响力,获得了经济效益和社会效益的双丰收。

(5) 网络游戏产业的海外营销创意与策划。在网络游戏产业链中,运营商通过营销等增值服务能获得利润的30%,由此可见营销的重要性。而有实力的运营商为了扩展产品线,往往同时代理数款产品。而营销资源的合理投放要与市场走向相一致,这样代理商必然会根据产品的优劣来决定资源投入的力度。可是在现在网络游戏行业激烈的竞争环境下,如果不加大对游戏的营销力度,就不能吸引足够多的玩家,也就无法扩大游戏的知名度，更无法实现良性的运营循环，所以在选择游戏和控制营销力度方面都是有风险的。在网络游戏出口方面，2010年以前，可以说《完美世界》多年来一枝独秀，其海外的运营收入和授权收入可占整体收入的25%和30%；自2011年开始，网络游戏市场呈现集团式崛起趋势。例如，2011年第一季度，盛大游戏海外总营收达1020万美元，同期增长率为46%；第二季度，达1130万美元。营业额虽然只有完美的1/3，但增长迅猛。美、日、韩、新加坡以及东南亚等海外市场，都纷纷出现了中国自主研发游戏的身影。

在网络游戏出口方面，随着国内游戏产品供大于求的加剧、同质化与竞争的加剧，完美世界等游戏厂商在国外良好收益的影响，以及政府机构对"走出去"战略的支持，相信国内网游厂商国际化的步伐会越来越大。但中国网络游戏厂商在此进程中，会面临如何在不同的产业环境下打造新的运营模式、把握玩家心态、实现游戏本土化、与当地其他环节厂商进行合作的挑战。进行网络游戏的出口，第一步为产品的研发，要从当地消费者的消费行为和心理出发进行设计，并留下足够的空间进行后期调整和本土化。第二步为可依据市场规模、市场成熟度、消费者的消费水平对目标市场进行划分，并采取不同的研发运营策略，对组织架构进行设计。第一类如大陆和北美，市场规模增幅大，这样可在当地建立子公司负责游戏的独立运营；第二类为日韩和中国台湾地区，三个维度分值都较高，可采取合资或自主运营的经营方式；第三类为东南亚和欧洲的一些国家，三个维度的分值较低，这类市场可采用授权或合资的方式进入。出口海外游戏的版本，需要学习当地的法律法规，尊重当地的风俗，做好本土化工作，不仅要在人物形象的设计上参照当地文化推崇的美的标准，在世界观、游戏准则的设计上更要尊重当地主流的价值观。

思考题

1. 简述网络文化的特征。
2. 简述网络文化产业发展的现状。
3. 网络文化产业创意的特点是什么？
4. 网络视频内容的创意与策划方法包含几个方面？
5. 如何使网络游戏更加吸引人？

章末案例

盛大：从网游航母到娱乐帝国

作为领先的互动娱乐媒体企业，盛大网络通过盛大游戏、盛大文学、盛大在线等主体和其他业务，向广大用户提供多元化的互动娱乐内容和服务。盛大游戏拥有国内最丰富的自主知识产权网络游戏的产品线，向用户提供包括大型多人在线角色扮演游戏

(MMORPG)、休闲游戏等多样化的网络游戏产品，满足各类用户的普遍娱乐需求。2012年5月18日，盛大网络入选第四届中国"文化企业30强"。从1999年成立之初的网络游戏公司，到今日集游戏、文学、传媒、出版、文化及相关衍生行业于一体的大型网络文化产业公司，盛大已经完成了由网游航母到娱乐帝国的成功转型。作为一家网络文化产业企业，在转型的过程中，盛大非常注重产业的创意与策划。

(1) 注重市场创新，实现三次战略转型。一直以来，盛大以积极变革作为保持领先地位的企业经营哲学，以敏锐的市场洞察力关注市场的创新开拓，实现了三次成功的战略转型。第一次，通过由纯代理商转变为拥有自主研发能力的网络游戏企业的转型，实现了在整个网络游戏产业链中的地位的快速提升；第二次，通过全面扩张，力推"家庭数字娱乐战略"，为打造超越传统门户概念的互动娱乐平台奠定了基础；第三次，将业务重心回归游戏，重塑平台战略，初步形成了游戏、文学、在线服务三大业务板块。

(2) 注重产业内部创新，由横向扩张转为内部挖潜。吸取了此前推行"家庭数字娱乐战略"失败的经验教训，盛大在以"免费+道具增值"模式放手一搏重新夺回中国网络游戏市场头把交椅之后，并未停下创新的脚步，公司也将未来战略关注的焦点集中在提高游戏业务的核心竞争力上。2007年10月26日，盛大正式公布了其业务重心重新回归游戏后的最大战略举措，即"游戏全民化运动"，包括风云计划、18计划、20计划三大计划，希望借助自身的资源与平台优势网罗优秀的游戏项目与人才，进而巩固自己在网络游戏市场的领先地位。

(3) 重组产业链，实现游戏、文学、在线服务"三驾马车"并进。盛大虽然重新将网络游戏定位为公司核心业务，但并未放弃自己构建迪士尼式娱乐帝国的愿望，只是实现方式发生了转变。随着游戏、文学、在线服务三大业务板块的初步形成，盛大开始展开新的规模化发展战略，而"平台"则是其新战略之中的核心理念。通过"盛大在线"平台，盛大一方面实现了"做大"，即将大量优质资源集中到自身平台之上，从而打通整条产业价值链，为构建娱乐帝国奠定了基础；另一方面也实现了"瘦身"，即日益转变成服务型企业，由做产品转向做标准，极大地缩减了风险与成本。

(4) 创新企业管理模式，实现"游戏式"的人力资源管理。"游戏式管理"的理念，其核心规则是为所有员工建立类似游戏角色的经验值系统，员工平时的表现和工作成绩都将反映在经验值的积累上，同游戏角色一样，当员工的经验值达到一定标准后，便可获得"升级"，即晋升或加薪。为使激励机制更科学，盛大特别为员工经验值系统设计了双梯发展模式，将经验值分为"岗位经验值"和"项目经验值"两部分，前者在员工不犯错误的情况下会随时间自然增长，而后者则是以项目为单位为员工提供了获得更多经验值的机会。另外，员工在经验值获取和积累上有很大的自由度和灵活性，有能力、有意愿的员工如果愿意承担日常事务以外的项目，便可以获得额外的经验值。盛大在经验值系统的具体设计上也非常讲究科学性，仅仅建立经验值计算的数学模型就用了半年时间，以充分保证其作为激励机制的公平性。

尽管盛大作为中国网络游戏产业中最为成熟的企业，但发展至今也面临着诸多问题。但不可否认的是，盛大网络文化产业地应对市场变化和自身危机的能力已在其发展历程中得到充分展现，其中不断进行创新是企业发展的不竭动力。2008年金融危机蔓延全球，被许多经济学界人士戏称为"危机避风港行业"的网络游戏业，尤其是中国网络游戏产业，却可能迎来一个飞跃式发展的巨大契机。对作为业内领军企业，尤其是作为以构建娱乐帝国为目标的盛大来说，这无疑既是前所未有的机遇，也是异常严峻的挑战。盛大在线作为目前国内最大、最成熟的网络游戏平台，如能对整个中国网络游戏产业价值链进行有效串联，将会在中国民族网络游戏产业走向世界的过程中发挥关键性的作用。

资料来源：陆地，陈学会.中国网络文化产业发展报告[M].北京：新华出版社，2010：388-400.

思考题：盛大网络的成长之路对我国网络游戏公司有何借鉴意义？

第4章

出版产业创意与策划

→ 章前引例

《哈利·波特》系列的成功

随着世界文化产业的迅速发展，图书出版业日益全球化，以美国为代表的文化产业经营模式，用独特的经营管理理念开发大众文化资源，整合文化链，形成独特的经营模式，成为图书出版行业图书推广典型。一本或一套优异的畅销书的连带效应是巨大的，有可能就此形成出版社新的出版方向、新的经营模式，甚至形成某种新的产业。而《哈利·波特》系列的成功，不仅仅是图书产业销售的一次创新，也是一个成功的跨媒体营销整合产业链的典范。《哈利·波特》系列风靡全球，被翻译成近70多种语言，在全世界200多个国家累计销售达3.5亿多册，被评为最畅销的四部儿童小说之一，成为继米老鼠、史努比、加菲猫等卡通形象以来最成功的儿童偶像，这不能不说是文学史上的一个奇迹。《哈利·波特》的成功与以下三个策略是分不开的。

第一，内容为王。《哈利·波特》系列之所以能掀起"魔法热"，在于它讲述了一个内容奇特、充满魔幻的童话故事，激发了人类潜在的幻想心结。作者罗琳用奇幻文学的表现手法，借助"魔法""巫术"等道具，描写了真实世界中人类潜在的善良、正义、勇敢、机智和永不退缩的精神追求。故事内容具有深厚的欧洲文化背景，完美地融合了古典文学精粹，巧妙地将现实与想象力融为一体，故事情节引人入胜。第二，定位准确。《哈利·波特》准确定位为儿童图书市场，以儿童的视角来阐述故事，用儿童的眼睛去看，用儿童的耳朵去听，特别是用儿童的心灵去感受。符合现代儿童的心理特点、审美趣味，用儿童的眼睛发现这个世界的欢乐。第三，《哈利·波特》成功地运用了跨媒体营销。即一家传媒集团包揽所有图书出版以及后续的开发，实现利益的最大化。在营销过程中，AOL-时代华纳整合线上线下的资源，以跨媒体的名义，不遗余力吊足公众对《哈利·波特》的胃口。美国在线的网络资讯、华纳的大西洋电影公告板、集团旗下的《娱乐周刊》都大量报道《哈利·波特》电影的台前幕后。

资料来源：http://wenku.baidu.com/link?url=emi1uV8mkbS6CMs，有删改.

本章将介绍国内出版产业的创意与策划相关概念，包括出版产业的发展概况、出版产业创意与策划的特点、出版产业创意与策划的方法、出版产业创意与策划的策略及数字出版产业的创意与策划的方法，使读者掌握出版产业的创意与策划特征与方法。

4.1　出版产业创意与策划相关概念

4.1.1　出版的概念与性质

1. 出版的概念

从词源上看，"出版"一词与我国的雕版印刷术有着密切的联系。所谓版，在中国古代，是指上面刻有文字或图形以供印刷的木片，也称雕版。用雕版印刷的书籍，称雕版书。中国早在五代时就有刻"印板""镂板"一说，宋代有"开板""刻板""雕版"(板与版在古代意通)等词，都指图书的印刷发行活动，但未曾出现"出版"一词。据考证，"出版"一词最先在日本使用。根据1912年出版的《德川幕府时代书籍考》所载资料，"出版"最初为"出板"。日本《世界大百科事典》(平凡社1957年版)对"出板"一词的解释为：在木板印刷时代使用的是板木，因此称为"出板"。西方活字印刷术在日本推行之后"出版"一词才逐渐取代"出板"，并于近代传入中国。由此可见，"出版"一词本身指的是具体的印刷活动，并用印刷这一图书出版过程中必不可少的技术环节来代称整个图书出版活动。可以说，汉语中的"出版"一词从技术的角度对出版活动进行了界定，即印刷是出版活动所必需的技术条件。

印刷术之所以是出版活动中必需的技术环节，是因为它使信息的大规模复制成为可能，从而为信息的大众传播创造了条件。在印刷术发明之前，信息的传播主要是靠手抄，费时费力又容易出错，信息传播的效率和准确性都非常低。最早出现的印刷术，也就是雕版印刷术，通过在木板上雕刻文字制成固定的版，然后再在版上涂墨、附纸、印刷，使得文字信息可以快速、准确地得到复制。之后出现的活字印刷术，使印刷减少了雕版这个最繁杂的工序，更加提高了信息复制的效率。发明印刷术的伟大意义就在于它极大地提高了信息复制的效率。降低了信息复制的成本，使得信息大规模、高速度的传播成为可能，这也是印刷术被称为"文明之母"的原因所在。印刷术所具有的信息复制功能正满足了出版活动的需要。现在，出版的外延得到了极大的扩展，不再仅指图书的出版，还用于指音像制品、数字产品的出版，出版的技术也不再局限于印刷术，然而信息的复制依然是出版活动必不可少的环节。

在英文中，出版一词为"Publication"，来自古拉丁语的"Publ-icattus"，而词根"publ-"的意思就是"公众、公开"。这就阐释了出版的目的，即将信息公之于众，传播到公众中去。在手抄图书时代，由于信息复制的低效率和高成本，文明信息的传播范围非常狭窄，被严格控制在统治集团内部，成为统治阶级控制社会的工具。而印刷术带来的出版活动的兴盛，则使信息的大规模复制成为可能，信息传播的成本大为降低，从而打破了统治阶级对文化信息的垄断，使信息向普通大众的传播成为可能。向大众传播信息不仅是出版活动诞生所带来的客观作用，也是出版活动存在的目的和意义所在。

综上所述，从出版的词源分析来看，出版包含两层含义：

第一层，出版是信息的大规模复制。

第二层，出版的目的是将信息公开传播至大众。

目前，虽然学界与业界对出版的定义有许多不同的版本，但不外是对出版的信息复制和公开传播两个要素的重申。如《世界版权公约》(1971年)巴黎文本第六条规定"本公约所用'出版'一词，系指对某一作品以一定的形式进行复制，并在公众中发行，以供阅览或观赏"；1971年《保护文学艺术作品伯尔尼公约》规定"出版是指得到作者的同意，将作品的复制件以能够满足公众合理需要的方式发行"；1991年，我国颁布的《著作权法实施条例》第五条第六款中规定，出版即"指将作品编辑加工后，经过复制向公众发行"；2001年修正后的《中华人民共和国著作权法》对出版的概念进行了重新界定，附则第五十七条指出，本法所称出版"指作品的复制、发行"。

综上所述，本书将出版定义为：出版是指将信息文本进行复制并向公众传播的行为。信息、复制和大众传播是出版活动的三个基本要素，也是区别于其他活动的标志。例如，广播电视同样是向大众传播信息，但是其信息并没有大规模地复制，这就是它们区别于出版的关键。而如果将电视、广播节目内容大量复制，以书刊、磁带和光盘的形式传播，就可以定义为出版行为。

出版策划人员要深刻地认识到，出版本质上是向大众进行的信息传播活动，因此策划一定要以大众需求为出发点，尽力满足大众对各类信息的需求，同时要遵循信息传播的一般规律。

2. 出版的性质

1) 出版的信息传播本质

从出版的定义即可看出，出版在本质上是一种传播行为，与以电视广播等为媒介的大众传播行为相同，都是信息传播的一种方式。"所谓传播，就是信息的流动过程"，而信息的流动需要一定的媒介和渠道。信息的口头传播以空气振动为媒介，广播电视传播以电波为媒介，出版则以各种出版物作为信息传播的媒介。

美国传播学先驱卡尔·霍夫兰(Carl Hovland)曾将传播定义为"在大部分情况下，传者向受传者传递信息旨在改变后者的行为"。这个定义指出了传播所具有的强烈的工具属性，即不论是信息的传者还是受众，他们都可以利用信息的传播达到各自的目的。出版的传播属性也决定了出版活动具有强烈的工具属性。对于出版人来说，出版可以用来选择性地传播知识信息，表达自己的思想观点，获取经济利益。对于读者来说，出版可以满足自己多方面的精神需求。对于社会来说，出版还具有控制社会等功能。可以说，出版的其他属性均是其作为传播手段所具有的工具属性的反映。

2) 出版的意识形态属性(文化属性)

出版活动的文化属性最容易理解，我们需要深入认识的是出版作为文化事业所潜在的意识形态属性。意识形态是指意识的表现和表述形式。从个人角度来说，意识形态就是个人的观念、理想、信念、价值观、世界观等思想。作者著书立说的目的就是要表达自己的思想观点，阐述自己对外界事物的认识，可以说书就是作者的意识形态。而将作者的著作出版发行则出于更大的追求，即影响读者的意识形态。作者出版著作，目的是使读者认可并接受自己的思想观点，甚至以自己的思想认识为标准来认识世界。《圣经》的出版，目的就是宣传基督教的意识形态，使民众相信上帝的存在，相信天上还有天使飞来飞去，使大众以基督教的意识形态构建自己的意识形态，构建自己对世界的认识。这正是出版作为传播活动所具有的强烈的目的性和工具性所在。

其实，我们通常所说的意识形态是指狭义的意识形态，即社会意识形态。社会意识形态是指社会意识在社会现实生活中的表现和表述形式。简单来说，社会意识形态是指社会上形成的对世界、社会的不同解释和看法，所以社会意识形态并非单一的，而是多样化的。但是，每一个社会总会有一种居于主流位置的意识形态，它是大多数人共有的意识形态，即主流意识形态。统治集团通过控制社会主流意识形态，使其符合自身的利益，从而达到控制社会、维持统治的目的。大众传播媒介是统治集团控制主流意识形态的主要工具，出版活动当然也在此列。无论是国家控制的出版机构，还是完全市场化的出版机构，都不可能完全摆脱作为统治集团工具的角色。统治集团通过制定与出版活动相关的各种法律、法规，通过对内容的审查制度，出版有利于本集团利益的出版物，限制不利于本集团利益的出版物的出版，传播有利于本集团利益的知识信息，从而达到控制社会主流意识形态的目的。

总之，出版所传播的知识信息、思想、观点使其具有意识形态的性质，而出版者用此来传播特定的意识形态，从而实现了控制意识形态的目的。

3) 出版的文化产业属性

产业的概念是随着社会的发展和人们认识的深化而不断演变的。政治经济学曾经将产业表述为从事物质性产品生产的行业。自20世纪50年代以来，随着服务业等其他非物质生产行业的发展，产业在内涵上不再仅仅指物质产品的生产，服务的提供也被纳入产业范畴中来，产业也出现了第一产业、第二产业和第三产业的区分。出版活动的生产属于物质产品的生产，但是其产品价值并不体现在作为承载物的物质形态，而是在于物质产品所承载的文化信息内容，所以出版产业是一种文化产业，属于第三产业的范畴。既然是产业，盈利便成为出版活动的另一个目的。

目前，我国出版产业发展迅速，早在1998年，出版业利税总额便超过了烟草行业，成为国家第四大经济支柱产业。2014年，我国出版、印刷和发行服务实现营业收入19 967.1亿元，在国民经济中占有重要地位。近年来，新闻出版业已经连续多年以近10%的速度增长，高于GDP的增长速度。这些数据有力地证明了出版业所具有的巨大的盈利功能，也充分体现了出版的产业属性。

我国的出版业虽然得到了长足的发展，但与世界发达国家相比，仍存在相当大的差距。据统计，我国每年人均印刷品消费额为10美元，不到欧美国家的10%。而且发达国家的传媒业在国民经济中占有相当重要的地位，如美国的媒体文化业已成为第二大产业，这也说明我国的文化传媒业仍存在着巨大的发展潜力和广阔的发展空间。发达国家的经验表明，当人均国民生产总值达到800美元以上时，文化产业和文化消费将明显增长。2003年，我国人均国民生产总值突破1000美元，标志着我国普通居民文化消费、图书消费将呈大幅增长的态势，出版业作为文化产业将迎来快速发展的机遇。从近十年的发展规模来看，我国出版业实现了飞速发展，以2014年的营业额来看，2014年全国出版系统营业额是2000年销售收入694亿元的28倍，平均年增长27%。

3. 关于出版物

1) 出版物的定义

由于出版技术的发展，出版物的外延定义不断地扩展。在相当长的时间里，出版物专指书籍、杂志，而不包括报纸。早在2001年我国修订的《出版管理条例》中指出，出版物可以分为报纸、期刊、图书、音像制品、电子出版物等。按照此规定，出版物包括出版机构出版的图书、期刊、报纸、图片、图册、小册子、挂历、广告、印刷宣传品以及各类音像制品、电子出版物、网络出版物等，也包含其他单位部门或个人的各类广告邮寄宣传品、网上发布的各种信息等。

由于出版物范畴的不断演变，相关学者对出版物的内涵定义也从不同的角度进行了阐述。彭建炎认为，"出版物是以存储和传播知识、信息为目的，通过一定生产方式将其复制在特定载体上的著作物"；罗紫初认为，"出版物是指以传播为目的，存储知识信息并具有一定物质形态的出版产品"；师曾志则在《现代出版学》中指出，"出版物是指出版行为的产品，即承载着一定的信息知识内容、能够进行复制并以向公众传播信息知识为目的的产品"。无论是何种定义，对出版物的界定都着重在这样几个要素，即：

第一，出版物是存储、传播知识信息的载体。

第二，出版物可以进行大量的复制。

第三，出版物是面向大众进行传播的工具。

2) 出版物的分类

出版物作为知识信息的载体，按照不同的标准，可以分为不同的类型，如按照出版性质可划分为合法出版物和非法出版物；按照出版价值可分为正式出版物和非正式出版物；按照出版范围可分为公开出版物和内部出版物。我国《出版物管理条例》中将出版物分为报纸、期刊、图书、音像制品、电子出版物和互联网出版物六大类。

最普遍的分类标准是按照出版物的载体，将出版物划分为印刷出版物、音像出版物、电子出版物和互联网出版物等。

(1) 印刷出版物主要指传统出版物，它以纸为载体，以印刷为主要的信息复制手段，主要包括图书、期刊、报纸、图片、图册、地图、小册子、挂历、广告、印刷宣传品等。图书是以传播为目的，以文字为主，以图画、符号为辅，在文献载体上记录知识，具有相当多篇幅并装订成卷、成册的书写物或印刷物。联合国教科文组织规定，图书是由出版机构出版的、超过49页(含49页)的印刷品，具有特定的书名和著作名，编有国际标准书号(ISBN)，有定价并取得版权保护的出版物。

(2) 音像出版物是以磁、光、电等介质为载体，用数字或模拟信号，将图、文、声、像等经编辑加工后记录下来，通过视听设备播放使用的出版物。音像出版物指录有内容的录音带、录像带、唱片、激光唱片、激光视盘等音像制品。

(3) 电子出版物是指以数字代码方式将图、文、声、像等信息编辑加工后存储在磁、光、电介质上，通过计算机或具有类似功能的设备读取使用，用以表达思想、普及知识和积累文化，并可复制发行的大众传播媒体。

(4) 网络出版物是指经过选择和编辑加工，登载在互联网上或者通过互联网发送到用户端，供公众浏览、阅读、使用或者下载的作品。

出版物种类繁多，然而在出版规律的层面，不同出版物的出版有着共通之处。由于篇幅的限制，本书以图书出版及其策划的讲解为重点，力图使读者对出版策划有一个清晰的认识。

4. 出版策划

出版活动并非单纯的信息传播。各种出版物的原作，已经是人们精神劳动的成果、知识物化的产品，包括各界、各方面社会成员对改造主客观世界的经验总结。但是出版物要能适应社会的需要，起到发展社会生产力、推动社会文明进步的作用，还需要出版工作者付出大量富有创造性的脑力劳动。出版是一个庞大的、复杂的系统工程，各环节之间关系密切，既有共性，又有个别差异性；既相互制约，又相互促进；既有分工，又有协作，它们共同构成了有机的出版系统。要使出版活动顺利进行，使各环节之间完美协作，就需要在整体层次上对出版活动全程进行统筹安排。

出版策划是指出版者在出版全过程中通过精心筹划、合理组织、细致运作以扩大出版机构影响、出版物影响和出版物发行量的出版行为。这个概念包括以下几层含义。

(1) 策划人即策划的执行者是指出版机构、出版机构的责任编辑、作者、书商以及策划执行的工作室(即各种文化工作室、文化传播公司)。现代意义上的出书不再是作者一人即可完成的工作，它需要多个机构的精密合作。

(2) 出版策划包括出版的整个过程。从出版物的选题到营销发行都需要策划人全盘考虑、精心谋划。出版策划一般包括分选题策划、作者策划、内容策划、形式策划和营销策划等几个部分的内容，涵盖了出版活动的各个环节。

(3) 出版策划必须精心筹划、合理安排、细致运作，只有做到这几点才是真正意义上的策划。策划是一种智慧创造活动，这需要科学的预见和组织，对事物发展趋势做出准确的判断，并在实施过程中做到万无一失。

(4) 出版策划的直接目的是制作出适合的出版物，从而扩大出版物的发行量，这源于谋取经济利润这一出版活动的根本目的。间接目的是提高出版机构和出版物的知名度和影响力，树立出版机构的品牌，拓展出版机构的品牌资产。有很多出版社都"一战成名"，通过一本畅销书来奠定其市场地位。例如，中信社成立初期规模并不大，通过策划出版《谁动了我的奶酪》而声名鹊起，随后发展越来越好。归根结底，策划的最终目的都是为出版机构谋求更多的经济利益。

如今的出版机构越来越重视策划工作，许多出版社设有策划室，负责出版选题、营销策划；还有出版社把编辑分为案头编辑和策划编辑，以培养专业的出版策划人员。而数量众多的文化工作室和文化传播公司则将出版策划作为自己的立足之本。一个出版社的成功取决于多种因素，但其中最为重要一项就是策划的能力。

▌4.1.2 中国出版产业创意现状

出版是一个神圣的行业，出版人的使命不仅仅在于传承文化与积累文化，更在于凭借个人的知识、智慧和创意对文化进行传播与创造。出版创意的主体是作者和出版人。作者与出版人的思想直接影响着一个出版社的发展方向。当大多数出版人忙着在旧纸堆里拼凑书籍、在市场上见风使舵的时候，我们应该冷静地思考一下出版人的文化使命和社会责任。导致中国出版创意缺失的原因有很多，中国出版业存在的问题也有很多，下面列举一些中国出版业创意缺乏的主要现象。

(1) 中国出版业在内容上比较僵化。国内出版人最倾向于出版的书籍是各个行业的教辅类、考试类用书，因为这类书籍的销售渠道简单，相对好卖，比较赚钱，而像《狼图腾》这样的书籍在其未成名之前，很多出版人都表示不屑。他们的不屑是因为不愿意承担创新的风险，而只想以常态来保证生存下去。一些出版社的领导眼光短浅，甚至亲自嘱咐新人在选题的时候要跟市场潮流走，不要标新立异，否则要承担的经济风险太大。一些领导明哲保身，以出来的东西不犯政治性、原则性错误为最高追求。在外在形式上，中国出版的图书样式虽然有了很大变化，不再是以前统一单调的32开或者16开了，图书的色彩变得非常丰富，而且纸张也富有个性，尽可能表现出每一本书籍的内涵来，但仍然存在装帧死板、设计单调、色彩沉闷的问题，缺乏具有原创性、内容和形式完美结合的出版物。

(2) 在市场营销方面，中国的出版业同样缺乏创意。在计划经济时代，民众的阅读习惯与阅读偏好是被出版社培养起来的，卖方市场决定了出版人掌握着民众阅读的口味，他们不需要取悦民众，只需要按照计划将书籍报刊出版即可，不用考虑发行与市场的问题。随着经济的发展，以读者为中心的买方市场的局面基本形成。而一些出版人仍漠视自身地位的转变，忽视自由竞争的机制，重复建设、盲目出版、市场跟风仍比较严重。缺乏以市场为导向意识，就不能准确判断和预测读者的潜在需求，也无法把握好当下读者的阅读心理。中国出版行业还没有完全建立起以市场为导向、自由竞争的出版机制，这其中既有政策体制方面的原因，也有管理者和出版人自身的原因。

(3) 在保护知识产权方面，现代版权制度对创新作品的保护机制仍需健全，对优秀文化人的保护机制不完善，特别是培养大师、扶植站在艺术和文化顶端的优秀人才的机制还需要进一步发展。中国出版界跟风、克隆的现象比比皆是。一旦某本图书出版后成为畅销书，马上就会出现一批恶意模仿者、克隆者、仿冒者，极大地损害了创意者的利益。跟风出版和模仿成为中国出版界的一大顽疾。跟风出版和模仿出版主要有以下几种情况：第一是盗版。从内容到形式基本上都是模仿，完全不合法，这类盗版出版物很容易被读者判断出来，也很容易被执法部门发现，因此近年来有所收敛。第二是针对某些畅销品，如世界名著或经典文章，反复发行各种不同版本，虽大部分换汤不换药，出版社却乐此不疲。就四大名著来说，市场上就有50多个版本的《红楼梦》《西游记》，60多个版本的《水浒传》《三国演义》，至于外国名著更是数不胜数。这类跟风出版瞄准的就是经典图书的召唤力，但市场容量毕竟有限，各个出版商都蜂拥而上，不仅造成读者无所适从，还造成大量的图书积压，几亿或者几十亿码洋的图书被堆积在仓库里。第三是模仿某畅销书，克隆其话题、封面、文字的图书，近年来此类重复出版风头很猛，引人注目，其中尤以财经、励志类为甚。往往一本书畅销，很多同类题材的书籍马上出现，迅速跟风，表面上还都能赚把吆喝，可谓"一书得道，众书升天"。例如，《谁动了我的奶酪》走红后，马上有一堆"奶酪"跟上；《水煮三国》卖得好，四大名著便都被轮番地"煮"；甚至出现封面、书名几乎完全相同，而内容却迥然不同的书。

出版创意产业的核心是构筑产业链和实现产业链的延伸，而在产业链上滚动的最值钱的就是知识产权。一部作品在被发表之前是没有任何市场价值的，在发表后，就被赋予了版权价值，并得到保护。随着产业链的滚动，作品被制作成电影、电视片及其他衍生品时，其版权被多形式、多途径地开发，得到释放，才能实现飞跃式的提升。这才是"创意"成为"创富"的关键。如果一种创意与创新成果很轻易地被他人盗版，那么创新人才的积极性和主动性就会受到挫伤，创意出版就会陷入一种恶性循环的境地而难以突围。

4.2　出版产业创意与策划的原则与方法

4.2.1　出版产业创意与策划的原则

1. 满足读者需求

出版商品在本质上是文化商品，兼具文化属性和商品属性，能够满足读者的文化消费需求，并通过市场交换为出版人带来经济利润。无论是作为文化产品还是商品，图书只有通过消费者购买、阅读才能实现其文化价值和商品价值。

如前所述，现今图书面临着内外两方面的竞争，不仅图书市场内部的竞争已趋白热化，图书与其他信息媒体如电视、网络、报纸、杂志等的竞争也从未缓和过。在消费者面前有着无数种选择，如何让他选择一本图书？答案很简单，就是满足读者的需求。

英国学者丹尼斯·麦奎尔认为："受众的行为，在很大程度上由个人的需求和兴趣来加以解释。"也就是说，读者选择购买一种图书是基于个人的需要，怀有某种动机。传播学者卡茨、格里维奇和赫斯曾将受众对媒介的需求分为五大类：

第一，认知的需要(获得信息知识和理解)；

第二，情感的需要(情绪的、愉悦的或美感的体验)；

第三，个人整合的需要(加强可信度、信心、稳固性和身份地位)；

第四，社会整合的需要(加强与家人、朋友等的接触)；

第五，舒解压力的需要(逃避和转移注意力)。

尽量满足读者的上述需求是出版策划的首要原则，也是出版成功的关键所在。然而如何来确定读者的需求并不是一件容易的事，除了要认真研究读者的心理之外，策划人还要时刻关注出版市场的变动。以图书策划为例，策划人要时刻了解图书的发行情况、图书各种品种的购买情况、图书销售排行榜、图书销售走势等。为了深入了解图书市场的情况，可以采取以下几种方法：一是逛书店，了解各书店的销售排行榜和读者对各类图书的关注程度；二是阅读新书书目，大致掌握图书界的最新进展和变化、各出版社的出书特色及图书市场的供需行情等信息；三是准确掌握各图书的销售数据，《出版人》杂志根据北京王府井书店等多家书城的销售数据和媒体、网络的书评数据发布的"全国图书阅读指数"是一个对图书市场反应的衡量标准。

满足读者需求，在执行起来具有很高的难度，它更容易沦落为一句空洞的口号。要真正做到满足读者需求，需要在了解需求的基础上精心策划。

2. 整体策划

出版活动是复杂的系统，需要不同操作人员的协作，例如作者写作、编辑修改、美编排版设计、印刷工人印刷、媒体宣传、书店发行等。策划工作的目的就是协调各个操作者之间的活动，尽量做到出版流程和出版物的完美，并取得尽可能多的经济收益。如果将出版活动比作人体的运动，那么策划人就是大脑，统一指挥着人的每一个细微运动。策划应是对图书出版流程的整体设计，而且这种设计不仅包括某本图书出版的微观设计，还包括对整个出版机构出版活动的设计。

对于具体的某本图书来说，整体策划是指对该书出版流程各环节的统一策划，即对单本图书由选题、写作、编辑、装帧到印刷、发行、宣传的一体化设计。这是对出版人员工作的协调和指挥，对出版成功的意义自然重大，但是一名成功的策划人不能将眼光局限于某本书，而应当从出版机构的整体出版计划出发，从宏观的角度来统筹各种、各类图书的出版活动。比如，系列图书是多本相互关联的图书的集合体，这需要策划人从内容、装帧、宣传方面对系列图书的组成部分有合理的整体性构想。如果将视野继续放宽，策划人还需要对相同、相关学科的图书出版进行统一设计，并立足于整个出版机构，将出版机构出版的各学科、各门类图书的出版整合为一体。这对策划人的统筹领导能力的要求也不断提高，即便是负责单本书的策划人，也需要很强的统筹能力，能够很好地协调各个环节的工作。

3. 经济利益和社会利益的统一

如上所述，图书不仅是商品同样也是文化产品，是人类文化生活中十分重要的精神食粮，它是知识的主要载体，在提高全民族人文、科学素质，培养人才方面都有巨大的作用，是推动现代文明不可或缺的重要因素。因此，在图书的策划过程中，策划人员不能只追求经济利益、一味地迎合读者的需求，特别是低俗的需求。南方出版社2003年出版的《汉英对照新华字典》，第227页上"鸡"的后边有一个对照的英文单词"Chicken"。其后便是对"鸡"的两个解释，第一个解释是：鸟纲雉科家禽。第二个解释是：妓女的贬称。有的地方叫"鸡婆"，年纪小的叫"小鸡仔"，年纪大的叫"老鸡婆"。虽然其英汉对照的出版形式适合儿童学习英语的信息需求，但是在内容策划上一味图新求奇，包含一些不利青少年身心健康的内容，经新闻媒体报道后在社会上引起了很大的非议和不满。另外，社会上还有一些淫秽色情书籍更是为了迎合部分读者的低俗需求而屡屡突破社会道德底线，置社会利益而不顾，这些书籍也是国家法律明令禁止和严厉打击的图书。

所以，策划人员在策划中，特别是在选题策划、内容策划中，一定要重视图书的社会效益，严把图书质量关，杜绝非法内容。出版策划人要清醒地认识到，只有能够带来较好社会效益的图书才能够得到读者的喜爱，才会带来更大的经济效益。

4. 以创新为本质

出版策划本质上是一种创新行为。所谓创新就是不重复别人，更不能重复自己。美国创新思维专家迈克尔·米哈尔科指出创新就是发现别人看不到的东西，思考别人想不到的东西，发现你没有寻找的东西。每一本图书都是一种全新的产品，不仅在图书的内容上绝不允许雷同，在图书定位、选题角度、封面设计、版式风格、宣传方式方面都力求有新意。纵览图书销售榜首的畅销书，无不是以创新取胜。

美国人唐纳德·特朗普与比尔·赞克合著的《创：美国商界巨子特朗普的商业法则》(以下简称《创》)、汤姆·斯丹迪奇的《六个瓶子里的历史》这两本书的内容格式都很独特，这源于作者大胆创新的写作思维。《创》以讲课的方式进行写作，读者打开这本书后就犹如与唐纳德·特朗普进行着面对面的交谈，其效果和影响力可见一斑。而《六个瓶子》的结构更为大胆创新，以6种饮品为标示把人类历史分为6个阶段，将读者司空见惯的历史常识进行了陌生化的间离，在读者的大脑里产生了奇妙的化学反应，达到了耳目一新的效果。由此可见，大胆创新的写作思维是创意出版的灵魂。

■ 4.2.2 出版产业创意与策划的方法

1. 引进创意

我国图书市场上的很多畅销书都是从国外引进的，从读者趋之若鹜的态势来看，仿佛这些外来的"和尚"在中国很好"念经"。确实，发达国家出版业的很多创意，值得中国出版业学习和借鉴，能够启发国内出版人对于我国出版业焦灼状态的深层次思考。

中华工商联合出版社翻译出版了美国人唐纳德·特朗普与比尔·赞克合著的《创：美国商界巨子特朗普的商业法则》(以下简称《创》)一书，上市以后首印5万册在一个月内售罄。2006年9月，中信出版社翻译出版了美国人汤姆·斯丹迪奇的《六个瓶子里的历史》(以下简称《六个瓶子》)一书。该书曾荣登2005年度《财富》杂志"最睿智书籍"之榜。《纽约时报》《蒙特利尔报》等主流媒体对斯丹迪奇在这本书中的表现的创意和构思赞不绝口，《洛杉矶时报》更是直接发出了"很少有书可以这般引人入胜"的声音。该书在国内外取得巨大成功的一个要素是，作者对读者阅读心理的把握十分准确，阐释了一个人为什么以及如何在商场和人生中要具有进取心。唐纳德·特朗普是美国众所周知的地产明星、超级富翁，在实用主义盛行的欧美世界，人们对他如何创造惊人财富的兴趣远远大于窥视他的私人生活。因此，唐纳德·特朗普与比尔·赞克紧紧抓住读者的阅读需求，通过他们熟知的大量的正反面案例和自己东山再起、飞速发展、逆市飞扬的真实故事，很聪明地靠著书立说来讲述他们的商业法则、发家秘诀和所持有的信念。该书的成功与畅销看似应时而生、自然而然，但其实是有所预谋的。《创》这本畅销书的编排格式与视角都非常特别，其副标题"TRUNP10堂成功培训课"简明扼要地点出了这本书的架构，单看标题，读者就知道这本书是由10部分组成，每一个部分讲述成功的一项要素，综合起来就是唐纳德·特朗普的成功秘诀。在这本书中，特朗普摆脱了中规中矩的传统教育模式，采用一个更加人性化的视角来讲述他自己在生活中对事情的洞察力、成功的内在动力等理论，这些都是普通读者可以直接借鉴到自己身上的，结构上环环相扣的讲课式模式，再加上特朗普本人的现身说法，使读书具有很强的感染力和实用性，在读者群里获得了良好的口碑，因此取得了巨大的经济效应。

《六个瓶子》这本书的点睛之处在于它的书名。从内容上看，这是一本阐述人类历史变迁的书籍，根据读者的阅读经验，应该是比较枯燥乏味的东西，但作者却选择了一个十分独特的角度——通过对人类历史上6种饮品的交替兴盛来阐述人类历史进程中的6个时代。该书以这6种饮品的容器为名，将历史、饮品与瓶子巧妙地融合在一起，给读者提供了一个全新的阅读视野。这样的构思和创意在我国出版的图书中是很难看到的。《六个瓶子》的另一个精彩之处在于它的叙事角度。人类历史上从来不缺乏具有独特思维的人，如日本作家夏目漱石的《我是猫》，用猫的眼睛来看人类这个群体，取得了独特的艺术效果；捷克作家卡夫卡的《变形记》中，主人公一觉醒来发现自己由人变成了毛虫，从另一个视角阐述了卡夫卡切身的无奈、忧愁、痛苦与人类无法抗拒的现实。《六个瓶子》这本书的叙事角度也同样独特，作者从啤酒、葡萄酒、烈性酒、咖啡、茶饮和可口可乐在人类历史上的流行阐述了农业文明、地中海文明、文艺复兴和航海探险等人类发展史。叙事角度的独特和语言的娴熟睿智是这本书的另一个看点。

《创》与《六个瓶子》这两本畅销书的作者都是美国人，但是他们的视野却不仅仅限于美国狭小的范围。他们都颇具远见地将视野放逐到整个世界，这也是这两本书不仅在美国国内畅销，而且在其他各国畅销的原因。对于这样视野独到的畅销书，出版界若能够及时引进出版，一定能够获得理想的经济效益和社会效益。

2. 组合创意

几年前，英国出版商理查德·波顿和大卫·格兰特成立了"无限创意"出版公司(Infinite Ideas.II)，并且语出惊人地声称将在2010年实现1000万英镑的营业额。如今，尽管公司的发展并非一帆风顺，但他们正在一步步地向这个目标靠近。"无限创意"成立于2003年12月，资金100万英镑，这是继20世纪90年代猎户星出版社以来投资最多的一个媒体企业。该出版社的核心产品来自"52本智慧创意"丛书(52 Brilliant Ideas如今已增至54本)的"创意银行"。创意丛书的内容都归"无限创意"公司所有，与众不同的是可根据客户的需要灵活拆分出售。

这套丛书中所有的创意最终都为了实现一个目标，那就是提升人们的生存技巧和生活品质。每条创意都有一个固定的模式：章节篇幅一致(1000个单词)、语言风格一致、有4种固定的表达方式("这个创意适合你""试试另一个创意""什么创意""如何应用创意")。这些书都是严格按照固定模式来写的，始终以读者比较容易接受的方式，最大限度与读者互动。这种模式能使读者跳出书本，直接领会每个方法，并且没有教条之感。

开展此项业务最重要的前提是要对内容有绝对的所有权。"无限创意"已经向作者支付5000～10 000英镑买断版权，如果图书出版后在英国的销售额达到1万英镑，作者还能得到最高为当初所得40%的奖励。尽管有作者流失，但是大多数作者都比较满意，毕竟出书对他们来说也是一件光彩的事。

在这家出版社眼中，与其说这套创意丛书是52本独立的书，不如说它们是近3000条长度在1000个词左右、各自独立的"创意数据库"，它们可以通过灵活组合，产生无数种搭配方案。这些创意蕴藏着无限可能，也是出版社名字的由来。在内容上，这套创意丛书可谓无所不包，在运动、游戏、文学、音乐、生活、时尚等各个领域有需求的读者，都能从中觅得好点子。除了英国市场之外，"无限创意"出版社也瞄准了国外。只是当初的设想是海外授权占全部销售额的15%～20%，结果国外的回应远比当初设想的热烈，目前这一块的收入已经占到销售额的40%。出版社并不出售本书的版权，只是出售品牌使用权，出版商必须承诺至少出版12本"智慧创意"丛书。"无限创意"公司也鼓励品牌搭档开发自己的"智慧创意"丛书，仅仅需要向他们支付低额版税。目前，"52本智慧创意"品牌已经授权了12家出版商(包括企鹅美国分公司和DK印度分公司)。法兰克福书展之后，"无限创意"出版社又得到了8种语言的授权，包括中文、俄语、阿拉伯语和意大利语。除了海外授权之外，合作业务也占据"无限创意"总收入的5%，接近150万英镑，而2005年这一数字仅为80万英镑，几乎实现翻番。目前，该出版社的收入结构主要分为三部分：1/3来自合作、1/3来自授权、1/3来自传统渠道。

如今，这家出版社的出版资源非常丰富，几乎可以为每位顾客量身打造图书。公司认为，"无限创意"成长的关键，就是提供"定制出版"。他们把常规的图书销售作为一个营销推广的平台，而不是单单作为一个销售渠道。图书销售就像商店的橱窗，对整个品牌进行展示，从而为52本"智慧创意"丛书赢得更多机会。传统渠道非常重要，因为我们能够依靠它来提高品牌的认可度。合作对打开市场、拉动销售也有重要作用，而且可以达到双赢的效果。如今，"无限创意"的品牌已经树立起来，尽管图书销售还在为他们带来源源不断的利润。但今后它们要把经营重心逐渐从销售转移到低风险、高利润的定制出版业务上来。作为一个出版商，最重要的是灵活性。他们并不把自己看做只有60种再版书的出版商，而看做一个惊人的创意仓库，可以针对不同的需求进行不同的组合。在产品的组合包装方面，"无限创意"公司也发挥"创意"，开发出多种产品，也与不同的公司通过不同的合作方式开展业务。只要客户有需求，"无限创意"可以为他们制作不同的商品。例如，可以从"创意丛书"中取材合适的部分，把它们编成杂志、制成光盘、录成录像带，甚至印上贺卡和扑克牌。在合作伙伴的选择上，"智慧创意"公司希望与零售商、网络内容提供商、设备制造商以及非专业出版社合作，但是专业的出版社并不在它们的合作范围之内。

"无限创意"的经营哲学：通过在编辑和设计上的大量投资来提升品牌价值；与作者、顾客和授权合作伙伴建立长期合作关系；通过一切合适的渠道实现品牌价值的最大化，拥有并努力开发自己的"智慧财富"；在经营方面，精简一切不能创造价值的流程和支出；将传统的图书销售作为销售平台，帮助实现从销售到合作的转变；灵活、迅速、有创造性地满足客户的需求。

3. 颠覆传统

出版界必须打破传统思维，认识到要出好书首先必须出好稿。中国的文化人很多。从一定意义上说，重赏之下才有好稿。因此，要颠覆传统，为文人造个海，搭建一个平台，实行文稿竞价。文稿竞价是一个顺应时代潮流的开创性活动，它以颠覆性的姿态出现，对中国文化的现状进行了一次革命性整理，这种整理不是一种局部性的修补，而是引发了出版观念的革命。

文稿竞价是一场引起全国乃至世界关注的活动，如何在一个纷纭复杂的框架里把握活动的脉络和方向，创意者和策划者如何在一个敏感的区域戴着脚镣舞蹈，如何将自己对中国文化产业化的敏感转化为对一个即将到来的时代性现象的引导，文稿竞价无疑为文化市场建立了一种观念和行为模式，创意者和策划人必须具有一定的使命感和责任感。但是，创意者和策划人不是救世主，在责任感、使命感和局部利益之间，创意者和策划人必须寻求利益的平衡点以达到双赢。

4. 走出国门

法兰克福书展已有600年历史，是当今世界上最大的书展，也是全球最重要的图书版权贸易平台，被誉为"世界知识界的奥林匹克运动会"，据统计，每年的法兰克福书展会实现世界出版业75%的版权贸易。现代意义的法兰克福书展在1949年举办第1届，在2009年举办第61届。从1988年开始，法兰克福书展每年邀请一个国家或地区作为主宾，全方位展示主宾国的出版业成果与文化特色。作为每届书展的最大亮点，主宾国已成为各国出版商、作家、媒体和德国民众关注的焦点。

2009年，中国作为主宾国参加书展，是中国出版业对外开放、融入世界出版业的重要标志。中国的主题馆将以书为载体，利用声光电等现代技术，通过对中国出版史、印刷术的展示，反映中国思想史、科技史和中国文化史。主题馆内，展示着飘逸的纸张、墨滴、活字和凝重的书山、书墙以及醒目的作家画像，展品包括从甲骨文到互联网时代的各种主要出版载体，如甲骨、铭文、竹简、帛书、麻纸等，还有现存最早有明确时间记载的雕版印刷品《金刚般若波罗蜜经》。

∷ 4.3 出版业的创意与策划

■ 4.3.1 选题创意与策划

选题是出版策划的开始。选题是出版社对于准备出版的图书或其他作品的一种设想和构思，一般由书名、著译者和内容设想、读者对象以及字数等部分组成。选题策划是出版工作中策划人为获得理想选题而进行的选题信息收集与加工、选题设想提出、选题调研、选题优化等活动。

进入21世纪以来，出版业内容为王愈加明显。选题策划已成为整个出版活动的起点，是创造社会效益和经济效益的起点。实践证明，出版物制作与发行的成功与否，和选题与选题策划的成功与否大为相关。选题策划必须以读者为策划的起点，以读者为策划的中心。在了解、研究读者的阅读需要、阅读兴趣和接受能力后，有针对性、有目的地设计选题和进行选题策划，满足读者在学习、工作、研究和精神生活等方面的阅读需要。选题策划是出版创意的重要环节，选题新颖，书籍才会受读者欢迎。策划过程中最重要的是要增强创新意识，使每一个选题都具有独创性和开拓性，即在书籍的内容、形式、写作角度和编撰体例等方面的创新，或是开发新的选题领域，或者在原有的选题领域中拾遗补缺，创造新的图书品种，或者改变图书的形式等，最终赋予图书全新的使用功能。每一个选题都应该有新的构思，形成鲜明的个性特色。

以图书出版为例，一本好书，首先必须拥有好的选题，有一个好的选题策划，往往就成功了一半。如上海文艺出版总社策划出版的16卷大型史书《话说中国》，选题策划历时8年，终于在2005年全部推出。这套全方位展示中国五千年历史的精品图书以其全新的叙事方式和编辑理念，以"立足于学术、着眼于大众"为特色，创造了一种"从任何一页都可以开始阅读"的全新形式，读者从任何一页翻开，看到的都是一个独立的小故事和与它相关的知识点——每一个版面都形成了一个完整的阅读单元。全书展示了3000多张历史图片，讲述了1500多个故事，涉及的历史文化知识点7500多个，总计4800页，读者在阅读一个个小故事后，记住了一段历史，也记住了这一段历史背后的魂。这套书已成为上海文艺出版社新创的一个文化品牌，其价值不只体现在文化传承、学术普及、人文教育，更重要的是开拓了出版的新理念、新空间、新路径，整合出版界与学术界的有效协作、双向互动，铸造和构建了有自主知识产权的文化品牌和出版品牌。创新所带来的不仅仅是文化价值的认同，更有着经济效益的回报。《话说中国》已累计销售超过160万册，图书定价总额达1亿元以上，美国《读者文摘》已购买了该书的海外版版权，这也是这家美国老牌出版商首次在华购买图书版权。与此形成鲜明对照的有，1997年出版了众多电影、电视明星撰写的书籍，1998年出版了一系列含有"数字"书名的书，以及随后出现的同一题材出版几十个版本的情况，都是选题策划缺乏创新的例子。这种低水平的重复和雷同书籍充斥出版市场，必然会造成出版业的滞胀。

另一个在选题策划方面的典型案例是《狼图腾》。《狼图腾》之所以能将版权卖到很多国家，在于它写出了狼这种动物身上所具有的人类应该学习的许多精神：如狼的勇敢、强悍、智慧、野心、雄心、耐性、机敏、警觉、体力、耐力以及拼搏进取、永不满足等，把狼图腾看成中华民族最主要的原始图腾之一，这样狼的形象相对于我们传统的理解就发生了变异。它以一种新的面目出现，所以赢得了众人的喜爱，也使这本书走向了世界。但并不是说别人没有涉猎过的内容，都可视为新的，题材创新也要与时代特色相吻合，必须能真正满足人民的阅读需求，上述提到的几种书都是应势而生，或是能提升人们的精神世界，使大家在精神上得到洗礼或喜悦感，或是能帮人们找到一种生存之道，或是能唤起人们某种回忆让人的心灵得到震撼。

想要实现选题的创新不是靠凭空想象，需要编辑真正走向市场，多与读者沟通，了解他们真正的需求，而不是仅仅靠分析一些图书排行就定下一年甚至更长一段时间的编辑方向。图书排行榜在一定时期是读者的购书指南，也是书业发展的风向标，但有时候也不乏虚假的成分，有的是一些出版社为了宣传炒作而与媒体在互相得利的情况下炮制出来的。编辑想要实现选题题材的创新还需要多关注业内发展动态，《中华读书报》《中国图书商报》《中国新闻出版社》《出版人》《编辑之友》《出版广角》等一些有影响力的报刊必须经常浏览。当地发行量较大的报纸的抒情版块也不能不关注，一些出版社的书目做得不但漂亮而且极有参考价值，如广西师大出版社的《书天堂》、岳麓书社的《书与人》等。

■ 4.3.2　装帧设计创意与策划

书籍靠装帧成型，没有装帧不称其为书。为了"传播"和便于"阅读"，一本图书、一种杂志，都必须装帧，而且均以各自独特的形态呈现在人们面前。

书籍装帧艺术创作的核心是设计，而设计的核心是创意。书籍装帧设计涉及书籍装帧的艺术形态、书籍装帧的形式意味、书籍装帧的视觉想象、书籍装帧的文化意蕴、书籍装帧的材料工艺等方面，无一不需要创意。

如果想让读者在书店琳琅满目的图书中一眼挑中你的版本，必须要在图书的外观设计、色彩应用、材料选用及制作工艺等方面下一番功夫。

事实证明，一件成功的装帧设计之所以能在同类作品中脱颖而出，关键在于设计者选取了一个独特的角度，一个恰到好处的表现手法，并使两者完美结合。好的装帧设计都具有独特的创意，或在构思上，或在色彩上，或在设计语言上，以鲜明的个性，显示自己的特点，也反映了设计者对美学意识的体悟和形式美的创造。

■ 4.3.3　定价创意与策划

图书的价格会直接影响读者的购买数量，因此图书价格策划是出版策划中较为敏感但又最需要智慧的一项策划。价格太高，读者会望而却步；价格太低，出版社又会造成利润亏损。那么如何才能制定好图书的价格？要回答这个问题，我们需要了解图书价格的影响因素。

图书价格由制作出版成本、图书内容价值、市场竞争、读者等因素共同决定。内容价值高、制作成本高、在市场上没有可替代性、读者需求大的书籍往往定价高。系列书上市之初，在没有同类图书竞争的情况下，往往会采取一种高价策略，迅速获得预期利润，重印的时候再降低价格，增强市场竞争力。一些不太容易被人注意的书籍则会采取相反的定价策略，上市之初，价格定低一点试水，让读者接受，待书籍打开销路并占领市场，获得读者认可之后便水涨船高，重印时适当提高价格。对于珍藏本、保存本等出版物，将会利用读者好奇或虚荣心理，常常会采用低印数、高定价的策略，在短期内获得高利润。例如，中华书局出版的《二十四史》精装本系列丛书，采用羊皮面烫金精装，全球编号发行100套，全书分装80巨册，定价为十六万元，对于内容版式相同的书籍，有的时候也会出精本本和平装本，以满足不同读者的购买需求。

4.3.4 营销创意与策划

图书营销是图书从出版社到读者之间的载体，连接着出版社和读者。通常来说，图书营销有以下几种方式：①直复式营销。对于一些目标市场非常明确、拥有一定数量的消费者并且价格较高的图书，出版社能够充分发挥大批量邮寄的优势，在短时间内达到收支平衡。比如教材用书，出版社可直接在各学校征订邮寄。②利用书评营销。很多杂志中设有书评专栏和新书推荐的板块，这些已经成为图书批发商和消费者获得信息的渠道，对图书的发行具有重要的意义，特别是一些著名人士的评论，往往会引导读者做出购买的决定。③网络营销。图书的网络营销已成为图书营销的一条不可忽视的重要渠道，网上书店提供了近乎无限的空间，所以许多出版社都通过网站直接销售图书，当前比较著名的图书销售网站有当当网、京东商城、亚马逊等。④利用图书奖项进行营销。一些奖项也会有助于图书的发行。例如，莫言获得诺贝尔文学奖之后，其作品开始在线上线下大卖，在"莫言热"持续升温的态势下，商家们纷纷打出"中国首位诺贝尔文学奖获得者莫言作品限时抢购"的标语，莫言图书也涨价近两成。⑤签名售书。具有名望的作者通过巡回签名方式，直接加入营销的行列，也会有助于书籍的销售。例如，2007年3月3日于丹在中关村图书大厦为其新书《于丹<庄子心得>》签售，10小时竟然签售出15 060册。⑥凭借新媒体平台营销。随着新媒体的兴起，出版社也纷纷瞄准了新媒体营销以吸引读者。例如，许多出版社开通了微博来发布新书信息、活动预告，甚至还有出版社通过拍摄微视频在微博上进行视频营销。

4.4 数字出版业的创意与策划

4.4.1 数字出版的概念与发展现状

数字出版的概念最早可以追溯到1978年。当年4月，J.A.Urqart在卢森堡"科技社会的出版未来"的研讨会上，首次提出了"电子出版"(Electronic Publishing)的概念，将电子出版定义为利用电子手段创建、管理、传播出版物的过程。我们常用的数字出版(Digital Publishing)的概念，其实是一个中国化的概念。数字出版作为一种概念在国外并不普及，国外使用更多的是"数字内容管理"(Digital Content Management)，或者是"数字内容产业"(Digital Content Industry)。北京大学谢新洲教授给数字出版下了这样的定义：所谓的数字出版，是指在整个出版过程中，从编辑、制作到发行，所有信息都以统一的二进制代码的数字化形式存储于光、磁等介质中，信息的处理与传递必须借助计算机或类似设备来进行的一种出版形式。数字出版强调内容的数字化，生产模式和运作流程的数字化，传播载体和阅读消费、学习形态的数字化。它是对出版的整体环节进行操作，而不仅仅局限于内容或出版渠道，数字出版产品或服务形式、加工、发布、销售、支付都要通过网络，涵盖了电子图书、按需出版、互联网文学、互联网期刊、手机报、网络游戏等多种载体形式，海量存储、快速查询、多媒体、互动性等是其突出特征。

数字出版在我国发展很快，目前已形成网络图书、网络期刊、网络地图、网络教育、网络游戏、移动媒体出版等形态。数字出版业的发展，既丰富了出版内容和形式，也改变了人们的生活方式和消费理念，成为出版业发展的新趋势。中国互联网信息中心的数据显示，中国网民人数到2012年底达到5.64亿，互联网规模居世界第1位，其中有超过1亿以上的网民在网上阅读电子书。中国手机网民规模在2012年底达到4.2亿，且增长迅速，有超过30%的网民愿意进行手机阅读。从而可以看出，中国数字出版业有着广阔的市场。国家新闻出版广电总局统计数据显示，2012年中国数字出版产业总产值达1935.49亿元，比2011年增长40.47%，其中互联网广告、手机出版和网络游戏依然占据收入前三位。在2009年的法兰克福书展上进行的一次全球出版人的调查显示，八成以上的受访者认为，世界图书市场向数字化转变是图书出版产业的历史机遇。

4.4.2 数字出版的特点

与传统出版相比，数字出版具有出色的快速查询、海量的存储、低廉的成本、方便的编辑以及更加环保等特点，市场前景广阔。对此甚至有人宣称：传统出版已经遭遇无可匹敌的对手，未来的出版产业将不再是纸和墨的时代。数字出版主要有以下几个特点。

1. 数字出版极大地丰富了出版的内容与形式

传统出版最终都以纸张的形式出现，而数字出版以计算机或其他终端为载体，它的表现形态更加丰富多彩，除了传统出版的文字形态外，还有图像、音频、视颁、动画等，以及它们之间的相互整合。数字出版可以用丰富、恰当的形式来表现相关内容。

2. 数字出版可以对信息进行检索、关联、重组和挖掘

利用计算机技术可以对信息进行检索、关联、重组，能够把某一领域内的信息搜集齐全以满足读者的需求。最重要的是，可以挖掘内容中信息与信息之间的更深层次的关系，把本来看似孤立的信息整合在一起，方便读者使用。

3. 数字出版打破了按介质形态对出版行业划分的定势

出版行业按照介质形态可以划分为纸介质的出版、磁介质的出版、光介质的电子出版以及网络出版等。数字技术的发展创造了一些新兴的数字出版媒体，如网络游戏、手机小说、手机报纸、手机游戏、手机音乐、手机视频等。这样，跨越了介质形态的"跨媒体出版"就应运而生。出版单位将演变为内容提供商，传统的读者或受众将逐渐演变为

内容消费者。

▌4.4.3　数字出版产业发展中存在的问题

1. 缺乏优秀内容，同质化问题严重

目前，数字出版内容良莠不齐，并且严重缺乏优质内容。这不仅有碍于数字出版产品品牌的创建与打造，而且也很容易导致同质化现象发生。以手机报为例，在内容、编辑、发行以及传播方式上，都呈现出同质化的现象，这使得手机报缺少特色、竞争力和不可替代性。除了少数全国性大报和各地主流都市报外，大多数同质化的手机报由于缺乏竞争优势而难以吸引足够多的用户订阅，难以逃脱被淘汰的命运。

2. 数字出版的版权保护机制尚未确立

现阶段，数字出版的版权保护机制(包括技术手段、授权模式和保护体系等)尚不完善。现有法律适用于数字出版明显滞后，有待进一步修改和补充，且版权授权不规范，著作权人的合法权利和出版社的出版权益都难以得到基本保障和有效维护。

数字期刊、网络原创文学、电子书等许多数字出版业务都存在着突出的版权问题。其中，网络原创文学面临的盗版侵权问题包括以下几个方面：①网络未经授权使用他人作品；②网站和网站之间未经许可的转发和盗用；③搜索引擎未经网站许可便无偿链接，或以某种形式如"贴吧"等转载原创网络作品。

3. 人才是制约数字出版发展的关键

在新媒体出版及制作单位中，数字出版流程及审读规范还不完善，缺乏适应数字出版要求的编辑人才。同时，出版单位的人才管理不规范，制度不健全，对人才的管理仍停留在传统的人事管理模式阶段，阻碍了优秀人才的引进，并造成人才流失。

目前，各高校开设数字出版专业师资力量不足，并且人才培养与数字出版发展不同步。人才的缺乏，导致企业对技术含量高的数字出版新业态驾驭能力降低，最后形成恶性循环。

4. 数字出版标准建设滞后

数字出版标准化对于行业发展的重要性不言而喻，但当前我国的标准制定仍然严重滞后。同时，业界对数字出版标准化的认识还不够深入，尚存在一定的盲目性，对于关键标准制定的意见还未达成一致。标准的滞后已成为制约我国数字出版发展进程的重要因素之一。虽然目前已完成了新闻出版、信息化、出版物发行等标准体系的制定工作，但距离建设层次清晰、分类科学、完整适用的标准体系还有一定的差距，基础性标准和关键性标准缺位。手机出版、互联网出版、动漫出版、网络游戏出版、数据库出版等新型出版领域的标准化工作尚处于起步阶段。企业标准格式不一，难以协调，目前还没有实现统一。

5. 数字出版的安全机制尚不完善

数字出版安全机制的发展并不像数字出版本身的发展这样迅速，各种数字出版应用安

全问题也成为出版业急需应对的问题，互联网信息安全、手机信息安全首当其冲。其中，网络信息安全对数字出版的冲击更明显，有报告显示，六成以上的网民曾遭遇网络安全事件。一旦发生安全问题，对用户造成的损失主要是时间成本，其次才是经济方面的损失。因此，完善的安全机制的建立刻不容缓。

4.4.4　数字出版创意与策划的要点

与传统出版产业链相比，数字出版具有产业链扁平化、传播规模化、内容推广个性化等特点，减少了印刷、物流仓储和批发零售等环节，直接面向用户，打通了作者和读者之间的沟通障碍，降低了出版风险，有利于向读者推广更多的内容。数字出版新模式的创意与策划应抓住下列几个环节。

(1) 数字出版技术创意，这是数字出版新模式的外在形式和手段，只有采用高新技术，紧紧跟上世界数字出版技术的前沿，才能在数字出版的竞争中占有一席之地。

(2) "全媒体出版"创新。所谓"全媒体出版"其实就是指"一种内容，多种渠道，同时发布"。数字出版与传统出版之间是互补的。传统出版内容资源丰富，完全可以利用数字出版的发展趋势，尊重读者购书行为的差异性，整合优质资源，进入涵盖各种出版渠道的"全媒体出版"时代，与数字出版形成互补关系，一方面以传统方式进行纸质图书出版；另一方面以数字图书形式通过互联网平台、手机平台等终端数字设备进行同步出版，发挥各自优势，共同开拓图书市场。2008年12月，通过传统图书、互联网、手机阅读器和刚刚上映的贺岁电影等渠道共同打造的《非诚勿扰》的传播格局，就是全媒体出版的第一次有益尝试。此后问世的《贫民窟的百万富翁》《见证奇迹的人生》《我的兄弟是顺溜》《越狱》《曾有一个人爱我如生命》《十月围城》《一个文人的地产江湖》《孔子》等全媒体出版图书，使影视、纸书、电子书相得益彰，互补促进，有效聚合了观众、读者、网民及手机用户的注意力。

(3) 内容创意。数字出版尽管和传统出版形式不同，但目的都是将内容展现出来，用于满足不同条件下不同的读者需求。进入数字时代，人们的阅读方式发生了全面变化，随着生活节奏的加快，人群的移动性越来越强，阅读时间分散，对信息的获取、阅读的方式需要更便捷的手段。在上班途中、旅途、卧室等场所，都需要随身的、方便的电子阅读等娱乐方式。数字媒体因为携带便捷、开放性强、互动性高等特点，备受消费者欢迎。但技术只是手段，内容依然是核心。只有不断运用数字技术创造出全新的内容，数字出版才会迎来大发展。

🗐 典型案例

盛大数字出版创意

2004年10月，盛大宣布收购起点中文网；

2007年12月，盛大网络收购晋江原创网；

2008年7月，盛大收购女性文学网站红袖添香；

2008年7月，盛大以上述三家文学网站为基础成立盛大文学；

2009年10月，盛大文学宣布收购榕树下；

2010年2月，盛大文学宣布正式收购小说阅读网；

2010年3月31日，盛大文学收购潇湘书院……

目前，盛大文学旗下已经有7家文学网站，拥有超过93万名作家，累计500亿文字的内容储备，每天新增内容达6000万字。以此为基础，盛大文学以独特的姿态全面挺进数字出版领域。

2010年3月10日，盛大文学举办新闻发布会，宣布推出"一人一书计划"，即一人一册电子书。这个战略的核心是一座被命名为"云中"的数字图书馆。"云中"二字来自李清照著名的词句"云中谁寄锦书来"，同时也使人联想到"云计算""云时代"，寓意新科技开发的无限可能。这个图书馆是个开放平台，任何版权所有者都可以进入这个平台进行运作。它犹如一个巨大的超市，摆上规范的货架，同时又具备非常好的购物环境，包括导购等一系列服务，人们可以在这里任意购买想要的东西，也可以提供产品。所有版权所有者可以自由进入图书馆，可以留住自己的品牌，甚至可以自定价格，而盛大则是放开手中已有的内容资源和渠道资源，作为"版权运营商"参与利润分成。

这是个充满魅力和想象力的大胆创意，它使拥有一部电子书的用户拥有了一座世界级的图书馆，同时给所有参与其中的企业提供一个互相借力的机会。盛大的目标是成为全国最大的版权运营商，热门作品可以通过网络、手机收费阅读、出版小说、转移影视剧改编权的授权等获得多次版权收益。据介绍，电视剧生产机构通过盛大文学拿到了超过百部小说的电视剧改编权，有的转让费高达百万元。

盛大文学自有的内容在很大程度上采用一种连载的模式，以低廉的价格、方便的支付手段加上内容的吸引力，为读者和作者之间提供交流平台，同时在数字领域开辟一个全新的盈利模式。这种被国外同行称为"微支付"的新模式，在国外虽有尝试，但未获得成功，它的特点是单笔支付的金额相当微小，依靠庞大的支付群体获取收益。起点网的白金作家"唐家三少"以自己为例解释说："读者看一千字的内容需要支付两分钱，作者拿七成，剩下的三成是渠道费和运营费，看你书的人越多，作者拿到的报酬就越多。"盛大文学累计作品达300万部，与此同时，盛大文学还得到一千余种电子期刊的版权，采购了超过万部畅销书，与15家出版社签订了合作协议。未来还将同报纸甚至博客和论坛开展合作，这意味着盛大的电子书不仅是一个阅读平台，还将成为一个互动平台。

盛大的成功得益于创新运营模式。互联网技术出现以后，原来单机版的软件拆成了两半，一半放在服务器上，一半放在客户端上进行控制，盗版问题解决了，产业就发展起来了。"联机"是商业模式的关键词，在这个模式中，新技术与新模式结合在一起，共同保障了"版权"这条生命线。对于数字出版来说，读者的乐趣在于猜测小说下一章的情节，并尽早获知相关内容。当成千上万的读者愿意为此付费时，盛大文学的商业模式就诞生了。盛大董事长陈天桥说，盛大所有的商业模式完全是原创的。新技术、新模式打造新文化，这是盛大未来10年发展的指导纲领。

资料来源：乔申颖.为数字出版开辟"超级市场"[N].经济日报，2010-05-16.

思考题

1. 简述出版物的类别。
2. 简述中国出版产业创意现状。
3. 出版业创意与策划的原则有哪些？
4. 出版创意与策划的方法有哪些？

章末案例

《盗墓笔记》成功因素分析

2011年12月19日，《盗墓笔记》大结局在千万粉丝的期待和呼唤中隆重上市，这部前七册销量达到近千万的超级畅销书，大结局上半册首周销量突破100万册，仅卓越网一天销量就达到一万五千册，强压郭敬明的《小时代》和韩寒的《青春》。在中国，发行量达到几十万册即为畅销书，而上千万册的发行量，不啻于出版神话。那么，是哪些因素打造了《盗墓笔记》的超高人气呢？接下来让我们一一分析。

1. 选题策划：顺应市场，投其所好

图书选题策划不仅仅把图书作为文化产品，更重要的是将其作为文化商品，在文化的前沿和市场发展的背景下，通过现代特定的出版形态和出版手段，塑造整体的图书形象和内容。

(1) 稳固忠实的读者基础。《盗墓笔记》最先在起点中文网络进行连载，连载时就吸引了大批忠实的读者粉丝，点击量破百万，好评指数7.9，五星评价达61.9%，远超同类的《鬼吹灯》，这些数据充分印证了《盗墓笔记》的超高人气。

(2) 顺应市场潮流，投其所好。自《达·芬奇密码》在全球畅销后，图书出版市场掀起了一股"解密"风潮。《盗墓笔记》深深把握住市场趋向，投其所好。书中不仅描写盗墓活动，其中更是融合了历史秘闻、建筑学、考古学、古文物、风水学、机关暗器、天文地理等，书中描写的一些蛰伏于地底的古生物活灵活现，栩栩如生，令读者看后犹如就在眼前。

(3) 情节紧凑，语言风趣，令读者欲罢不能。悬疑类小说本身就具有强大的吸引力，《盗墓笔记》用八部系列图书构架了一个关于"长生"的命题，在叙事中，不断穿插小高潮，不断透露新的消息点，但却不解最终秘密，这就吸引着读者不断阅读，欲罢不能。

《盗墓笔记》语言风趣幽默，尤其是其中的"王胖子"一角，在书中作者将其描述成来自北京潘家园的一个倒卖文物的"老北京"，在文中充斥了大量的京味俗语，使读者紧张的心情得以缓解，犹如听相声一般。

2. 装帧设计富有个性，过目不忘

(1) 封面：书名突出，设计简单，具有强烈的视觉冲击力。《盗墓笔记》一书的封面设计非常简单，封面的右边是书名，采用黑色软笔手写体，给人一种很真实的感觉，而本书的故事就起源于主人公吴邪爷爷的一本笔记，笔记中记录了一次惊险的盗墓经历，以此拉开了故事序幕，整个书名占据封面的近一半空间，富有强烈的视觉冲击力。

在封面的右半部分，是一条红线贯穿上下，中间或系中国古代玉佩，或系古代铜钱，或系古代扳指，这一设计更契合"盗墓"这一主题。

整本书的封面采用暗黄色或土黄色，从色彩心理学的角度看，两者的结合会给人一种压抑的感觉。同时黄色又有良好的可视性，与黑色搭配更加醒目，常用于危险警告或注意标志，这一色彩很好地传达了故事的基调。

(2) 广告语：定位明确，诉求直接。在《盗墓笔记》一书中，广告语位于封面的中间，采用竖排，将封面一分为二。这个广告语概括了故事内容，同时对图书进行了定位。广告语体积较小，显得低调而有张力，诉求直接，从形式上突显了此书低调的自信和野心。

3. 营销策略：全方位出击、立体式营销

(1) 成熟的营销团队。《盗墓笔记》的营销团队具有丰富的营销经验和人力资源。由北京磨铁图书文化公司出版，该公司在2009年便已占据整体大众出版1.03%的市场份额，超过人民文学出版社和中信出版社，在全国所有出版社中排名第六，居民营图书第一位。

(2) 作家明星化打造。《盗墓笔记》的作者南派三叔，本命徐磊，杭州人，自成功推出《盗墓笔记》之后成为专职作家，在磨铁公司的打造下，南派三叔已成为明星级的人物，新浪微博的粉丝达285万，而同类型作家天下霸唱(《鬼吹灯》作者)的粉丝仅有145万。南派三叔常常出现在各个活动地点，包括图书的签售现场和电视直播，还经常在微博上与粉丝互动，他与读者的关系也非常紧密。

(3) 全媒体联动营销。除了依托传统的营销手段外，《盗墓笔记》整合多种媒体形态，进行多媒体热炒，尽可能提高《盗墓笔记》的出镜率。南派三叔曾参加湖南卫视的《岳麓实践论》，以《盗墓笔记》为例，与大学生一起讨论"网络时代下的文字复兴"，提高了《盗墓笔记》的知名度，同时也开发了该书的潜在读者群体。

除了运用传统媒体外，《盗墓笔记》还积极运用新媒体尤其是网络媒体展开营销活动。新浪、腾讯都有其官方微博，作者经常通过微博与读者实时互动。

(4) 积极开发衍生产品。除了实体书外，《盗墓笔记》营销团队已开发了《盗墓笔记》同名网游，还创办了《超好看》杂志，此外，《盗墓笔记》还将被翻拍成电影，使《盗墓笔记》的影响力进一步扩大。

资料来源：刘吉波，周葛.《出版物市场营销》典型案例评析编著[M].北京：中国书籍出版社，2014：164-170.

思考题：《盗墓笔记》创意成功的要素有哪些？

第5章

手机媒体产业
创意与策划

→ 章前引例

一部手机玩转现场直播

身在展会的千里之外，却能随时随地与现场人员视频互动，感受现场的热烈氛围；没时间参加课程培训，却能在同一时间观看、收听教师讲课，参与课堂讨论……这些看似很难实现的情景，现在只要有一部智能手机即可。在刚刚过去的第五届中国智慧城市技术与产品应用博览会上，我区清华校友创业创新基地与清阳技术达成合作协议，成功签下微直播应用项目，为我区"互联网+"战略的探索再添新力量。微直播工具，是一个可以通过手机实现移动视频直播及视频社交互动的平台。在移动互联飞速发展的今天，手机已变成强大的直播设备。无论参加聚会、会议还是会展活动，只要举起手机，就可以把现场的实况及时分享到自己的朋友圈、微博、微信群等任意社交平台，邀请好友共同观看直播，实现实时零距离互动。在此次智博会上，微直播应用项目首次亮相，全程为参展商和客商提供移动直播服务，突破了传统展会模式的单向宣传和展览，实现实时、多交叉、多维度的信息交流与分享，开创"互联网+展会"在国内的全新模式，成为本届智博会的一大亮点。"这次展会的微直播，是我们运用微直播工具对展会功能拓展的探索与尝试，未来两年内我们打算扎根镇海，打造一个微直播应用创业创新大平台，利用该平台，传统行业、自媒体达人、创业者等，不仅能随时随地通过手机获取方便快捷的移动直播服务，还可以根据自身需要找到与它的契合点，从中寻找新的场景，实现新的改变，发现新的商机。"该项目负责人金福洪介绍。按此愿景，微直播应用项目将来打造的是一个适合大众创业、万众创新的新平台，用户可以利用它探索在线培训、网络会议、会展展览等各行各业的"互联网+"新模式。

资料来源：清华基地：签约微直播应用项目一部手机玩转现场直播[EB/OL]. 镇海新闻网. http://nbusp.zh.gov.cn/cysj/cydt/201509.

5.1 手机媒体产业发展概况

随着移动通信技术的发展以及手机媒体终端功能的日益强大和丰富，手机媒体在人们日常生活中的地位越来越重要。它已由最初的语音通话工具，逐渐变成一个重要的大众传播媒体。我们使用手机已经不再仅仅局限于打电话发短信，还可以上网、看电视、玩游戏、阅读新闻以及移动支付等。手机几乎在一夜之间从通信工具变成名副其实的集文本、视听、娱乐于一体的"第五媒体"。

▋ 5.1.1　手机媒体的概念

"媒体"一词源于拉丁语的"Medium"，也被译作"媒介"或"传媒"，意为两者之间。从这一角度看，手机本身就具有媒体的性质，它最初出现的本意就是人与人之间的沟通交流。传播学者麦克卢汉认为，任何新媒介都有一个进化的过程，一个生物裂变的过程，它为人类打开了通向感知和新型活动领域的大门。由此看来，人类传播媒介的发展也是一个不断进化的过程，在经历了口头媒介、纸质媒介之后，人类步入了传播更加快捷、方便的电子媒介时代，由于电视、固定电话、电脑对于硬性条件的苛刻要求，手机就成为一个优先选择。

手机媒体作为一种新生事物，到目前为止还没有一个明确清晰的界定，因此它的概念仍然处于一个比较模糊的状态，这就导致不同专业背景的人对它进行解释的侧重点也不同。工程技术人员比较看重手机的上网和视频图像功能，学者强调其对传统媒体的"破坏性创造"，用户则将眼光聚焦于功能的实用性。综合各方的观点，中国人民大学新闻学院教授匡文波将"手机媒体"定义为，手机媒体是借助手机进行传播的工具，随着通信技术(例如3G)、计算机技术的发展和普及，手机就是具有通信功能的迷你型电脑，而且手机媒体是网络媒体的延伸。因此，本文所论述的手机媒体，已不是单纯地具有通话、通信功能，而是更加强调其信息载体功能的多元化，看重其所涵盖的影音、图像、阅读、搜索等多种功能。从这个意义上说，手机媒体具有高度的便携性、开放的互动性、受众的广泛性、传播的快捷性、独有的个性化、生动的多媒体组合等特征。同时，它与其他传统媒体相比又具有自己独到的优势(见表5-1)。同时，必须指出的是，本文所论述的"三网融合下的手机媒体"不仅仅包括物理层面的手机这一物质载体，还涉及我国手机媒体的运营商。

表5-1　手机媒体与传统媒体的比较分析

传播媒介	传播介质	传播优势	传播劣势
报纸	文字、图片	易保存、选择性强、解释型媒介	时效性差
广播	声音	时效性强	保存性、选择性差
电视	声音、图像	时效性强	保存性、选择性差
互联网	文字、图片、声音、图像	可存储、易检索、易复制、时效性强、多媒体	可信度低
手机	文字、图片、声音、图像	可存储、易检索、易复制、时效性强、多媒体	硬件容量低、可信度差

▋ 5.1.2　手机媒体的特征

手机的诞生是基于人类信息沟通的需要，它不仅具备传统电话信息沟通传播的所有特点，而且与传统电话相比，它在信息传播沟通的过程中，突破了时空的限制。手机的英文翻译为"mobile phone"，因此它是可以移动的电话，只要信号覆盖，无论何时何地，手机用户都可以不受限制地使用它。同时，手机除了接打电话、接发短消息之外，还可以无线上网，特别是随着4G网络的建设和完善，这一功能逐渐被扩大化，相较于计算机网络而言更具便携性，它可以随时随地地即时上线或下线。如今，除了新闻定制、手机营销等常规业务外，手机报纸、手机广播、手机电视、手机微信、手机支付等功能也相继出现。

当然，作为一种新兴媒体，手机媒体具有很多传统媒体无法比拟的特征。首先，它可以与互联网连接实现手机上网，收发电子邮件，在线读报、看新闻、看电影等，也可以下载游戏、影视、报纸等。高分辨率移动显示技术和低功率媒体处理技术的进步、迅速降低的移动内容存储成本以及更快速的移动网络推动着手机实现高清摄像和视频播放功能，特别是以硬件加速3D图形功能为特色的手机已经逐步具备了与专业游戏设备相媲美的画面质量，手机消费者能够轻松地在PDG的虚拟大屏幕上观看自己喜爱的电视节目、体育赛事和新闻直播，或者下载影片和玩游戏。手机游戏因为新颖、趣味性强、使用便捷而受到年轻使用者的青睐。其次，用户可利用手机拍照，具备照相机的功能。在手机刚刚开始具有拍照功能并逐渐普及的阶段，似乎只要是带个摄像头的手机就是高端产品，而如今手机的拍摄功能已经非常普遍。最后，利用手机进行GPS定位，具备导航功能。通过使用全球定位系统，手机已经成为个人导航设备，可以提供驾驶方向甚至走动方向。如今，手机已远远超出打电话的单一功能，具备多媒体的诸多特点，成为名副其实的传播媒介。

■ 5.1.3　手机媒体的发展现状

据工信部统计，截至2015年10月，中国手机用户数量已经突破13亿人，移动电话用户普及率达95.0部/百人。我国手机媒体的发展呈现高速度、稳增长的态势。一方面，国家在政策层面支持手机媒体的发展，2015年5月8日，工信部发布了《关于实施"宽带中国"2015专项行动的意见》(以下简称《意见》)。《意见》要求，完善4G网络覆盖，推进4G加快发展，优化宽带网络性能，提高宽带网络速率。另一方面，网络运营商三分天下，一家独大。随着2008年中国电信行业的整合调整，改变了之前中国移动一家独大、中国联通艰难发展的局面，移动、联通、电信三者互为竞争对手，同时它们提供的网络服务标准互不相同，这为我国手机媒体发展带来了较大的影响。例如，在手机的选择、运营商的选择方面就存在大量问题需要解决。此外，手机用户中的移动互联网用户数量急剧增加，截至2015年10月，用户规模已经达到9.5亿人。其中，传统门户网站仍然在手机上网中占主导地位。就目前我国手机媒体的内容供应商而言，比较有影响力的还是传统网站门户的手机互联网站，主要有新浪、搜狐、网易、腾讯4家门户型资讯网站，以及以百度和谷歌为主的搜索引擎。由于传统互联网所积累和培养的用户数量庞大，因此在手机网站(Wap)方面同样有先天优势，并且它们的用户群的忠诚度比较高，后进入者很难改变这些用户的习惯。

⋮⋮ 5.2　手机媒体的典型业务

随着三网融合的推进和4G技术的不断发展与完善，手机媒体与传统的广播电视媒体和互联网的合作交融互渗已经普及化。在此过程中，三者都由最初的自成一体的产业状态发展成为合作化的大媒体产业。在冲突与合作的过程中，手机媒体的业务发展方式也呈现出多样化的态势，既有与广电媒体合作经营的IPTV，又有与互联网合作的手机支付，同时还有与传统媒体合作研发的手机电视、手机报等业务。

5.2.1 IPTV业务的发展现状

我国的IPTV业务开始于2003年，经过近10年的发展，截至2015年1月，我国IPTV用户累计达8000万户，用户规模占全球用户数的1/4。IPTV指的是一种利用宽带有线电视网，集互联网、多媒体、通信等技术于一体，向家庭用户提供包括数字电视在内的多种交互式服务的崭新技术。它是手机媒体与广电媒体开展三网融合全业务经营的最重要的切入点，它主要负责提供节目和EPG(电子节目菜单)条目，经播出机构审查后统一纳入节目源和EPG(见图5-1)。

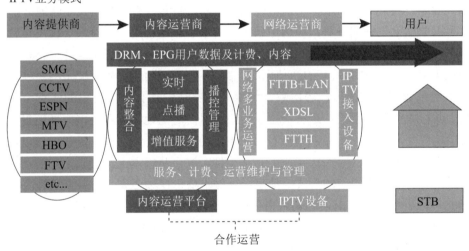

图5-1 IPTV模式

2004年，广电总局第39号令《互联网等信息网络传播视听节目管理办法》中指出：只有经广电总局批准的省市电视台可以运营信息网络传播视听节目，其他机构和个人不得开办此类业务。因此，手机媒体运营商要想经营IPTV业务，只能与由拥有此牌照的牌照方共同运营。截至目前，广电总局总共发放了2张全国性集成运营牌照(央视国际和上海文广)，2张全国性节目制作牌照(南方传媒和国际广播电台)，2张地方性运营牌照(杭州华数、江苏广电总台)，再加上北京华夏安业公司的7张牌照。目前，中国移动、中国电信和中国联通三大手机媒体运营商都在积极开展IPTV业务。其中，中国电信目前的业务发展规模最大，典型的代表就是其与上海文广的合作运营；中国联通的IPTV业务经营主要集中于东北地区。而中国移动正在与青海卫视洽谈，尚无具体的IPTV产品。

IPTV作为三网融合时期最为活跃的新媒体类型，尽管相较于传统的有线电视有其自身优点，但受限于用户基数较小，在未来很长一段时期仍将致力于用户的规模化扩展。一方面，IPTV应该将网站的丰富资源和功能逐步引入屏幕，完成从简单的互动视频到丰富多彩的多终端服务的转变，为用户提供更加清晰、画面质量更高的视频，提升智能化和融合化的水平，满足受众多层次的文化娱乐需求。另一方面，应该逐步形成良好的商业模式和价值产业链，特别是手机媒体运营商要发挥自己在网络技术和计费平台管理上的优势，以形成IPTV独特的盈利模式和经济增长点。

5.2.2 手机电视的发展现状

2003年，博鳌亚洲论坛通过移动、联通两家通信网络向用户发送相关的视频新闻，拉开了我国手机电视发展的大幕。2004年，手机媒体运营商先后推出了各自的手机电视业务，逐步形成了移动、联通、电信三足鼎立的局面。截至目前，中国移动已在国内27个省开通了手机电视业务，其业务类型包括G3手机电视和CMMB(中国移动多媒体广播)两种形式，2011年手机电视的总收入达到20亿。中国联通对手机电视业务的开发方式主要是整合资源，探寻地方特色，如基于CDMA1X网络的"视讯新干线"和天津联通开通的基于CDMA手机的掌上电视业务等。中国电信则致力于手机电视的统一开发、深度运营和规模推广的研究，主要贡献体现为2009年在上海成立的中国电信全国视讯运营中心。

手机电视是一种利用固有的通信网络，向以手机为主的接收终端提供视频图像、影音文本和网络数据等多媒体内容的移动多媒体业务。它具有很多突出的优点：一是便携性，由于其接收终端是手机，这就决定了用户可以随时随地浏览各种多媒体信息；二是人性化，手机作为一种私人用品，用户对手机电视的观看拥有绝对的主导权，可以更加人性化地满足用户对于产品内容的选择；三是互动性，这点从根本上改变了用户被动接收的地位，用户可以通过手机短信的形式主动享受视频点播、视频会议、节目直播等内容。

2005年，手机电视推出之时其用户仅有50万，到2007年才有370万，截至2011年底也不足1000万，这与我国近8亿手机用户的庞大基数是不对称的。用户数量增长缓慢，因此手机电视在发展过程中暴露出诸多问题：接收终端屏幕较小限制观看效果；手机蓄电能力有限导致观看时间较短；网络不稳定使得观看的流畅性较差；内容资源缺乏限制受众的选择面；资费较高等。

伴随三网融合的开展和3G技术的渐趋成熟，手机电视业务在未来的发展过程中必将迎来较大的发展空间。一方面，业务内容将会逐步完善，它所提供的视频图像、新闻资讯等内容越来越向娱乐化和互动化方向发展，同时视频分享也将是未来手机电视的主要发展趋势，最终它将带来传统视频应用的变革。另一方面，手机媒体与广电行业在手机电视方面的竞争趋向激烈，目前我国已经出现了多方逐鹿的现象，中国移动在手机电视方面的发展较为突出。尽管中国联通和中国电信没有与CMMB合作，但也在积极开展相关的手机电视业务。此外，新华社、人民日报等传统传媒集团的下属机构也开始尝试开展手机电视方面的业务。相信手机媒体运营商之间，以及传统媒体的介入，将使得手机电视领域的市场竞争更加激烈，从而促进手机电视获得更快、更好的发展。

5.2.3 手机报的发展现状

2004年7月18日,《中国妇女报》成为我国第一家开展手机报业务的新闻媒体。《中国妇女报·彩信版》的出现,掀起了我国手机报业务发展的大潮。在近10年的发展过程中,手机报的种类已达到1800多种,其内容涵盖了新闻、娱乐、体育、财经、旅游、健康、饮食、教育等多个领域。截至2010年底,我国的手机报用户规模已达到1.5亿,付费用户数达到7000万户。特别是2010年6月8日《人民日报·海外版》意大利手机报的推出,标志着手机报的发行渠道开始面向海外拓展市场,仅一周的时间,海外版的用户就超过10万。尽管近几年,我国手机报业务的发展已没有先前的迅猛之势,但随着三网融合的进行,手机报的表现形式将更加多样化,内容编辑也将丰富化。相信在未来几年,手机报的发展仍将保持一定的速度持续增长,仍然是手机媒体的利润增长点之一。

手机报业务主要是依托手机媒介,由报纸、移动通信商和网络运营商联手搭建的信息传播平台,用户通过手机浏览当天发生的新闻。手机报在内容上涵盖范围较广(见表5-2),在形式上具有快速、即时、简洁、准确的特点,而且其运营成本低廉。目前,手机用户对于手机报的操作方式主要有两种,一种是彩信手机报的接收方式,另一种是WAP网站的浏览方式,由此产生了手机媒体的两种盈利模式:包月定制和数据流量费。

表5-2 《中国移动手机早晚报》2012年8月4日—10日内容统计图

内容 ＼ 日期	8月10日	8月9日	8月8日	8月7日	8月6日	8月5日	8月4日	合计
导读	6	7	8	6	10	7	7	51
看点	1	2	2	2	3	3	4	17
要闻	10	12	8	6	6	7	7	56
语录	5	5	3	4	3	3	4	27
山东	5	2	4	3	4	2	5	25
股市	0	4	0	0	0	0	0	1
济南	4	3	7	3	5	3	4	29
百态	2	2	2	3	2	2	3	16
文体	4	6	6	4	6	5	8	39
每日一乐	2	2	2	2	2	2	2	14
明日天气	1	1	1	1	1	1	1	7
合计	40	43	34	42	42	35	45	282

作为手机媒体与传统媒体的合作项目,手机报自推出以来,就受到了较高的社会关注度。然而据调查显示,手机报的真正使用率很低,而且客户流失现象明显。以2005年7月1日推出的《浙江手机报》为例,到2006年其用户数由最初的2万锐减至5000。可见,尽管手机报备受业界推崇,但是在其经营管理过程中仍暴露出很多问题。因此,手机报业务应该抓住当前三网融合的契机,解决目前困扰自身发展的问题。

▌5.2.4　手机微博的发展现状

作为一种新媒体形态，手机微博自诞生之日起，就迅速占据了大大小小的手机屏幕，成为手机用户的新宠儿。其实，世界上第一个微博网站是于2006年3月出现在美国的Twitter，在其影响之下，我国在2007年出现了第一批微博网站的雏形，诸如"叽歪""饭否""做啥"等。此后，新浪网、腾讯网、搜狐网等一些核心网站开始陆续推出自己的手机微博。据统计，2010年1—12月，我国大陆地区推出手机微博服务的网站数量从17家增长到88家，猛增417.6%。其中发展最为迅速、发展势头最好的当属新浪微博，截至2011年4月其注册用户数已经超过1.4亿。其中，35%的新浪微博用户是通过手机客户端登录使用的，随着三网融合试点方案的推进和3G、4G网络技术的日趋成熟，相信这一比例会有大幅度提高。因此，作为快速发展的手机媒体，要想在新一轮的竞争中取得胜利，手机微博必然成为其竞争角力的内容之一。

手机微博指的是，通过手机发布消息实现网络实时互动的信息沟通过程，它以电脑为服务器以手机为平台，把每个用户用无线的手机连在一起，让每个手机用户不必使用电脑就可以发布自己的信息，并和好友分享自己的快乐。首先，微博的特点体现为简约化、集成化和开放化，这些恰好适应了手机短信的传播规律，并且满足了现代人在快节奏的生活状态中分享信息的需求。其次，手机微博对新闻和舆论传播产生了革命性的影响，任何细微的新闻事件经微博转发和传播后，总是能产生超乎想象的传播速度和巨大反响。微博正在慢慢成为商业宣传的工具，成为新的营销方式。它是一个公开化的平台，实现了草根阶层与精英阶层的互动，所以名人效应也就顺理成章地产生了。在此过程中，上至大型影视剧组、节目剧组，下至演员、工作人员的微博都成为宣传营销的重要工具，并且这种趋势正在逐步蔓延到各行各业。

但是，透过手机微博用户数量剧增的表面现象，我们又不得不正视其宏观用户数量狭小的问题。据中国互联网信息中心统计报告显示，截至2010年12月31日，中国手机微博用户的渗透率仅为13.8%，在互联网应用中仅仅排名第16位。由此可见，我国手机微博用户规模过亿，只是一个美丽的"童话"，在其经营管理、信息传播、内容表达、价值产业链营造等方面存在很多问题。

▌5.2.5　手机支付的发展现状

2011年，智能手机的出现和手机应用的发展，带动了手机上网的流行，它已由互联网的分支逐步演进成为互联网信息领域前沿性、革命性的创新发展点。各种深受用户喜爱的手机上网应用程序的推出，进一步激发了用户手机上网的兴趣。其中，手机支付成为手机上网方式中不可或缺的应用程序之一(见表5-3)。据工信部的统计资料显示，2009年我国手机支付的市场规模达到19.74亿元，截至2011年底，手机支付的用户总量突破8000万。来自中国电子商务研究中心的预测显示，到2013年手机支付的规模将要突破1500亿元。由此可见，手机支付功能必将成为未来几年手机媒体又一新型战略开发点。

表5-3　2011年中国移动互联网主要细分行业构成

手机上网方式	移动增值	手机电子商务	手机游戏	手机广告	手机搜索
所占比例	43.7%	34.8%	10.3%	10.3%	0.8%

　　手机支付指的是允许移动用户使用其移动终端(通常是手机)对所消费的商品或服务进行账务支付的一种服务方式。通俗地说，手机支付就是将手机用户的SIM卡和用户本人的银行卡账户建立一种一一对应的关系，用户可以通过WAP或者客户端的途径，实现众多的支付功能。到目前为止，进入操作实践层面的手机支付有三种方式：其一，手机话费支付方式，也就是手机媒体运营商通过手机账单代为收费，此种方式由于超出了手机媒体运营商的经营范围，因此其交易额度较小；其二，绑定银行支付方式，也就是通过在已开通手机银行业务的账户中扣费，来实现各种缴费；其三，银联快捷支付，利用手机短信的通信方式进行非同步传输，这样就更加安全、便捷。目前，利用手机支付可以实现手机话费的查询与缴纳、银行卡的缴费与信息通知、公用事业费的缴纳、彩票投注、航空订票、火车订票、礼品券等行为。

　　截至目前，我国三大手机媒体运营商相继推出了各种手机支付的试点方式，中国移动主要推出了手机深圳通、手机一卡通、世博手机票等；中国电信开发了手机缴费、翼支付、政企翼机通等方式；中国联通推出的较为典型的就是在上海地区试运行的"公交卡手机"。手机支付的大规模开发，对于应用方来说都是有利可图的。对于商户而言，可以构建多元化的营销模式，降低运营成本和目标用户群的门槛，实现利润的增值；对于手机媒体运营商来说，一方面可以通过提供增值服务，收取交易佣金，另一方面又可以提高现有用户的黏着度并吸纳新用户，扩大企业的市场占有率；对于广大用户来说，提供了新的消费方式，使得人们生活更加便捷。

■ 5.2.6　手机微信的发展现状

　　2012年1月，当"微信·生活"的广告牌屹立在广州街头的公交车站牌上时，人们才突然意识到这一新的通信方式已经悄然改变了我们的生活。根据相关统计数据显示，截至2013年1月23日，手机微信用户已经突破3亿大关，而这距离其首发日期仅有两年的时间，由此可见其增长速度之快。其实，微信在刚刚面向用户的时候，其功能主要定位于类似短信、彩信等的联系方式，但是，伴随它的推出，网络上出现了一大批类似的软件，诸如米聊、神聊、飞聊、翼聊、沃友、口信、友你等20多个产品。在与这些相似产品竞争的过程中，手机微信真正确立自己的市场地位，则是始于2011年4月语音对讲功能的推出。从此，手机微信不只拥有短信、彩信的功能，而且开始向语音服务功能转变，这从根本上颠覆了人们传统的沟通方式。

　　手机微信是腾讯公司于2011年1月21日推出的一款通过网络快速发送语音短信、视频、图片和文字，支持多人群聊的手机聊天软件。与手机短信、手机微博等信息沟通方式相比，手机微信具有诸多的优势。首先，手机微信支持多平台运行，这就使得不同系统间互发信息畅通无阻，更吸引用户的是这种信息的发送方式只是耗费非常少的流量，其费用远远低于当前各手机网络运营商的短信收费。其次，与手机微博相比，微信系统将图片压缩传输，大大节省了网络流量。最后，手机微信的移动即时通信、楼层式消息对话不仅让人们的聊天简洁方便，而且降低了用户的通话费用。

尽管使用微信时产生的上网流量费由网络运营商收取，但是这一收益根本无法弥补其对手机短信、手机通话造成的冲击所带来的损失。根据资料显示，2012年，全国移动短信发送量达到8973.1亿条，同比增长仅2.1%，但短信人均发送量实际下滑了9%左右，这远远低于我国手机用户的增长速度，其增幅更是最近4年最低水平。此外，2012年我国移动电话用户数量达到11亿，手机网民用户约为4.2亿，手机微信用户则超过3亿，换言之，在我国每10个手机网民中，就有超过7个为微信用户。因此，三大手机网络运营商与腾讯互联网公司陷入了手机微信的收费争端。日前，工信部部长苗圩在IT领袖峰会上表示，工信部正协调运营商微信收费一事，并且已要求运营商制定解决方案提交至工信部。由此可见，手机微信收费或许将成为定局，这对于其发展来说，必将是新的挑战。

纵观手机微信的研发历程可以发现，其成功的重要因素就是对于市场需求的敏锐捕捉。同时，在竞争日益激烈的当代社会，手机微信的出现也为手机媒体与网络媒体的合作提供了可借鉴参考的范例。尽管目前两者处在争端的漩涡当中，但是无论如何，手机微信已经悄然改变了我们的生活。

5.3 手机媒体产业的创意与策划

当前，随着4G技术的渐趋成熟，手机媒体的发展迎来了又一个快速发展的新时期。在新一轮的产业融合与竞争中，传统媒体、手机媒体运营商、手机制造商、广告商、政府以及广大受众都在迅速地融入这一新兴媒体的强大辐射范围中。在手机媒体产业创意与策划的过程中，应注重自身媒体化的体验需求，要最终走上良性循环的可持续发展之路，就要面对多个层面的挑战，通过各方的努力和探索，来共同书写手机媒体发展的新篇章。

5.3.1 加强科技创新，充分发挥手机媒体的特性

手机由单纯的通信工具到当今社会的多媒体工具的演变过程，本身就是一段科学技术的发展史，对于科技的依赖是手机媒体化进程中的显著特征。因此，在三网融合的大潮中，手机媒体的技术革新就显得尤为重要。手机媒体的技术发展，主要涉及两方面因素：一方面，作为手机媒体的生产商应该加快技术革新，克服目前困扰手机媒体发展的终端困境；另一方面，对于手机媒体网络运营商来说，应该注重技术创新，在进一步提升网络稳定性及网络速度的同时，加强网络安全建设。唯有手机媒体生产商与网络运营商两者加强科技创新，才能真正实现手机的"媒体化"。

(1) 对于手机媒体生产商来说，应该加快手机媒体的技术化步伐，以科技创新实现产

业升级。从总体上讲，手机媒体由硬件和软件两部分构成，其中，硬件主要指与手机媒体本身有关的接收终端，软件则是指手机媒体的操作应用系统。随着三网融合的开展和3G技术的普及化，用户对手机媒体的硬件和软件提出了新的要求，传统手机单纯的拍照、通话、MP3等功能，已经无法满足用户的需求。因此，手机媒体在未来的发展过程中，一定要通过科研创新来突破自身的技术问题。首先，面对的就是困扰手机媒体用户的电池续航能力差的问题。尽管目前社会上大部分人群开始使用移动电源以保障随时随地实现手机的充电能力，但是这仅仅是权宜之计，并不能从根本上解决问题，这就要求手机媒体的科研人员应该着重开发充电速率快、续航能力持久的电池。其次，手机屏幕的尺寸与分辨率仍需改进，屏幕尺寸的改革受手机自身使用的限制很难进行，所以提高手机屏幕分辨率就显得尤为重要。最后，由于手机越来越"媒体化"，所以对于存储空间的要求越来越高，目前市场上流通的手机其自带内存在8G到64G之间，这还远远达不到用户的使用需求，所以在手机媒体化的进程中还需要大幅度地提高其存储能力。此外，手机媒体生产商还需要通过科研创新开发符合手机媒体特征的技术，为用户提供更多人性化的应用程序，满足用户的日常使用需求。

(2) 对于手机媒体网络运营商来说，需要加强技术合作，进一步完善基础设施建设，保障网络的通畅稳定性。手机媒体要想在三网融合的大潮中实现发展，就应该充分利用更具开放性、包容性的技术手段，加快推进技术的标准化操作流程。同时，应该加强与技术领先企业的合作，在适当引入先进技术的基础上进行消化和创新，最终以三网融合为契机，来推动网络技术的演进。也就是说，当前手机媒体融合业务的发展要有良好稳定的移动通信网络作为基础，在此基础之上还需要提供更快捷的上网速率。因此，手机媒体运营商应该加强网络基础设施的建设，尤其要注重偏远地区的网络覆盖，扩大网络的覆盖面，提高稳定性；然后还要建设更为先进的移动网络，以解决三网融合下相关融合业务的承载问题，最终实现移动网络的完善和升级，为用户提供更高规格的技术平台。

(3) 作为手机媒体的终端生产商和网络运营商还应该加强彼此之间的合作，以技术为基础，加强信息过滤和受众信息的安全管理。目前，要真正解决困扰手机用户的垃圾短信、商业广告、手机病毒等问题，还需要依托手机媒体的技术发展。一方面，各手机媒体接收终端可以研发多种安全过滤软件，如手机安全卫士等，在加强安全保护的同时，对这些困扰手机用户的无效信息进行过滤筛选。另一方面，手机媒体运营商还应该加大受众数据库的技术支持，切实做到妥善保管受众信息，避免因管理不当而使受众的财产安全受到威胁，从根本上保障受众的合法权益。

5.3.2　开展产业间竞合，多渠道研发新兴融合业务

(1) 手机媒体应该积极主动地加强与电信行业中其他部门以及广电行业的合作。手机媒体只有加强与上述两者之间的交流与合作，彼此借鉴对方在技术、经营业务等方面的成功经验，进一步实现优势互补与资源共享，才能共同推进新兴融合业务的开拓与发展。这就要求手机媒体企业一方面注重吸收电信行业其他部门先进的科学技术手段，进一步完善

自身的语音通话业务；另一方面需要更加积极主动地与广播电视行业结盟，特别是加强视频制作方面的合作，以弥补自身内容资源的不足。此外，三网融合背景下新兴的融合业务，是当前双方合作最为密切的领域，同时也是双方谋取未来合作发展模式的探索过程，在此过程中手机媒体与上述两者可根据自身特点密切合作，共同探寻成功的合作发展模式。

(2) 手机媒体在主动开展多种形式的产业间的竞争和合作，弥补自身不足的同时，还应该逐步建立自身的内容资源库。由于视频业务的管理权在国家广电总局的手中，手机媒体本身又缺乏开展视频业务的经营牌照，因此，手机媒体需要积极与拥有经营许可证的传媒集团、广播电视机构合作。在合作的过程中，努力在技术、业务等方面进行创新，共同研发推广诸如手机电视等新兴融合业务，实现资源共享，优势互补。例如，手机媒体与上海文广SMG合作运营电视节目《舞林大会》，就取得了巨大的成功。拥有节目版权的东方卫视主要负责节目的现场直播和节目官方网站的运营和维护，而手机媒体则充分发挥自身的优势，一方面提供同步的短信投票和节目信息的短信定制；另一方面又利用"东方龙"的手机电视平台提供诸如节目内容和拍摄花絮的在线直播和节目点播。这种立体化、全方位的合作形式，实现了各方共赢的局面。

(3) 进行科学的市场细分，提供多种形式的业务内容。归根结底，手机媒体面对的传播受众是具体的"人"，因此，在三网融合的激烈竞争中，手机媒体业务内容的开发推广应该以目标受众的客观需求为导向，在市场细分的基础之上，推出更多原创性的、个性化的、符合手机媒体传播特性的内容。在进行市场细分的过程中，手机媒体尤其需要注意的问题是，具有较高收入的高端用户由于缺乏实践可能无法置身于手机媒体提供的娱乐服务中，而真正对移动体验感兴趣的年轻人可能又由于经济实力的限制无法消费这些项目，所以针对这些现状，手机媒体需要对自身的产品进行合理定位，来满足用户的差异化需求。在此基础之上，建立用户数据库，这样既可以据此研发不同群体差异的业务内容，又可以为广告客户的有效投放提供真实的数据参考依据。

(4) 手机媒体在内容资源的编排上，不仅要加大原创性内容的开发力度，同时还应该注意与自身传播特性相吻合。当然手机媒体也具有两面性：一方面它具有方便快捷、个性互动、移动定向的优势，另一方面又受限于存储空间不足、屏幕尺寸小、电池容量低等劣势。因此，手机媒体所开发的内容产品必须在文化观念、思维方式、语言风格以及展示形式上，体现出自身独特的特点，符合自己的传播特性。也就是说，手机媒体只有真正根据自身的特性进行内容的差异化、原创化开发，才能实现自身的快速发展，才能在三网融合的竞争大潮中立于不败之地。例如，2005年上海文广传媒集团与上海移动联手推出的我国第一部手机短剧——《新年星事》，它每集只有短短的3分钟，非常适合手机媒体用户在闲暇之余观看；此外，《这一刻》《苹果》等手机电影的出现，都非常符合手机媒体简洁直接的传播特征。

(5) 手机媒体应该优化互动服务，提供全新的体验内容。三网融合所带来的直接后果就是，三网都能够实现音频、视频和数据的传输，互动性内容的提供就成为身处电信网的手机媒体最大的优势。所以，在三网融合的发展过程中，手机媒体不仅要努力开发多种多样的业务内容，还应该保持自己本身的业务优势，进一步优化互动服务，为用户提供全新的娱乐体验。在提供互动服务的过程中，手机媒体应该明白用户本身就是内容的生产者。因此，互动内容的优化最主要的一点就在于激励原创者内容开发的积极性，在妥善处理手机传播中的版权问题的同时，建立一套成熟的原创内容奖励机制，真正实现用户驱动式传播。这样，既可以拓宽原创内容资源渠道，又可以进一步优化互动服务，吸引更多的受众。

▋5.3.3　优化产业链，创新盈利模式

（1）手机媒体应该改变固有的、单一的盈利模式，既要有利润较高且盈利简单的业务类型，又要努力寻求多种盈利模式的建立。目前，手机媒体主要有4种盈利模式：通过提供信息服务收费、手机广告收费、增值服务收费、手机媒体新应用使用收费。其中，信息服务收费模式依托我国特殊的电信收费制度，发展最为成熟，但潜力也是最小的。显然，随着科技的进步和产业的发展，手机作为一种全新的媒体形式仅仅依托信息服务收费的盈利模式，已经无法适应新的行业发展形势，这就要求其建立新的盈利模式。结合手机媒体自身的特点和当前的产业融合形势，在参考传统传媒行业盈利模式的基础之上，手机媒体可以在原有的基础之上进一步发展4种盈利模式。其一，手机广告收费，即通过为客户或者商家提供广告的方式实现双方共同受益。其二，阅读收费模式，它是一种付费阅读和使用服务模式。在这种模式中，手机媒体一方面要与传统的报刊开展各种形式的合作，另一方面要进行多种形式的阅读内容的原创，吸引用户订阅或者上网浏览，以此获得经济收益。其三，增值服务模式，依托手机媒体强大的用户优势，进一步开发创新手机音乐增值服务、手机游戏等新兴的服务项目。其四，手机搜索盈利模式，它依托手机短信的搜索引擎系统，通过用户搜索实现收益。

（2）手机媒体还需要注重发展潜力较大的新的盈利模式。目前，对手机媒体新兴的融合型业务盈利模式的探寻已成为未来竞争的重点。以目前运营较为成熟的IPTV为例，它最主要的优势就是点播、时移等交互应用，对于手机媒体来说，广播电视内容的制作是自身的劣势，应该将更多的精力集中在探索融合型业务实现共赢上。在此基础上，发展关联业务，例如广告的植入与投放或者IPTV网上互动购物等。在探索建立新盈利模式的过程中，还需要注意多种营销手段的应用，例如对于节庆假日的利用或者实施分时段差异化定价，都是可以借鉴的方式。

（3）手机媒体在尝试建立多种盈利模式的同时，还需要注意走品牌化建设的道路。随着4G技术的日趋成熟，手机应用产品的同质化趋势越来越明显，在未来的发展过程中，其竞争重点开始从市场竞争逐渐转化为品牌竞争。因此，成熟的盈利模式一旦建立起来，就需要将这些业务类型集中于统一的营销平台之上，依靠强大的营销平台迅速打开市场，从而逐步走上品牌化发展的道路。在这一转变的过程中，手机媒体一方面需要充分利用传统媒体的优势，通过与传统媒体采取多方面、多角度的合作，提高手机媒体的知名度；另一方面，手机媒体需要努力增强自身的竞争力，逐步树立自己的品牌，通过品牌优势扩大用户规模。

■ 5.3.4　转变媒体化观念，满足受众利益需求

国家政府在多方面推动手机媒体产业的发展，其根本出发点是为了国计民生。尽管政府层面的推动已经掀起了这场改革的序幕，但要想真正成功则更需要市场竞争的推动。也就是说，手机媒体产业的发展不仅要维护国家和百姓的利益，也要维护市场竞争的良性发展。但是，在手机媒体产业创意与策划的过程中，各方参与者一味地追求自身的经济利益，使得手机媒体产业逐渐演变成为各方利益膨胀和急速扩张的舞台，这无疑背离了推动手机媒体产业发展的目的。因此，在未来的发展过程中，手机媒体要承担起企业的社会责任，转变自身的观念，以受众利益为出发点，只有赢得受众的真正认可，才能获得更长远的发展。

对于关乎手机媒体发展的终端生产商和网络运营商来说，应该从产业发展的整体大局出发。一方面，手机媒体应该提高对于产业发展的认识水平，从单一的追逐商业利益的认识水平上升到维护国家发展、百姓切身利益的高度。只有切实承担起企业的社会责任，努力提高企业在民众心中的认可度，才能维护现有的用户规模，并且不断吸纳新的用户，唯有如此，手机媒体才能树立自己的品牌，手机媒体的发展才会进入健康可持续之路。另一方面，手机媒体应该转变现有的发展观念，树立新的竞争和合作观念，摒弃利益为重、独自发展的观念，主动打破行业的利益壁垒和垄断局面，从国家的长远利益和百姓的切身利益出发，真正发挥自身在国民经济发展中的作用。此外，手机媒体应该树立与其他传媒行业竞争与合作的观念，丰富产业发展的形态，既实现合作共赢的局面，又最大限度地照顾到人民群众的利益。

对于手机媒体终端生产商来说，应该转变自身的狭隘观念，不能为了追求短期的利益而忽视受众的切身需求。在新一轮的产业升级和产品更新换代中，手机媒体终端生产商一方面应该建立统一的产品生产形式和标准，实现不同品牌手机之间的兼容，避免因不兼容导致用户使用不便；另一方面还应该简化自身繁琐的操作系统，尽量开发操作简单且捆绑插件较少的操作系统，这样才可能覆盖全社会的使用群体，才可以最大限度地满足手机媒体用户的体验需求，才能建立稳定的消费群体。

对于手机媒体的网络运营商来说，应该着力解决目前困扰手机媒体使用用户的资费问题。对于消费者而言，尽管目前可以选择的业务类型很多，且很多用户愿意尝试体验这些新的服务项目，但是，对于高额的资费，往往只能望而却步。因此，要想解决手机媒体高额的服务费用，一方面，网络运营商应该继续深化市场化改革，在适当的时机可以有条件地允许私有企业或者外资企业涉足网络运营，唯有市场的高度开放，才能最大限度地维持市场竞争，才能借助竞争降低用户的使用费用。另一方面，手机媒体网络运营商还应该主动承担手机媒体接收终端的系统升级的重任，毕竟系统的升级有助于用户更好地体验服务，所以说，网络运营商承担此重任，有利于培育稳定的消费群体，长此以往，必将有助于手机媒体的长远发展。

▋5.3.5 变革监管体制，创新监管模式

(1) 政府应该参考英美等发达国家推动手机媒体产业发展的经验，建立一个以政府为主导的统一的监管机构。结合我国的具体国情来看，手机媒体要想获得长远的发展，就必须实现与互联网、广播电视网的融合，这就牵扯变革监管体制的关键问题。当前，互联网行业、广电行业和电信行业分属不同的监管机构和体系，这就导致在融合过程中急需一个统一的监管部门来协调三者之间的矛盾冲突和利益关系。只有将三者的管理收归于统一的监管部门之下，才能够制定明确统一的经营内容、技术指标、运营标准和法律规范界限。当然，这个统一的监管机构的主要职责就是降低融合过程中的内部冲突和因政策不明造成的进展迟缓问题，这就要求这一机构应引导和规范原有监管机构的职责，总结和推广融合的经验，进而协调和建立新的监管机制。相信经过初期平稳的发展过渡之后，随着融合的开展和相关政策的明朗化，新的融合型的监管机制会逐步建立起来，这一监管机构的职责也就履行完毕。对于这一机构在后期的处置问题，在笔者看来存在两种方案：其一就是直接取消这一机构，但是这样就存在一个原有监管制度与新的监管机制衔接的问题，还容易造成资源的浪费。因此，这里更倾向于另一种方案，那就是保留这一监管机构，在建立新的监管机制的过程中，逐步将其过渡为新的机制中的某一个部门，这样就能很好衔接前后的工作，最大限度地减少过渡的障碍，保证法律政策的延续性。

(2) 在融合逐步成熟后，打造一体化的管理机制，建立融合性的监管体系。融合性监管体系的建立，是一个逐步推进的过程。在这一过程中，我国一方面需要借鉴其他发达国家的监管经验，另一方面更需要结合我国的实际国情。随着融合的推进，监管对象和监管部门都在不同程度地走向融合，因此，建立一个既相对独立又能融合多个部门的监管机构，就成为融合顺利展开和手机媒体稳步发展的前提保障。在确定统一、独立的监管机构的同时，打造一体化的横向垂直监管机制，一方面在新的"大部制"整合过程中建立统一的监管领导部门，减少多部门监管过程中的摩擦；另一方面在此部门之下分别在广电、电信部和互联网管理部门下设立横向的负责运营监管的小部门，三个部门不仅在行政归属上隶属于这个机构，而且在执行权限上听命于它。这样，在业务监管的过程中，三者可以进行沟通协调，既避免重叠业务监管的冲突，又可以填补以前监管空白的业务领域。当然，建立相关的统一监管机构只是这一监管体系的一部分内容，此外还需要改革监管模式。在原有的监管模式中，对于广电部门、电信部门和互联网部门主要采取分行业监管的方式，但是在融合的过程中三者必然存在业务重叠的内容，这就要求必须改变现今的监管模式，变分行业监管为分业务监管，这样既能避免监管过程中的矛盾冲突，又能发挥各自部门以前的优势。

▋思考题 -

1. 简述手机媒体最基本的特征。

2. 试分析在手机媒体典型业务的发展中产生的问题及其改进措施。

3. 简述多渠道研发新兴融合业务的方法。

4. 简述手机媒体应开发的创新盈利模式。

5. 结合自身经验，简述手机阅读业务的优势与劣势。

章末案例

中国移动的手机阅读

近年来，中国手机阅读发展迅猛，业已成为数字出版板块中比重最大、发展最快的领域。以中国移动阅读基地为代表的手机出版平台是最大的亮点，不但吸引了每月4500万的访问用户，还以平均一亿元以上的月收入，实现了数字平台的内容盈利。

手机阅读这一独特的商业模式将解决互联网出版的诸多难题，从而走出数字阅读时代的一条新出路。中国移动手机阅读业务于2010年5月5日正式推出，它主要以手机等终端为载体，通过在线和下载等方式向用户提供各类电子书内容。中国移动手机阅读基地通过与具备内容出版或发行资质的机构合作，利用手机的客户规模、可随身携带、支付便捷、营销推广等优势，打造全新的图书发行渠道，成为国内最大的正版图书汇聚平台，实现新书抢先看和海量书库随时读，让用户享受时尚、健康、环保、便捷的随身阅读新体验。从建立基地到如今，短短的12年时间已经累积图书18万册。据悉，该基地商用不到一年，目前内容合作方已超过100家，现在平台一个月的信息费收入超过一亿元。

手机阅读不仅更有利于满足随身阅读和个性化阅读的需要，它的前向收费模式也可以很好地解决利润的问题，中国移动庞大的用户资源以及强大的运营能力，也使人们在解决版权、内容等问题上充满了信心。许多业内分析人士认为，手机阅读是一条值得借鉴的道路，它的运营模式更有利于保护著作版权，也使作者与出版商得到了较高的分配收益。许多人坚信，它的出现，势必将掀起一场轰轰烈烈的数字阅读浪潮。

(1) 搭建一个良性互动的平台。现在并不缺乏技术和内容，而是需要一个开放且规模化的平台，并且有一个更好的盈利模式，让参与各方都能盈利。把平台做大，就必须让用户和内容互动起来。寻找内容合作，需要用户资源；而用户来了，也需要内容留住他们。中国移动通过补贴等手段寻找更多的内容方来提供正版的书籍，并在此过程中，用便利的支付手段，形成规模收益。2010年，许多与中国移动手机阅读平台签约的作家，可谓赚得盆满钵满。据悉，由移动手机阅读平台首发的《一起又看流星雨》一书，共400多万用户访问，点击超过5600万，平台收入达到实体书收入的2.6倍。为了搭建一个良性互动的平台，中国移动依托庞大资源，通过免流量费等手段吸引阅读用户。短短的时间内，平台上聚集的基础用户数累计已有1.6亿，网上书城的日均点击量也超过2.4亿次。

(2) 打造目前国内最大的阅读平台。与此同时，中国移动还打造了一个目前国内最大的阅读平台：与作家出版集团、浙江出版集团、长江出版集团等100多家优秀内容供应商开展合作。对于出版商，手机阅读基地专门对内容合作方提出了"保底+分成"的模式。2010年手机阅读的整个收入超过3个亿，这让许多出版社和原创文学网站看到了希望。目前，手机阅读平台排行榜前十名的原创书籍的总销售收入，已远远超过同类标杆原创文学网前十名的总销售收入，还有很多图书的手机阅读销售收入已经超过实体书收入。手机阅读作为一种互动的阅读模式，能够实时了解读者需求，降低出版风险，提高出版企业的运营绩效。此外，手机本身拥有一套比较成熟的付费手段，不仅方便手机阅读收费，还能有效地控制盗版问题，为传统出版数字化转型解决了后顾之忧。

(3) 正版、健康的阅读平台。手机阅读杜绝了盗版的问题，用户直接通过手机付费即可。这对版权的保护更加有益，虽然在平台上看一本书的费用低廉，只相当于一本纸质书的十分之一甚至更低的价格。但对于解决盗版问题，收费加上利益共享的手机阅读模式或许是一条出路，当然，也有许多分析认为，大平台自身对版权的保护意识也至关重要。据统计，中国移动数字阅读基地上线后，靠120名编辑的人工审核授权机制，上传了全正版的18万本图书。而这些内容，都来自国家许可的出版社和内容提供商，有出版许可证、互联网出版许可或者出版物发行许可。"版权路径必须清晰"是移动对内容合作方的第一个要求。文字作品除了纸质出版权，还有数字网络传播权，而且还涉及各种转授权。中国移动要求内容方一定要提供完整的授权路径，源头要追溯到作者本人。由于不少作品都经过了五六道转授权，因此梳理审核的工作也非常繁杂。戴和忠告诉笔者，一个合理的商业模式，一个规模盈利的预期，能够推动各方主动解决版权问题。

(4) 主流优秀文化的回归。在拥有丰富图书资源的基础上，中国移动手机阅读基地努力实现传统主流媒体的手机阅读化，着力推动优秀文化的传播。2011年以来，基地实施了一个"新青年掌上读书计划"，该计划着力于推动解决外来务工者"买书难、选书难、看书难、没时间读书"的问题。我们希望青年人和下一代能多读一些有营养的好书，在接受网络新文化的同时也能更好地传承优秀文化，实现这个社会物质文明与精神文明的共同繁荣。万丈高楼平地起，目前中国移动基地的日均点击量超过2.4亿次，每月访问用户数达4000余万，已经成为目前国内最大的阅读平台。手机阅读业务是一个新兴事物，体现了中国移动的创新精神，这种创新符合社会需求，对中国文化事业的发展，甚至文化形态的变革，都会起到推动作用。

资料来源：陈珊. 手机阅读，为数字出版带来春天[N]. 人民邮电报，2011-04-27(4).

思考题：结合中国移动的手机阅读，谈谈你对移动手机报的创意与策划的认识？

第6章

影视文化产业
创意与策划

⊙ **章前引例**

人民日报：《夏洛特烦恼》回答"喜剧的意义"

一部"三无"之作——无大明星、无大制作、无大营销，在今年电影国庆档的混战中杀出重围。由开心麻花团队打造的《夏洛特烦恼》，票房低开高走，口碑一路攀升，完成一场漂亮的逆袭。

有网友搜集了这部电影中的"彩蛋"，从20世纪90年代的语文教科书，到一开就停电的微波炉用来养鱼，再到不起眼的配角身上的动漫装，即便只是一闪而过甚至作为背景出现，也让有慧眼的观众时时惊喜。源于话剧舞台的多年积累，本身就具备相对流畅的情节和较为密集的笑料，再加上为了电影屏幕进行的"再创造"——比如长镜头摇过小伙伴们的各个房间，《夏洛特烦恼》显示了十足的诚意。截至10月9日票房累计超过7个亿，这样的"用脚投票"，正是对一部作品最好的肯定。

不过，这绝不仅仅是一根开心的麻花，或是一碗怀旧的酒，故事中也包含着价值内核。以中年人的经验回归青春，带着半辈子积累重走人生，却还是逃不过名缰利锁的缠绕，忽视了单纯美好的价值。即便娶到女神、当了明星、住上豪宅，也不过是掉进了更大的虚无之中。这也算是对那些把所谓"梦想"、所谓"成功"庸俗化者的当头棒喝——人生最基本的东西，都还没弄明白呢。

资料来源：张铁.《夏洛特烦恼》回答"喜剧的意义"[EB/OL]. 人民日报. http://culture.people.com.cn/n/2015/1013/c87423-27690381.html，2015-10-13.

6.1 影视文化产业发展概况

影视文化即电影电视文化，它是20世纪伴随科学技术的发展而诞生的文化成果、科技成果，也是一种具有鲜明的时代特色、较高的科技含量、较大的社会影响力、较广的文化传播范围的文化样式。影视文化不仅表现为传媒的、艺术的、娱乐休闲的文化形态，而且对于政治、经济、文化、社会、科技乃至外交、经贸等各个领域都产生了直接或间接的重要影响。因此，从影视作品的生产到制作发行，再到宣传营销以及相关衍生产品的开发，共同构成了影视文化产业的产业发展链。

6.1.1 影视文化产业的概念

"影视文化产业"这一概念的界定，无论是在内涵还是在外延上，都具有多个层面的解释，首先是作为物质形态客观存在的"影视"；其次是作为精神形态存在的影响人类文明的"影视文化";最后是作为经济形态存在的"影视文化产业"。

无论是在理论界还是在业界,关于"电影"和"电视"的概念界定,有很多不同的表述。尽管不同的表述主体,站在不同的角度对它们的含义的解读不同,但对它们的客观存在形态的认识基本上是一致的。《电影艺术词典》中关于电影是这样表述的:根据"视觉暂留"原理,运用照相(以及录音)手段,把外界事物的影像(以及声音)摄录在胶片上,通过放映(以及还音),在银幕上造成活动影像(以及声音),以表现一定内容的技术。电影是科学技术经过长时间的发展达到一定阶段的产物。这一表述对目前电影的基本的客观存在形态做了较为准确的把握,同时也对"电影"存在形态的历史沿革进行了详尽的阐释。与"电影"概念的界定一样,关于"电视"的界定也是众说纷纭。尽管从客观存在形态看,电视未必比电影更复杂,但构成电视的元素、要素同样是丰富的。《中国广播电视百科全书》对"电视"做了这样的表述:使用电子技术手段传输图像和声音的现代化传播媒介。它通过光电变换系统使图像(含屏幕文字)、声音和色彩即时重现在覆盖范围内的接收机荧屏上。这一表述既注重了电视以科学技术为传播载体的科技特性,又体现了电视吸收各种传统艺术样式、其他媒体样式的因素而呈现的"综合性"特征。因此,在界定了电影、电视概念的基础上,我们可以得出"影视"的概念:利用多种科技手段,将外界事物的影像以及声音拍摄下来,以电子信息符号的形式储存在特定的载体之上,通过特定的传播媒介放映出来的有声有画的活动影像。与电影、电视各有其特定的规定性不同,广义的"影视"概念不仅涵盖了电影电视的生产过程,还包括传播的全过程。

从"影视"这一概念的外延来看,影视创作既是一种文化生产再生产行为,也是一种经济创造活动。电影产业与电视产业共同构成了当前我国文化产业的核心内容,它借助媒介和文化市场,无论是对社会文化的传播还是国民经济的发展,都具有巨大的影响力。所谓影视文化产业,是指以影视作品的生产制作为核心,通过影视作品的生产、发行以及音像制品、相关衍生品创造经济价值和社会影响力的产业经济形态的统称。

6.1.2 我国电影产业发展概况

我国电影产业起步较晚,从1905年到1949年,我国的电影产业在战火纷飞中艰难前进。新中国建立之后到1978年改革开放,我国的电影产业才开始步入创建期。在这期间,全国各地的电视台开始成立,初步建立了社会主义影视生产体系,初步完成了中国影视"基础建设"任务,正式开启了中国民族化的影视创作道路。从1978年到20世纪80年代末,我国的影视文化产业受改革开放的影响,开始步入快速发展期。在这期间,影视文化产业的生产力获得空前解放,影视产品的数量和质量大幅度提升,同时影视创作、生产队伍开始趋向完整、合理,影视文化产业的生命力开始显现。从20世纪80年代末至今,我国的影视文化产业逐步走向繁荣。在这期间,符合文化市场变化的影视创作机制逐渐形成,大批适应市场化需求的新的影视生产基地逐步建立,电影与电视产业分流合作的局面开始出现,进而生产出大量符合民众需求的影视佳作,影视产业在文化产业中的核心地位得以突显。据2012年10月发布的《2012:中国文化品牌评估报告》显示,我国已成为世界第三大电影生产国和第一大电视剧生产国。根据国家新闻出版广电总局公布的数据显示，2014年我国全年共生产故事影片618部，电影总票房296.39亿元，同比增长36.15%，其中国产片票房161.55亿元，占总票房的54.51%；全年城市影院观众达到8.3亿人次，同比增长34.52%；全年新增影院1015家，新增银幕5397块，日均增长15块银幕；2015年1—6月，全国电影票房收入已经突破200亿元。

与电影产业的高速发展一致，我国的电视产业也取得了长足的进步，目前已经成为全球生产、消费电视剧最多的国家。根据广电总局统计的数据显示：从2003年开始，我国每年的电视剧产量都超过1万集。2015年1—6月，全国各类电视剧制作机构共计生产完成并获准发行国产电视剧159部，共6330集。目前，我国逐渐形成一个比较完整的电视剧产业链模式，成为世界电视剧生产和消费第一大国。

6.2 影视文化产业创意与策划的特点、方法

影视文化产业作为文化产业的重要组成部分，是最易于被大众接受和最具影响力的。它体现为一部好的影视作品能产生巨大的社会影响力，甚至对观众的审美和认知有一定的引导作用。另外，影视作品中所包含的多种艺术形式和技术手段促使我国的特色文化和技术发展逐步走向国际，产生影响力。现如今，人们急于追求经济利益，影视业中同类产品同质化严重，过度追求"大腕"的明星效应，不注重内涵，导致影视作品缺乏精品。当前，眼球经济的活跃确实能带来经济利益，但是不能把吸引"眼球"当作最终目的和唯一目标，重要的是用创意来制胜。

6.2.1 影视文化产业创意的特点

1. 以独特性为核心，制造"卖点"

任何创意的核心都是独特性，影视文化产业的创意也不例外。对于影视文化产业来说，独特性的含义是创作与众不同的并能让人们接受和感到新颖的影视作品。2002年，电视剧《穿越时空的爱恋》作为我国内地第一部穿越剧，以新颖的题材吸引了大量的观众，该剧在当年创下了超过10%的收视率。之后，伴随电视剧《宫锁心玉》的播出，穿越剧达到火热的程度，各种根据网络小说改编的穿越剧接踵而至。可见在众多电视剧面前，题材新颖的电视剧确实让人耳目一新。

具体来说，体现产品独特性的重要部分之一，就是"卖点"。"卖点"是商品吸引人们眼球、创造经济利益的重要因素。影视作品的"卖点"就是要与众不同，尤其是在同类产品中能展现自己的独特之处。近年来，户外真人秀节目十分火热，而户外真人秀之所以火热离不开它自身具有的"卖点"——意外。在户外什么情况都可能发生，未知性、不可预

测性和人们的反应摩擦出许多火花，再加上观众对于真人秀里的明星的偷窥心理和求知欲，使得户外真人秀吸引了大量观众的关注，这也促使多种题材的户外真人秀在这几年占据着电视屏幕。

2. 以产生影响力为目的，推动产业链发展

现在我国每年产出影视作品众多，很大一部分收益都来自于此。越来越多的投资人加入这一行业，促使影视行业逐步发展成一个庞大的产业，创建了完善的产业链，创造了巨大的产值。这种财富的产出不仅出自产品本身，它的衍生品及后续发展占到极大比重。例如，2005年动画片《喜羊羊与灰太狼》的开播，收获了大量人群关注，不间断的剧情也让它在几年的时间内积累了较高的知名度。2009年电影版《喜羊羊与灰太狼之牛气冲天》播出，获得票房收入超过9000万元，衍生品收入超过1亿元，包括图书、毛绒玩具等。其后几年，《喜羊羊与灰太狼》的持续播出及电影版的推出使得它在商品市场中具有强大的吸金能力。一系列由动画衍生的产品，带动了多个产业的发展。更别说一部大片带来的收益，票房只是一小部分，书籍、杂志、海报、玩具等，再加上见面会、电影节，都直接或间接地拉动了消费，促进了产业链的发展。

3. 以精心制作为要求，满足消费者的需要

随着观众审美的进步，大众对影视剧的制作无论是在前期宣传还是在作品内容方面都提出了新的要求。在以"内容为王"的传媒时代，决定一部剧能不能受到大众好评的关键还是它所表现的内容。电视剧《虎妈猫爸》可以说是未播先火，这虽然离不开它的宣传、营销策略，但是它所涉及的题材也是广泛引起关注的重要原因。它抓住了父母重视子女教育的传统，以及当今社会"择校升学""隔代教育"等热点话题，展开了一系列欢乐却又贴近现实的故事。这部剧的播出不仅成为人们茶余饭后的消遣，而且引起了观众的反思，对比以往的电视剧显得生动、活泼。对于影视产业来说，不管它的营销方式有多特别，人们消费的终归是内容，影视产品的内容能够满足人们的需求，触及人们的内心甚至产生共鸣，那无疑是一部值得消费的好产品。

4. 以技术支持为动力，提高产品水平

在当前社会，电影技术为人们带来了盛大的视听体验，尤其现今3D与数字技术成为主要的技术支持，电影技术的发展也为人类的经济及文化生活带来了调节作用。当然电影技术的发展不能说是自成一体的，它需要与数字技术、动漫技术、3D技术、影像合成技术、声控技术、光学技术、蒙太奇手法和后现代电影技术相互促进、相互影响。例如，2012年3D形式的《泰坦尼克号》再次在全球引发了观影小高潮，相较于2D影片，场面更加真实，让观众深刻地体会了身临其境的感觉。

6.2.2　影视文化产业策划的方法

影视文化产业作为文化产业中的龙头产业，好的创意固然重要，但面对众多资源，如何有效地优化组合，使产品更完美地展现在消费者面前也是值得深虑的问题。对于影视

文化产业来说，不管是内容，还是营销，都需要策划人进行充分的策划。策划成为电影、电视栏目及各频道间激烈竞争时制胜的关键。一部电影、一个栏目如果没有好的创意做支撑，没有好的策划做营销方案，早晚都要被淘汰。因此，影视文化产品的方方面面离不开完备的策划环节。

1. 把握消费者需求，迎合大众口味

任何生产都是为了满足需要，任何市场都是由需要引起的消费和分配形成的。没有需要，就没有生产；没有需要，也就没有市场。在生产和市场之间，需要的是纽带、是桥梁。根据社会需要来组织生产和市场，这是现代市场经济条件下商品运行的一般规律。物质经济是如此，文化经济亦是如此。因此，在影视文化产业中，消费者需求是策划人首先需要考虑的一点，其实也是策划人的策划动力，毕竟需求和供给是相互制约的。《快乐大本营》栏目自1997年开播以来，以新颖的题材和形式吸引了大量的观众，逐渐成为国内最具影响力的娱乐节目之一，播出期间不断地更新节目内容，开展新的游戏环节，比如2015年推出的"我想静静"的游戏环节就结合了现在社会的情况——快节奏的生活让这个世界变得嘈杂，此游戏环节旨在呼吁大家减少噪音，让这个世界更加宁静。正是由于节目能不断地根据当前人们所处的时代和现况进行改造，使得不少人都成为《快乐大本营》的忠实粉丝。同时，节目也极力为电视机前的观众推介新奇的文艺表演形式，传递"快乐至上"的娱乐精神，在极大程度上满足了观众休闲娱乐的需求。这也是这个节目能持续播出这么多年的重要原因之一——观众的审美在不断地发生变化，节目通过创新来迎合大众的口味。

2. 全面分析有关信息，注重可行性

影视产业策划不能埋头做，应"耳听八方"，分析所采集的信息，做出相应的对策，才能使自己的作品在激烈的市场竞争中占有利地位。影视策划所需要的信息大致包括以下几个方面：一是环境信息，比如政治、经济、历史、文化等方面的系统外信息，以及节目影片定位、受众、管理等方面的系统内信息；二是市场信息，包括信息服务市场、文化市场、广告市场等方面的信息；三是受众群体信息；四是竞争对手态势信息。在采集信息的过程中我们要力求全面、可靠、及时，并且保证所收集信息的系统性和连续性。

策划时，创意固然重要，但创意不等于天马行空，要有一定的可行性和可操作性。要充分考虑人、财、物等各方面的安排和运作。尤其对于户外真人秀来说，场地、交通、住宿、餐饮、工作人员的安排等都是要考虑的问题，另外，节目本身的合理性也是需要注意的方面。例如，真人秀节目《极限挑战》一方面根据中国的地理特色做出方案，另一方面又契合某一个主题，这就必须在前期制作时做好充分的策划，确认其可行性。例如，有一期节目的主题是上海滩，就是根据《上海滩》的剧情进行人物和场景以及故事情节的设置，首先选在上海拍摄，然后成员参照片中不同角色进行扮演，再结合故事本身，最终确立了兼职赚钱这个题材。6位成员在不同的地点做不同的工作，整个游戏项目整体并不突兀，反而让人觉得新奇，关键是可行性较高。在另外一期节目中，设置三个爆炸的场景，节目组前期做了充分的调查和准备，才能确保这个环节安全顺利地进行。

3. 拥有明确定位，围绕中心内容开展

一个节目在整体、细节上都有明确的定位，对于节目本身的意义是非同寻常的。《最强大脑》是一档由江苏卫视推出的大型科学类真人秀电视节目，源自德国节目《Super Brain》，以第二季为例，该节目由蒋昌建主持，由孟非、陶晶莹、高晓松、魏坤琳担任评委。第二季不仅舞台壮观，而且请来更多重量级嘉宾，节目赛制与以往相同，依然致力于打造一批脑力达人，通过晋级赛和挑战赛最终决出最强大脑中国战队，同其他国家对战。该电视栏目围绕"智力比赛"这一中心内容展开，定位明确，令观众热衷不已。

类似的例子不胜枚举，如东方卫视推出的喜剧竞演节目《欢乐喜剧人》，围绕着"搞笑、我们是认真的"这一主题展开，包括开心麻花沈腾团队、辽宁民间艺术团、贾玲、乔杉、修睿、高晓攀、吴君如、白眉工作室、刘仪伟等在内的喜剧团体或个人谱写着一个又一个属于自己的喜剧故事，也使该节目的收视率逆流而上、直线飙升。更难能可贵的是，各位喜剧人或者喜剧团队无论名声高低，对待喜剧皆一丝不苟，对待创作严谨认真，给观众留下了深刻的印象。又如2015年5月份上映的《十二公民》，它的定位也很明确；"人"，当十二个人被赋予公民的权力去决定另一个人的生与死，他们同时作为一个人，又有着自己生与死的故事。这时，他们的人生轨迹就决定了会慎重思考还是选择漠视。这部电影的每一句台词，都围绕这样一个问题展开。

4. 确定主要目标，争取打造知名品牌

目标是方向，也是动力。在影视产业策划中，确定目标的重要性不言而喻。可想而知，所有人都为了实现这一个目标而齐心协力，不但能提高效率，还能不断地激发创造力。也许影视产品策划中不止有一个目标，但都会有最注重的目标。对于产品来说，品牌的知名度就是许多企业所追求的目标，这代表了人们对产品的认知程度，影视产品也是如此。

提及"品牌"这两个字，大多数人对"好莱坞品牌"有较高的认可度，在好莱坞多年的发展历程中，事实充分证明了这个品牌的巨大魅力。在科幻电影题材中，有不可忽视的佳作《星球大战》；经典黑帮片《教父》，开辟了黑帮片的辉煌时代；希区柯克的代表作《后窗》，是惊悚片的楷模；《阿凡达》是全球票房纪录保持者，并开创了"3D时代"……

由此我们可以发现，好莱坞俨然成为电影的集大成者，没有任何类型能成为它的致命缺点，发展极为均衡，拍摄模式先进、高投资、场面宏大、视听效果令人震撼、故事引人入胜，相较于这种综合品牌，即便是其他任何一个同行中的标杆也无法超越。好莱坞品牌的成功之道是有迹可循的，众所周知，经济基础决定上层建筑。美国作为世界"超级大国"，其经济实力、政治地位、军事力量都是其他国家无法企及的。在全球化的历史舞台上，美国居于核心地位，在这样的背景下，坐落在世界金融中心的好莱坞所承载的文化交流也必然会得到这种政治经济的支持。由于美国人的生活方式和生活质量对全世界人民来说有着很强的吸引力，而好莱坞融合了美国人的文化元素，展现了美国人的精神视野，体现了美国人的文化价值，传播了美国人的价值取向，全世界的人们可以在好莱坞的电影中

找到美国梦的足迹。与此同时，好莱坞电影在创作的时候也采取了"拿来主义"的方法，这种兼收并蓄的手段使好莱坞尽力融合其他国家的文化元素，跨越文化壁垒，从而满足电影输入国的文化需求。因此，好莱坞电影首屈一指也就不足为奇了。"品牌"这种无形资产的力量产生的价值是长久的，甚至是不可估量的。

5. 系统性的策划，注重整合营销

影视产业的策划要针对从影视制作到发行的整个过程，对于这样一个大集合，系统性地市场分析、目标制定、方案确定、信息反馈是必不可少的。"整合营销"目的是把各个相关产业环节链接起来，形成一个密集高效的产业链运作模式。具体到影视产业，就是要把制作、发行、放映及相关产业领域整合起来，针对这一点，尤为突出的是电影产业，在一部电影的制作和发行过程中建立起多支点的盈利模式和资本回收渠道。电影《天下无贼》的内容颇受争议，有人认为它不现实，无论是"天下无贼"还是"天下有贼"，毋庸置疑的是本片不管是票房还是口碑上都收获不少，更别说其他方面的收益了。本片制作成本是3000万，片中宝马汽车、诺基亚手机、佳能摄像机，HP笔记本电脑、淘宝网等多项植入式广告的收入就达到4000万，这是其营销的一大亮点。另外，本片在宣传上也是标新立异：首先，在北京展览馆举行了慈善晚宴的首映礼，近百位明星及该片赞助商均以5000元高价购买晚宴门票到场。拍卖会中，刘德华拍摄本片时穿的皮裤、华仔演唱的点播权以及与李冰冰跳拉丁舞的机会都是价值不凡的拍卖品。其次，发行方华谊兄弟包下从北京西站开往香港九龙的T97次列车，并装扮成"天下无贼"号，出发前还举行了揭牌和发车仪式，导演冯小刚率领刘德华、刘若英、葛优、李冰冰、王宝强、傅彪、范伟等演员乘坐"天下无贼"号赶往香港，参加第二天的首映典礼，车上汇集了来自国内的60多名媒体记者，声势浩荡。此外，影片的衍生品——音像、小说的销售也非常火爆。

6.3 电视产业的创意与策划

对于中国来说，电视事业的起步相对较早。1958年5月1日晚7时，北京电视台(中央电视台前身)的试验播出标志中国电视事业的开始，这一天也被认为是中国电视事业的诞生日。电视产业是在20世纪80年代改革开放后随着电视技术和设备的不断丰富、更新以及传播方式的日益拓展逐渐形成的。20世纪90年代后，有越来越多的人开始将电视看做一种产业。典型的如英国学者道尔提出的节目服务，它是电视公司的首要产品，服务内容包括节目、广告、节目中的音乐等要素。电视的另一种产品就是收看节目的电视观众。自1983年经历了四级办电视和三台合一两个阶段的发展后，电视基础设施的建设取得了进一步的发展。在如今媒介整体融合的大环境下，互联网无疑为电视产业提供了更为丰富的资源和新的发展机遇。电视产业的创新与发展也使电视与网络形成了既相互合作又彼此竞争的关系。数字化技术的进步，使得电视(专业的内容和精湛的技术)与互联网(快捷互动的便利)

联合为内容产业建言献策，实现互利共赢成为未来电视产业的发展大势。近年来，国家对电视行业政策上的支持使得众多电视剧和真实电视节目如雨后春笋般层出不穷，充分吸引了大众的目光。能在不断发展中清楚地看到目前存在的问题并且及时做出富有针对性的优劣势分析，无疑对电视产业的长远发展有重大促进作用。

6.3.1 电视产业发展现状

我国电视产业制度是在计划经济向市场经济转变的时期逐渐建立形成的，周鸿铎的《广播电视经济学》成为中国电视产业研究的起点。电视与电影有一定的相似性，主要是指利用人们眼睛的视觉残留效应显现一帧帧渐变的静止图像，形成视觉上的活动图像。我国目前已成为全球制作生产、消费电视剧最多的国家。自1958年我国第一部电视剧《一口菜饼子》播出后，在国家政策的支持之下，我国迅速成为世界电视剧生产和消费第一大国。2003年开始，我国每年的电视剧产量都超过一万集，2008年为502部共14 498集。在2014年国家新闻出版广电总局通报中更是提到，2013年全国电视剧产量共计生产完成并获准发行剧目429部共15 938集，呈总体平稳状态。随着大众消费口味的变化以及欣赏水平的不断提升，电视剧的类型也越来越丰富，逐渐发展形成了包括青春偶像剧、言情剧、武侠剧、警匪剧、谍战剧、伦理剧、情景喜剧、科幻剧、历史剧、穿越剧、军旅剧等众多类型的综合体系。

伴随着电视剧种类丰富起来的还有另一个电视产业分支，即真实电视。在2008年再版的《真实世界：重塑电视文化》这本书的前言中，Laurie Ouellette和Susan Murray提出，情形已经有所改变，很少有人会质疑真实电视的覆盖范围和生命力。在全球范围内，真实电视广受欢迎，已更普及和多元化。流行的无脚本的真实电视的模式已变得越来越专业和完善。比起真实电视，它的另一个名字真人秀更为大众所熟悉。我国最早的真人秀节目是2000年通过广东电视台播出的《生存大挑战》，由于类型的新颖性，很快便引得其他卫视纷纷效仿，相继推出了《走入香格里拉》《夺宝奇兵》《开心辞典》等节目，一时之间真人秀席卷了整个电视产业。而真人秀的高速发展还要追溯到2005年湖南卫视那档名为《超级女声》的选秀比赛，由于节目特有的平民性，在电视产业掀起一阵狂潮，随后《加油好男儿》《绝对唱响》《快乐男声》《快乐女声》等节目也趁热打铁地占据了大众的视线。一直到今天，真人秀节目一直在电视上占据着不可忽视的地位，最为突出的便是近几年从荷兰、韩国等国家引进并改编推出的中国版的《中国好声音》《奔跑吧兄弟》等真人秀节目。在21世纪三网融合的环境下，纵观未来，相信具有制作快、成本低、受众范围广等特点的真人秀节目一定会取得更好的效益。

6.3.2 电视产业内容创意与策划

传统媒体与新媒体的融合是电视产业未来发展的必然趋势，不得不承认，内容是电视产业发展的核心竞争力。只有不断提升内容、注重品质，才能最有效地提升电视产业的竞争力。所谓电视内容，即指电视节目中一定的故事情节、人物形象和表现手法。从本质上讲，电视内容生产属于文化产业，它与基于受众资源的产业链不同的地方在于，电视节目主要是通过内容产品和服务来满足人们的精神文化需求。由此可见，在电视产业发展方面内容的创新尤为重要，而电视剧以及真实电视凭借具有创新性的内容也必然可以在竞争激烈的电视行业开拓自己的道路。

1. 电视内容产业创新

"内容为王"是传媒产业万年不变的宗旨，电视内容产业可以分为狭义和广义两种。狭义的电视内容产业是指以电视受众为服务对象，依据数字技术和网络技术，生产、加工、制作电视内容产品和服务的机构和市场体系。广义的电视内容产业还包括所有涉及节目内容研发、生产、交换、销售、传播、节目衍生品开发和相关的服务，可以分为节目研发方、内容制作方、内容集成方、内容运营商和衍生品开发商。传统意义上的电视内容产业，往往被局限在一个封闭式的内部系统结构内，只能最大限度地整合内部资源，而在如今三网融合的信息时代，应尽力将电视内容产业融入新的产业链当中，在优化资源配置的基础上与其他产业强强联合将其提升为一种系统行为。在创新能力至关重要的时期，电视界有人发出"创意能力能压倒一切"的呼声。显然，电视产业的相关人员已注意到创新意识的重要性，而将电视内容产业进行纵向、横向双向发展融合是提升创意水平、提高电视产业质量的一大法宝。

2. 主题定位及特色的故事情节

作为精神产品生产消费的电视剧是制作者与受众之间进行交流的手段和方式。一部成功、火爆的电视剧往往具有正能量的主题思想及精神内涵，电视剧能否打动人在很大程度上取决于情节的设定和主题的定位。2006年年底，由八一电影制片厂和华谊兄弟联合出品的30集电视剧《士兵突击》一举拿下了第27届飞天奖和长篇电视剧一等奖，这部以军事动作、崭新情节体现中国军人精神风貌的电视剧不仅捧红了农村小子王宝强，更是在国内掀起了一阵"许三多"精神的热风。一时间，那句贯穿全剧感动了无数人又很好地弘扬了主旋律的台词"不抛弃，不放弃"成为家喻户晓的名言。虽然这部军事题材的电视剧没有在央视一套的黄金时段播出，但是并没有影响这部剧的走红，究其原因，情节的创新以及明确主题所传达的精神意义无疑是最大原因。首先，《士兵突击》很好地反映了我军深刻的军事变革。在军事题材的作品中，涉及军事变革和裁军撤番号的情节并不少见，面对未来战争的新发展和世界军事的新变革，这部电视剧浓墨重彩地展示了军队现代化建设的新思维、新水平，与以往的军旅题材电视剧有很大的不同。其次，剧中演员素面朝天、不加修饰、朴实无华，这也许恰恰成为这部电视剧成功的原因之一。近些年，娱乐界、文艺界有太多的浮华、戏说和滥情，急功近利、过分的商业性追求使电视剧市场遭受着无法抵抗的灾难。太多的教条、浮躁导致某些艺术堕落成空洞的标签，慢慢地远离了大众，最终也远离了市场，而《士兵突击》的不落俗套、回归本色也就变相回归了娱乐、艺术的本真。剧中没有任何跌宕起伏的情感、曲折浮夸的故事情节，也没有什么传奇的人情世态，更没有惊天动地的大事件，所有的一切都是平淡无奇的军营生活，所有的话题均围绕许三多怎样蜕变。没有任何口号和说教，没有常规军旅艺术剑拔弩张、炮火连天的"杀气"，也没有在平凡的军营生活之外嫁接时髦的商业元素，只是老老实实地诉说着军营的一切、诉说着和平时期军营中朴实无华的故事，让观众从许三多成长过程中品味人生的追求和价值。多数电视剧中的男主角往往具有出色的外貌，优越的外形，饰演的角色极具个人魅力，往往能吸引不同年龄层次的受众，但不可否认的是，剧中的形象往往与现实生活中的大多数人有一定的距离。而《士兵突击》中的许三多，迟钝、木讷、笨拙，对于大众来讲，并不是高不可攀、触不可及的英雄，世上的英雄和天才终究是少数的，大多人都是平凡的普通人，或许多多少少可以在许三多身上看到自己的影子。就是这样一个普普通通的士兵，真实地告诉观众怎样去认识自己、坚持自己。那股执着、不抛弃、不放弃的劲儿赢得了观众的好评。诚然，凭借剧情走红的不仅是许三多这个角色，更是隐藏在角色背后的主演王宝强，或许正是这样一个经历着看似平凡却又不平凡的军事生活的许三多，唤起了在人们心底沉寂许久、一度被市场大潮淹没的精神记忆。也正是因为有了让市场、大众容易接受的剧情，才使这部剧在军旅剧题材中脱颖而出。

3. 鲜明的人物形象

人物是电视剧的灵魂，一部电视剧能否成功在很大意义上取决于人物形象的塑造。电视剧《蜗居》里勤俭持家的海萍，《媳妇的美好时代》里调皮懂事的毛豆豆……几个简单自然的角色让海清成为家喻户晓的大明星，成为人们心中的"国民媳妇"。在各路女星争相斗艳的娱乐圈，为何形象、外形、气质都一般的海清成为佼佼者？相信她所塑造的人物形象起到了至关重要的作用。在万年不变的反映婆媳矛盾关系的题材中，海清饰演的这位乖巧、可爱、善良、大度、体贴的"绝对好媳妇"一人"挑战"婆婆、丈夫、小姑，在迎合国情的市场前提下，以充满笑料的故事、温馨的节奏与不时流露的浓浓人情味，使得受众有了一次发现自我的良机，似乎每个人都能在剧中寻到相似的经历，这也就成为剧集及其演员大热荧屏的不二法宝，而海清所塑造的巧媳妇也就成为戏外人们称呼她的代名词。

因鲜明的人物形象使得整部剧活灵活现获得好评的另一代表当属赵宝刚导演的家庭伦理剧。1990年，一部《渴望》成为家庭伦理剧热潮的始端。多年后，从一群年轻人为理想执着而努力的《奋斗》，到讲述一个家庭里三个表姐妹的不同命运的《我的青春谁做主》，再到都市男女对夫妻关系、人类情感不懈追求的《婚姻保卫战》以及后续的《家，N次方》，赵宝刚导演的青春几部曲将家庭伦理剧推向了高潮。而让大众如此买账的原因除了强烈的台词攻势，每部剧中一个个鲜明的人物形象起着不容小觑的作用。此处举《家，N次方》中的女强人薛之荔为例，她沉着、稳重，利用自己对投资的天赋解决各种困难和问题，话虽不多但是心思缜密，能积极处理家庭成员之间的矛盾关系。这样一个可以自我治愈、可以爱护他人的角色形象满足了很多女性观众的心理期望，成为现实生活中的理想典范。正因为现实生活中这类人物的缺失，使得观众在角色形象上找到的寄托感起到了决定作用。毫无疑问，诸如此类的人物形象使得赵宝刚的剧呈霸屏之势。诚如此例所表达的，塑造一个成功的人物形象，扩大一个角色的受众范围，可以为整部剧提升一个层次，在电视产业的发展中弥足珍贵。

6.3.3 电视产业营销创新与策划

电视产业的营销与其本身的质量同等重要。传统模式下的营销往往以信息传播为途径，之后便认为它的价值基本实现，即"广而告之"；而现代营销则致力于在制作者与受众之间实现"沟通"与"对话"，借此达到吸引观众或者直接带来经济利益的目的。电视产业营销的创意与策划，主要从以下几点得以体现。

1. 电视产业媒体与企业之间进行深度合作

整合营销时代的到来，使传统打广告宣传营销的方式遭到重创，传媒业正不断地由传统营销模式向整合营销模式转变。在这个转变过程中，企业通过商业赞助等形式参与节目使得双方互利共赢，成为达成合伙意向的合作伙伴。

第四季《中国好声音》在鸟巢落下帷幕，再次刷新中国综艺收视纪录；通过扫码互动方式，其冠名商金罐加多宝也在当晚成功地使鸟巢成为自己的主场。早在2012年，浙江卫视《中国好声音》口口相传、赞誉满满，与此同时，冠名商加多宝凉茶也火了一把。当初，加多宝以6000万元拿下了《中国好声音》的冠名权，然而在首期节目播出20天后，节目的广告费从每15秒15万元飙升到每15秒36万元，这无疑让广告商望而却步，然而加多宝方面却并未对此做出太多表示，或许是因为从一开始就做好了打包冠名费的准备。不得不承认，主持人复读机般地一遍遍重复，再加上现场屏幕、地面上、评委座位旁、大门上等等无处不在的"加多宝"的标志，使所有人都在有意无意中记住了它。而当年节目主持人华少的那段一口气不停歇的广告词更是让大众记住了加多宝这个名字。那究竟是好声音成就了加多宝还是加多宝成就了好声音呢？答案自然是这对黄金组合互相成就。为了迎合"互联网+"，加多宝在今年4月首度推出了"有你更金彩"的淘金行动，并且打造了"喝金罐加多宝，看《中国好声音》，嗨翻金彩星期五"的夏日狂欢。据统计，这次淘金行动的举办以及平台的推出共为消费者发放了价值11.5亿元的福利，活动总参与人数破1000万次，互动量高达4400万次，创造了传统快消品牌深耕"移动互联网+"的新营销模式。而在宏观市场经济环境的影响下，碳酸饮料的销量出现下滑趋势，而凉茶等健康饮品的销量却呈现着强势上升的态势。一个是具有文化情怀的音乐节目，一个是代表传统养生文化的凉茶品牌，两者文化层次的契合达到了1+1>2的效果，从而使《中国好声音》与金罐加多宝之间的合作实现了共赢。小米科技创始人、董事长兼首席执行官雷军表示："只要站在风口，猪也会飞起来。一直以来，营销讲求的就是借势，善于四两拨千斤，让热点为我所用。"除了《中国好声音》与金罐加多宝，多年前湖南卫视的《超级女声》与蒙牛酸酸乳也是媒介与企业联合成功的一大营销案例。如此看来，未来中国的各大强势品牌，都要善于和媒体共同投资节目，而节目也要善于吸引企业的赞助，从而在合作产业化以及线上线下多种渠道共同合作的情况下吸引受众，最大限度地提高关注度。

2. 新旧媒体的结合

在"互联网+"的背景下，单纯地依靠传统媒体已经不能使电视产业与时俱进，因而要重视传统媒体与新媒体的结合。既要沿袭传统媒体的技术平台又要借助新媒体的技术优势，实现深度合作，将优势发挥到极致，以达到双赢的效果。

2006年，曾轰动一时的新版《红楼梦》的演员选秀活动是一个富有创意的营销案例。剧组改变以往沿用一线明星的格局，而是在北京、上海、广州、台湾等全国各地选拔演员。除此之外，继续利用网络平台甄选宝玉的饰演者，使得新版《红楼梦》在未播之前便已成为一个风靡全国的话题。无论是在报纸、电视、广播，还是在网络上，观众可随时随地、第一时间得知选秀的进度以及结果。而本身就作为电视产业内容的选秀栏目，更是利用了传统电视的媒介吸引了更多的观众。在2008年的汶川大地震中，传统媒体与新媒体的自觉配合、共同参与也使两种传播媒体的互补性得以更好地体现。在地震发生后的第一时间，全球境内外便有150多家传统媒体记者纷纷前往灾区对灾情进行现场报道，同时以网络、手机平台为代表的新媒体，也全程参与地震救援，使大众可以通过多种途径对灾情进行了解。与之相似的2015年8月发生的天津爆炸案，第一个发布爆炸消息的人便是一位微博博主，简单的几个字和一段视频，在短时间内使爆炸的消息迅速传播，第二天各大报纸、新闻也对此做了详细报道。江西卫视《杂志天下》也是纸质传媒内容电视化传播的一大成功案例。主持人通过在电视上阅读杂志的方式，将杂志的内容延伸为话题，讨论时下热点、具有争议的话题，从而满足人们的精神生活追求。

3. 整合营销

整合营销，即指以利害关系者为核心，重组企业行为和市场行为，综合协调地使用各种传播方式，以统一的目标和统一的传播形象，传递一致的产品信息，实现与利害关系者的双向沟通，迅速树立产品品牌在利害关系者心目中的地位，建立产品品牌与利害关系者之间长期密切的关系，更有效地达到广告传播和产品营销的目的。没有特色、同质化往往是中国电视产业难以改变的劣势，电视市场内容匮乏、产量过剩是个十分严峻的问题。然而，要想实现差异化战略，要在对内容进行创新的同时寻找新的商机。因此，独播带来的独赚利益也就成为各大电视台竞相争取的机会。所谓"独播剧"，就是指播映权、发行权等相关权限都被买断，买方拥有独家资源，享有在某一地区独家播出的一种买卖合作形式。独播不仅可以提高电视台的收视率、带来丰厚的广告收入，还可以在满足受众高要求的前提下使制作方得到丰厚的资金支持以及优秀的播出平台。最早通过独播剧获利的便是湖南卫视，通过引进韩剧《大长今》，拿到独播权以及对该剧进行整合营销狠狠赚了一笔，尝到甜头的湖南卫视更是在2014年宣布，今后湖南卫视拥有完整知识产权的自制节目，将由芒果TV独播，在互联网版权上一律不分销，以此打造属于自己的互联网视频平台。整个湖南广播电视台高度重视版权，包括互联网版权、购买节目的版权，特别是自制节目的版权，所有节目的版权都要掌握在自己手上。全台所有频道制作的节目，绝对不允许擅自和外界的新媒体合作。

湖南卫视独播且自制的电视剧《丑女无敌》带来的无敌收视率，也是一个成功的案例。第一季播出之时，《丑女无敌》的最高收视份额达到9.3%，创造了湖南卫视4年以来的最高收视份额，第二季播出之后也拿下了全国同时段收视第二的好成绩。毋庸置疑，不论是之前的《还珠格格》，还是独播独赚的《大长今》，自制剧在让湖南卫视赚足金钱与眼球的同时，其完整的营销模式以及产业链的发展也让其他卫视看到了它的强大竞争力。从选题到制作播出再到整合营销，完整的产业链起到了纽带的联结作用。翻拍的《又见一帘幽梦》，更是湖南卫视整合营销的典范，在推广该剧的计划上，湖南卫视动用了所有的资源，用不同的形式为其做宣传。借助原有品牌《快乐大本营》等的平台对潜在受众进行潜移默化的转移，同时利用电视播出后的广播时间趁热打铁使观众提前对下一集进行了解，此外，还采用提前放映预告片的宣传营销方式，不同于普通剧的片花而是以不同主题的精彩片段循序渐进地对受众进行记忆重复，而"全球首播"的噱头更是吸引了无数眼球。为了做全做好整套营销工作，除了基本的营销方式之外，在该剧播放前湖南卫视便为其制作了官方网站，网友们可以观看了解片花、花絮。同时，湖南卫视与新浪、搜狐两大国内门户网站以及其他企业开展跨媒体合作，进行专题报道。所谓万绿丛中一点红，起到这点睛之笔作用的便是作为事件营销举办的"寻找紫菱"活动。从播出前主演的反复亮相到播出中的各种特别节目以及播出后的新闻炒作，都让该剧处于舆论的风口浪尖，伴随而来的自然就是源源不断的关注度。显而易见，整合营销的方式可促使电视剧最大限度地覆盖受众范围，由此可知它的重要性。

6.4 电影产业的创意与策划

电影产业是指以电影制作为核心，致力于电影的生产、发行和放映，电影音像产品、电影衍生品的开发，电影院和放映场所的建设等相关产业经济形态的综合产业。通过对"电影产业"这一概念的界定，我们可以发现，只有真正把电影当作产业来办，把电影看成一种制造业，把电影当作商品，电影的本来价值才能体现出来。不管你是官员、艺术家、经营者还是观众，在电影实现"创作—生产—经营—看电影"的过程，走完"投入—销售—盈利—再生产"的环节之后，各方的目的才能真正达成。

伴随着创意经济的发展，它在文化产业产值中所占的比重越来越大，加之电影市场竞争越来越激烈，特别是新媒体形势下观众的分流，这些电影产业发展过程中的内外环境因素，要求整个电影产业要尝试着改变固有的发展模式，提高创意与策划的水准。而对于电影产业的创意与策划而言，既要重视生产创作环节的创意与策划，更要注重市场营销发行环节的创意与策划。

6.4.1 电影与电影产业

1895年，法国的奥古斯特·卢米埃尔和路易·卢米埃尔兄弟，在爱迪生的"电影视镜"和他们自己研制的"连续摄影机"的基础上，研制成功了"活动电影机"。"活动电影机"有摄影、放映和洗印三种主要功能。它以每秒16画格的速度拍摄和放映影片，图像清晰稳定。1895年3月22日，他们在巴黎法国科技大会上首放影片《卢米埃尔工厂的大门》获得成功。同年12月28日，他们在巴黎的卡普辛路14号大咖啡馆里，正式向社会公映了他们自己摄制的一批纪实短片，包括《火车到站》《水浇园丁》《婴儿的午餐》《工厂的大门》等12部影片。卢米埃尔兄弟是第一个利用银幕进行投射式放映电影的人。史学家们认为，卢米埃尔兄弟的拍摄和放映活动已经脱离了实验阶段，因此，他们把1895年12月28日世界电影首次公映之日定为电影诞生之时，卢米埃尔兄弟自然当之无愧地成为"电影之父"。电影又称映画，是由活动照相术和幻灯放映术结合发展起来的一种现代科技与艺术，是一门可以容纳文学戏剧、摄影、绘画、音乐、舞蹈、文字、雕塑、建筑等多种艺术的综合艺术，但它又具有独特的艺术特征。电影在艺术表现力上不但具有其他各种艺术的特征，又因可以运用蒙太奇这种艺术性极强的电影组接技巧，具有超越其他一切艺术的表现手段，而且可以大量复制。

社会经济的发展，为公众带来的不仅仅是文化形态的多样性，也带来了高速的生活节奏。每天处在高速运转的生活节奏下，公众的闲暇时间被各种生活、工作等琐事切割，使得闲暇时间呈"碎片化"形态存在。在这一背景下，微电影作为一种电影的微型化形态而产生，它是指专门在各种新媒体平台上播放的，适合在移动状态和短时休闲状态下观看的，具有完整策划和系统制作体系支持的，具有完整故事情节的"微(超短)时"(30～300秒)放映、"微(超短)周期制作(1～7天或数周)"和"微(超小)规模投资(几千到数千/万元每部)"的视频("类"电影)短片，内容融合了幽默搞怪、时尚潮流、公益教育、商业定制等主题，可以单独成篇，也可系列成剧。作为一种新兴的电影形态，微电影兴起于草根，各种参差不齐的"小短片"，来自各种相机、DV、手机，但真正把它提升到"电影"层次的，是类似"天堂鸟影像"这样的专业机构。微电影从个人自拍的随性表达，渐渐登堂入室，上升到电影的层次。

与欧美发达国家相比，我国的电影产业之路起步较晚。1993年是中国电影市场化意识萌生之年，尽管当时并没有形成完整的市场化概念，甚至没有提出过电影的产业化，但当时提出的改革思路，已经孕育了中国电影的产业化之路。如果以资本的眼光来看这十几年的改革，我们不妨把这十几年看作一个为资本运作创造条件的过程。在此之前，中国电影的资本基本上是封闭的，还未有市场运作的平台，仅仅停留在国有资产与行政命令下的内部流动上。虽然十多年的改革之路有过种种尝试，也有了种种方面的突破，但综观改革进程，从权力下放，到简单的一分为二的竞争模式，到"松散式"资产联营模式的形成，再到股份制运作及战略性的集团化重组，中国电影的改革整体上过于谨慎，进程缓慢。自2002年开始，我国的电影产业进入新一轮的改革，不仅在国家层面的观念上明确了电影为经营性文化产业的产业属性，而且在政策层面也得到了落实。2003年广电总局相继推出《电影剧本(梗概)立项、电影审查暂行规定》《中外合作摄制电影片管理规定》《电影制片、发行、放映经营资格准入暂行规定》《外商投资电影院暂行规定》(总局令第18、19、20、21号文件)等政策规定，试图降低电影制片、发行、放映领域资格准入门槛，吸纳一切有实力的社会力量参与电影产业；搞活电影流通领域，促进国产影片发行放映；减少政府审批程序，促进产业快速发展；鼓励电影产品创新，让电影产品更好地面向群众、面向市场。至此，政府层面的重视和政策的松动，使得我国电影产业的市场化发展迸发出前所未有的活力。2012年10月发布的《2012：中国文化品牌评估报告》显示，我国已成为世界第三大电影生产国和第一大电视剧生产国。

对于电影产业，我们必须清楚地认识到，电影企业就是企业，电影产品就是商品，而不能总是在是不是"纯企业"、是不是"纯商品"上犹豫不决、争论不休。政治家可以把电影当作"工具"，艺术家可以把电影当作"艺术"，但在具体的生产和经营中，我们必须遵循世界通行的电影产业运作规律。电影是一种商业运作的大众艺术；电影也是个人消费，是竞争领域的行业；电影还是一种工业，电影流通是商业贸易，须遵守服务性商贸的市场规则。所以说，无论是在电影的生产创作环节，还是在电影的营销发行环节，独到的创意与策划尤为重要。

▌6.4.2　电影产业内容的创意与策划

纵观美国、法国等电影产业发达国家，对电影内容质量的精益求精，往往是决定一部影片成败的关键性因素。所以，从一定意义上来说，内容质量是一部影片产业化运营的基础，内容质量的创意是电影产业创意与策划中不容忽视的一部分。电影拥有较高的内容质量常常获得较多的好评，从而在大片云集的"战国时代"脱颖而出。

1. 提高叙事能力，以扣人心弦的故事情节吸引观众

改革开放以来，中国电影在观念、生产、传播等各个方面，以"现代化"的名义，逐渐淡化了中国电影传统中的一些理念与方法，更多地向欧美特别是好莱坞学习、借鉴和移植，似乎西方电影，尤其是欧美电影代表了现代或现代化的准则，而传统中国电影中的许多叙事模式则被有意无意地忽略，甚至抛弃。从1997年以冯小刚导演的《甲方乙方》为代表的贺岁片悄然崛起，到中国电影生产数量的逐年快速增长，电影票房的迅速增长，观众观影热情的日渐高涨。我们似乎看到了中国民族电影在经历了一次次挣扎和阵痛之后，逐渐明确和自觉地找到另一种发展思路，就是将中华传统文化融于电影作品之中，将本土化、现实化、民族化的文化与电影叙事相结合。这种发展思路不仅提高了国产电影的叙事能力，而且为电影产业的创意与策划提供了诸多参考价值。以2015年暑期档上映的国产动画片《西游记之大圣归来》为例，电影的制作团队在影片故事的创意与策划方面做足了功夫。影片的创意来自我国家喻户晓的名著《西游记》，但是如果影片只是把原著的故事以动画的形式重新演绎一遍，那只是新瓶装旧酒，难有新意，难以吸引观众。该影片在创意与策划之初，就不再拘泥于原著的内容。准确地说，影片只是借用了原著中"孙悟空"的人物形象，而将更多的篇幅用于讲述一个"中国化"的故事。影片中，创作者所塑造的"孙悟空"这位东方超级英雄，与西方的超级英雄略有不同。在西方，美国队长信仰自由和正义，他坚强、勇敢地承担起拯救世界的责任和使命；蜘蛛侠打击罪恶势力，为社会除暴安良；钢铁侠肩负着拯救地球的责任。而在电影《大圣归来》中，大圣在拯救世界之前，先是拯救自己，这一点也契合了中国文化中的"一屋不扫，何以扫天下"的道理，超级英雄要想拯救世界，需先学会拯救自己。在大圣自我迷失的阶段，遇到了对他

充满信赖与崇拜的江流儿，并帮他找回了勇气和信心。江流儿用自己的勇敢和善良与执着激发了大圣，让他找回最初的自己。这样一个明显"中国化"的影片，不仅是对中国传统文化的再次展现，还是借助传统文化讲述一个富有新意的电影故事。该影片一经上映，就获得了观众的认可，最终狂揽9.56亿票房，可谓国产动画电影中的佼佼者。

再如，由开心麻花团队创作的国产电影《夏洛特烦恼》，在2015年9月30日上映后，短短几天内成功逆袭，从10月4日开始，连续12天单日票房夺冠。这部国产口碑之作不仅勇夺"国庆档"票房冠军，在节后"夏洛热"更是高温不退，甚至出现排片超过45%的景象。同时，在国外进口大片《蚁人》《小王子》的夹击下，《夏洛特烦恼》的观影热情不减，上座率居高不下，夺得周冠军，截至2015年10月18日，该片票房超过12亿人民币。这部电影之所以如此受观众追捧，与它深刻的故事、喜剧的色彩、鲜明的主题密切相关。首先，《夏洛特烦恼》有着鲜明的主题：珍惜拥有，不念过往，不畏将来；其次，悲剧中透着喜剧，喜剧中牵引着感同身受的悲剧，唤起了每个人心底的善良与美好。人生不能重来，平凡的生活才是人们所追求的，这种主旋律在追名逐利、轻浮虚荣、盲目崇拜社会现状下，刺激着人们敏感的神经、迷茫的灵魂，而又由于它的娱乐性，使大众喜闻乐见。与之类似，《港囧》也表达了对当下的反思，一改《泰囧》纯粹喜剧的表达方式，增添了对人生的感悟，并为观众所接受，上映24天票房突破16亿元，足以证明它备受大众认可。由此可见，无论是《西游记之大圣归来》对于中国传统文化的借鉴，还是《夏洛特烦恼》《港囧》对于当下中国文化、中国社会的反思，它们之所以能取得成功，关键就在于将传统文化与影片叙事相结合。对于电影的创意与策划而言，只有将符合观众心理需求的文化传统融于叙事之中，才能真正创作出吸引观众的故事情节。

2. 突破传统思维，积极参与多种电影类型的创作生产

在文化产业的创意与策划中，只有遵循市场运作规律，才能创造出符合消费者需要的文化产品。对于电影产业的创意与策划而言，这一点集中体现在对观众的分化上，也就是创作出不同类型的电影作品以迎合不同观众的观影需求。当然，在电影产业创意与策划的过程中，突破传统的电影创作思维，既包括对旧的类型片种的激活，也包括对新的类型样式的开发。只有突破自我禁锢，积极尝试史诗片、侦探片、魔幻片、科幻片、探险片等多种类型的影片，才能创造共荣局面，形成健康有序的竞争市场，这对目前的中国电影来说尤为重要。国产电影业真正要实现良性发展，要提高电影观众收看国产电影的频率，就必须借助大量商业类型片的支撑。中国有极丰富的电影创作题材来源，历史题材自不必说，以魔幻题材为例，中国名著《西游记》《聊斋志异》《镜花缘》等小说在亚洲各国都有极大的影响，东方文化特色浓郁，从中寻找故事题材，结合高科技手段，打造《魔戒》《纳尼亚传奇》那样的类型电影并非没有可能。而探险题材小说也为数众多，包括当代网络小说中流行的"盗墓"系列，都可以成为影视作品的来源。

以2015年7月23日上映的《捉妖记》为例，电影上映的第8天，票房突破10亿元大关，到8月8日，揽入20.4亿元票房，这也是国产电影票房首次突破20亿元大关。截至8月26日，累计票房达23.31亿元。影片主要讲述了小伙子天荫阴差阳错地怀上了即将降世的小

妖王，他被降妖天师小岚一路保护着躲过各种妖怪。虽然两人渐渐对小妖产生了感情，小岚却明白她只为把这只惹人眼红的小妖卖个好价钱，在人妖混杂的世界里，他们的命运无疑将牵动人心。影片最后，可爱的小妖王胡巴出生，令天荫和小岚的关系起了奇妙的变化，同时也引发了人和妖能否共存的哲学问题。整部影片将魔幻、玄幻的色彩贯彻到底，中间又夹杂着爱情、喜剧等内容，可谓类型片的一次有益尝试。

3. 提高技术水平，重视影片的特效创意

随着电子技术、数字技术、网络技术等相关科技水平的提高以及在电影产业中的应用和推广，电影从业者要想抢占电影市场的高地，就必须在创意与策划的过程中提高影片的技术水平，生产创作出吸引观众的影视特效。在电影中，人工制造出来的假象和幻觉被称为电影特效。在电影诞生之初，便已经有了电影特效的萌生。1977年，约翰·戴克斯特拉在《星球大战》中使用了电子动画控制，这让观众看到了之前从未见过的宇宙战争场面。他还第一次在影片中使用3D成像技术。2003年，《指环王3》的荧幕热映，昭示着电影特效已经达到全新的高度。

2009年末，詹姆斯·卡梅隆执导的科幻电影《阿凡达》(Avatar)上映，该片全球总票房超过27亿美元，再次打破了由他自己保持的全球影史票房纪录(《泰坦尼克号》18.4亿美元)，并因此揭开了电影制作的新纪元。《阿凡达》是一部大量使用电脑生成动画的影片，而且这些动画都必须要有照片般的真实感。卡梅隆曾毫不夸张地表示，《阿凡达》是有史以来最复杂的一次电影制作，两个半小时的电影有1600个镜头，而且《阿凡达》和"金刚"(King Kong)"咕噜"(Gollum)不同的是，它要制作上百个有照片般真实感的CG角色。整部影片的特效运用极其自然真实，令人投入，几乎可以说没有任何瑕疵。因此，有人将2009年12月称为3D纪元的开端，也就不足为奇了。

2014年大年初一上映的《西游记之大闹天宫》也以特效著称，而且其3D特效是最大看点。做了三年的特效场面让这部电影成为迄今为止华语电影里效果最好的一部大片，龙宫、花果山、天庭三个重点场面都被刻画得气势恢宏，有模有样。此外，IMAX的巨幕让这部《大闹天宫》在光影体验上达到了顶级水准，影片2430个镜头中98%都含有特效成分。况且本片的特效并非简单，动不动就是层层云雾、无边天宫、千军万马等多种复杂特效同时出现。角色、法力、仙器、神兵、整个场景，都需要电脑来统一。当特效充斥全片的时候，它就不再是吸引眼球的伎俩，而成为打造另一个世界的基石。因此，从拍摄方式和项目执行上来讲，《西游记之大闹天宫》已经远超华语大片范畴，向世界顶级大片看齐。虽然观众对故事和剧情褒贬不一，但其近乎完美的特效，成为它引发观影热潮的硬道理。

4. 植入普世价值观，突显人道主义精神

在五千年的中华文明发展过程中，"和谐""仁爱""自然"等充满人道主义精神的思想已经成为当代社会核心价值观的重要内容，这些思想内容不仅符合中国社会发展的客观要求，而且也反映了人们的普遍愿望及基本诉求。因此，在电影产业的创意与策划过程中，应当将中国的文化价值观融入新题材的故事脉络与角色设置之中，积极弘扬与传承

"仁爱""和谐""邪不压正"等全球皆认可的价值观念，以正面的、积极的、勇敢的形象打动人心，吸引观众观看。

以2010年冯小刚执导的《唐山大地震》为例，该影片高度地呈现了人道主义精神，不仅运用心理学的情节创作离奇而感人的故事，而且也运用了不能解释的自然现象，比较接近中国文化惯常的传统。电影主要描述了在1976年发生的中国唐山7.8级大地震中，一位母亲只能选择救姐弟之一。母亲最终选择救弟弟，但姐姐却奇迹生还，后被一位军人收养，32年后家人意外重逢，心中的裂痕等待他们去修补的悲辛情节，再一次勾起了当代人对那一场惨痛灾难的回忆。面对存亡，可怜的母亲要从两个孩子中选一个救活，灾难考验着人类脆弱的心灵。最终归于传统精神的，莫过于实现大团圆愿望的动力。天灾不仅带走了生命，而且造成了心灵上的"余震"。影片展现了32年的政治经济巨变，更展现了横亘于影片脉络之中的亲情救赎，最终女儿方登回归，实现了大团圆的结局，也完美地诠释了中华民族绵延不绝的根基所在——孩子。孩子是凝聚力，是一切矛盾起源和消解之本。爱孩子、爱家庭、爱日常生活，在如今这个时代，《唐山大地震》充分表达了一种简朴的人道主义思想，而这种人道主义精神恰恰符合以儒家为代表的中国传统文化观念。

5. 紧跟时代潮流，重视微电影的创意与策划

微电影作为新兴事物，从制作到播出都基于网络平台，目前政府层面还没有制定和公布关于微电影的审查机制。因此，从一定意义上来说，微电影的创作空间更为广阔，也更易于新锐导演和演员的电影理念和自我价值的实现。对于微电影的创意与策划而言，主要体现在题材内容与表现形式两个方面。

(1) 在微电影的创意与策划过程中，要求微电影的题材内容贴近受众的生活。在微电影创作的过程中，制作者可以选择表现发生在受众身边的人和事，这些往往都是每个观众经历过或身边人经历过的，所以说，比较容易迎合一代人的情感需求，从而引发社会主流人群的共鸣，同时又让观众在思考中回味，在回味中领悟。以陆川导演、快乐家族主演的微电影《游戏青春》为例，短片主要围绕腾讯游戏，讲述了5个人之间的爱情与友情故事。短片中出现了带有青春回忆气息的《拳霸》《超级玛丽》《实况足球》《大富翁》等游戏，很容易将80一代带回自己的学生岁月，同时短片又表现出学生时代的爱情与友情，巧妙地勾起了观众的回忆，更容易引发观众的情感共鸣。

(2) 在微电影创意与策划的过程中，还要注意表现形式的创新。与传统的电影作品不同，微电影的片长较短，所以，它需要在有限的时间内展开情节，直入主题，这反而很容易抓住观众的眼球。微电影《游戏青春》开片就直接展现了大学毕业后混迹于公司的"何炅"与客户"谢娜"的偶然相遇，然后就展开了校园时期"何炅"与"吴昕"爱情故事回忆，故事没有丝毫的拖沓，转眼回到现实中表现毕业后的"吴昕""李维嘉""杜海涛"的生活。整个故事一气呵成，观众在观看的过程中不觉乏味，短片主题明确，故事扣人心弦。

综合以上几点，我们可以发现，"内容为王"作为文化产业中一个公认的定律，在包含于文化产业之列的电影产业中必然处于重要位置。因此，睿智的电影工作者往往能够形成这种认识，并在这种观念中不断树立目标，不断突破，以此促进电影产业的发展。

6.4.3 电影产业营销的创意与策划

近年来，优质国产电影越来越多，中国电影市场迅速壮大，观影人群对于影片的观赏水平也日益提高，即便是在这种情况下，仍有好评如潮的影片赔钱、内容并非顶尖的影片却赚得盆满钵满的情况发生。产生这种现象的一个关键因素是电影在营销策略上是否做足了文章。

电影产业的营销主要表现在两个方面：一方面是指企业利用电影以植入式广告、赞助等方式来展开营销活动；另一方面是指电影自身的营销，电影在拍摄和制作过程中需要进行定位，利用营销的思维来展开运作。本书所指的电影产业营销主要是电影自身的营销。谈到电影产业的营销，我们不得不提的是好莱坞电影的典范式营销策略。好莱坞作为美国电影产业的中心地带，引领着美国电影产业的大发展、大繁荣，并对世界电影产业的进步产生了重要影响，好莱坞电影的营销策略值得电影业内外学习和借鉴。

1. 以品牌营销塑造核心价值

品牌营销是各种营销模式的核心，整合营销传播也以品牌营销为中心。与传统的物质产品品牌的生成过程不同，电影品牌的生成过程表现为"意义—品牌—产品"，也就是说一个电影品牌的生成，首先需要整个创作团队确定作品所要表达的意义，然后形成一个品牌识别系统，最后据此生产创作出符合要求的电影作品。当然，这里所提到的"意义"就是品牌追求的目标，也就是凝结于产品之中的核心价值，同时也是品牌竞争的核心所在。对于一个影视制作传播企业而言，其对于电影作品营销的创意与策划，可以围绕品牌的核心价值展开，通过对品牌核心价值的体现与演绎，达到吸引观众观看的目标。一般而言，电影作品的品牌营销推广主要表现为导演品牌、电影和明星品牌、相关商品开发品牌等方面。

以冯小刚的贺岁电影为例，从最早的《甲方乙方》《不见不散》《大腕》，到转型期的《手机》《天下无贼》，再到《非诚勿扰》《非诚勿扰2》，这些电影之所以能够经久不衰，深受观众的追捧，在很大程度上源于制作团队推行的品牌营销策略。首先，电影导演冯小刚，他是中国最具票房号召力的导演之一。作为一个具有强烈的平民意识的导演，他的贺岁电影作品主要表现现代都市生活和市井平民的生活精神状态，通过借鉴王朔小说中的游戏、反讽等艺术手法，达到对生活的调侃、对人生戏谑的目标。其次，在冯小刚的贺岁电影中，特别重视对影视明星的选择。葛优是冯氏贺岁电影男主角的不二选择，可以被称做"中国贺岁电影的支柱"，然后配以刘蓓、徐帆、关之琳、范冰冰、舒淇、刘若英、姚晨等当红女明星，同时，范伟、傅彪、尤勇、孙红雷、冯远征等一线明星充当"黄金配角"，共同构筑了电影强大的明星团队。这样在通过明星吸引粉丝观影的同时，粉丝也会自发组织宣传，效果相当可观。一个有票房号召力的导演，外加一群拥有无数粉丝追捧的明星，共同构筑了冯氏喜剧电影的品牌。

当然，要想做好品牌，形成核心价值，还要从影片内容着手，而就电影内容进行营销来说，类型营销是不错的选择。特别是部分具有相对稳定的受众群体的类型，如喜剧电影、警匪电影、武侠电影。类型与导演、明星等结合，也会形成更强有力的品牌，如宁浩的喜剧电影。此外，对于系列电影品牌的影响力和发展潜力也应该给予极大的重视。中国系列电影品牌营销刚刚看到成果，如《画皮》系列、《人在囧途》系列、《无间道》系列等。

充分运用新媒体形成社会化营销之势。如今，充分利用各种新媒体的特点，采用各种手段制造话题，为影片宣传造势，已成为电影产业盛行的营销手段之一。身处Web3.0时代，传统的纸质媒体已经不再是电影宣传的主阵地，当前的电影宣传强调对于多种传播媒介的综合运用，尤其是强调对于新媒体的运用，如微博、微信等。具体的营销策略主要有微博投票、同城活动、线上活动、微信互动等。

以风靡2015年暑假档的电影《夏洛特烦恼》为例，该电影之所以突破一个又一个电影票房纪录，其新媒体营销策略功不可没。首先，《夏洛特烦恼》充分利用微博宣传影片，这就显得接地气多了，给人一种很亲民的感觉。特别是一些微博大V的卖力宣传，如大鹏、韩寒、谢娜等，为影片攒足了人气。其次，利用朋友圈形成的口碑，保持影片的热度。影片一经上映，微信朋友圈每个人卖力宣传，传说的"自来水党"重新复活，成为影片口碑营销的重要武器。由此可见，重视对微博、微信等新媒体的运用，以多角度、多视角的方式营销电影，是该片取得成功的重要原因之一。

2. 精选档期以营造"饥饿营销"

在市场营销学中，所谓的"饥饿营销"，是指商品提供者有意调低产量，以期达到调控供求关系、制造供不应求的"假象"、维持商品较高售价和利润率、维护品牌形象、提高产品附加值的目的。而"饥饿营销"的精髓在于调控供求关系，所以说影片档期无疑是一个合适的选择。档期对电影而言，是缔造成功票房的关键因素之一。中国电影近年来开始尝试性地打造品牌档期，不仅商业大片抢滩最有利的暑期档、国庆档和贺岁档，中小成本的影片也有意识地根据影片内容选择档期上映，甚至为迎合档期制作影片。

以2011年上映的《失恋33天》为例，影片打着2011年11月11号6个"1"这一特殊的"神棍节"旗号，大肆宣传，博得了广大年轻观众的欢迎。同时，影片还巧妙地选择了"饥饿营销"的方式，可谓吊足了观众的胃口。在影片的拍摄过程中，制片方不时地"走漏"一些能够引发观众好奇心的消息，让受众毫无防备，不得不主动挖掘，而非被动接受。在严格控制影片信息流通的同时，制片方还巧妙地制造话题，比如利用文章、白百何制造话题，从而满足四处搜寻相关信息的媒体和受众的"欲望"，把握影片的宣传节奏，提升影片的热度。

3. 寻求跨界营销以达到借势宣传的目的

所谓"跨界营销"，即寻求非业内的合作伙伴，发挥不同行业营销渠道的协同效应。"跨界营销"的核心是"一源多用"(OSMU)，即基于电影、戏剧、音乐、小说、动漫等某一创意源头，逐步衍生剧场、音乐、网络、游戏、演艺经纪、多媒体、出版、主题游乐园、餐饮等诸多产业。具体来说，影片的营销团队在仔细分析每一家媒体的特性和兴趣点的基础之上，想尽各种办法拆解电影元素，提供有创意的内容，再通过媒体的不同渠道进行传播，渗透给受众，就很容易取得良好的宣传效果。

2012年，腾讯游戏联合《王的盛宴》推出被誉为"玩的盛宴"的《游戏·青春》，以"电影+游戏"打造的"双宴"合璧的宣传手法，宣称开展"购票赠装备"等系列活动，在电影还未公映前，便展现出强大的营销攻势；《四大名捕》与天神互动签约同名网页游戏，双方通过内容植入、宣传档期相互配合等深度合作，获取"游戏+影视"的双赢；腾讯游戏宣布《刀剑2》与电影《血滴子》展开深度合作，并将于《血滴子》上映当天，暨12月20日开启"争锋内测"；腾讯旗下休闲游戏社区平台——QQ游戏亦相继推出与影片《太极》相关的系列活动，既有"美女找茬"游戏《太极》专区上线这类纯线上内容，又有QQ游戏明星挑战赛《太极》媒体发布会及观影抢票等线下互动答谢环节。由此可见，当前的电影营销可以跨出电影本身的界限，尝试与其他领域结合营销，将影视屏幕、手机屏幕及电脑屏幕进行整合，把观众的观影体验从电影院延伸到生活的方方面面。

4. 以广告植入带动整合营销

电影不仅是一种文化产品，它也是承载着诸多信息内容的媒介，无论是电影的生产创作环节，还是它的发行放映环节，都可以成为其他产品品牌宣传推广的载体。因此，广告商可利用电影进行营销，电影可通过出售自身的媒介特性获取收益。在电影产业营销的创意与策划过程中，主要手段有植入广告、贴片广告、活动赞助等，具体来看又可以分为影视植入广告、定制影片服务、影视形象授权、首映及商务活动、电影全国贴片、影院阵地活动等，这些都可以为影片创造收益空间。

基于以上认识总结的"整合营销"则指在影片制作或发行期，为了推动影片的宣传发行，结合企业宣传日进行的联合传播，且其中占多数的是影片发行期的"整合营销"活动，并包括两种情况：第一，企业是植入式广告的客户，借助后期联合活动深化赞助的利益；第二，企业宣传活动搭载电影的宣传。品牌借助电影的高关注度，衍生不同类型的整合营销，比如新产品上市、产品促销、形象授权、公关活动赞助等。电影向企业授权的方式也分为两种：一种是付费，一种是异业合作资源置换。具体而言，如电影自身的广告(预告片、海报)和产品标志同时出现，就会形成有趣的联合促销。电影产品如果是强势品牌，则很容易促使商家趋之若鹜，如联想旗下乐Pad A2207平板电脑与《一代宗师》联手展开贺岁娱乐化营销，双方线上及线下宣传全面开启，涵盖网络、电视、户外广告等多个渠道。

5. 开发电影的衍生产品推动营销活动的持续开展

电影衍生产品的开发，是为了开发电影的附加价值而进行的一系列营销活动，体现的是电影与其他产业的嫁接能力。目前，国外衍生产品的收入可以高达影片总收入的70%左右，很多电影公司在影片开拍前，就已经做好了衍生产品的生产和营销计划，以确保其能同步甚至早于电影上映的时间问世，争取足够的市场空间。而在国内，衍生产品的收入几乎为零。中国电影产业化尚在起步阶段，产业链尚待完善，电影制片方对市场上的电影衍生产品需求往往认识不足、预计不够，也很难主动满足这种需求，以求电影增值。

从总体来看，当前电影衍生产品的开发方式主要有旅游开发、日用消费品生产和玩具产品开发等。只有将电影品牌背后的衍生产品开发出来，才有可能以一定的投资获取最大的利益。以1999年上映的《星球大战首部曲》为例，围绕影片内容所开发的玩具产品就有六大系列，其中包括机器人、战机、战舰、镭射枪等共200余款，据测算相关产品的收入突破50亿美元大关。20年前的三部《星球大战》的票房收入不过10亿美元，而相关商品开发收入至今已实现数倍递增。《泰坦尼克号》仅画册就有20多种，船模、扑克、T恤衫等不计其数。米老鼠形象作为迪士尼公司的镇山之宝，其相关产品的销售额占总收入的1/5。迪士尼公司将过去几十年里出品的影片制成影像带出售，仅此一项每年即可收入近2亿美元。至今《狮子王》的相关产品收入已超过它的票房收入，并一度成为迪士尼的拳头产品。加上其他诸如拍卖、产品授权、多媒体开发等形式的综合利用，将后电影产品开发看作是品牌经营的核心，确实当之无愧。据统计，1994年美国好莱坞电影票房总收入不足50亿美元。而同年的后电影产品总收入高达70亿美元，远远高于票房收入。又如，好莱坞经典大片《变形金刚》的后电影市场开发更是深入，从原版玩具到变形金刚造型的音箱、U盘、耳机等电子产品，这些电影副产品的持续热销给电影公司带来了巨大的收益。环球电影公司把拍摄场地变成主题公园，还开发出一系列附加产品引领消费潮流，带动了观众对电影品牌的消费热情。

思考题

1. 简述影视文化产业概念。
2. 简述影视文化产业创意与策划的特点和方法。
3. 试分析电视产业发展现状并简述其创意策划的方法。
4. 简述电影产业内容的创意与策划的方法和措施。
5.《画皮Ⅱ》的营销模式有哪些新颖的地方？

章末案例

以《画皮Ⅱ》为代表的"矩阵式营销"

《画皮Ⅱ》的营销模式和营销团队在国内电影市场上其实算不上什么大品牌，并不像张艺谋、冯小刚电影已经形成比较成熟的营销手段和合作团队。但是《画皮Ⅱ》这个二流的故事经过一流的营销策划，取得了不俗的票房成绩，这为尚未找到出路的国内电影制作机构提供了一次可贵的借鉴机会。

1. 精准的影片品牌与价值

在电影题材的选择、电影类型的确定、电影投资的组合、电影主创的遴选等方面，《画皮Ⅱ》都采取了"营销先行"的策略。在电影题材的选择、电影类型的确定等方面，

《画皮Ⅱ》都做得非常到位。该片所体现的核心价值——"三惑五劫",即命惑、情惑和心惑,色劫、心劫、情劫、生劫和死劫,都可归纳于整部影片营销工作的三大体系之一——思想体系。在剧本解读过程中,仅围绕着对电影故事做"当代化的解读和当下化的落地"这一目标,最终确定了其宣传不能仅围绕"心相"与"皮相"做文章,而应有更富内涵的概括。于是"三惑五劫"营销结构图应运而生,在电影开拍时,营销团队便以之为核心做整体的规划宣传。

2. 循序渐进的宣传营销策略

《画皮Ⅱ》严格遵循锁定目标观众,"一切以对市场的预估为依据,一切为市场服务"的理念。在整个宣传过程中它一直按照既定的节奏在发力,从2011年5月29日开机发布会至2012年6月28日上映,《画皮Ⅱ》做了一年有余的稳步宣传。在宣传初期,《画皮Ⅱ》先是发布了一张周迅的概念海报,对于故事及人物关系,则一直三缄其口,预告片的扑朔迷离,以及3D的噱头等,成功的饥饿营销一次又一次地引爆了观众的期待与热情,使悬念一直延续到剧场。同时,它还综合运用各种营销手段,比如大量的微博、新闻、媒体,包括电视剧、游戏等一系列方法,举办了15次大型海内外活动,在全国25个城市进行了户外广告全案整合投放等,尽可能地辐射潜在用户,使宣传最大化。

3. 新技术与新媒体的运用

首先,《画皮Ⅱ》是由2D转制3D的产品,而"3D"对于电影的营销来说是个好噱头。虽然从放映的效果来看并不如意,但当下中国观众对3D还是非常热衷的。从2011年年底的《龙门飞甲》到《画皮Ⅱ》上映,一直没有大投资的国产3D影片,《画皮Ⅱ》无疑满足了观众的需求。其次,在《画皮Ⅱ》的宣传营销过程中,新媒体与新技术的运用起到了不容忽视的作用。影片营销团队在全国30个城市组建了"爱电影、爱《画皮Ⅱ》"的观众组织——皮联社;开发了多版本的电影APP和专属二维码;建立了以《画皮Ⅱ》微博和皮联社微博为代表的《画皮Ⅱ》微博矩阵群,并与社会千家名微博机构建立了互动关系,及时发布影片的拍摄进度、演职人员工作花絮、演职人员见面会等台前幕后的丰富资讯和多样式的活动,吸引了近百万粉丝的参与互动,取得了良好的宣传效果。

4. 上映档期的恰当选择

《画皮Ⅱ》的票房成功还得益于对上映档期的恰当选择。《画皮Ⅱ》公映前,影市已经稍稍冷却一阵,它面对的是上映了3周的《饥饿游戏》、上映了4周的《马达加斯加3》和上映了6周的《黑衣人3》。不成文的"国产片保护月"让《超凡蜘蛛侠》等好莱坞大片退出7月,《画皮Ⅱ》的对手只剩下《搜索》《大武当之天地密码》《四大名捕》等国产影片,而且它们大部分对《画皮Ⅱ》没有威胁,因为《画皮Ⅱ》是3D电影,不用和2D抢影厅。《画皮Ⅱ》上映时,6月的欧洲杯已近收官,赛事对影片上映的影响几乎可以忽略不计……种种档期优势,使其保有充足的放映时地。

5. 跨界营销和衍生之路

长期以来,国产电影成本回收大都依靠票房收入,靠衍生品、游戏等拓展收入几乎是好莱坞影片的专利。《画皮Ⅱ》恰恰在跨界营销和衍生之路上表现出色,在线上票房屡创新高的同时,线下收入也收获颇丰。它的营销矩阵包含对版权的多元化运营和衍生产品的开发，如游戏改编权(网络游戏、手机游戏等多种类型)、网络版权、电视剧改编权(同步授权开发的电视剧目前已拍摄完成)、图书出版权(包括1部小说、1本解读影片制作全过程的图书《聚变》和1本明星画册)等。它的衍生产品多达30余款，比如早早在市场上推出的赵薇佩戴的同款面具、杨幂的雀儿翅膀以及她们在剧中佩戴的项链、吊坠、胸针，还有相关的T恤、手机壳等。

　　总之，业内人士普遍认为，《画皮Ⅱ》在电影发行、版权多元化运营、衍生产品开发上全面开花，是中国电影行业产业化运营模式的有效探索和重大突破。

资料来源：青年时报.《画皮2》票房破6亿矩阵式营销功不可没[EB/OL]. http://www.qnsb.com/fzepaper/site1/qnsb/html/2012-07/16/content_379554.htm，2012-07-16.

　　思考题：《画皮Ⅱ》的矩阵式营销对于IP电影营销有何借鉴意义？

第7章

动漫文化产业
创意与策划

⊙ **章前引例**

《秦时明月》的创意与策划

《秦时明月》改编自我国台湾作家温世仁的同名小说，是中国第一部大型3D武侠动漫，也是至今受到好评最多的国产动漫。《秦时明月》以从秦始皇统一六国到西楚霸王项羽攻陷咸阳之间30余年的历史为故事背景，讲述了英雄荆轲之后人荆天明历经磨难最终成长为盖世英雄的传奇经历。这部集文化、艺术和技术于一身的动画作品被誉为中国动漫的"归来王者"，是新世纪中国动漫业界的里程碑。现已被翻译成7种语言在20多个国家发行，荣获了多项国际大奖。

《秦时明月》创意与策划的成功经验主要有：第一，充分挖掘了传统文化的内涵，准确地对传统文化进行了再诠释。片中再现了修筑长城、秦始皇陵、兵马俑、统一文字和度量衡、跨东海等历史事件和民间传说，诠释了儒家、道家、墨家、法家等诸子百家思想文化精髓。第二，在剧本选择和改编时加入了戏说和娱乐成分，向人们讲述了一段充满传奇色彩的中国历史故事，扩大了该动漫的受众群体。第三，《秦时明月》结合三维动画与二维动画的特点，使人们在观看时既有二维动画的亲切感又能感受到三维动画的精致效果，收达到视觉上的别具一格的效果。第四，在策划运营方面，《秦时明月》进行了全方位的营销推广策划，通过参加影视展览、媒体推介、网站宣传、名家评论、网页游戏试运行、开设论坛等多种方式，开创了中国动漫界的运营新模式。

资料来源：李平. 中国传统文化在动画中的回归——以《秦时明月》为例[J]. 现代语文，2013(4)：68-70.

⋮ 7.1　动漫与动漫产业概述

自2000年以来，国家对文化产业的发展日益重视，业界和学界对动漫的关注和研讨也逐渐升温。只有对动漫本质和特征有了全面的把握，才能真正理解动漫与动漫产业存在的意义。

关于动漫的解释，有人将动漫划分为4种类型，分别为电视动漫、电影动漫、手机动漫和网络动漫。电视动漫是指在电视频道上播映的动漫作品，包括虚拟形象动漫、真人实景动漫以及两者的结合体。典型代表作品如《喜羊羊与灰太狼》《天线宝宝》。电影动漫是指以动漫制作的电影，例如《喜羊羊与灰太狼之虎虎生威》。动漫电影的定义有狭义和广义两种。狭义的动漫电影只通过电影院放映，广义的动漫电影除通过电影院放映外，还通过剧场和DVD发售。手机动漫是指将动漫元素融入MMS、WAP等各类移动增值产品，并兼容手机动漫产品，通过移动运营商(中国移动、中国联通等)的手机终端将产品分发给消费者，通过电信运营商实现收费的一种电信增值服务。网络动漫是指以专业的动漫网站为载体，通过互联网制作和传播的作品与信息以及以动漫和漫画形态提供的各种增值应用服务，并可从中获得收益。

动漫产业是指以"创意"为核心，以动画、漫画为表现形式，进行动漫图书、报刊、电影、电视、音像制品、舞台剧和基于现代信息传播技术手段的动漫新品种等动漫直接产品的开发、生产、出版、播出、演出和销售，以及与动漫形象有关的服装、玩具、电子游戏等衍生产品的生产和经营的产业。

7.1.1 动漫产业特点

1. 高投入、高利润和高风险性

作为一种资本密集型产业，其前期的动漫形象创意和塑造投入需求大，这些产业链源头行业的发展影响着市场占有率，好的创意和动漫形象塑造具有艺术感染力和持续冲击力，能锁住消费者眼球进而获得高额利润；反之就会丧失市场，使前期投入功亏一篑，构成巨大的经营风险。

2. 与科技结合紧密，对人才需求量大质高

动漫是网络和数字技术发展的产物，动漫作品的创作需要更多的技术支撑，同时需要大量既懂艺术又有技术的综合性人才，除了前期创作和技术人才外，在后期衍生产品的生产销售中，还需要相关的营销策划人才及其他相关行业人才。

3. 衍生产品多，营销周期长

动漫产业的生产品很多，拉长了整个产业链的营销周期，有利于获得丰厚的利润。近年来，随着大众文艺娱乐日趋多元化以及数码特效技术的不断创新，动漫文化有了新的发展，出现了FLASH动漫、三维动漫等崭新的动漫形式，在不同的国家与地区都成为主流的文化形式。以漫画、卡通、游戏以及多媒体内容产品等为代表的动漫产业在全球经济中的地位迅速提高，逐步成为继软件产业之后的支柱产业。在21世纪，动漫产业必将成为引导世界知识经济整体发展的主导产业之一。

7.1.2 动漫产业发展的国际状况——以美、日、韩三国为例

中国是动漫产业发展很早的国家，也曾一度成为国际动漫的领头羊。但近几年来，中国动漫产业的发展却差强人意。一直拥有广阔动漫市场的中国，其国产动漫在本土的市场份额却不大。国产动漫年产量仅为日本的1%，据公开资料显示，在中国的动漫市场份额中，日本动漫占了60%。欧美动漫占了29%。中国本土动漫只占不到11%。中国动漫市场几乎80%的盈利流入海外，国产动漫可谓陷入一种尴尬的境地，这种情况应该引起我们的关注与反思。

1. 美国

在全球动漫产业中，美国和日本可谓两大领军者，各具特色。美国动漫产业由于拥

有雄厚的财力和先进技术力量的支持以及完备的市场化组织，使其在世界上长期处于领先地位。美国从20世纪初开始发展动漫产业，至今已有百余年的历史，其动漫产业发展大致经历了5个阶段：开创阶段(1907—1937年)、初步发展期(1938—1949年)、第一繁荣期(1950—1966年)、蛰伏期(1967—1988年)、第二繁荣期(1989年至今)。美国动漫产业历史悠久，是一个以动漫电影为基点带动整个动漫产业的典型国家。自20世纪初以来，美国动漫产业保持持续稳步增长。好莱坞是动漫工业的大本营，代表主流媒体，几十年来形成了集投资、制作、生产、发行、宣传、院线、资本回收于一体的完整体系。美国漫画业的发展则相对较弱。1993年的鼎盛时期收入达8.5亿美元，此后持续衰退，市场急剧萎缩，投资商纷纷撤资。1996年，美国漫画业的出版巨头Marvel公司申请了破产保护。1998年，漫画业的收入仅为3.7亿美元。2000年以后，随着市场上卡通漫画读者群的增加以及漫画出版商与好莱坞的联姻和网络的发展，这种状况又有所改善。经过长期的市场化运作，美国的动漫产业已经形成了一套完善的产业链条和成熟的运作体系，它不但拥有先进的动漫产品创作理念和制作技术，发达的娱乐基础设施，完善的知识产权保护环境，还拥有成熟的市场机制，完备的政策法规和多学科的动漫人才培养制度。目前，美国动漫产业界越来越着眼于全球市场的开发和全球资源的利用，美国动漫产品制作过程中的外包规模在不断扩大。

2. 日本

日本国民十分喜爱漫画，漫画文化非常发达，从而带动动漫产业的发展。追溯日本动漫史，早在1906年，北泽创办的日本第一份漫画刊物《东京小精灵》成为日本现代漫画的开端，随后动漫产业迅速在日本发展壮大起来。日本为了保持其在20世纪80年代的经济发展势头，积极寻求除汽车和电子产品这些传统优势项目之外新的经济增长点，而包括动漫产业在内的文化产业成为首选。1996年，日本政府明确提出要从经济大国转变为文化输出大国，将动漫等文化产业确定为国家的重要支柱产业。日本动漫作品具有完善的产业链，有成熟的漫画市场和广泛的消费群体做基础，又拥有顶尖级的动漫大师和制作机构以及无尽的创意表现和政府支持等。经过十几年的发展，动漫产业作为日本文化产业的代表，已经和日系汽车、电器并列，成为影响世界的三大"日本制造"之一。与此同时，日本动漫产品也开始成功地走向世界，成为最有价值的出口产品之一。2004年6月4日，日本正式公布了《内容产业促进法》，同时内阁会议还决定将内容产业划入《创造新产业战略》中，日本政府希望通过文化的产业化，实现经济结构向知识密集型的转化，使产业重心从GDP转向GNC(国民幸福总值)，从硬实力——经济和军事，转向软实力——文化价值观和品牌。目前，全球播放的动画节目中约有60%是日本直接或间接参与制作的，世界范围内有68个国家曾经或者正在播放日本电视动画，超过40个国家上映过日本动画电影。作为一个与其他行业关联度极高的行业，动漫的发展大大地带动了音乐、出版、广告、主题公园和旅游等相关行业的发展。日本贸易振兴机构的调查结果显示，日本国内与动漫有关的市场规模已经超过2万亿日元。漫画、动画、图书、音像制品和特许经营周边产品在日本已经形成了一整套"产业链"，推动着日本经济的发展。日本动漫产业不仅在其经济发展过程中起到了重要的支撑作用，还利用动漫文化和动漫品牌的无国籍性，扩大了日本文化在世界的影响力，传播了"酷日本"的理念。

3. 韩国

1998年，经历了亚洲金融风暴的韩国果断地调整国家经济发展战略，明确提出"文化立国"的方针，将文化产业作为21世纪韩国的立国之本。韩国政府在文化观光部建立了下属机构——文化产业局，作为专管机构负责文化产业政策的制定。具体就动漫产业来说，文化内容振兴院、富川漫画情报资料中心、首尔动画中心、韩国游戏产业开发院是最重要的动漫产业管理、指导机构。近几年来，韩国文化产业发展迅猛，尤其在动画、游戏领域成绩斐然。韩国动漫产业的产值超过汽车行业成为韩国重要支柱产业，其动漫产品及其衍生产品的产值占全球动漫产值的30%，是中国的30倍。动漫产业的发展历程是韩国文化产业崛起的一个缩影。韩国在动漫产业发展过程中仍然采用政府主导的产业发展模式，但政府职能与亚洲金融危机前已有很大不同。在实施必要的行政手段的同时，更多地强调法律、经济与行政手段三者的共进与协调。政府干预的重点更多是对相关基础设施的开发，努力为有创造力的企业和部门提供发挥的平台，以推动文化产业的整体发展。为了给动画产业提供良好的生存发展空间，韩国政府对国产动画片与进口动画片在本国电视台的播放比例进行了详细的规定：韩国动画片占45%，外国动画片占55%。此外，任何一个外国国家的播放额度不能超过外国动画片播出总量的60%，这主要是为了防止日本动画片充斥电视荧屏。在这样严格的规范之下，目前韩国电视媒介上韩国动画片、日本动画片、其他国家的动画片的播放比例是：45%、33%、22%。为了防止动画片在电视上的播出时段缩短甚至消失，韩国政府修订了《广播法》，从2005年7月起采用本国动画片义务播放制，按规定各电视台要保障用总时间的1%～1.5%的时间播放本国动画片，这使韩国动画片有了稳定的国内市场。在产业发展的定位上，结合国家自身优势与产业未来发展，通过差异化发展战略重点发展网络游戏和动画领域，找到了产业发展的突破口，在较短的时间里迅速崛起。通过制定极具开放性的产业政策，鼓励国内企业与国外同行合作交流，积极参与国际竞争；鼓励企业自主创新，开发出具有市场竞争力的世界级产品。继日本之后，韩国文化立国战略的成功又一次证明了其有可借鉴的价值。韩国的成功案例也是考察全球化背景下各国市场开放与文化多样化、市场保护关系的一个研究样本。

在全球动漫业市场中，美国、日本、韩国名列前三甲。美国是全球最大的文化产品输出国，动漫产品和衍生产品收入颇丰，仅从美国孩之宝公司免费提供《变形金刚》向中国全境播放却在中国玩具市场赚走50亿美元就可见一斑。日本被称为"动画好莱坞"，动画片、漫画书、电子游戏的商业组合所向披靡。日本新媒体的拓展如手机动画和手机漫画的技术研发也领先世界，是全球当之无愧的动漫大国。韩国是后起之秀，发展势头迅猛，年产值数量可观。

7.1.3　中国动漫产业发展外显特征

1. 行业飞速发展，潜力巨大

无论是在政策导向的倾斜和扶持，还是在文化消费群体的增长和扩大、市场需求的增强和扩张等方面，都预示着中国动漫产业将迎来发展的黄金时期。

2. 参与主体众多，产业集中度逐步增强

随着动漫产业的高速发展，国内已有30多个动漫产业园区、20个动画产业基地、6000多家动漫机构、450多所高校开设动漫专业、46万多动漫专业在校学生。长三角地区、华南地区、华北地区、东北地区、西南地区以及中部地区都形成了若干个动漫产业集群带。绝大多数动漫产业基地积极落实总局、地方关于推动中国动漫产业发展的举措，制定战略规划、完善服务设施、凝聚动漫企业、培养动漫人才、推进动漫生产，均取得了较好的成绩。不仅如此，民营资本发挥着越来越重要的作用。民营企业制作的动漫影视片数量和市场占有额逐渐超过国有企业。2006年，民营动漫公司制作发行的动漫影视片占全国总数的77.18%。

3. 动漫原创能力不足

首先，动漫制作认证企业的动漫供给量远不能满足市场需求。目前，中国有动漫企业6000多家，进行影视动漫原创的企业或机构也很多，但大部分为外国动漫企业代工生产，普遍原创能力不足。在通常的动漫制作过程中，对于原创作品而言，超过50%的资金与时间是用于前期创意、策划环节的，但不少原创企业的这一比例不足20%，导致产品的创意不足。其次，动漫创作人才缺失。中国青年文化的缺失和动漫业教育体制的不完善，导致国内动漫创作人才的缺失，使得动漫创作兼技术实现的复合型技术人才捉襟见肘。

4. 产业链不完整，产业盈利模式模糊

欧美、日韩成熟动漫产业的收入构成主要包括衍生产品和卡通形象授权，占总收入的70%以上。而在中国，动漫产业尚处于起步阶段，目前，国内的动漫企业大多缺乏清晰的盈利模式，也没有形成完整的动漫产业链，动漫制作企业主要通过动漫创作加工和动漫影视播放取得收入，很难体现企业的真正价值。具体表现在，影视动漫播放收入较低，销售渠道不完善，知识产权保护力度不够，由此加剧了盈利的不确定性，难以形成有效的盈利模式。

未来中国动漫产业要牢牢把握发展机遇，扬长避短，力争成为文化产业的璀璨明珠，在世界动漫产业中占有一席之地。动漫产业在欧美、日、韩产生了巨大的经济价值，已经构成一个庞大的产业。中国的动漫产业正迎来蓬勃发展的战略机遇期，要集中全社会力量，充分发挥政府、企业、民间组织及个人的作用，牢牢把握发展机遇，推进动漫产业更快、更好地发展。

■ 7.1.4 动漫文化产业创意与策划的特点

动漫产品是在挖掘文化资源基础上开发的，所以动漫文化创意有了更深层次的发展，我们在创作任何一个动漫产品时都应依托中国传统文化。动漫产业是具有自主知识产权的创意性内容的密集型产业，它来自创造力和智力，是技术、文化和经济的交融，因此动漫

产业又称为内容密集型产业。

1. 强调原创性

动漫产业创意作为动漫产业的一种原动力，它更强调原创性，并且具备明显的知识文化特征。这种以"创意"为最根本驱动力的价值创造模式必然与传统文化不同。传统动漫产业价值链基于商品的生产销售过程，而动漫产业创意的价值应当基于创意活动，由创意活动推动，以创意活动为核心。动漫文化创意的核心要素是人的创造力，即创意。文化创意是"以人为本"的体现，以文化资源为依托，其中创意产业占据产业价值链的最高端。创意强调创新性，创新性使每一件创意产品具有独立的知识产权，具有原创性、不可替代性。创意本身不具有有形形态，它只是人脑中的思想，只有投入生产将创意变成产品才能创造价值。如何对这种特殊的生产要素进行合理定价成为动漫产业创意的核心问题。作为一种特殊的生产要素，动漫产业创意很难通过市场的一次性交易来直接定价。创意具有不确定性，它使得创意所有者在创意活动过程中要承担极大的市场风险、生产风险与财务风险，直接交易难以使所有者获得风险溢价。同时，创意的不确定性还使得其物化品价值的实现呈现潜在性、时间性、动态性、跳跃性等非线性特征，而非线性特征收入显然难以进行一次性计量或当期计量。我们需要另外一种定价机制来对创意进行定价，一是通过知识产权交易市场这种特殊的机制来进行；二是通过创意所有者自己成立创业企业来实现人的创造力，在科学技术领域表现为发明，在文化艺术领域表现为创意，在经营管理领域表现为新产品。狭义地讲，创意主要指文学、音乐、美术等文化艺术元素的原始创新、集成创新和引进消化再创新。创意活动将文化、艺术元素融入传统制造业，极大地提升了产品附加值；文化创意要素在产品价值中的比重超过物质要素，极大地提高了产品的边际效用。经济、文化和科技的互动，是提升创意经济聚合能力的基础。

2. 具有独特的文化性

动漫产品本身就是一种文化产品，它的文化性是根深蒂固的。我国几千年的传统文化底蕴和文化资源为动漫的创意提供了无限的题材和空间。但是，动漫创作者要深入挖掘传统文化的精髓，在形式和内容上与时俱进，把创意进行到底。

动漫作品创意会不可避免地反映某种文化资源和精神价值，体现创意者本身和所处地域的文化背景。但动漫无国界，一个好的动漫创意和策划可能征服各种文化背景下的全球消费者。一个好的赋予现代文化内涵的创意，是动漫能够成功的最重要的特性。只有赋予文化内涵，才能被现代人所接受和亲近。

3. 高科技属性

现在的动漫作品越来越离不开高科技的运用，很多创意都需要通过高新技术来实现，高新技术的应用为动漫产业的创意提供了无限可能，它为动漫产业的创意提供了一个广阔的技术平台。这些技术已经广泛地渗透到动漫创作、动漫生产、动漫营销的各个环节。由此，动漫产业和高新技术的结合对动漫的创意有着不容忽视的影响力。

7.2 动漫产业策划的原则

动漫界的传奇人物约翰·雷斯特在接受一家德国媒体《南方德国报》采访时，根据他自身的经验，总结了动漫创意和策划的"七大原则"。这七大原则是实现动画电影创作目标的根源。

原则一：永远不要只有一个点子。不管你是去写一本书，还是去设计一件家具，或制作一部电影，一开始不能只有一个点子。如果一个制片人只提出一个企划项目，那么他肯定会为这个项目绞尽脑汁，钻研太久会限制一个人的想象力。如果同时有多个企划项目，而且每个项目都有好点子，就可以从中选择最优的一个。每个有创意的人应该同时企划三个点子，这样做会促使你去思考你从前没有思考过的东西，必然会发现新大陆。请相信，这个世界永远同时会有三个好点子供思考。

原则二：记住创作过程中的第一次欢笑。创作过程中所面临的一个巨大问题就是怎么去完善自己的想法，做到尽善尽美。但是这样做会带来一些危险。当想起一个故事、一个点子或一个笑话时，就把它记录下来，它们对你的影响力是会随着时光的流逝而逐渐加强的。在很多情况下，好的点子之所以会流逝就是因为人们忘了他们第一次听到这个好点子时的反应。

原则三：质量是最大的商业计划。创作者有一个永远都不会妥协的重要原则，就是无论制作周期或是经费上的限制有多大，一旦有了一个更棒的想法，一定要从头再来，重做一遍。任何一个动漫创意，从长期考虑，质量是唯一的商业计划。许多管理者都不能理解这一点，但是观众们深深明白。创作过程只有等真正有创意的人说完的时候它才算完成，这不代表创作人没压力。压力永远都是有的，但是每一个创作者都应该拥有最后的决定权。

原则四：团队就是一切。团队比个人更具有创意。作为一个管理者，有责任废除一个团队里的任何等级制度，很重要的一条规则是，到底哪一个个体想出了这个点子并不重要，一个团队必须认真地帮助每一个个体，去激发他的创造力。

原则五：快乐激发创意。竞争并不是激发创意最有效的方式。合作、快乐和自由是激发创意最好的方式。有创意的人需要相信每一个参与者对他们都有极大的信任才能创造出一部伟大的动漫。有创意的人很容易感到无聊，他们十分情绪化。必须想尽一切办法去为他们创造快乐，才能在最大程度上激发他们的创造力。

原则六：创意品的输出永远能反映这个公司高层的品质。一个不够格的管理者会阻碍创作过程的进行，一个到处使坏脾气、禁止员工玩乐的管理者会削弱团队以及员工个人的创造力。

原则七：管理者应乐于接受有才华的创意人员。许多管理者认为，如果自己的员工比自己更有创造力，或体现出更多优秀的才华，会缺乏安全感。但实际上，安全感和对员工创造力的包容态度是可以共存的。

⫸ 7.3　动漫产业发展战略的创意和策划

■ 7.3.1　我国动漫产业创意策划存在的主要问题

文化与经济的双向互融是世界经济发展的必然趋势，经济文化化与文化经济化的相互融合必将成为世界新经济形态与增长点。当今，全球文化市场的竞争格局扑朔迷离，由于近年我国文化产品创造力不足，具有民族文化内涵的文化产品的吸引力遇到严重挑战。特别是国际上文化产品的广泛传播对国内青少年的影响更为令人忧虑，国家文化竞争力问题已提上政府文化发展的议事日程。以动漫游戏产品为例，市场上，美、日、韩等国的产品占95%的份额，可谓横行中国市场。

当今，"动漫"不应再局限于某个作品，而应是传统漫画、动画艺术和现代高科技的结合，是通过多媒体技术的途径制造出的可观赏体验的创意文化产品，涵盖出版、影视、设计等多个行业。科学家们预言，21世纪最有前途的是信息产业和文化产业。然而，中国动漫市场形成较晚，研发能力与欧美、日韩等地区和国家相比还有很大差距，原创作品稀缺的现象明显，至今还未形成成熟的产业链。但是，国内动漫游戏爱好者的数量并未因中国本土动漫产业的缺乏而减少，相反却不断增加。据报道，在国内青少年喜爱的动漫作品中，日本动漫占六成，欧美和韩国各占两成。目前，美日的动漫产业已成为本国的文化主流经济产业，韩国动漫产品的产量亦已占全球的30%，成为其国民经济的六大支柱产业之一。相比之下，中国原创的动漫产品所占市场比例还不到10%，国内也未形成真正的动漫与游戏产业。也正是这种差距，为我国的动漫产业提供了广阔的发展空间。

1. 原创动漫作品匮乏

原创作品是我国动漫市场繁荣和发展的保证，大量的版权及衍生品开发效益有赖于此。但遗憾的是，与我国动漫产业最繁荣的20世纪80年代相比，目前，我国动漫作品的原创性颇显不足，风格单一，缺乏创造性。原创作品的匮乏直接导致大量国外动漫占领了我国动漫市场，致使国内动漫市场不断丧失。

2. 目标市场定位过窄

1949年，文化部部长沈雁冰指示：美术片主要以少年儿童为服务对象，应用社会主义思想教育他们。到目前为止，中国动漫也很少能走出这个窠臼，普通百姓对动漫的印象仍然停留在给小孩子看阶段。它承载着沉重的教育使命，与美国迪士尼定位于欢乐制造者相比，中国动漫肩担道义的这个定位显然太过沉重。欢乐制造者的定位是对娱乐事业本质的最好概括，在这样的定位指导下，可开发的财富空间是巨大的。从服务对象来说，没有地域上的限制，所有年龄段、所有职业、所有阶层的人都可以成为其服务对象，充分契合了国际化发行运作的需要，而国产动漫寓教于乐和为儿童服务的定位极大地限制了服务对象的范围，忽视了12岁以上的青少年的需求，从而导致巨大的市场空间被美、日、韩占据。

此外，虽然赋予动漫作品一定的教育目的是很自然的，人们也倾向于欣赏之后能有所收获，但这种功能一旦被固定下来，就势必会影响其题材和表现方式的选择，削弱其娱乐功能，使之趋向沉重。这样的代价就是失去市场。因此，中国动漫作品要增强竞争力，必须首先改变观念，从而拓宽动漫的受众范围，针对不同的受众群体，创作适合其需求及观赏品味的作品。

3. 遭遇侵权盗版严重

在动漫行业中，盗版物的市场占有率已经达到8%。国内版权意识的淡薄和侵权事件的屡屡发生，已成为我国动漫产业发展的硬伤。据调查显示，我国9%以上的动漫爱好者获取国外动漫的渠道是非法出版物，除了对动漫作品本身的盗版之外，对衍生产品或者动漫人物形象使用权的侵犯更是比比皆是。我国许多乡镇企业在生产儿童用品，如衣服、文具、玩具时，就常常盗用国内外知名的动漫人物形象，从而损害了通过法律途径获得人物形象使用权的企业的利益。如果一个企业购买了某一个商品的形象使用权后却无法得到法律的保护，导致其他企业也滥用这一形象，那么这个企业就不会再对这一品牌进行投资，最后阻碍的还是动漫业的整体发展。

4. 产业链延伸不足

产业链的延伸关系着一个产业的发展壮大。动漫的衍生产品或者形象使用权的出售是动漫产业获利的重要手段，因此，想要在这方面扩大市场就需要通过动漫作品推出动漫人物品牌。但很遗憾，我们在策划、制作动漫作品时，并未充分考虑到将来所要面对的衍生产品。比如说《宝莲灯》的相关产品，据了解，有关单位只是推出了故事画册和笔记本，最大的进步大概算是出VCD与音乐CD。而动漫的衍生品其实有很多，如音像制品、玩具、文具、服装、出版物、装饰品、娱乐业、游戏等。对比日本成功的品牌形象如樱桃小丸子，它的衍生品有人偶、模型、午餐盒、日历、毛巾、手绢、钥匙扣、音乐钟、相册、衬衫、手提袋、徽章、信封、明信片、圆珠笔、瓷杯、纸巾、打火机、海报等，两者的差距显而易见。

我国动漫产业链目前尚不完善，究其原因，市场发育比较晚、还不太成熟是一方面，另一方面主要是受传统观念和计划经济运作习惯的影响，动漫界的各方人士还难以实现力量的整合。其中，有的环节是受发展水平所限，如创作环节，依然以个人创作为多，难以形成美国大动漫公司的强大且稳定的创作班底；有的环节则是受观念的制约，如投资者还尚未将目光投向回报可能异常丰厚的动漫领域中来，或者还处于观望阶段。

■ 7.3.2　动漫产业市场发展战略的创意和策划

动漫产业由多个产业环节组成产业链，相对于其他产业来说，动漫产业所涉及的行业领域较广，因此，其产业链也相对复杂。按照国际动漫产业的惯例，动漫产业一般由动漫前期市场调研和策划、制片、发行销售、播放、衍生品开发与营销5个部分组成环环相扣的产业链条。在这个链条中，每一个环节的运作质量都会直接影响下一个环节运作的成败，这是一个相互制约、相互促进的有机连贯体，是一个不可分割的完整的循环系统。

1. 前期市场调研和策划环节

市场调研是在动漫投资和运营活动之前必须要做的功课，而且必须认真做好。任何一部动漫产品想要在产业链中实现良性运营，达到盈利目的，在选题之初就必须深入市场，充分掌握与之相关的信息与市场资源。前期市场调研得到的信息是否翔实，作品策划是否准确到位，都直接关系着产业链下一个环节的运作质量。

在国外，这一环节的工作主要由一些专业的动漫策划运营公司或者大型动漫企业的策划运营部门专门负责。动漫策划运营公司主要负责两方面的工作，即作品策划和市场策划。

1) 作品策划

作品策划是动漫策划运营公司的核心，主要工作有：市场调研、目标人群定位；作品主题选择；故事策划；人物形象设计；媒体选择与论证(漫画出版社、动画制作公司、游戏公司)；创作人员(编剧、导演、角色设计、摄影、音乐、配音、剪接合成等)的选择与组织；制作工期的确定；成本核算。

(1) 核心创意的提炼。核心创意是动漫设计制作的核心环节，一个好的核心创意不仅能让人记忆深刻，而且能包含丰富的寓意，揭示深刻的道理。从创意内容看，动漫的创意源于生活，又高于生活，既要立足于现实，又要反映现实并引领现实；从创意形式看，动漫比其他文艺形式更便于展开想象，具有更强的概括性和抽象性，因而更易于发挥导向作用。

(2) 创意文案的撰写。把创意撰写成文案的过程，就是把创意的念头和灵感进行从点到面的布局，并使其从一个点变成一个可执行计划的过程。一般而言，创意文案包括创意阐释、内容要求、艺术要求、制作要求等方面，也就是对动漫片子进行顶层设计。其中，创意阐释主要交代创意目的、作用和意义等；内容要求主要包括主旨、故事、情节等；艺术要求主要包括场景、人设、色彩、构图、节奏等。需要指出的是，创意文案的撰写须体现一定的人文关怀，无论公益类还是商业类，无论现实类还是古装类，无论歌颂类还是批判类，无论悲剧类还是喜剧或正剧类，都是如此。尤其是公益类动漫，一定要关注人类共同关心的问题，比如环保、廉政、友爱等，应以简明扼要的方式表达并体现一定的终极关怀，才能具有持久的艺术生命力。如果缺少以人为本的主旨，如果忽略人类共同关注的问题，即使片子的艺术价值再高，思想意义也会大打折扣。

(3) 分镜的处理。在创意文案的基础上做分镜头脚本，即把创意分割成场景、镜头、动作、台词、背景音、拟声、音乐等元素的过程，也就是把前期对创意进行的顶层设计变成视听艺术的中间环节。为便于开展下一步工作，一般的分镜头脚本是以表格形式呈现的，其中的核心内容包括以下三个方面：一是技术层面的镜头序号、每个镜头的大致时长等；二是视觉层面的画面、字幕、人物形象等；三是听觉方面的旁白、音效、音乐风格等。

2) 市场策划

市场策划是动漫策划运营公司开拓市场的关键，主要任务是根据作品策划的情况着重做好以下几项工作：进行成本核算，提出融资计划，并负责实施；进行动画片及未来形象衍生产品的市场宣传；负责进入动画片市场后的资金回笼；负责扩大和维护营销网络，尽可能地延长动画片在市场上的运营战线，并尽量加快资金周转速度。

我国动漫生产在市场调研和策划方面，基本上是一片空白。稍好一点的，如央视动画部，有时还会邀请一些动画界的专家和各方面的学者对有关作品的思想性和艺术性进行评价和讨论，但这与迪士尼成熟的市场调研相比仍然有很大差距。在中国，能够这样成功运作的动漫企业是极少的，大多数还是目无市场，盲目投资制作，被业内人士挪揄为"闭着眼睛走向悬崖"。近年来，有些企业也开始学习和采用迪士尼的做法，如《我为歌狂》。姑且不论它的艺术水平如何，作品受到市场的青睐却是一个不争的事实。它成功的关键在于，通过市场调研这一环节，紧紧地抓住了受众的审美期待心理，《我为歌狂》正是因为填补了我国青春校园动漫的空白而受到了中学生的狂热推崇。

2. 制片环节

动漫制作生产环节是动漫产业链中负有重任的前沿环节，因为只有动漫的成功制作出品，才有整个链条的良性循环和产生盈利的可能。从制作水平来说，我国并不差，这一方面是几十年来我国动漫行业发展积累的结果，另一方面与我国长期为海外动漫代工有关。我国动漫制作生产企业大致可以分为两类，一类是来自广电系统内部的制作力量，另一类是来自广电系统外部的制作力量。从产业组织上看，这些动漫制作生产企业规模较小(一般人员不超过100人，大多数以工作室的形式存在)、分散、经营单一，真正进行动漫原创的企业或机构全国不超过20家。除国有企业之外，民营企业包括湖南三辰集团、上海阿凡提、武汉江通、北京东方国龙、深圳环球数码、潮州宇航鼠、无锡天龙等公司，其余大部分做的是外来动画片的委托加工业务。无论是在企业规模(净资产、销售收入等)、人员素质、资金投入、制作技术、制作时间、观众或消费者的消费习惯和能力、投资风险控制和投资回报上，还是在项目策划水平、相关产品开发等方面，我国与美、日的动漫企业均有较大的差距，基本上还停留在小作坊水平，盈利模式并不清晰。

3. 发行销售环节

这一环节处于中介与桥梁的地位，是连接动漫制作单位、影视播出平台和衍生产品开发市场的枢纽。首先，它连接动漫制片单位和影视播放系统，为动漫的播放觅取适当的平台。在做平台选择时，要顾及对电视台辐射面积、播出时间、播出频率的关注，电影院对防盗版措施的需求，而且还要顾及动漫制片单位和衍生产品生产开发商，使之通过冠名授权、名称授权、形象授权、联合开发等诸多方式，有效地开拓动漫盈利的更大领域和衍生产品市场。由于我国动漫产业起步较晚，缺乏市场运作经验，所以发行机制尚不健全，许多中小动漫企业缺乏固定客户群，没有建立长期稳定的发行网络，其动漫产品的发行主要依靠各种动漫节会提供的交易平台和临时的业务联系。再加上电视台购片费用很低，延长了资金回收周期，破坏了产业链的良性循环。有限的发行范围意味着有限的市场空间，在这狭小的市场空间内又缺乏足够的议价能力。这样下来，对于大多数动漫企业来讲，动漫的发行与销售形成了产业运营的瓶颈，导致整个产业链无法整合发展。

因此，动漫企业要想突破这个瓶颈，必须提高发行渠道的营销能力。首先，要利用各种媒体加大对动漫产品的宣传力度，一方面可以让产品信息以各种方式传递给消费者，引起他们的兴趣；另一方面也可以形成一定的品牌效应，为在发行、销售过程中增强议价能力打下基础。虽然像好莱坞那种全方位轰炸式的营销方式并不适合中国国情，但是如何与各方资源配合，通过各个板块的跨媒介促销，共同提高产品在市场上的知名度，却是可以参考的。其次，利用国际市场打开销路，一方面可以采取中外联合制片融入国际市场，利用外方在国际动漫市场的人脉和影响力轻松打通国际市场；另一方面可通过制作样片，以预售方式投石问路逐步打开国际市场。在全部产品制作完成之前就靠样片预售确定了买家，这无疑为最后的发行解除了后顾之忧，有利于动漫企业稳扎稳打地拓展国内外市场。

4. 播映环节

播映环节是动漫产业上下游产业链之间重要的中间环节。它不仅是动漫产品在受众面前的亮相，更是动漫形象在社会中的推广宣传。如果动漫产品在播映环节大获成功，那么动漫企业就能在这一环节回收更多的资金。此外，动漫企业可以借助在播映环节形成的热烈反响积极展开动漫形象授权业务，从下游的衍生产品环节不断获利。动漫产业的播映环节，包括影院投放、电视台播映、互联网络、移动通信等载体。目前，最有影响力的传播媒介是电视。电视是我国动漫消费者接触度最高的载体。电视拥有大量的受众群体是其无可比拟的优势，它是动漫最重要的消费者即青少年的主要接触渠道，因此电视台对我国动漫产业链的打造至关重要，巨大的电视用户市场为动漫产业提供了极好的促销动漫形象的平台。制播分离是形成动漫市场产业链的重要步骤，让动漫作品变为商品，动漫交易市场才能繁荣起来，才能形成制作机构生产、营销机构销售、影视机构播映、工业企业通过获得知识产权开发动漫相关产品的良性循环机制。

5. 衍生产品开发环节

动漫衍生品是指利用卡通动漫中的原创人物形象，经过专业的卡通动漫衍生品设计师的精心设计，所开发制造出的一系列可供售卖的服务或产品。动漫衍生品的开发唯有在造型初期先系统化地设定其衍生灵魂，才可达到一系列如动画角色性格分明、受众范围较广、市场反馈强烈、衍生品营销火爆等良性效应。衍生产品环节位于动漫产业链的下游，从国外动漫产业链的利益分配来看，动漫产品播出环节与衍生品环节的利润之比是3：7到1：9，由此可见，衍生产品环节是动漫产业盈利的主要环节。

1) 国内市场对外来动漫衍生品的态度

我国的衍生品发展之路近年来愈显强大。2005年，迪士尼在进军中国七十多年后，首次设立中国公司销售其衍生品，以米老鼠为品牌形象的消费品迅速成为迪士尼中国公司主打的第一张牌，衍生种类多为从幼儿到青少年乃至中年人所青睐的玩偶、文具用品、生活用品及装饰品等。目前，迪士尼在中国授权的消费品专柜有1100多家。

2) 我国本土动漫的造型设定与衍生品考虑

新时代产物——国产动画片《喜羊羊与灰太狼》不仅深受广大儿童喜爱，也受许多青年朋友热捧。同时，部分小店整合资源形成规模化经营，在全国各大城市先后成立了大型动漫衍生品集散基地——动漫城。专门出售游戏软件和动漫玩偶的小店和网站也是动漫衍生品流通的重要渠道。其中,有些企业在衍生品的开发和销售中获利,而有些却迟迟无法占据市场,这绝大部分取决于在造型设定初期的策划阶段,是否有一套整合化的思路。

3) 造型设定对玩具衍生品的影响因素

通过市场的反馈我们不难看出,从动漫前期的造型设定到衍生品多种类的开发,其中的关键因素可归纳为4点,即安全感、交互性、实用性、寓乐于教。

(1) 安全感不仅是人类最初始的需求,也是玩具造型前期必须考虑的前提。例如,在设定使用人群年龄层低的玩具造型设定时,应该避免有尖锐的边角且玩具不能太小,大小最好是幼童不能将其塞进嘴里,以免堵住喉咙;避免有绳索吊带的玩具,防止幼童将绳索挂在脖子上。当然,材质运用得当也包含在安全感因素之中,德国《生态测试》杂志近期公布了30种玩具的最新检测报告,结果在24种玩具中发现了有害化学成分邻苯二甲酸盐。

(2) 交互设计。其一,交互的目的在于得到一个良好的交流通信方式,以完成人与物、人与事件在情感上的沟通和共鸣。例如,樱桃小丸子天性善良又夹杂小叛逆的性格,迎合了当今学生在学习和生活过程中的心态,留着齐耳短发、身着背带裙的小丸子时常发一些牢骚,又能体现出一些青年人的人生观和价值观,设计精准的性格有利于观众在交互过程中完成心灵上的呼应,所以小丸子这一角色性格的设定是较为成功的案例之一。其二,就是造型形态上的勾勒与趣味性,对于性格硬朗的角色,我们常会看见一些冷面的硬线条造型处理,如长期占据玩具市场的《变形金刚》,无论是儿童还是年轻人甚至中年人,都对变形金刚有着不一般的情结;其三,如一直持续到现在的厨房煮食玩具热潮提高了业界对玩具交互的关注度,这些都在验证交互设计从造型设定之初到投放市场的重要性。

(3) 产品设计的根本在于以人为本,随着消费者对于玩具衍生品的理智选择,实用性也是玩具造型设计初期需要考虑的因素之一,在造型的前期设计阶段还应该融入一些贴近生活的可延展设计。例如,狮子王幼年时的形象圆润可人,设计师将面元素的围合作用融入后期衍生品的实用设计中,狮子王形态的儿童书包既能够起到一定的广而告之的作用,又能恰到好处地将实用性与毛绒玩具结合在一起,扩宽了营销之路。

(4) 精神文明的不断提升也大大推动了人类观念的进步,玩具不仅可以玩,还可以起到教育的作用,于是"寓乐于教"也逐渐被扩大化地出现在各类动漫衍生品中,如通过喜羊羊这一机智聪明又勤奋的角色所衍生的以卡通形象为卖点的儿童点读机等。

7.4 动漫产业品牌建设策划

动漫形象品牌的培养与建设是动画产业化的核心要素。要培养出具有市场价值的品牌,需要在动画片制作阶段具备品牌推广意识。而动画系列剧在组织架构和传播机制上体现的独特传播特点,使其在建设动漫形象品牌方面具有先天优势,这理应受到关注和重视。动画品牌建设对于动画产业的发展具有非常重要的意义，而长期以来我国动画产业发展不足的原因之一就在于动漫品牌建设的缺失。

7.4.1　动漫品牌建设要注重作品质量

目前，中国动漫产量已经赶超日本和美国，但真正高质量的动漫作品却非常有限。中国动漫产业在实现跨越式发展的同时，也暴露出许多问题，结构性矛盾仍较为突出。特别是动漫产业的发展带有较强的盲目性、非理性，泡沫化现象严重。动画质量上存在的缺陷表现为故事性不强、人物形象塑造不明晰等，在大量的动画制作中缺乏个性人物，他们看上去差不多，以至于我们很难记住他们的形象，因此在动画角色形象打造方面，我们缺乏精良的制作。

中国动漫产业仍存在着盈利模式不清晰、艺术质量和技术水平有待提高、产品版权价值链有待完善、人才机制仍待完善等问题。中国动漫产业仍处于起步阶段，整体发展水平还不高，与动漫产业发达国家相比还有较大差距，距跻身世界动漫强国行列仍然任重道远。既然我们是动画第一生产大国，有影响力的作品有哪些？它们在国产动画中占据怎样的位置？从《功夫熊猫》《超能陆战队》中，我们看到的是作品的成功才是最关键的，所谓的"第一生产大国"，可能仅仅指动画制作方面，而距离真正的作品，依然相当遥远。

动画生产涉及的环节很多，包括最根本的人物塑造、剧情演变，以及动画制作过程中所遇到的各种问题，以及在整个制作过程中所面临的种种困难，是动画企业应解决的问题。尽管我们缺乏经验，但应尝试"摸着石头过河"。在欧美、日韩国家，动画制作是一条成熟的生产线，在每个环节中都有亮点，如此制作出来的动画作品才会受到更多人的喜爱。

如今，市场竞争越来越激烈，同时观众对动画片的质量要求也明显提升，动画质量是吸引观众的灵魂。在动画品牌的建设中，如果没有过硬的产品质量，就好比高楼大厦没有打好基石一样。所以动漫品牌建设首要的任务就是注重动漫作品的质量，质量就是动漫的"灵魂"。

7.4.2　动漫品牌建设要有相应的内容题材和创意

目前，我国动漫产业有着缺乏核心内容形式的问题。在内容方面，要关注受众融合，还要创新内容形式。文化融合是国际化的基础，未来动漫内容的主流是融合各国文化的优点。在创新方面，我们要培养新的价值观，在动漫制作措施方面，创意无所不在，资料收集的广度和分析归纳的深度以及制作流程的创新程度，还有对目标受众的敏锐度都是我们要注重的方面。在传播渠道方面，要走融合之路，而且必须像重视创作一样重视推广，从顾客需求出发构建专属渠道，定制与整合需求性产品。

媒体技术的推陈出新，给动画带来无限的发展空间。无论是电影、电视、网络或手机，还是不断创新的各式平台，在媒体内容方面，面临巨大的需求。我们相信源源不断的创意必能丰富媒体内容，开创无限商机。

■ 7.4.3　动漫品牌建设要有相应的技术载体和平台

在政府和企业多方力量的支持下，网络动漫已经呈现出蓬勃发展的趋势。网络信息的壮大正逐步改变人们的生活习惯，或将成为中国动漫产业发展的一大突破口。因此，我们应该充分利用现代科学技术，以纸介、广播、电影、电视、手机、网络等不同媒体形式为平台，着重挖掘动漫的发展潜力。要建立多渠道、多品种的创新动漫产品的技术载体和平台，以达到产品多次、多种、多向传播，从而最大限度地开发动漫资源，形成动漫产品原创化、读者对象具体化、编创人员专业化、产品营销市场化、合作方式多样化、中国创新动漫传播研究化等多方位的立体化发展格局，探究多种盈利的经营模式，进一步打造动漫产品的立体传播网络。

■ 7.4.4　动漫产业品牌建设要有相应的传播推广策略

动漫品牌的传播途径应选择更贴近目标群体的方式。传播媒介的发展趋势是呈多样化的，网络一跃成为众多传播媒介中的主流主要是由于互联网的普及，而网络传播，因其便捷灵活、成本低廉、互动性强等特点，成为越来越多中小企业的首选。对于动漫产业而言，这种新的营销手段具有运营简单、规模小、传播方便等特点，更易于产业链的形成与发展。从20世纪初到目前为止，国内层出不穷的网络优秀动漫作品，如小破孩、悠嘻猴、绿豆蛙等，通过数字漫画、QQ/MSN表情等方式，迅速蹿红网络。之后，又推出漫画书、玩具礼品等衍生产品，获取了巨大的商业利益。同时也给动漫产业提供了一种异业合作的盈利模式，而这些动漫品牌的成功并非偶然，它们是在完善合理的品牌管理策略下运营的。

但同时，很多动画企业有动画片的制作计划，而没有动漫产品的生产销售计划，更没有与动画片播出计划相匹配的产品营销推广上市计划，这是我们需要大力改进的地方。

■ 7.4.5　动漫品牌建设要有相应的产业链

动漫产业以动画、漫画等视听符号和叙事符号为产业内容，在产生动漫形象以后，可衍生如图书、玩具、游戏、音像制品、表演等周边产品，所以动漫产业的核心是动漫形象和动漫，不管动漫技术如何发展，片商如何大肆对动漫相关电影、动画片进行宣传，如果没有深入人心、深受受众喜爱的动漫形象，动漫周边产品便无法销售，同时动漫制品业也就无法盈利。

如今，动漫产业开发从传统的文具、服饰等实体产品领域逐步延伸到手机铃声、网络游戏、数字多媒体点播等多个数字媒体领域，这也为动漫与新媒体的新盈利模式的诞生奠定了扎实的基础。动漫与新媒体的新盈利模式运作流程为动画、漫画创作生产—传统媒体与新媒体刊载、播放—动漫形象品牌形成与持续发展—卡通品牌授权与管理—动漫衍生产品的设计开发—动漫产品营销推广与网上贸易。应用这种新模式时，需要在动漫作品的策划、制作、发行、播映、授权、产品开发与销售等环节解释当前市场的需求与新媒体的特点，这是与传统动漫产业链最大的差异。显然这种新模式使动漫产品设计更显人性化，更贴近观众和市场的需求。对经销商来说，新模式使销售渠道更趋于多元化，播出渠道更为广阔，降低了产品开发与市场营销成本。

当前，中国动漫产业链条出现断层现象，中国动漫企业并不缺乏动漫形象设计，而是缺少动漫产品设计人才，解决人才的问题，就能打造出中国动漫产品的营销之路。除了这个问题以外，还要解决国外动漫产品占据我国市场份额过大的问题。相比中国动漫企业，国外动漫企业会对消费群体做细微调查，使得其设计的系列产品一经投入市场，就受到人们的追捧。前几年，由迪士尼公司创意设计、监督，上海移动通信公司销售的迪士尼纪念版手机，不仅拥有开关机动画、待机背景、彩色数字拨号、来电大头贴等独特界面，还配有彩虹泡泡、趣味口语、智力拼图、魔法积木、乒乓高手等多款迪士尼新奇游戏。特别值得一提的是，手机内置的迪士尼相框，可以根据女生的不同心情、不同喜好配上不同的背景，帮用户打造独具特色的精彩照片。

中国动漫的产业化、动漫的创意已经成为人们关注的热门话题。设计观念和思维上的创新将极大地推动动漫产业的发展，开发动漫设计者的创造性思维，培养创新素质，提高动漫产业创意水平将成为动漫产业发展的前提条件。在经营理念上，创造有价值的影片，让"动漫"成为有市场的产业；在业务类型上，要在原创动漫内容开发、广告动画制作、数位内容的版权买卖及其衍生产品开发的授权上下功夫。媒体技术的推陈出新，将为动漫带来无限的发展空间。

大卫·奥格威认为"品牌是一种错综复杂的象征。它是品牌属性名称、包装、价格、历史、声誉、广告的方式的无形总和。品牌同时也因消费者对其使用者的印象，以及自身的经验而有所界定"。动漫产业的深度发展需要建立完整的产业链和科学的营销模式。我国动漫产业品牌与消费者的每个接触点，都要传达一致及有效的信息，以统一整体的形象进行行销传播，使平面媒体、图书出版、电视作品、电影作品、音像制品、形象授权、衍生产品、互联网络等环节互相连接，形成一体化营销网络，形成深度整合营销模式。例如，迪士尼的动画形象代表米奇老鼠，公司每年都会出一个新造型。虽然造型动作、衣服款式和色彩有变化，但整体设计、宣传始终保持规范统一，与之相关的衍生产品、游乐场、电玩游戏等均与之保持同步，这使得消费者市场从未产生过陌生感或厌倦感。因此，只有全面整合动漫品牌的产业诸要素，确保动漫品牌在长期发展中不被时间磨蚀，建立评估系统长期跟踪动漫品牌的发展，及时了解动漫品牌资产的变化，才能增强动漫品牌的竞争力。

思考题

1. 动漫文化产业创意与策划的特点有哪些？
2. 动漫产业策划的原则是什么？
3. 动漫产业前期市场调研和策划包含哪些内容？

章末案例

从《超能陆战队》看迪士尼动画电影的创新之处

2015年初最引人注目的动画电影，非迪士尼和漫威联合出品的《超能陆战队》莫属，这部获得第87届奥斯卡最佳动画长片奖的电影，毫无悬念地在中国取得了巨大的票房成功。近几年来，迪士尼动画公司生产了许多打破陈规、令人大开眼界的动画，如《长发公主》《无敌破坏王》《冰雪奇缘》等。迪士尼动画公司在收购了皮克斯和漫威以后，汲取了不同团队的智慧和灵感并成功转化为属于自己的东西，这就是它的创新之处。

在《超能陆战队》中，大白不过是个医疗机器人，如将大白作为一个超能机器人来设定，或许就只能走蠢萌残次品的逆袭线路了。对照上野春生执笔的前传漫画作品《大白的诞生》可知，大白既是哥哥才智与善良的化身，也是哥哥对小宏感情的传递，它是纯粹的、至善的。影片对大白的着墨不及小宏，但它已然是迪士尼动画王国的又一经典形象。观察迪士尼梦工厂的作品，1998年的《花木兰》、2008年的《功夫熊猫》、2011年的《功夫熊猫2》、2014年的《驯龙高手》、2016年《功夫熊猫3》上映后均在国际与中国市场上获得了票房佳绩，多数投资商都认同动画电影里面的"文化元素"仍然是一个卖点。再看借鉴日本元素的《超能陆战队》同样风靡世界各地电影市场。反观国内动画创作者，经典的动画作品一再被改编，在故事层面上也缺乏新意，这在一定程度上反映了国内的动画电影创作者在剧本选材方面存在盲目性，同时对本国传统文化的了解缺少一定的深度。虽然在故事的借鉴和改编上要让观众眼前一亮，但在叙事方面也存在着不足，结构和节奏并非成熟到无可挑剔。

1. 电影中的创新

1) 制作水准的提升

首先我们不得不承认，迪士尼在收购了皮克斯动画工作室与漫威影业之后，其动画的制作水准一直在逐年上升，从《长发公主》到《冰雪奇缘》，从《无敌破坏王》到《超能陆战队》，尽管迪士尼的竞争对手也在尽可能地推出优秀的动画作品，然而很少能有突破，在一个皮克斯与梦工厂走向平庸不再勇敢创新的年代，迪士尼的进步让业界眼前一亮。从制作班底来看，《超能陆战队》依旧沿用了迪士尼最出色的团队，曾经的皮克斯工作室的核心人物约翰·拉塞特作为本片的制片人，成为电影成功最大的底牌。而本片的幕后班底也是之前打造了《冰雪奇缘》的原班人马，两位导演唐·霍尔和克里斯·威廉也都是导演过经典动画电影的优秀导演，最终这部《超能陆战队》成为迪士尼最为细致与优秀的作品之一。而原著漫画中的诸多元素也通过创作者们的悉心改编，成为一个更有创意且更容易被人接受的故事，原著故事在这部电影中可能保留的最多的便是题目"超能陆战队"，迪士尼首次抛开了以往真人动画的形式，完全运用CG来完成电影制作。同样，电影技术的进步也是《超能陆战队》的创新点，美国动画电影技术一直都在进步，各大工作室推出的影片一次又一次地将技术水准提高，这次《超能陆战队》依旧为业界提供了指向性标杆，私人健康助手大白是由3D技术制作出来的，白中透光的效果让诸多业界同行感到惊叹，动作捕捉技术的运用，角色面部细节的变化，也都极为优秀，让这部动画更加完整。而这些进步也为中国动画电影事业指明了方向，是值得中国动画电影学习的。

2) 角色改编的完整性

最近几年，观众对于好莱坞电影的模式愈加熟知，许多老套的手法很难让观众对电影提起兴趣，因此，许多好莱坞电影人都在尝试新的方式来引起大众关注，也因此重角色轻情节的方式逐渐流行起来。《超能陆战队》这部影片便是如此在角色上下足了工夫，我们不说战队成员中那些形象不同性格各异的人物，单单私人健康助手大白这一个角色便足以吸引更多的关注，这也是好莱坞动画电影的创新之处。在原著中，大白是一个金属制造的战斗机器人，身穿机甲，身材魁梧，而电影则将其改编成一个由气体填充的聚乙烯机器人，同时也从战斗机器人转变为医疗机器人，这种改编让观众更容易接受这个角色，进而吸引更多的女性观众与儿童观众的喜爱。就如同《卑鄙的我》中的小黄人，《驯龙高手》中的无牙仔一样，可以说每一部优秀的美国动画电影都有这样一个人物存在着。而动画角色的塑造通常会由形象与表演两方面组成，表演依旧十分重要，在这一方面，《超能陆战队》依旧是成功的，大白作为一个机器人，在平淡的语气中展现出其内心的爱，可谓动画角色的一大突破。在传统的好莱坞影片中，编剧们通常会让角色在面临矛盾时做出一定的选择，从而展现角色的性格特征，这种方式并没有被《超能陆战队》抛弃，电影中的人物性格展现便充分地运用在这种剧情模式中，也使得角色更加真实、立体、生动。此外，电影中安排了许多因角色错位而产生的矛盾冲突，也为影片增加了许多戏剧性，大白为了治疗小宏而努力去战斗，这就是其身份产生错位而导致的，最终大白回归健康医生的身份开导小宏，让电影在圆满中结束。

3) 成熟的叙事方式

《超能陆战队》的成功得益于其站在好莱坞成熟的市场体制之上，以亲情作为主线为观众展现主人公的成长历程。尽管电影在叙事方面看似没有什么创新，显得中规中矩，但是依旧有着足够吸引观众的缜密的逻辑，恰到好处的节奏加上适时的煽情，在一个将日美文化杂糅的环境中，逐步为观众拨开事实的真相，在变化的情节中加入适当的情绪，最终在结尾高潮处达到爆发。《超能陆战队》展现出迪士尼在拍摄动画电影时那纯熟的叙事手法，以此来吸引观众使其时刻保持对影片的关注，作为一部商业片，这一方面显然是出色的。作为叙事重点的情感在《超能陆战队》中也显得极为自然，看起来并非刻意而为之。电影开场，小宏便展现出其天才的一面，参加并赢得了机器人比赛，却遭到了坏人的围堵，哥哥出场带领小宏逃出重围。在这段情节中，我们便看出小宏与哥哥的情感以及两人相互依靠的背景。哥哥对于小宏而言是导师亦是伙伴，是亲人亦是指路人，有了哥哥的引导小宏才走上真正的科学之路。然而小宏却在意外中失去了哥哥，电影讲到这里并没有使用过多的煽情，而是重点展现作为一个小男孩的小宏在此时的迷茫与难过。恰巧这时大白出现了，弥补了哥哥逝去后的角色空白，也同样将故事的走向引向另一个角度。结尾处，小宏再次与人生依靠分离，相比之前的一蹶不振，他成长了许多。电影用这样的叙事方式，为我们展现了人物的情感，同时观众在看到角色变化的同时，能够有所感悟。

2. 东西方文化的融合

1) 价值观的融合

《超能陆战队》的英雄形象在形式上偏向美式，但在思维方式上却深受东方道德观的影响。在东方的价值体系中，认为人之初性本善，而西方的宗教则认为人一出生就带有原罪。在这个激烈的冲突中，《超能陆战队》做了巧妙的妥协，以纯良无害的大白代表性本善，以冲动叛逆的小宏隐喻性本恶。在情节的推进中，小宏渐渐由最初的叛逆冷漠变成了最后会主动拥抱家人与朋友的暖男，这才是真正的英雄内涵。英雄是一种信念与意志，与力量的强弱无关，与内心的正义感和道德感同生同息。

2) 角色造型的融合

大白绝对是电影里精心设计的一个亮点，大白的面部设计来自日本传统风铃，是在导演拜访日本的寺庙时汲取的灵感。汤圆一样的外表，棉花糖一样的质感，造型极简约。其实单看这个没任何面部表情的角色时，实在没有觉得比之前迪士尼电影中的呆萌角色可爱到哪去，但结合电影剧情，看到大白出现后笨拙的肢体动作就瞬间改变了想法。圆圆的小短腿，大大的挤不出狭小空间的肚子与屁股，与外表完全不符的理性声音以及健康机器人所特有的思维逻辑——这些都显示出迪士尼对"萌"这一词的全新定位与精准把握。

3) 场景设计的融合

《超能陆战队》故事发生在一个平行宇宙中，在这个宇宙中，自1906年旧金山大地震后，一群日本移民利用特殊的移动建筑技术重建了它。这座城市被重新命名为旧京山，显然这个地名杂糅了San Francisco(旧金山)和Tokyo(东京)这两个城市名，在无形中暗示了影片东西文化交汇的整体思路。城市中聚集了东西方建筑的特色，日本神社与现代化的会议中心，金门大桥上的飞檐，天空中飘着的日本机械鲤鱼旗，随处可见的方块字，种满樱花树的街道，照片中的日式服式，歌舞妓的面具与可爱的招财猫，很多场景颇有日本动画《恶童》《阿基拉》等影片场景的即视感。传统与现代、东方与西方相融合的城市生活，不但没有文化上的违和感，反而让所有观影人觉得既熟悉又惊异。

当然，这部2015年初最具观赏性的动画电影也不是尽善尽美的，比如剧情设计在某些方面过于牵强，还是采用传统的大团圆结局；配角的设定及发挥的空间不够等。但通过这部电影，我们看到了迪士尼动画公司在不断地努力与创新，尤其是其天马行空的想象力，这是最值得国内动画电影人学习的。我们与国外优秀动画电影的差距的核心不在于技术运用，不在于制作规模，不在于资金投入，也许就在于这难得的想象力上吧。

随着私人健康助手大白这个角色的大红大紫，迪士尼再一次成为业界备受瞩目的标杆，究其缘由，不仅归功于迪士尼创作者不断创新的创作理念，同样与其对市场的把握息息相关，中国电影人在观看电影的同时不仅应当感受其中的审美价值，更应当从中汲取养分，并努力去寻找一条属于中国动画电影的创作之路。

资料来源：豆丁网. http://www.docin.com/p-1461787821.html，有删改.

思考题：请分析《超能陆战队》动画电影的创意特色。

第8章

娱乐业创意与策划

长影世纪城：从零散到系统、从促销到品牌创意

长影世纪城运营之初，在宣传上的攻势很多，但是都很零散。例如，一个网站上有众多宣传语，"长影世纪城，想象无边，欢乐无限""不把国门出，也看好莱坞""东方好莱坞，长影世纪城""中国第一家世界级电影娱乐园"。传播诉求过于分散，不利于消费者形成深刻的印象。另外，从长影世纪城的营销手段来看，过于强调促销方式的运用，尤其善于打折促销，通过价格杠杆来吸引消费者。而不是从品牌和整合营销的角度来提升消费者感知价值，提升顾客让渡价值。

通过对以上问题的分析，专家指出长影世纪城必须重新进行创意与策划：一是进行品牌规划，使分散的资源系统化，合力为长影世纪城的品牌建设做加法；二是转变长影世纪城员工的服务观念，转而灌输"全员营销""全园营销"的品牌营销理念。

营销≠促销，销量的增长不能基于大量的促销，促销是一把双刃剑，在透支市场的同时对品牌资产有着强大的稀释作用，唯有练好内功、建设品牌才是立业之本。因此，要进行品牌的创意与策划，充分挖掘长影世纪的城品牌核心价值。在核心价值以及广告语的创意中一定要将长影世纪城电影主题公园、快乐的主题公园的属性更好地融入其中，让消费者更易感知。

资料来源：豆丁网. http://www.docin.com/p-202411439.html，有删改.

我们正处于一个"娱乐经济"时代，娱乐业正迅速成为全球经济增长的新的驱动力。美国著名的娱乐营销顾问米切尔·J. 沃尔夫在其著作《娱乐经济》的开篇中指出："到21世纪上半叶，娱乐将不再是一个特定的行业，因为所有的事情都可以换个角色或者方式来做，为人们提供娱乐，让人们过得更轻松、愉快。"娱乐经济的发展不仅满足了消费市场的各种消费行为，也促进了消费市场的繁荣发展。

8.1 娱乐业概述

8.1.1 娱乐业的内涵

一般来说，娱乐业是指为娱乐活动提供场所和服务的行业总称，包括歌厅、舞厅、卡拉OK歌舞厅、音乐茶座、台球厅、高尔夫球场、保龄球场、网吧、游艺场等娱乐场所，以及娱乐场所为顾客进行娱乐活动提供服务的业务。娱乐作为生活中不可缺少的组成部

分，赋予其经济意义后，自身便获得了有力的发展动因，并逐步走向产业化和规模化。它既丰富了文化娱乐内容，又改善了生活结构，还促进了经济发展，娱乐产业化是历史发展的必然选择。不过，对于娱乐产业概念的认识，理论界并未取得一致的意见。

第一种观点认为，娱乐产业是指与娱乐活动有关的一切生产经营活动，其外延除包括娱乐本身向社会提供的服务外，还应包括活动器材、场所、服装等相关领域的企业。

第二种观点认为，娱乐产业是指以娱乐活动向社会提供各类劳务的行业的总称，此观点将娱乐产业界定在娱乐本身向社会提供服务的范围内，而并未扩展到其他相关领域。

第三种观点认为，娱乐产业的形成，是以政府办成经济实体或实行企业化经营为标志，娱乐产业必须拥有能够生产物质、提供社会劳务的劳动力，能够支配的资产(包括无形资产)、资金等生产资料，能将上述生产要素结合起来的经济组织和保障体系(如核算制度)，在持续的经营中能将上述投入形成满足社会需求的产出(实物或劳务)。

从以上关于娱乐产业的概念认识的介绍中可以看出，目前理论界对这一概念的认识有"宽派"和"窄派"两种基本倾向。"宽派"观点认为娱乐产业除包括劳务本身外，其他与娱乐活动相关的产品(主要是器材、服装、场所)，都应当容纳在娱乐产业的范围之中；"窄派"观点则将娱乐产业限定于娱乐劳务，认为只有娱乐劳务才是整个娱乐产业的构成部分。本章对于娱乐产业的界定在原则上与"窄派"观点一致。

📝知识链接　老上海：东方巴黎的娱乐繁华

早在20世纪初，老上海被誉为"东方巴黎"，是当时远东最繁华的城市，娱乐业非常发达。当时上海就出现了"一品香""爵禄""月宫""大华"等歌舞厅，同时一些大公司和大饭店也附设舞厅，如永安公司的"大东舞厅"，扬子饭店内的"扬子舞厅"。那时上海最好的舞厅就在静安寺路(今南京西路)附近，到现在老上海们还常说到的"百乐门"。百乐门舞厅号称远东第一娱乐场，规模宏伟、装修华丽，至今还可以领略到原来的奢华与喧闹。当初与百乐门齐名的还有"仙乐斯""丽都""大都会""大沪""新仙林""高士满""维纳斯""米高美"等舞厅，总数不下五六十家。

资料来源：http://blog.sina.com.cn/s/blog_3e1eb70e0101fpvf.html，2013-12，有删改.

8.1.2　娱乐企业经营的类别

1. 独立经营娱乐企业

独立经营娱乐企业在经营管理上是完全独立自主的。它由总经理全权负责整个娱乐企业的经营和人、财、物的管理，创造和享有经营利润。按其经营的内容和数量，可以细分为以下两种具体的形式。

(1) 单一性娱乐企业。此类娱乐企业以单一娱乐项目作为经营内容。这种企业容易形成自己的经营特色，从而吸引对此娱乐内容及项目情有独钟的消费者群体，从而获得经济效益。例如，卡拉OK厅、健身房、保龄球馆等都是这一类型的具体形式。

(2) 综合性娱乐企业。此类企业把多种娱乐项目作为经营内容进行综合经营，经营的项目涉及歌舞、健身、游艺等。例如，大型娱乐城的经营内容就是集歌舞、健身、美容等于一体。综合性娱乐企业能充分利用场地，吸引爱好不同的消费者前来，并使消费者能同时享受多种娱乐项目，从而有助于消费者数量的增加和经营利润的获得。

2. 附属经营的娱乐企业

附属经营的娱乐企业是指设立在其他形式行业的企业之中，作为其二级部门存在的娱乐经营个体。它的经营管理受到上级的领导和控制，只具有相对的独立性。娱乐附属经营中最常见的形式有以下三种。

(1) 饭店业娱乐附属经营。饭店是由客房、餐厅、娱乐三个主要功能区构成的。其中的娱乐项目不仅为度假的消费者提供了休闲、游玩、社交的场所，而且为商务消费者提供了健身、运动的基本条件。所以，娱乐一直作为饭店经营不可缺少的内容存在着。

(2) 餐饮业娱乐附属经营。餐饮业为了增加对消费者的吸引力，创造良好的就餐氛围，也会与娱乐相结合进行经营，如歌舞表演、卡拉OK等。就餐消费者可以免费进行这些娱乐项目的消费活动。

(3) 零售业娱乐附属经营。一些大型的商场、购物中心为了招揽消费者前来购物，往往也设立一些娱乐设施以增加自己企业的吸引力，如在店内附设咖啡厅、保龄球馆、游戏机等。

📝 知识链接　娱乐场所与娱乐业活动分类

● 室内娱乐活动：室内各种娱乐活动和以娱乐为主的活动。
包括：
—夜总会、歌舞厅、卡拉OK厅、练歌房等活动；
—电子游艺厅的活动；
—室内娱乐设施的游戏、游艺活动；
—以休闲、娱乐为主的手工制作活动(陶艺、缝纫、绘画等)。
不包括：
—台球、保龄球、飞镖等，列入休闲健身娱乐活动；
—健身中心(房)，列入休闲健身娱乐活动；
—电影院、录像厅，列入电影放映；
—酒吧、咖啡厅，列入饮料及冷饮服务；
—网吧、氧吧，分别列入其他计算机服务和其他卫生活动；
—室内游泳馆，列入体育场馆；
—室内外两用的充气娱乐设施的各项活动，列入游乐园。
● 游乐园：配有娱乐设施的大型室外娱乐活动及以娱乐为主的活动。
包括：

—大型游乐园活动；

—充气娱乐设施的各项活动；

—水上游乐园活动；

不包括：

—公园，列入公园管理；

—高尔夫球活动，列入休闲健身娱乐活动；

—射击、射箭活动，列入休闲健身娱乐活动；

—跑马场的娱乐活动，列入休闲健身娱乐活动。

● 休闲健身娱乐活动：主要面向社会开放的休闲健身娱乐场所和综合体育娱乐场所
　的管理活动。

包括：

—综合体育娱乐场所(游泳、保龄球、球类、健身等一体的综合性健身中心)；

—保龄球馆；

—健身中心(馆)；

—台球室、飞镖室；

—高尔夫球场；

—跑马场；

—射击、射箭馆场；

—滑沙、滑雪及模拟滑雪场所的活动；

—惊险娱乐活动场所(跳伞、滑翔、蹦极、攀岩、滑道等)的活动；

—娱乐性军事训练、体能训练场所的活动；

不包括：

—单一的游泳馆、滑冰场、篮排网球馆、乒乓球馆、足球场等(无论是否对社会开
放)，均列入体育场馆。

● 其他娱乐活动：各种形式的彩票活动，以及公园、海滩和旅游景点内小型设施的
　娱乐活动。

包括：

—彩票活动(体育、足球、福利等彩票中心，以及销售网点)；

—公园、景区内游船出租活动(不带操作人员)；

—公园、景区内的摆摊娱乐活动；

—公园、景区内的小动物拉车、骑马、钓鱼等活动；

—租借道具活动(如租借照相、服装、道具等)；

—海滩浴场更衣及租借用品服务；

—公园及街头艺人表演活动；

—娱乐性展览；

—其他未列明的娱乐活动。

不包括：

——彩票发行的行政主管部门，列入社会事务管理机构；

——带操作人员的游船出租、观光活动，列入水上旅客运输的相关行业；

——公园、风景名胜区、其他旅游景点的管理活动，分别列入公园管理、风景名胜区管理和其他游览景区管理。

■ 8.1.3 中国娱乐业经营的问题

近几年来，消费者生活水平的提高和消费者观念的更新促使中国娱乐业经营有了较大的发展，但也暴露了一些问题。

1. 娱乐项目配套性较差

随着娱乐业的发展，高尔夫球场、迪厅、卡拉OK厅、健身房、日光浴、蒸汽浴、健身中心、戏水乐园等国际先进娱乐项目或设施设备都已成为娱乐消费热点。然而，中国的娱乐企业在项目的选择和配套上还存在许多不合理的地方。

(1) 项目综合性布局不合理。目前，很多娱乐场所不是缺少某一服务环节，就是各项服务的地点相隔太远，使消费者在娱乐消费的过程中很不方便，这些都是需要改进的地方。如碰上挑剔的消费者，一定会投诉。

(2) 环境布局不协调。如果一个娱乐场所没有洗手间、休息室，衣帽间也不知在何处；咖啡台、椅子、茶几摆放不合理，妨碍消费者行走；美容室灯光不够柔和，没有音乐舒缓情绪；健身房灯光不够明亮，墙面缺少大镜面等，都会让消费者感觉服务欠佳，引发消费者不满。

(3) 娱乐消费层次较低。中国娱乐业经营尚处于起步阶段，对娱乐场所的消费缺乏引导。另外，从整体上看消费者收入水平还不高，可用于娱乐方面的支出有限，使得高档次、高规格的娱乐项目经营受到限制。另外，娱乐消费者的个人文化素质不高，对高层次具有文化内涵的娱乐项目难以理解和接受，也严重影响了娱乐业正常的经营和发展。

2. 娱乐设施投入不足

随着设备的现代化，娱乐业的经营项目越来越多，娱乐内容也越来越丰富，但当前中国娱乐业经营中普遍存在设施投入不足的问题，仍难以与国际接轨。具体表现在以下几个方面。

(1) 设施配套不全、利用率低。一方面，娱乐企业往往只重视某一项娱乐活动，难以形成规模和特色；另一方面，项目之间不配套，难以在市场上形成竞争力。不能吸引消费者，便导致其设施不能被充分有效地利用。

(2) 对设施维修、保养投入不足。目前，大多数的娱乐设施技术先进，维护保养条件要求较高。如果在设备的运作过程中缺乏正常的保养维修的投入，就会直接影响娱乐设施的正常工作。

(3) 投入不考虑设施性能。娱乐设施性能差，难以发挥最佳效果，对消费者缺乏吸引力；而性能过高不合乎实际需要，也会造成浪费。

3. 娱乐经营服务水平较低

目前，随着经济的发展，中国娱乐业经营逐渐兴旺起来，但娱乐业的经营管理还没有步入正常的轨道，主要表现在以下几方面。

(1) 经营管理人员缺乏娱乐项目的专业知识。大多数娱乐项目的服务、操作等的管理都具有较强的专业性，如果缺乏专业知识就难以使各项娱乐活动经营走上正轨。

(2) 管理人员对娱乐活动的特性缺乏了解。由于娱乐管理者不了解娱乐活动的特性，导致其在营销方法与策略上缺乏创造性，娱乐休闲设施设备也很难充分发挥作用。

(3) 管理者思想不开放，经营观念落后，使娱乐经营难以达到现代水平。娱乐服务人员缺乏基本的技能和服务技巧的培训，难以保证服务质量。

▶ 8.2　娱乐业的特征

■ 8.2.1　娱乐市场的特征

文化娱乐市场是整个文化市场中最为活跃的一部分，不仅向人们提供最为丰富的文化消费产品，而且消费形式也不同于其他文化市场，具有鲜明的特征。文化娱乐市场在社会主义精神文明建设中发挥着重要的作用。

1. 消费者的参与性

消费者的参与性是娱乐市场鲜明的特征。一般的文化市场的消费者多数以被动接受的形式实现消费，如观众在演出场所和影院看戏、听音乐和看电影，都是在观众席上静坐欣赏；到书报刊市场和艺术品市场，消费者购买所需文化艺术产品后慢慢阅读或欣赏，无须参与创作和制作。而娱乐市场不同，经营者向消费者提供娱乐场所、设施、设备和服务，消费者亲身参与娱乐活动，实现消费。可见，这种市场交换和消费不仅不同于一般市场，而且也不同于其他文化市场。也就是说，文化娱乐市场的交换和消费，不发生娱乐产品所有权的变更，而是通过消费者的亲身参与实现市场交换和消费的。可见，正是由于消费者的参与性，使得交换与消费同步完成。由于这种同步性，使交换和消费这两个主要环节处处体现一个"活"字，即活的服务、活的消费。活的服务是为消费者提供良好的参与条件，活的消费则是消费者在参与中愉快地实现消费。可见，参与性是文化娱乐市场独有的特征。

2. 硬件设施的科技性

文化市场经营场所的硬件设施和设备，一般都有一定的科技含量，如音响、灯光和舞台装置都要跟上技术的发展，尤其是文化娱乐市场更加需要科技先进的装备，这是决定娱乐场所能否吸引更多消费者的重要因素之一。就以卡拉OK娱乐场所来说，随着科技的进步，卡拉OK的播放设备经历了影碟机、CD碟播放机、全电脑点歌的VOD机，直到现在的触摸屏。点歌方式经历了从抄写歌单到手工查歌本，再到目前的遥控器点歌、电脑点歌。与此同时，由于电子技术的进步，现今卡拉OK场所歌曲的画质、音质、同步性、便捷性与智能性都有进一步提高。技术的进步，使卡拉OK及其他娱乐场所都进一步智能化、高品质化、人性化和大众化。

3. 规模和档次的差异性

文化娱乐市场经营在规模和档次上存在着明显的差异。一般来说，根据市场定位的不同，娱乐企业在经营面积、装修风格、设备质量及服务水平等方面存在较大的差异，可以分为高、中、低不同的经营档次。高档场所消费水平高，以满足高收入群体的高标准的消费需要；中档次的娱乐场所，在设施、设备和服务等方面比较一般，比较适合中等收入人群和一般商务活动人群的需要；低档次娱乐场所，由于经营者资金有限，设施和服务都很一般，主要目标人群为低收入者。从整体上看，目前娱乐场所整体的服务水平都在提高，高档服务、低档价格成为企业吸引消费者的一大倾向。

4. 经营内容的服务性

娱乐企业除了提供娱乐设施和设备外，主要是向消费者提供娱乐服务。服务性是文化娱乐市场的重要特征。其他文化市场虽然也要为消费者提供一定的服务，如去剧场看戏，剧场一般都有领票人员为观众指引座位所在方位，但这种服务是辅助性的。而娱乐场所不同，在某种意义上说，娱乐场所主要是向消费者提供服务，如迎宾服务、包房服务、娱乐设备使用服务、灯光照明服务、酒水服务等。因此，娱乐场所经营者要不断提高服务质量和水平，营造舒适、高雅、文明的娱乐环境，才能吸引更多的消费者。

■ 8.2.2 娱乐消费的特点

文化娱乐消费，不仅要在物质形态上满足消费者的需要，更主要的是要在精神层面上满足消费者的需求。因而，文化娱乐消费相对于单纯物质意义上的消费，它具有下述几个特征。

(1) 文化娱乐消费是劳动力再生产的必要条件，是文化生产力的表现形式。在现代社会中，文化生产保证了合乎现代经济社会要求的劳动力的再生产。在一定意义上，只有消费文化产品，才能满足和保障人们在物质需求基础上的精神需求。文化娱乐消费除了保证劳动力再生产的延续外，还能提升人的价值观、荣誉感，培养人们的情感与意志力。

(2) 文化娱乐消费符合一般产品的市场运行规律。所有实体产品的市场营销规律都适用于文化娱乐行业。文化产品的估值与定价又不同于一般物质产品的特性，它除了受市场供求关系的影响，往往更多地取决于心理定价，取决于娱乐产品的文化含量和品牌对于产品的定价权。

(3) 文化娱乐消费的特许、分级和准入制度及投资环境。文化娱乐消费除了受价值规律、垄断现象等经济因素制约外，还受到政府审批、特许、分级和准入制度等的影响。因此，一个地区的文化娱乐消费，除了受制于文化娱乐产品供给能力之外，还取决于文化娱乐消费的政策、法律环境，取决于文化娱乐产业投资环境。

(4) 文化娱乐消费的原创性与共享性并存。越是原创的文化产品，特别是有创新内容和独具特色的产品，其价值就越高。因此，只有加强知识产权保护，才能保持文化产品的创新和原创动力。同时，文化娱乐产品越是实现共享，就越能产生好的盈利模式。

(5) 文化娱乐消费遵循品牌效应。品牌效应对于实体产品和精神消费产品都是适用的，都可以通过恰当的品牌策略提高消费者的满意度和忠诚度。就像一提到主题乐园，人们首先想到的便是迪士尼，一听说上海迪士尼在2016年6月开园，众多国内的消费者便蠢蠢欲动，急切盼着能亲历迪士尼主题乐园的梦幻体验。

(6) 文化产品生产和消费作为一个工业化过程，是当代社会经济发展的趋势和必然现象。只有工业化过程，也就是文化生产有组织、有制度、有规模、有标准，才能充分满足人们的文化娱乐消费需求。这促使我们考虑如何对过去小规模、小作坊式的文化产品进行改进，尽量提高其科技内涵和文化含量，突出时代特色。

(7) 文化娱乐消费向时尚化发展。消费与时尚密不可分。在20世纪20年代，消费主义文化的基础随着电影新媒体而确立，小报出版物、大众化杂志以及收音机等媒介宣扬休闲的生活方式，引导人们参与原来限于上层人物的商品消费与体验消费。随着社会的发展，城市逐渐从工业中心、生产中心转变为文化中心和消费中心。城市文化娱乐消费日趋呈现时尚消费的特征，物质产品的丰富及商品生产的多样化和个性化发展，使得"时尚"成为人们生活的"必需品"。

■ 8.2.3　娱乐业营销创意与策划的特性

娱乐业的营销创意与策划是娱乐业经营的重要组成部分，由于娱乐业自身的特点，使得娱乐营销创意与策划具有以下特征。

1. 娱乐消费受顾客收入水平的限制

娱乐消费与收入水平紧密相关，只有在人们的收入满足了基本生活消费支出以后，才会产生对休闲娱乐的需求。人们只能在日常工作之后选择简单的娱乐活动来调剂生活，人们对娱乐需求的弹性也很大，这样就增加了娱乐营销的难度。因此，娱乐营销必须针对不同的消费者的消费能力采取不同的营销方式，主要是根据娱乐活动的特征来选择目标消费者，这样就会使营销活动更为有效。

2. 娱乐消费活动的时间性影响营销活动

娱乐业经营受客观条件的影响，特别是受时间、季节的影响较大。由于人们的工作主要是在白天进行，因此，娱乐消费一般只能在晚间或工作之余进行。还有一些娱乐活动受季节的影响较大，如水上娱乐项目、冰雪娱乐项目等都具有较强的季节性。娱乐消费活动的时间性、季节性要求娱乐营销必须与之相适应，在恰当的时间、采取有效的营销策略，以促进娱乐产品的消费。

3. 娱乐项目的时尚性影响娱乐营销

娱乐产品时尚性的特点，使某一类娱乐形式的产品生命周期较短，产品进入市场很快被人们所接受，而退出市场也较快。就像路边卡拉OK、迪斯科、慢摇吧、保龄球等，都在一段时间内被人们奉为时尚符号，但很快就淡出人们的视野。这也为娱乐营销带来了挑战，一方面要求企业在产品消费的黄金期扩大销售，另一方面需求利用卓越的营销手段延长产品的生命周期。

4. 娱乐产品的非实物形态影响娱乐营销

娱乐营销的核心是娱乐产品，而娱乐产品中的相当一部分为非实物形态，并且在娱乐经营中起着非常重要的作用。这种无形产品看得见、摸不着，服务质量很难控制。在娱乐营销活动中，如果营销过程的描述与实际服务效果脱节，就会影响娱乐营销活动的效果，增加顾客的不满，甚至发生纠纷。例如，热情周到用什么标准来衡量呢？所以说，文化产品的无形性增加了营销的难度。

5. 法规不健全影响娱乐营销

娱乐业经营管理的法规不健全，尤其是有些规章制度中概念界定不清直接影响了娱乐企业的营销活动。如"三陪"这一概念，与"色情""卖淫嫖娼"混淆，不仅不利于娱乐企业的经营，而且还会对消费者、经营者产生误导。娱乐业法规的不健全和概念的不清，使得娱乐企业的很多服务项目和服务方式难以实现，直接影响娱乐营销活动。

■ 8.2.4 娱乐业创意与策划的原则

娱乐业创意与策划的目的是扩大企业的知名度和增强娱乐活动的吸引力，使其在市场上树立良好的形象，让更多的消费者信赖和喜欢。在进行娱乐业创意与策划时，要做到以下几点。

1. 娱乐产品创意应以维护顾客的利益为前提

首先，娱乐企业首先要根据市场消费者的不同层次、品位、消费能力，提供雅俗共赏的娱乐内容，尽量满足各层次消费者的需要。其次，在竞争越来越激烈的娱乐经营中，企业不应以不正当手段，靠损害消费者利益来获取短期利益。一个成功经营的娱乐场所，必须通过推出各种档次的娱乐活动，来充分满足顾客多样化、多层次的正当需求，使企业在当地市场有一定的知名度。这就要求企业应通过各种形式的营销手段，让顾客了解娱乐场所的名称、位置、提供的服务内容及服务特色。娱乐场所通过提供优质的服务、高雅的环境来满足顾客的需求，让顾客从内心和行为上喜爱产品和服务，从而喜爱娱乐场所。

2. 创意与策划既要考虑经济效益，又要注重社会效益

娱乐创意与策划应保障娱乐企业获得相应的利润，但对于那些低级趣味的、庸俗的色情娱乐活动，应该禁止提供和经营，这与社会主义文明相悖，也不符合法律要求。娱乐企

业要为人们提供一些有一定文化内涵、高品位的娱乐产品，使人们在消遣、休闲的同时获得精神上的享受和审美的情趣。娱乐企业只有平衡经济利益和社会效益两者的关系才能使娱乐企业健康发展。

3. 娱乐创意与策划应突出企业特色

在娱乐经营竞争比较激烈的情况下，娱乐产品和服务只存在细微的差别。在这种情况下，娱乐场所应通过推销活动，宣传自己的产品区别于竞争者的特点和独到之处，突出自己的产品给消费者带来的特殊效益。

📑 典型案例

北京欢乐谷营销创意与策划：淡季营销"四轮驱动"

北京的冬天，寒气袭人，一些落叶树木只剩下光秃的枝丫。对于公园来说，冬季并不是一个好季节。在北京欢乐谷门前，有几个年轻人在拍照，尽管天气渐凉，仍然可以听到他们兴奋的笑声。与暑期的热闹相比，北京欢乐谷步入了北方城市特有的长达5个月的淡季。

尽管如此，淡季并未如同寒潮般影响北京欢乐谷2010年的运营：重游率均值为35%，旺季高达40%，游客接待量为270万人次，预计2010年的营业收入将超过3.5亿元。有淡季市场，但是没有淡季思想，在华侨城筹备举办25周年庆典之前，北京欢乐谷总经理赵小兵接受了《新营销》记者专访，介绍了北京欢乐谷能够取得如此业绩的原因。他说"四轮驱动"品牌建设是北京欢乐谷的成功秘诀。"根据游客对欢乐谷的口碑和喜爱程度，以及实际接待人数，北京欢乐谷在北方区域市场做得很不错，很扎实。2010年北京欢乐谷可以取得辉煌的业绩。"赵小兵对于欢乐谷目前的发展很满意。

北京欢乐谷最初定位于以年轻人为主体客源市场，随着知名度的提升，北京欢乐谷在不断满足主体客源市场需求的条件下，开始考虑规模相对较小的其他客源市场需求。为了满足不同消费者群体的需要，北京欢乐谷精心设置了50余项主题景观、10余项主题表演、30余项主题游乐设施、20余项主题游戏及商业辅助设施。经过5年的品牌打造历程，北京欢乐谷迄今为止已经成为北京体验旅游的重要标志。

"北京欢乐谷每年都会有一个品牌年号，2006年是品牌上市年，2007年是品牌建设年，2008年是品牌提升年，2009年围绕共和国60周年大庆称之为品牌推广年，而2010年是品牌创新年，因为2010年有个二级项目会推出来。可以说，品牌建设是公园建设的重中之重。"赵小兵说。

为了更好地进行品牌建设和维护，北京欢乐谷坚持实施"主题文化包装+高科技游乐设施+高标准旅游演艺+品质优质服务"的"四轮驱动"策略。"第一，坚持以文化为主导，用主题故事包装游乐设施，辅之以文化让消费者在体验的同时领略更多的文化内涵。第二，确保提供最领先的高科技游乐设施。北京欢乐谷最主要的大型游乐设施均从国外进口，让游客可以感受到国际最领先、最刺激的游乐体验。第三，高品质的旅游演艺资源。除游乐设施外，丰富多彩的演出形式成为欢乐谷最吸引消费者的亮点。其中，北京欢乐谷大型原创舞蹈诗剧《金面王朝》屡屡获奖。第四，以优质服务树立良好的品牌形象。"赵小兵说。

"四轮驱动"的策略从硬件和软件两方面夯实欢乐谷的品牌基础，全方位满足游客需求，并为欢乐谷的活动营销提供了先决条件。

资料来源：http://www.docin.com/p-1424592591.html，2016-01.

8.3 娱乐业创意与策划策略

随着全球娱乐业长期、持续、迅速的发展，传媒和娱乐产品以其无所不在的影响，逐渐渗透到社会经济增长、文化进程和社会生活的方方面面。娱乐因素已经成为产品与服务的重要竞争手段，真正的商业与娱乐之间的界限已不再存在。

8.3.1 娱乐业创意与策划策略

1. 打造卓越产品

任何一家优秀的娱乐企业，它之所以能保持长期的辉煌，"内容为王"是所有因素中最关键的一个。无论在什么情况下，产品永远是营销的基础。所以真正成功的营销永远是以优质的产品为第一位的，产品战略是决定企业营销成败的首要战略。在这里进一步分析一下文化娱乐产品的三个层次。

(1) 文化娱乐产品的增值功能。文娱产品的增值能力在蒙牛公司与《超级女声》的合作中体现得淋漓尽致，蒙牛酸酸乳的销量从几千万元暴增至20亿元就是一个很好的证明。2006年的超女选秀带来的3000万元短信收入、上亿元广告收入，让中国电信和湖南电广传媒成了大赢家，赞助商蒙牛公司的销售额因此翻了几番。有资料显示，在美国电影业总收入中约20%是从影院的票房收入中获得的，而有约80%则是由非银幕营销所得。当今社会，商业与娱乐的界限似乎越来越模糊，文化娱乐产品以其无所不在的影响，渗透到我们的经济与生活，会有越来越多的产品和服务与娱乐活动相结合。商业经济结合娱乐内容，是文娱产品实现增值的关键。

(2) 文化娱乐产品潜在的产业链。真人秀娱乐活动构建了一个由电视、网络、手机等多渠道参与的多媒体互动平台。通过网上直播及视频点播节目，选手博客及"粉丝"论坛、微信投票、媒体报道、活动新闻等，网络为观众与选手的互动提供了一个良好的平台，同时也延长了选秀节目的产业链。正如电视娱乐节目的产业化运营，将促进广告、微信、演唱会、艺人经纪、品牌开发、玩具、游戏、乐器等多个行业的发展一样，将文化娱乐产品作为一个完整的产业链来运作，将更有利于中国经济的发展。

(3) 文化娱乐产品的品牌经营。娱乐产业的盈利模式与其他产业具有很大的不同。从国际经验来看，发展娱乐业绝不仅仅是推出一部电影、一档电视节目、一本杂志或一本书，而是要借助初始的具有轰动性的娱乐产品去开发一系列相关产品(次级产品)。初始娱乐产品(核心产品)在整个盈利模式中只不过起到一种杠杆作用，次级产品(相关产品)才是娱乐业收益的主要来源，娱乐品牌的延伸能否成功才是娱乐产业盈利的关键所在。

2. 灵动的价格创意

在企业的发展中，影响企业最终定价的因素有产品、市场、经济环境等。传统的成本加利润的定价模式不太适合文化娱乐产品。因此，娱乐企业要讲究一定的定价策略，采用灵动、科学的定价方式。例如，迪士尼的产品定价就是根据产品的特征而采取不同的定价策略，即分类定价策略。迪士尼力求在定价方面令消费者满意，同时也利用定价策略增加自己的营业收入。

典型案例
迪士尼的组合定价策略

迪士尼非常善于利用组合定价策略。价格组合是指组合各种各样的产品价格，将它们组合在一起从而使企业价格水平保持科学规范的状态，取得整体的效益。迪士尼的价格组合策略常常运用到迪士尼的定价中。很多公园等娱乐场所是这样定价的：游客先买门票，入园后，只能玩一些比较简单的娱乐设施，要玩其他娱乐设施还需要重新买票。而迪士尼乐园不同，它采取的是低价全票制。迪士尼的这种做法可以使游客入园后尽情地游玩，体现了迪士尼人性化的服务理念。其实，1955年刚建成开放的洛杉矶迪士尼也与普通游乐场一样，门票定价为成人1美元，儿童50美分，游乐设施另外计费。后来公司发现组合定价的优势，决定采用组合定价、低票价销售。1986年，迪士尼公司单日成人票价为23美元，而1992年开放的巴黎迪士尼全价约合42.45美元。迪士尼组合定价提高了顾客的满意度，延长其在园内的逗留时间，增加了其他消费的可能，使宾馆饭店、食品饮料、纪念品等获得更多的销售机会，从而实现整体效益。

资料来源：胡晓明. 文化产业案例[M]. 广州：中山大学出版社，2011：270-292.

3. 娱乐促销策划

娱乐促销策划是指营销人员将有关企业的娱乐产品信息通过各种方式传递给消费者和用户，促进其了解、信赖并购买、体验本企业的娱乐产品，以达到扩大销售的目的的一系列活动。因此，娱乐促销策划的实质就是促销人员与购买者或潜在购买者之间进行有效的信息沟通。这种信息的沟通可以通过广告、人员推销、营业推销和公共关系4种方式实现。

(1) 明星效应。娱乐营销的一大特点就是它永远跟着热点走，这种热点并不是一种单纯的某种流行音乐时尚的结合，也不是打着娱乐幌子的非必要性促销，而是年轻态消费市场的时尚因素，而明星是最能代表年轻态市场的时尚元素。再加上明星作为偶像的号召力，利用明星效应进行促销已经成为企业，特别是娱乐企业的最佳促销形式。

（2）整合营销传播。整合营销传播理论权威舒尔茨认为，在信息过量、媒体繁多、干扰大增的情况下，"信息的传达"与"信息的内容"分量相等。迪士尼深入研究舒尔茨的整合营销传播理论，并将其应用到实践中，取得了巨大的成效。

（3）交叉营销。交叉营销是指通过寻找服务同类顾客的本企业的其他服务部门或其他企业，建议双方采取共同合作的方式，以更好地吸引现有和潜在的顾客。当前很多企业经常斥巨资进行广告营销，成本高收效却不大，而交叉营销则为企业打开了一条新的思路。交叉营销方式有很多优点，如可以帮助企业在激烈的市场竞争中脱颖而出、保持销售旺淡季现金流的平衡、激发人们更多购物的动机、培养与顾客和社团间的信任。相关统计显示，三个合适的战略伙伴将能使各自的顾客量增长4倍，而且都无须额外费用。

4. 完美服务

娱乐营销的核心理念在于将企业能力与顾客需求相匹配以实现双方的目标。如果两者能够实现匹配，企业必须从服务的本质功能和外延功能上来发挥优势，从而满足顾客的需要，即企业要实行服务营销策略。对任何一家企业而言，尽管他们的核心产品与别人的一样，他们也可以通过控制产品的服务要素、通过特殊的服务营销理念来使他们的产品与别人有所不同。

📖 典型案例
迪士尼：天生为娱乐

迪士尼可谓历史最悠久、规模最庞大的娱乐帝国。从早期的动画制作，到如今集旅游、娱乐、出版、传媒、消费品于一身，迪士尼以娱乐的方式建立了自己的商业体系，这个体系的核心文化就是"创造快乐"。永远富有创意的动画电影，糅合了"童话、幻想、冒险、欢乐"的主题乐园，迪士尼品牌的价值在于给大众创造一切愉悦的精神体验。为娱乐而生的迪士尼，从内容的制造到销售拓展，都紧紧围绕"娱乐"二字。所谓娱乐，其核心是为人们创造快乐。迪士尼公司创始人沃尔特·迪士尼说："我希望它所带给你的将全部是快乐的回忆，无论是在什么时候。"

20世纪，米老鼠、唐老鸭、高菲狗、小熊维尼等一系列卡通人物形象深入人心，迪士尼一步步将自己打造成快乐的代名词。以故事为中心的产品开发模式，充满乐观精神的故事，都潜移默化地使受众在心中形成了迪士尼形象，生产快乐、提供快乐，把快乐变成商品卖遍全世界，为消费者提供愉快的、各异的娱乐体验，从而成就迪士尼传奇。在动画电影成功之后，迪士尼开始了向主题公园拓展的步伐，创始人立志把虚拟的童话变为现实。1955年，沃尔特·迪士尼在美国加州建立了第一家迪士尼，将动画片中的魔幻和快乐场景"复制"展现在人们生活中，创造现实中的童话世界。

全球目前已建成的6座迪士尼，分别位于美国的洛杉矶和奥兰多、日本东京、法国巴黎、中国香港和上海。迪士尼成为人们心中"地球上最快乐的地方"，而其为迪士尼公司带来的利润，也几乎是总收益的一半。迪士尼根据企业的核心价值对主题乐园进行了准确的市场定位，即表演公司，它的主要功能在于为游客、观众提供高满意度的娱乐和消遣。迪士尼充分利用动画电影获得的影响力，把动画明星米老鼠、唐老鸭、小熊维尼、白雪公主、灰姑娘带到乐园，将家喻户晓的迪士尼经典故事转化为游乐过程。让游客暂时远离现实世界，走进缤纷的童话王国，感受神秘奇幻的未来国度或惊险刺激的历险世界，游客所体验到的是或惊险或激动的充满快乐的旅程。

资料来源：胡晓明. 文化产业案例[M]. 广州：中山大学出版社，2011：270-292.

8.3.2 娱乐产品的体验营销创意与策划

娱乐产品主要是通过体验消费来实现产品的价值，因此，开展恰当的体验营销对于企业的营销战略具有重要的意义。美国经济学家B. 约瑟夫·派恩和詹姆斯·H. 吉尔摩撰写的《体验经济》一书自问世以来，在社会上引起了强烈的反响。它告诉人们，新经济体系中的一个重要内涵就是"体验经济"，体验经济将取代服务经济。

派恩认为，体验是使每个人以个性化的方式参与其中的事件。具体来说就是企业以服务为舞台，以产品为道具，以消费者为中心，创造能够使消费者参与、值得消费者回忆的活动，这就是"体验"。体验类型有4种——娱乐、教育、逃避和审美，而事实上最好的体验包含所有部分。

娱乐体验是吸引顾客的一种方式。最熟悉的例子就是拉斯维加斯的古罗马式交易市场，所有的商店都古色古香地铺陈在街道两边。每小时都会有一次5～10分钟的商品展示来吸引前来观光的游客——人们时而感觉自己置身于古代亚特兰蒂斯城的车水马龙中，时而感觉仿佛是在观看古罗马军队方正的游行队伍。尽管在这5～10分钟的时间里，商店都会暂停自己的业务，但这并不会使其利润下降，恰恰相反，这里每平方英尺的盈利至今为止仍是最高的，相当于摩天大楼盈利的3～4倍。

通常情况下，体验并非自发而是诱发形成的，但这并不意味着消费者要被动体验商品，只不过营销人员必须采取体验媒介。并且，体验还是复杂的，不同的体验之间存在着巨大的差别，因此，人们只能通过一些标准来区分体验的形式。开展体验营销要注意以下几点。

1. 掌握消费者心理

体验是一个人在遭遇、经历过一些处境后所产生的结果。对消费者自身来说，体验经历十分重要，对商家也一样。因此，企业应该注意与消费者之间的互动，以发现对方内心的渴望。进而，学会换位思考，客观地对企业自身的产品或服务进行审视。所谓知己知彼，百战不殆，企业必须要了解消费者在体验过程中的心理才能对症下药，取得实效。

(1) 期望心理。对于已知的产品或服务，消费者总是想象将会产生怎样的体验。在体验之前，商家的一些推广活动，如广告等使消费者在购买前对体验结果已经心知肚明，即产生了期望值。因此，只要实际体验超出期望值，就会产生正面积极的效果，否则将会事与愿违。

(2) 经验心理。在人与人的互动交流中，经验发挥着举足轻重的作用，同样也会影响消费者的体验结果。例如，消费者从前一次互动体验中获得一些经验，并试图用于第二次体验活动中，这使得这位消费者自然而然地把两次体验进行比较，并得出结论。那么，在这种情况下，消费者的结论将会在很大程度上受到该结论的影响。企业要想更好地迎合消费者的体验心理，必须要将新的体验活动与上次的体验活动进行分析比较。

(3) 个性心理。不同的人其性格特征也会有所不同，而这些不同的性格特征决定了体验结果的千差万别。因此，在向消费者提供体验的同时，企业还要考虑目标消费群体的情况，有针对性地举办活动，以达到事半功倍的效果。企业只有弄清消费者的心理因素，才能有的放矢地开展体验，也才能保证活动结果是积极正面的。

2. 提供机会

从消费者心理的角度来说，体验的核心精神正是对自我实现的追求。企业不仅提供产品或服务，还应让消费者产生身临其境的体验，获得难以忘怀的愉快经历。当消费者购买一种体验时，其目的就是获取身心愉悦。就像选择主题公园或游乐场，其目的就是娱乐体验；选择户外运动或者体育项目，其目的就是运动体验；而选择网络游戏，其目的是获得虚拟网络体验。

现在的消费者越来越关注消费过程中的体验感知，这就要求企业应注重对产品体验的设计，突出产品特色。所以，企业必须要做到保证自己的"体验"能够真正与其他企业所提供的体验区分开来。比如，与众不同、个性十足的营销渠道，独具匠心的商品包装和陈列的视觉美感，特殊营销人员亲切专业的服务态度，以及现场示范、免费试用等。大多数人都希望在体验兴奋、刺激的同时，还能保障安全可靠，网络上的各种体验正好满足消费者的需求。网络媒体对企业开展口碑营销是必不可少的，愉快的网络体验可以吸引更多的潜在消费者，并促使其购买产品、传播产品信息。

其中，愉快的网络体验是指对于消费者而言，简单明晰、气氛轻松且能使消费者的心情得到调节的一种体验活动。只有这样，消费者才乐意去体验，才能主动去传播品牌信息。为了激发消费者的热情，促使其为商家的产品或服务所折服，进而产生消费行为，企业无时无刻不在想着为消费者提供愉快的体验。因此，可以说，一个产品能否实现最大规模的传播，企业的产品或服务能否得到最广泛的认可，在一定程度上取决于企业能否最大限度地调动消费者的热情。

小米手机采用的就是这种调动消费者热情的体验营销方式，一时间在青少年消费者群体内大受欢迎，成为一个口碑产品。时尚新颖的外观设计、丰富实用的应用程序加上价格上的优势足以吸引消费者。另外，公司还通过挖掘充实核心用户群的实际需求来不断完善自身产品。同时，通过网络各论坛交流用户体验信息，以让消费者获得尽可能多的信息。最终，不仅赢得用户的一片赞誉，还吸引来更多新的用户。

企业只有在激发消费者热情的基础上，才能达到促使顾客消费的目的。而企业要做的就是为其提供获得体验的机会，让消费者在体验中对产品爱不释手，最终买下商品。

典型案例

永远追求完美体验的迪士尼

如何才能在尘世中创造一处令人信以为真的魔法世界？迪士尼的回答是将游客(观众)的体验放在最重要的位置。迪士尼有一个专有词汇用以称呼从事迪士尼设计的工作人员：Imagineer。这个词结合了英语中的想象(Imagine)与工程师(Engineer)两个词汇，赋予了这项工作"令想象成真"的奇幻色彩。游客在进入加州迪士尼时都会读到这样一句宣示：从这里起你将进入幻想和魔法的世界。迪士尼Imagineer"十诫"中的前两条分别是"了解你的观众"与"设身处地"。在迪士尼乐园，一处游乐设施往往要同时调动游客听觉、视觉乃至嗅觉、触觉等多项感官，以求身临其境的体验。

以"太空过山车"(Space Mountain)为例，尽管其高度落差与旋转的复杂程度无法与国内一些大型过山车相比，但"太空过山车"将乘客置于宇宙深空的背景中，只见星光而不见轨道的走向，再辅以直接通过座位内置音箱播放的动感旋律，在心理上放大了刺激的感受，成熟技术与人性化的结合，使"太空过山车"成为加州迪士尼中最受欢迎的游乐项目之一。迪士尼追求更优质的体验并不仅仅局限于乐园，也体现在不同业务的细节中。迪士尼度假酒店的前台附近一般都设有适合儿童身高的电视及桌椅，全日不间断地播放卡通片，以期减少家长与儿童因在高峰期长时间排队而产生的烦躁感。迪士尼婴儿用品则广泛采用软化产品标签，避免挫伤婴儿皮肤。这些设计看似微不足道，却能给消费者的体验带来明显的改善。

在"体验经济"时代，乐趣导向消费与感性消费逐渐渗入人们的生活。与物质匮乏时代追求性价比、实用性相对应的是，在物质极丰富的时代，即便是日用消费品，人们也对品牌的抽象性功能有了更多感知，比如"快乐、个性、幸福、浪漫"，而迪士尼，从其创办开始，就一直注重顾客的消费体验。

资料来源：胡晓明. 文化产业案例[M]. 广州：中山大学出版社，2011：270-292.

3. 五种体验形式

体验具有多样性和复杂性的特点，可以根据其固有又独特的结构和过程分成不同的形式。这些通过特定的体验媒介所创造出来的体验形式，最终能帮助企业达到有效的营销目的。

(1) 感官体验。感官体验是指经由视觉、听觉、触觉、味觉与嗅觉所产生的，目的在于创造知觉体验的感觉，可分为公司与产品、引发消费者购买动机与增加产品的附加价值等方面。被《时尚》杂志誉为"世界上最漂亮的巧克力"的理查特(Richart)公司所制作的巧克力，其商标以艺术装饰字体完成，并以斜体"A"作为首字母，用以区分"富有

(Rich)"和"意识(Art)"。然后，将巧克力放在一个玻璃盒子里，陈列于一家明亮的销售店内。再加上打光拍摄，突出厚实有质感的包装，真可谓一件美好的艺术品。

(2) 思考营销。这种营销方式的目标诉求是智力，通过创意的方式引发消费者惊奇、兴趣和对问题的思考，创造出认知和解决问题。这种体验活动通常被用于高科技产品的营销活动中，在很多行业的产品设计、促销和与买卖双方沟通方面也得到了一定的应用。苹果公司已故总裁乔布斯说过："与众不同的思考代表着苹果品牌的精神，因为充满热情创意的人们可以让这个世界变得更美好。苹果决定为处处可见的创意人，制造世界上最好的工具。"在苹果概念店内，通过顾客自主体验或者工作人员引导和解说，顾客感受到了苹果所带来的生活体验，并引发了其对电子产品所体现的个性设计的思考。这样的营销方式在科技产品领域屡见不鲜，随处可见的体验店、概念店就是最好的证明。

(3) 情感体验。这种体验形式的目标诉求是消费者的内在感情与情绪，这种体验形式范围广泛，不仅包括温和、柔情的心境，还包含欢乐、自豪甚至更热烈的激动情绪。创意者如果想要运作情感体验，就必须真正了解引起某种情绪的刺激源头，并使得消费者自然而然地受到感染，并融入其中。例如，一句"孔府家酒叫人想家"，便可引发游子们对父母、家乡的无尽思念。这份浓郁的亲情，使得消费者在消费的同时，还能感受到一种想念的情绪。

(4) 行动体验。与上述体验不同的是，这一体验的目标诉求在于通过影响身体的有形体验、生活形态与互动达到宣传的效果。它能增加消费者身体的体验，明确做事的替代方法和生活的替代形态，从而使消费者的生活变得更加丰富多彩。其中，消费者生活形态的改变可以是激发的，也可以是自发的，还有可能是由影视歌星或著名运动员等偶像角色所引起。例如，在运动用品的营销活动中，通常会选择对青少年消费群体具有很强号召力和影响力的演艺明星或者体育明星做代言，并且其广告词相对于其他产品而言，往往更具渲染力和鼓动性。

(5) 关联体验。这是一种包含感官、情感、思考、行动等方面的体验营销，超越私人情感、人格和个性，通过"个人体验"将消费者与自我、外界或者文化联系起来。另外，关联体验所诉求的是对自我改进的渴望。将个人与一个较广泛的社会系统联系在一起，建立起个人对某种品牌的偏好，并让使用者逐渐形成一个群体。在很多不同的产业，如化妆品、日用品、私人交通工具中，都存在这种关联体验。

思考题

1. 简述文化娱乐消费的特征。
2. 简述娱乐业创意与策划的原则。
3. 举例说明如何进行娱乐产品体验营销创意策划。

章末案例

芜湖方特新媒体营销策划案

从2005年开始,深圳华强集团就开始设计研发中国人完全自主知识产权的文化产业主题公园,其开创的"方特欢乐世界"和"方特梦幻王国"被称为"中国的迪士尼"。芜湖方特欢乐世界坐落于安徽省芜湖市芜湖长江大桥开发区,是中国目前规模最大的第四代主题公园。随着时代的发展,新兴网络媒介的涌现为企业的发展提供新的契机,也对新媒体营销手段提出更高的要求。本案例主要是针对十一黄金周进行的新媒体营销策划。

一、项目评估:SWOT分析

1. 优势(Strength)。第一,芜湖方特是由深圳华强文化科技集团在芜湖投资建立的第二个主题公园,品牌知名度和认知度很高。第二,方特梦幻世界是一座拥有自主知识产权,并以科技加中国文化为主题诉求的大型科技文化主题公园,具有鲜明的文化特色,迎合游客的需求,对游客具有极大的吸引力。

2. 劣势(Weakness)。第一,方特目前的宣传力度不够;第二,相当一部分游客对价格满意度很低,与竞争者相比,没有价格优势。

3. 机会(Opportunity)。目前,国家将旅游业发展上升为国家战略,并将旅游业定位为未来支柱产业,在政策方面会有很大力度的扶持。虽然2013年新旅游法的出台对景区造成一定的冲击,但从某种程度上也提高了旅游的纯度和精度。并且随着中国经济的发展,居民生活水平的提高,旅游将成为新的时尚潮流。皖江城市带承接产业转移,也将带动旅游业的发展。以此为契机,可促进方特梦幻世界的进一步发展。而且,微博、微信、QQ等新兴媒介的出现,为方特的营销提供了更好、更快的平台。

4. 威胁(Threat)。第一,中国现在的主题公园很多,市场竞争激烈并且区域竞争也很大,在长三角地区,芜湖方特梦幻世界面临的强劲对手就有上海欢乐谷、常州中华恐龙等;第二,主题公园的投资很大,设施维护成本高,管理难度高,风险大。

二、2014年度推广时间分解安排

1. 马年春节(2014年1月31日—2月6日),"芜湖方特闹新春"。

2. 三八妇女节(2014年3月8日—3月11日),围绕"特权、勇敢、快乐"策划精彩的"风采女性主题活动",成年女性凭身份证半价入园。

3. 七夕情人节(2014年8月2日),开设爱情闯关活动,前3名获大奖,没有获奖的情侣参与者可现场拍摄情侣照一张。

4. 教师节(2014年9月8日—9月10日),凭教师资格证半价入园。

5. 十一黄金周(2014年10月1日—10月7日),"金秋十月,红色经典聚方特"(详见具体分析)。

6. 圣诞节(2014年12月24日—12月25日),"圣诞狂欢夜"唱诗班在平安夜、圣诞节两天在阿戴尔小镇演唱经典圣诞颂歌;在12月24日平安夜和12月25日圣诞节,伴随着圣诞钟

声，万人在绚烂的烟花下一起倒数狂欢。

三、新媒体选择

时间安排为十一黄金周，进行主题为"金秋十月，红色经典聚方特"的主题活动。营销方案包括线上和线下营销，活动形式包括猜红剧、唱红歌、传红旗等。旅客入园即送方特国庆小红旗，还有巨型国旗万人传递活动，供游客释放心中的爱国热情。关注并回复芜湖方特主题公园官方微博、微信，猜红剧、唱红歌即有机会免费游玩芜湖方特主题公园。在夜场红歌对对唱活动中，获胜者获得国庆特别礼包一份。

(一) 线上营销

1. 微博营销。微博营销是指通过微博平台为商家、个人等创造价值而执行的一种营销方式。微博营销涉及认证、有效粉丝、话题、名博开放平台、整合运营等方面。营销方式有以下几种。

(1) 注册"芜湖方特主题公园"用户，并认证(新浪、腾讯等知名网站)。

(2) 建立微群、微刊等。

(3) 微博活动：①十一黄金周具体活动方案；②后期活动信息发布；③抽奖抢票活动：@芜湖方特主题公园；④热点微博转发。

(4) 与粉丝积极互动，发布猜红剧、唱红歌活动。

(5) 关注热点，热点话题中带上标签"金秋十月，红色经典聚方特"。

2. 微信营销。微信营销是网络经济时代企业营销模式的一种创新，是伴随着微信的火热而兴起的一种网络营销模式。用户注册微信后，可与周围同样注册的"朋友"形成一种联系，用户订阅自己所需要的信息，商家提供用户所需要的信息，推广自己的产品，从而实现点对点的营销。营销方式有以下几种。

(1) 注册"芜湖方特主题公园"公众账号，获得微信官方认证。

(2) 根据自己的定位，建立知识库。

(3) 开通订阅号，通过订阅号定期将活动告知给关注的微信用户。

(4) 国庆节前在微信平台开展抽奖或猜奖赢门票活动，例如，猜红剧、唱红歌(利用微信独特的语音功能)。

3. 网络营销。网络营销就是大量的客户通过互联网搜索，找到某网站或商铺，查看定期企业活动、商品卖点，然后通过电话、邮件、QQ等方式联系商家，将潜在客户发展成有效客户。营销方式有以下几种。

(1) 关键词的搜索，如"芜湖方特""国庆方特特别活动"。

(2) 图片拍摄技巧，突出芜湖方特的特点及各项游戏的刺激感。

(3) 制作网页广告，在各大门户网站上设置悬浮广告。

(4) 与美团、大众点评等商家合作，推出有吸引力的国庆大团购信息。

(二) 线下营销

1. 与本地商家合作，例如与方特主题公园周围的酒店合作，推出游芜湖方特+酒店住宿的组合套餐，并在酒店周围拉横幅或者霓虹灯。

2. 赞助推广。寻找赞助商，与赞助商旗下品牌商品合作。

3. 广告传单。十一国庆前，在全城派发传单，内容要有足够的吸引力，突出本次方特活动的主题。

四、费用预算

为保证十一黄金周营销策划方案的可执行性，营销策划要做好方案规划和费用预算。黄金周期间的营销费用预算包括以下几项。

调研策划费：5万～6万元

广告费：2万～4万元

促销费：4万～5万元

活动费：5万～6万元

总计：16万～21万元

预期达到的目标：短期来看，吸引大量的游客于十一黄金周前来游玩，游园人数同比增长50%以上，营业额同比增长40%以上。长期来看，建立一定的网络关注度，发展长期的潜在客户及有效客户，在未来营业额提高5%～10%。

五、危机预案

当有任何意外事故发生时，芜湖方特应该在第一时间做出回应，包括通过网络、微博、微信新媒体及电视广播、报纸等传统媒体，将事件的真相公之于众，将谣言扼杀在摇篮中，必要的时候也可召开记者发布会澄清事实，做好危机公关工作。

资料来源：http://www.chinairn.com/news/20140509，2014-05，有删改.

思考题：1. 评价芜湖方特十一黄金周的各项营销活动是否恰当，为什么？

2. 结合案例，谈谈当迪士尼主题乐园入驻中国上海后，芜湖方特应该采取哪些营销手段，来树立自己的竞争优势。

第9章

网络音乐产业
创意与策划

⊙ **章前引例**

网络众筹再造传统经典　万人同唱《黄河大合唱》

一首大合唱最多能有多少人参加？2015年6月，由中国网络电视台打造的网络众筹《黄河大合唱》活动在网上征集合唱视频，通过3D虚拟等高科技手段重新演绎参与人数众多、覆盖范围广大的万人大合唱。网络众筹、多方参与、线上线下互动，伴随互联网时代的到来，新技术、新媒体参与了经典再造过程，让传统经典实现从形式到内容的大"变脸"，穿上当代"新装"，以新的面貌走进了人们的视线。

"如果你擅长某种乐器，或者适合演唱某个声部，请上传你的作品，以别样艺术方式共同纪念此次活动，与享誉国际的艺术家们共同演绎这一穿越时空的视觉盛宴，重温那战火纷飞的岁月。"《黄河大合唱》网络众筹活动官网上如是说。

创作于1939年3月的《黄河大合唱》，体现了民族危亡之际万众一心的抗战精神，它慷慨激昂、耳熟能详的旋律成为表达情感的重要载体。在纪念抗战胜利70周年之际，网络众筹《黄河大合唱》活动也应运而生。从6月发起网络众筹开始，在短短1个多月里，主办方已经征集到6000余部视频素材。活动还吸引了钢琴演奏家郎朗、小提琴演奏家吕思清、指挥家李心草、古琴传承人李祥霆、中阮演奏家冯满天、二胡演奏家宋飞、琵琶演奏家吴玉霞等艺术家，包括"将军后代合唱团"在内的100多支国内知名合唱团体，与来自澳大利亚、美国等华人社团的积极参与。从天真活泼的孩子到两鬓斑白的老人、从音乐专业人士到普通老百姓、从国内民众到海外同胞，人们在网络上一起唱响了这首激昂的歌曲。

活动遵循《黄河大合唱》原作，将《黄水谣》《黄河船夫曲》《黄河颂》《保卫黄河》4个乐章的精华部分，进行重新编曲、配乐，在保留原作诗化交响大合唱风格的同时，融入古琴、琵琶、阮、二胡、编钟等中国传统民族乐器，以及吉他、架子鼓、电子音乐等现代流行音乐元素，将其打造成人们积极参与的、充满新媒体特色的主题活动。

传统经典在新媒体的助力下，与人们的兴趣点紧密结合，使古老的传统文化"时尚"起来，已经变成一种现象。当年网络春晚创意节目《茉莉花》通过网络众筹的方式征集到1000多名热爱唱歌的百姓共同演绎《茉莉花》，并通过虚拟人像技术制作歌星邓丽君的立体虚拟影像，让邓丽君栩栩如生地"重返"舞台。依靠新媒体的力量，传统旋律被再次"唱响"，焕发新的生命力。

资料来源：http://huanghe.cntv.cn/2015/09/08/ARTI1441703261055574.shtml，有删改.

音乐渗透在人们生活的方方面面，通过音乐，人们可以宣泄情绪、寻找寄托，音乐在一定程度上改变了人们的生活方式。互联网出现以后，音乐有了新的传播平台，可以在较短的时间内实现更大范围的传播，越来越多的人开始借助互联网这一平台传递自己的音乐想法。网络音乐的出现为音乐的发展提供了新的机遇，扩大了音乐的影响力。可以说，科学技术的进步为音乐的多元化呈现提供了技术支撑，高速发展的网络技术紧紧地和音乐联系在一起，作为一种新的音乐形态，网络音乐改变了全球音乐的发展格局，它在极大地丰富当代人的文化娱乐生活的同时，也促进了音乐化产业的迅速发展，在音乐发展史上可谓一次重大的革命。

9.1　网络音乐产业发展概述

9.1.1　网络音乐发展概况

　　被称为流行乐坛"情歌捕手"的台湾著名词曲创作人、制作人季忠平，曾担任2006年的《签约我吧》大型网络音乐选秀活动的专业评委，他在点评一首名为《花容瘦》的原创歌曲时称赞了其在文字、表达形式上的创新之处，并表示网络歌手与传统的唱片歌手已无太大差别。由此可见，随着经济发展水平的提高，通俗文化的发展势头已不可阻挡，网络音乐作为通俗文化的形态之一，已经可以在一定程度上与传统音乐相抗衡。

　　作为音乐与科技结合的产物，网络音乐的内涵在文化部颁布的相关文件中有明确规定，即"音乐产品通过互联网、移动通信网等各种有线和无线方式传播，其主要特点是形成了数字化的音乐产品制作、传播和消费模式""用数字化方式通过互联网、移动通信网、固定通信网等信息网络，以在线播放和网络下载等形式进行传播的音乐产品，包括歌曲、乐曲以及有画面作为音乐产品辅助手段的MV等"。传统音乐在制作上耗时较长，且程序繁琐，作曲家往往需要同乐队不停地排练和修改，一些音响和音色效果很难在乐谱上完整地表现出来，在一些细微感情的表现上往往需要经过很多次地修改。而通过电脑制作的音乐不仅节约了人力成本还缩短了制作时长，一首歌从起初的一个想法到最后的发布，有时仅靠一个人就可以全部完成。利用电脑软件即使是没有经过系统学习的人也可以制作出自己喜欢的音乐，并且可以在电脑上对不满意的地方进行调整，减少了作曲家与乐队的磨合，使得作品更契合作者的想法。根据网络音乐产品的内容、表现形式和传播渠道的不同，网络音乐也存在多样化的类型(见表9-1)。

表9-1　网络音乐的类型

分类标准	音乐类型	代表歌曲
内容	讽刺性的网络音乐	《做人别太CNN》
	歌颂性的音乐	《东北人都是活雷锋》
表现形式	原创网络音乐	《两只蝴蝶》《隐形的翅膀》
	改编网络音乐	《禽流感之歌》
	借助网络传播的传统音乐	《春天里》
	音乐游戏	《劲舞团》《QQ音速》
传播渠道	在线音乐	
	无线音乐	

网络音乐是我国音乐发展史上一股强劲力量,早在2000年开始,网络音乐便悄然出现在中国大地上。2001年雪村的一首《东北人都是活雷锋》,以清新幽默的曲风和带有浓郁东北特色的歌词吸引了人们的注意,一句"翠花,上酸菜"也成为当年的流行语。当时的网络音乐更多是基于原有歌曲,通过歌手的创新进行再创作。2004年,随着《老鼠爱大米》的广为流传,网络音乐开始正式出现在人们的视野里。与此同时,一大批网络歌手如杨臣刚、刀郎、庞龙、香香、凤凰传奇、许嵩等人,逐渐被广大听众熟知。这一时期的网络音乐歌手渐渐获得主流社会的认可,部分网络歌手正式签约经纪公司,成为传统意义上的歌手。刀郎的专辑《2002年的第一场雪》正版销量达270万张,他充满野性和苍凉的沙哑嗓音充分表达了游子流浪的情怀及深深的乡愁,征服了听众,被称为中国最具影响力的网络歌手。凤凰传奇的歌更是"横霸"广场舞多年,成为不可忽视的一种音乐力量。2007年是网络音乐的一个转折期,一些被称做"神曲"的网络歌曲出现在人们的生活中,这些歌曲因贴近日常生活、歌词通俗易懂而成为人们关注的对象,例如慕容晓晓的《爱情买卖》、龚琳娜的《忐忑》等。这些歌曲虽然被一些人批评歌词低俗,但仍然受到了大众的喜爱,这也是网络音乐的能够流行起来的原因。截至2013年,我国网络音乐市场规模达到440.7亿元人民币。其中,无线音乐市场规模达397.1亿元,在线音乐市场规模达43.6亿元。2013年,网络音乐用户数量达到4.53亿人以上,规模以上提供音乐产品或音乐服务内容的企业数量达到695家。网络音乐的传播、消费、体验模式日新月异,具有巨大的市场发展潜力。

网络音乐的产生也给音乐市场带来了新的盈利模式。在网络音乐受到大众广泛关注的同时,一些唱片公司开始开拓网络音乐市场,通过在线音乐视听、彩铃下载、单曲销售等方式获取利润,使得当时疲软的市场再次焕发生机。据"手机彩铃网"显示,2006年10月到11月彩铃下载排行榜中前10位中有6首是网络音乐,由誓言演唱的《求佛》更是成为下载冠军,网络音乐在彩铃市场中占据主力地位。在歌手演出费用上,网络音乐歌手的演出费为1万~8万元不等,传统歌手4万~40万元不等。而当时选秀节目的出现使得音乐市场变得更加尴尬,网络歌手因为低出场费和高影响力受到很多商家的关注,演出机会越来越多,传统音乐歌手的地位受到严峻挑战。

■ 9.1.2 网络音乐特点

2009年8月,文化部印发的《文化部关于加强和改进网络音乐内容审查工作的通知》中明确指出,网络音乐是指以数字化方式通过互联网、移动通信网、固定通信网等信息网络,以在线播放和网络下载等形式进行传播的音乐作品,包括歌曲、乐曲以及由画面作为音乐产品辅助手段的MV、FLASH等。网络音乐的范围不再局限于音乐作品的数字化形态,所囊括的内容更广泛。网络音乐作为音乐市场中占据主力地位的重要部分,近几年呈现多元化发展,在歌曲的类型及表现手法上更加丰富,新鲜血液的加入也使得网络音乐市场一直有人们喜欢的作品出现。网络音乐之所以能受到人们的喜爱,和其自身特点是分不升的。

1. 创作与传播的自由性和开放性

在虚拟的网络空间里，网络音乐除了传播音乐作品外，还传播音乐的创作、演奏、制作技术、音乐新闻、音乐学术论文、音乐思想等各方面的信息，并提供各类音乐软件的共享服务。这种音乐传播方式，把每一个人所面对的计算机、手机等信息终端，变成了一个虚拟的音乐大社区。由此形成了虚拟世界音乐文化的广泛传播，也为音乐文化理念的形成提供了更广阔的平台。著名音乐人汪峰曾这样评论网络音乐："互联网让越来越多的音乐人走到台前，也让越来越多热爱音乐的耳朵有听到更多音乐的机会。"

在网络音乐传播过程中，许多以前难以实现的个性化艺术构思和设想，通过网络及数字多媒体技术与电子音乐制作技术的协同配合得以实现。如利用计算机动画制作、音乐制作、音频处理的技术优势，人们创作了大量的Flash音乐文件。互联网为人们构筑了一个丰富多彩的"虚拟现实"世界和信息宝库，使艺术创作者可以迅速获得当今世界不同风格、各种类型的艺术信息和音乐作品。网络音乐的创作者们不仅可汲取专业作曲家们的优秀成果，而且可加入自己的创作元素，创作出一首首风格各异、脍炙人口的网络歌曲，这些都得益于网络音乐带来的前所未有的音乐创作和传播的自由性和开放性。

2. 音乐内容的大众性和音乐形式的包容性

网络音乐与传统音乐相比，其题材更贴近人们的日常生活，歌词口语化、个性化，令人感到亲切自然；而且歌曲结构短小、易唱易记，富含娱乐性，易于在群众中传播。作为大众传媒的强势媒介，网络传播在引导大众的艺术接受、消费过程中，促进了艺术与大众之间相互亲近，艺术不再是小部分人的精神领地，而成为当代大众可以共享的日常生活现象。艺术与大众日常生活的这种广泛对话，直接促使音乐创作走向生活化、娱乐化，催生了网络艺术形式的千姿百态：或激情洋溢或幽默搞笑，或传统或现代，或抒情或直白，或摇滚或温文尔雅。如《小苹果》《一万个舍不得》《最炫民族风》等网络歌曲，大多以通俗易唱的生活化曲调和趣味幽默、娱乐搞笑的歌词，表达小人物的日常生活和普通人的自娱自乐。如动画剧《喜羊羊与灰太狼》的热播，催生了《要嫁就嫁灰太狼》这首网络歌曲，并使之迅速蹿红。《喜羊羊与灰太狼》是少儿动漫剧，其中的灰太狼是个反面形象，但因它身上体现了很多现代女性对自己丈夫的隐性要求，所以《要嫁就嫁灰太狼》便应运而生。无所谓对与错，无所谓灰太狼是个反面人物，歌曲只是体现了网络音乐自娱自乐的功能。

3. 音乐人与听众的互动性

在网络世界里，网友之间信息互换频率和效率都很高，使音乐的自由创作和分享都变得更为便利。一部音乐艺术作品可能随着网络和其他数字媒体传遍世界的各个角落，艺术创作者可以很快就听到、看到受众的评价，并与他们展开双向的交流和艺术观念的碰撞。除此之外，听众还可以通过网络对音乐作品进行再创作，以此对音乐进行更深层次的理解和互动。典型的互动表现为广大网络用户可以对音乐歌词进行随意编辑，然后上传至网络实现共享；通过网络组织投票活动让广大网友评选出自己心目中的经典音乐和歌手；对经典音乐的翻唱使得受众对音乐的理解和情感表现更为广泛，极大地促进了音乐的传播和发展。这种传播过程的互动性使音乐创作为了赢得更多的支持率，而尽可能地从大众的层面出发，创作出较高水平的作品。

4. 歌曲内容贴近日常生活，通俗易懂

雪村的《东北人都是活雷锋》中对东北语言的应用，使得很多人通过歌曲就可以感受到东北人民的风情，该首歌曲也成为很多人对东北地区产生兴趣的一个窗口。网络歌曲的歌词中带有对现实生活的感触，在观众接收到这样一首歌时，在听众和歌曲之间没有所谓的艺术修养的不同所带来的歌曲感受的巨大差异，网络歌曲与听众之间的这种"零距离"是它能走红网络的一个重要原因。近几年在网络上走红的歌曲无一不是如此，如筷子兄弟的《小苹果》，庞麦郎的《我的滑板鞋》。"你是我的小呀小苹果儿，怎么爱你都不嫌多……"这是《小苹果》中的一句歌词，朗朗上口、节奏明快的歌词不出几天便成为很多人模仿的对象，MV中简单易学的舞蹈动作加上洗脑式的歌词，在网络上一度掀起巨大的浪潮，相继推出校园版、明星版，其广场舞版更是成为2014年的热门歌曲。歌曲迎合大众的歌唱需要，让人人都成为"平民舞蹈家"，大家可以通过《小苹果》娱乐、健身甚至可以通过恶搞等方式丰富自己的生活。《我的滑板鞋》中的歌词"魔鬼的步伐，摩擦，摩擦，一步一步似爪牙"，一首集嘻哈、电子、叙事民谣等元素为一体的有趣又有内容的新神曲，在微博发布3天就有超过50万人追捧，以它独特的魅力受到人们的欢迎。

5. 网络音乐的跨时空性

在网络音乐之前，传统的音乐大多借助广播、电视等传播媒介向听众推介。听众必须在特定的时间、特定的地点才能分享到音乐，否则很难听到或完整听到自己心仪的音乐作品和歌手的声音。互联网的诞生，则打破了传统传播媒介的局限性，尤其是时间局限。网络的开放性使得网络在使用上不受时间和空间的限制，这也让音乐创作者在个体创作上显得更加自由。电脑、网络、电，只要有这三者网络音乐歌手便可以进行创作，并且能在网络上进行传播。网络的普及使得"地球村"的实现不再停在想象中，空间距离的缩小为网络音乐的传播提供了便利。现在我们可以通过网络了解其他各国的音乐排行榜情况，甚至可以查询到当地居民对歌曲的认可度和赞赏度。

6. 网络音乐的社会励志性

网络的广泛传播赋予网络音乐的社会功能。"西单女孩"任月丽的蹿红，不仅仅是因为她的完美嗓音，更多是因为网友被她的淳朴、善良、坚强的性格和为梦想而不断努力进取的精神感动和折服，她的成功也绝不仅仅是一个人的成功，而是对生活充满希望的所有社会群体的成功，人们从中领略了普通人对梦想的执着追求和坚持不懈的奋斗精神。一首《春天里》在网络的爆红，是"来自生活的力量，不能忽视的声音"，它让人们看到了对未来的希望和对梦想的追求，折射出的同样是小人物对理想的寻觅，激励着人们不断向前，给予人们极大的精神动力，同样也唤醒了人们更强的社会责任感，唤醒了人们关注生命、关注信仰的心灵。一首《老男孩》更是将网络音乐传播推向了高潮，它成功

地引起了整个社会对工作、家庭甚至人生的思考，之所以能引发社会共鸣，是因为它道出了人们在面对现实时要坦然、豁达和乐观，更要正确认识环境，不断完善自己的积极生活态度。

7. 网络音乐在内容和形式上呈现多元化发展的局面

随着大众审美的变化，网络音乐在创作上也开始注意各群体审美情趣的差异性，尝试性地满足不同阶层听众的趣味。此外，在虚拟的网络世界里，互联网除了作为一种艺术的传播媒介之外，越来越多的人借助这一平台通过音乐的表达方式——旋律和歌词——表达自己对现实生活的感触。先不说这些歌曲所传递的意义是否健康，但这的确是网络音乐繁荣发展的标志之一。正是因为这一原因，使得越来越多的人加入了网络音乐产业的大潮中，无形当中也丰富了网络音乐的内容和形式。其中，既有幽默搞笑的《特务小强》，又有直抒感情的《老鼠爱大米》；既有温文尔雅的《两只蝴蝶》，又有摇滚风格的《最炫民族风》。网络音乐在内容和形式上的多元化发展，不仅带来了网络音乐产业的繁荣，也促进了社会文化的发展。

9.2 音乐文化创意与策划的内涵

音乐文化创意在音乐产业中包括以下4个层面的内涵和外延：音乐文化创意在本体层面上的"意念与意象"，在音乐产业层面上的"生意与效益"，在音乐传播层面上的"意义与意味"，以及在语境层面上的"意识形态"。这4个层面之间的关联是有机的。

1. 音乐文化创意的本体层面

"创意"一词在西方语言里其实是"创造"，而"创意"即"Create New Meanings"是指创造出新的意思或意境，本义是"赋予形象、创造新的东西"。也就是说，"创意"体现出"从无到有"、从"心中意念"到创造"具体意象"的意义，以此作为参照的话，可以看出"音乐文化创意"在本体层面的内涵与之如出一辙，同时也概括了音乐文化创意的思维方式和生成过程。

"意念"这一术语，在文艺学中可做"构思""艺术想象"来理解，在音乐文化创意思维中即为创意构想，但这种理解远远超出了文艺学的领域，延伸到文化经济学以及营销学等领域中，从而被引申为"大创意"的概念，涵盖了与音乐相关的公司和企业以及个体等不同层面的创意主体对于音乐产品从整体到细节的构想。从纵向来看，这种构想包括音乐产品的策划、构思，音乐表演以及音乐产品传播的全过程；就横向而言，它将音乐创意与更广阔的文化与产业背景做了链接，从而为音乐创意注入了更为丰富多元的想象因子，加强了音乐产业与其他产业的融合。

而"意象"是审美主体对审美客体发生"思想灵感"的产物，从美学角度来看，作为意中之象、心中之象，它属于中国文艺美学的典型术语，有着特定的内涵和外延，可以用来表述音乐创意的形象性和艺术性内涵。当"创意"延伸至音乐文化产业链时，"意象"或可相当于符号学视域中的核心概念——"符号"，即思想、体验和形象等，当然也包括索绪尔所认为的"能指"和"所指"。在"意念"和"意象"的内涵中，我们看到了音乐创意的艺术性和审美特性，也看到了"大创意"的科学性和应用性。把这种理念和思维延伸至音乐文化产业后，我们仍然有必要再次强调艺术性和审美性是音乐创意的逻辑起点，是音乐文化产业的启动者。因此，我们在音乐文化产业发展的过程中，必须将音乐文化创意从文艺学领域的"小创意"向产业视角下的"大创意"进行拓展。

2. 音乐文化创意的产业层面

从产业经济的角度而言，音乐文化创意的目的是使音乐内容进入音乐文化产业，从而获得音乐文化产品的商业价值。因此，在产业层面上，音乐文化创意之"意"，包含"生意"之意，并且与经济效益密切相关。

英国1998年出台的《英国创意产业路径文件》明确定义了创意产业："起源于创意、技巧及才能，通过智慧财产权的生成与利用，有潜力创造财富和就业机会的产业。"成功的音乐创意的例子有当下音乐与某些口碑不错的旅游景点整合起来而诞生的音乐表演和演出(如《印象·刘三姐》)等，这些创意不仅给创意者带来了物质财富，也给观众带来了精神财富，既创造了经济效益，也创造了社会效益。但是，如果就此将音乐创意等同于创"钱"，则无疑是对创意内涵的极大误解。因为只追求经济利益的创意，可以说是一种被异化了的畸形创意观，这种认识过分夸大了创意的经济意义，而忽略了或者轻视了音乐创意的文化和审美意义。

3. 音乐文化创意的传播层面

从传播学的角度而言，任何符号产品的价值都有赖于受众解码的符号意义，传、受之间需要实现交流互动。一个好的音乐产品的意义生成以及对它的社会共识，往往是通过公共空间内的多向互动、社会评价和群体性交流才最后完成和出现的，音乐创意的主体连同受众群体，共同完成了音乐产品传播意义的创造。

在音乐传播层面，创意之"意"具有"意义"和"意味"的意思。"意义"不仅指符号所蕴含的内容，也指符号所具有的价值和作用。一个音乐创意所产生的符号，往往具有多义性，不同的音乐受众可能有不同的解读。"意味"作为一个具有审美趣味、审美意蕴之意的中国古典美学术语，对于受众而言，主要是指他们在解读音乐创意作品时获得的审美享受和精神愉悦。

好的音乐创意需要创造深远的意义，具有深厚的意蕴，这样才能真正打动受众，吸引受众积极介入音乐传播，最终实现音乐创意的价值，完成一条完整的音乐文化创意产业链，进入新一轮的音乐创意循环。从受众角度来说，音乐文化创意必须创造意义以满足观众的心理体验需求和精神需求。那些不能调动观众审美感受或激发观众意义认同的所谓创意，不能被称为合格的创意。而从音乐文化创意主体的角度来说，无论是企业层面还是个人层面的音乐文化创意，都必须着眼于我国音乐文化整体形象的塑造，着眼于"文化符号"的凝聚，只有这样，音乐文化创意才能发挥其强大的创造力与黏合力。

4. 音乐文化创意的语境层面

任何创意都离不开促其发展和转换的社会土壤，由经济、时代、社会与文化等因素构成的话语环境或者观念系统，造就了音乐文化创意的意识形态系统。

在我国，"意识形态"通常更多地被理解为政党的思想观念。事实上，"意识形态"的概念和理论随着不同社会文化语境和哲学史框架的变化，一直在不断发展着。黑格尔、马克思、阿尔都塞和拉康等人的思想已经构成了一部复杂的意识形态理论史，而在我们当今所处的后现代语境中，解构也已经成为一种常见的思维方式和叙述元素。对于意识形态本身的这种特点，阿尔都塞指出："只要人类社会存在，意识形态就不会终结，意识形态是一种无处不在、略显神秘而又时时发挥着现实功用的物质性存在，是渗透和弥漫于诸多意识形态国家机器当中的主体建构活动。"

由此，我们可以认为，"音乐文化创意"之"意识形态"有三层意思，一是指音乐文化的创意主体，它是被意识形态所构建的主体；二是指音乐文化创意的客体，即音乐文化创意的符号产品，包括音乐作品及其推介活动；三是音乐文化的创意客体与主体被意识形态所构建的同时，也参与着意识形态的构建。随着相应观念的转移与变化，音乐文化创意的内涵也在改变。因此，音乐文化创意并非一个封闭、静态的概念，而是一个动态的、发展的、流变的系统。

典型案例

凤凰传奇的传奇

凤凰传奇原名酷火组合，主唱杨魏玲花是蒙古族姑娘，歌声豪迈嘹亮，被称为"女版腾格尔"；男歌手曾毅是湖南人，擅长说唱和舞蹈。他们的歌曲旋律朗朗上口、歌词通俗易懂，征服了中国乃至世界的亿万听众。截至2013年5月，凤凰传奇正版专辑销量600万张，无线下载3亿次，网络试听点击5亿次，单首歌曲搜索量1.2亿次，成为中国流行乐坛叱咤风云的组合。2004年，他们参加了CCTV第十一届青年歌手大赛，取名"酷火组合"；2005年，改名"凤凰传奇"在央视星光大道获得年度亚军；2008年，他们参加了央视春节联欢晚会，演唱《月亮之上》；2010年，又在央视春节联欢晚会上演唱《天蓝蓝》；2013年，在央视春节联欢晚会上作为开场第一个节目演唱《中国味道》。凤凰传奇创意策划的成功经验有以下几方面。

第一，创意编曲风格。凤凰传奇的歌曲融合多种曲风，如嘻哈、说唱、电子音乐、摇滚、民歌等，将现代节奏与民族音乐相结合，开创一派新民族风。

第二，民族特色突出。凤凰传奇发行的专辑和单曲里面大多数用以歌颂少数民族英雄人物和反映少数民族民俗风情。如《奢香夫人》《一代天骄》《泼水节》《新疆玫瑰》《天蓝蓝》《高山槐花开》《康定情缘》《溜溜的情歌》《我从草原来》《我和草原有个约定》等。

第三，歌曲受众面广。凤凰传奇经纪人徐明朝认为凤凰传奇能取得成功，其中一个重要原因就是歌曲极为大众化。小到三岁小孩，大到老头老太，对于凤凰传奇的歌曲随口就能唱。

第四，专注品牌策划。凤凰传奇的品牌策划独具一格，创意总监徐明朝专门成立百人文化娱乐公司来负责凤凰传奇的所有策划宣传和运营事宜。这家只有20多人的小公司定位明确，那就是把凤凰传奇作为核心品牌，走平民化和国际化相结合的路线，致力于打造中国最"炫"的歌唱组合。

第五，营销模式及衍生产品。凤凰传奇的营销打破了传统的通过电台积攒人气的模式，转而投向互联网，如QQ音乐、酷我音乐、酷狗音乐、百度音乐盒以及专业音乐网站。通过专业音乐网站和音乐盒软件来宣传，不仅影响力大，而且可控性强、成本低。百人文化娱乐公司的宣传总监郭新波把凤凰传奇的网络宣传分为三个阶段：第一个阶段是占领货架；第二个阶段是通过微博、人人网等SNS平台进行传播；第三个阶段则是通过移动互联网，如手机浏览器弹窗、微信、APP等来传播。凤凰传奇的商业模式包括三部分：商业演出、广告代言和演唱会、衍生产品。目前，百人文化公司正在开拓与凤凰传奇有关的游戏、服饰品牌等。

资料来源：张鲁君. 文化产业创意与策划[M]. 福州：福建人民出版社，2014：106-107.

9.3 网络音乐产业的创意与策划

尽管网络音乐的迅速发展可以让网络歌手"一夜爆红"，但是要想保持长久地位并不是那么容易，调查显示在歌手排行榜上还是一些传统歌手更受人们的欢迎。在音乐方面，传统歌手因其制作精良而经久不衰，相反网络歌曲在市场的不断变化中慢慢消失，带来的也只是瞬间的烟火。但即使如此，网络音乐也有其不可忽视的力量。网络音乐的发展一直都没有停下，越来越多的人在新时代的发展下加入网络音乐大军，但网络音乐市场的不完善使得网络音乐产业仍然处在发展期。盗版侵权、版权纠纷、技术手段缺失、网络音乐网站音乐免费下载、监管力度低等因素导致负盈利的问题不停地出现在人们面前。随着各种手机音乐APP的出现，听众可直接通过搜索搜到自己喜欢的音乐，使得部分网站只能依靠广告收入存活。在冰火两重天的境地下，一首网络歌曲爆红与否，一般与它的创意与策划有至关重要的关系。网络音乐能一直保持新鲜，与它幕后的创作有着密不可分的关系。简单说来，网络音乐的创意与策划体现在以下几个方面。

1. 网络音乐内容贴近生活，贴近社会大众的心理需求

在网络上爆红的歌曲，大多有着较高的创意性，无论是曲调、歌词还是演唱风格都符合当今社会大众的审美趣味。很多流行的原创性的网络音乐表现的都是普通老百姓的日常生活，表达的是普通民众的酸甜苦辣、人生百态。例如，《东北人都是活雷锋》这首网络歌曲比较简单，歌词内容好学易懂，它惟妙惟肖地表现了东北百姓生活的原生态，用一

首歌讲述了一个"救人"的故事，用一首歌讽刺了当前"见死不救"的社会现实，用一首歌表达了歌者对生活的思考。多元化的音乐元素，诙谐幽默的遣词造句，给予那些深刻的思想以生命力，令闻者过耳难忘，为人们所津津乐道。特别是在歌词上也适当地使用极富东北特色的语言，带有地域特色，富有新意。又如，受动画片《喜羊羊与灰太狼》启发创作的网络歌曲《要嫁就嫁灰太狼》，就准确地把握住当前社会民众的心理感受。灰太狼虽然在作品中是一个反面角色，但它却是现实社会中女性择偶对象"经济适用男"的典型代表：长相普通但工作稳定，收入一般但有生活情调，顾家，对老婆忠心耿耿，而且他们大多做事认真，责任心强。当然，网络音乐除了原创还有一部分是通过改编出现在人们的生活中的，不少歌曲之所以比原唱更富有知名度，原因无外乎改编后的网络歌曲更贴近百姓生活，更符合社会现实，更容易引起听众的情感共鸣。

2. 歌曲本身富有创意

在网络爆红的歌曲，无不在歌曲本身某些方面富有创意，例如创作理念、歌词、演唱风格等。网络音乐最初是以背景音乐的形式出现的，如电子邮件背景、网页配乐等，后来才出现单独传播的原创性或改编性音乐作品。例如，当年流行一时的《半城烟沙》《一万个舍不得》《小苹果》《王妃》等，以及各种歌曲的网络改编版，这些作品的词曲编创看似较为简单，其实都包含创意。比如，《半城烟沙》的歌词比较"文艺范儿"，加之凄美的曲调，打动了很多受众；《小苹果》则以幽默的形式、强烈的节奏配合舞蹈动作，使听众在不知不觉中被其感染，同时想法也非常独特。由此可见，网络流行音乐作品之所以能够得到大众的青睐，创作中的创新功不可没，体现了大众音乐创作在数字化时代的新进展。

改编类歌曲是网络音乐中的一个重要类型，其形式多种多样，如改编原曲歌词内容、更改原歌词语言类型、多首歌曲拼编等。其中，不少歌曲的流行度要超过原曲，它们之所以能够成功，创意尤为重要。例如，改编歌词类作品往往立意独特，风趣幽默，给人以耳目一新的感觉；更改歌词类作品则是将已有歌曲的歌词以中国各地方言或外文重新编排演唱，以达到新鲜幽默的效果；多首歌曲拼编是将多首歌曲的内容进行剪辑拼接，然后重新翻唱，其创意水平和技术含量相比前两类作品要高很多。

3. 网络音乐在一定程度上随着人们审美观念的变化而变化

从最初的《东北人都是活雷锋》《大学生自习室》到后来的《两只蝴蝶》《伤不起》，我们可以发现，从最初的颂扬或调侃社会生活到后来的个人情感抒发，网络歌曲在演唱及词曲的创作上都在随着听众审美观念的变化而变化。因此，网络音乐的创意与策划者在具体的创作过程中，要注意对听众审美观念的把握。纵观当前火爆的网络音乐，我们可以发现那些饱含深情又不失激情、细腻又不失粗犷的音乐旋律，那些个性张扬又不失传统音乐的规律性的音乐语言，往往更符合大众的审美情趣和观念。凤凰传奇的很多歌曲就是成功的典型代表，他们的歌曲大都是在网络的帮助下火遍全国的，《月亮之上》更是成为广场舞伴奏乐的不二之选。这个组合的蹿红也让杨魏玲花、曾毅这两个名字火起来，更是在2008年、2010年、2013年三次登上央视春晚的舞台。从《月亮之上》到《天蓝蓝》，再到《中国味道》，每一首歌曲都很好地贴合了当年的社会生活，都符合当年民众的心里期待。由此可见，网络歌曲的红火与民众的审美有着密不可分的关系，因为一首歌曲的成败最终还是要由听众来决定，而歌曲的风格、表现形式也势必会随着民众审美的变化而做出适当的调整，以便更好地适应社会的发展需要，保持长久的生命力。

4. 把握互联网传播规律，突破传统音乐的创作规律

与传统音乐相比，网络音乐更多是借助互联网这一传播载体进行传播，这就要求网络音乐的创意与策划必须准确地把握互联网的传播规律，在传统音乐创作的基础上进行创新和突破。传统的广播电视这些传播载体，受制于自身传输特点和政府审查的限制，往往对所传播的歌曲在旋律、歌词等方面都有着严格的要求和规定。对于互联网而言，则没有这方面的规律，它不仅在歌词、旋律等方面的要求非常宽松，而且面对的听众也以年轻一代为主，所以，在创作的过程中就不能拘泥于传统歌曲的创作方法，而是应该探索符合网络音乐传播规律的创作方式。一方面，为了便于传唱，在曲式上以简单的两段体为主，在手法上可以采取重复、反复的方式来完成网络音乐作品。比如网络音乐《两只蝴蝶》，它主要包括两部曲式，其中第一部曲式主要由两个乐段组成，每个乐段又由两个简单的乐句组成，第二部曲式则运用重复的手法，重复第一乐句。另一方面，网络音乐的创意与策划，还需要注意在旋律上以流畅、平稳为主，音域尽量窄一点，减少音程的变化，曲调做到简单，便于人们哼唱。比如网络音乐《你是我的玫瑰花》，在创作的过程中采用音乐速度适中的4/4拍，其音域变化较小，只跨了低音"5"到高音"1"，这就非常接近常人说话的速率；同时，音乐的节奏变化也较小，只出现了一个16音符，多以4分音符和8分音符为主。此外，在网络音乐的创意与策划中，在歌词上要追求口语化，尝试运用生动幽默的语言，以达到朗朗上口的效果。比如网络音乐《伤不起》，其歌名本身就来自网络词汇，在歌词中创作者又加入了大量的网络语言，歌词直白，贴近现代年轻人的生活，再配上强劲的节奏，广受青年人的欢迎。

5. 注重市场环境和社会环境的建设

由于唱片公司的积极参与和信息技术的采用及革新等，网络音乐已经成为一种很复杂的社会现象。将音乐、社会组织和技术等多重因素密切结合在一起进行创意和策划，其重要程度远远超越了音乐本身。首先，网络音乐的完整产业链，依赖于唱片公司、互联网运营商、无线运营商的密切合作。内容提供商(Content Provider)进行文化创意，吸纳歌手，向服务提供商(Service Provider，互联网运营商和无线运营商)出售著作权，再由服务提供商通过网站付费下载，以移动手机铃声、手机彩铃、手机音乐等形式提供给消费者，产生经济效益，形成产业链良性循环，最终实现网络音乐可持续发展。其次，同唱片公司合作是网络歌手发展的重要形式，也是提高网络音乐水准的有效途径。网络歌手的自由发行固然可以让小部分人迅速成名，但网络音乐的创作水平和质量比较低；而唱片公司具有无可比拟的创作优势、制作优势和发行经验，如果和网络音乐结合起来，将产生巨大的社会效益和经济效益。

另外，需要尽快健全法律法规，规范网络音乐发展。网络音乐目前存在版权管理混

乱等问题,严重影响其健康发展。这其中一个重要问题就是大众的知识产权观念淡薄,人们的免费文化消费观念亟待改变。可以通过发展无线下载业务如手机彩铃等,阻断和减弱盗版,保障网络音乐的健康发展。当然,与此同时,网络音乐的自我版权保护也充满着智慧,"鸟叔"将《江南Style》上传至视频分享网站,全球网友免费收看,竞相模仿,使他在几个月内红遍全球,在该音乐传播的整个过程中,唱片公司和经纪人都躲在幕后,放任其作品被免费享用,这种对版权的"大度"恰恰促成了他的成功:巨大的市场让他名利双收,仅靠商业演出和广告代言就赚得盆满钵满,身价跃居一线艺人之列。这个案例启发我们要认真思考版权保护与音乐产业发展的辩证关系,有时候需要运用智慧在作者收益权和社会公共利益之间找到一个最佳平衡点。

思考题

1. 简述网络音乐的类型。
2. 简述网络音乐的特点。
3. 试举例说明音乐文化创意的内涵。
4. 简述网络音乐创意与策划内容。

章末案例

从乐视到陌陌:音乐直播是热潮还是泡沫

2014年8月2日,乐视音乐成功地"玩"了一场汪峰鸟巢演唱会的付费在线直播,有超过75万的场外观众参与,创造2 250 000+的线上票房营收,掀起了在线音乐直播的热潮。在随后的一年内,包括腾讯视频、优酷土豆在内的视频平台都迅速加大了对音乐直播节目的投资,直至7月陌陌现场上线。在国庆节期间,迷笛音乐节、理想音乐节和简单生活节的直播火力全开……

那么,音乐直播究竟有何魅力,使其受到互联网平台如此追捧?

1. 传统模式疲软,音乐直播成救命稻草

相比众多音乐平台难以回收巨额版权预付的现状,汪峰鸟巢演唱会直播在流量和票房方面的双重丰收颇有启发性,看起来性价比不错的音乐现场直播难免会招致凿出"新入口"的跟风,QQ音乐与腾讯视频相继推出"Live Music",酷狗音乐(繁星网)和优酷土豆等也都跟进了音乐现场的直播内容,而诸多音乐直播平台随后也出现了分水岭。

音乐直播模式最直观的区分是收费与免费:收费就是要门票,在国内成规模的只有乐视音乐一家,汪峰鸟巢演唱会直播的线上门票是30元,后来也有6元场中央车站的直播门票,直至年费会员专场。免费也分两个阶段,第一阶段是吸流量,第二阶段是转化,借助粉丝互动、周边商品等深度服务收费，但至今更多的直播平台还停留在第一阶段。

就整个音乐直播市场而言，还远远未价值回报的时候。分水岭更本质的岔口在于身后的核心价值与定位。一类是从用户体验出发，早期也是用明星的强IP吸流量，但后期的经营中心是"场馆"而不是"演员"，瞄准用户的品位和习惯，乐视音乐、野马现场以及摩登天空的"正在现场"等都属此类；另一类是从内容属性出发，重心在数量和内容IP的强度与黏度，瞄准用户的内容依赖感和情感冲动，诸如粉丝经济等从内容IP延展的价值挖掘是未来的突破口，腾讯视频、优酷土豆和酷狗音乐等都属此类。

2. 音乐直播：抢用户眼球的另类武器

在YY直播间或者17(一款由"国民老公"王思聪投资的直播与分享APP)，音乐对看客而言都是加分项，但这些都不在音乐直播平台的范畴。有关音乐直播平台的界定，是与音乐艺术家和音乐内容根骨相连的，这就表明成本除直播权、出场费之外，还有亲身参与的技术性支持，以保证直播的最终效果(导播控制的尺度、声音的质量与画面的流畅程度，都决定了屏幕前用户的体验)，比起纯粹的付费购买即可直接播放的影视节目更复杂，总成本也就更不可控。

高质量音乐直播的成本还是较高的(国内优质的直播团队并不多)，但现在的音乐直播授权费比网络音乐版权费低很多，视频平台和音乐平台都是在用内容争抢用户的时间和视线，音乐直播内容就是一项武器。

至于视频网站的战场，乐视音乐早已构成了品牌，在一些音乐用户心中已经超越了乐视网本身，初现音乐现场之"场馆"的风貌，即使黏性用户较多，但是整体的用户规模还有待开发；腾讯视频和优酷土豆，还都处在强烈的依托内容IP的阶段；爱奇艺在近期表明在发展会员服务的同时会推及音乐现场直播，还处在更早期的阶段。

对于腾讯视频、优酷土豆和爱奇艺而言，音乐直播也只是整体视频内容分出来的一个板块，现在直播权的成本还不高，但一旦争抢起来也容易失控，加之更多的不可控成本，换回几十万至几百万的点击量，是否比投资其他热门内容的性价比更高呢？但唯一不同的是，优酷土豆自己开始打造理想音乐节，与摩登天空投资"正在现场"APP是相反的延展方向，产业链条会更长，虽然兼备机会和想象力但任重而道远。

音频网站的战场，参与者还不算多，即使在音乐网站或者相关APP，相比传统的MV，音乐现场可能会是性价比更高的选择：阿里旗下的虾米音乐、天天动听与优酷土豆形成协同与互补；腾讯旗下的QQ音乐与腾讯视频构成了协同与互补；网易云音乐暂时还未猛力参战。

酷狗音乐在近期强推了"国美·湘江音乐节"的直播和黄雅莉演唱会的直播，体量与IP强度基本还属试行或萌芽阶段，但如何提升两者的协同度才是更重要的问题。

如果要避免对单一IP的依赖，应打造用户习惯进出的"场馆"而不是限定为单一"内容"，音乐现场直播对用户体验要求就会更高，而国内具备国际直播水准的直播车今年才出现，诸如S.A.G.(负责乐视音乐张北音乐节、李宇春和李志等的演唱会直播团队)的声音方案执行方还很少，短期内很难量产国际级品质的音乐现场直播。

3. 十字路口的"陌陌现场"

在视频和音乐平台之外，陌陌的参战方式比较另类，而且是重度投资。但基于陌陌已参与多年草莓音乐节的"搭讪广场"，自己在社交的后花园搭起常驻的"搭讪广场"也不足为奇。但在运营了一个多月之后，"陌陌现场"也走到了十字路口。

梁翘柏出任首席内容官率先奠定了"陌陌现场"的两个基调，一是保证内容的音乐性，二是提升整体氛围的格调，这与YY节目的属性和质量一定会有本质的不同。在诸如YY或者酷狗繁星的直播节目中，表演者多是基于"一对多"的互动，"陌陌现场"能提供更多"多对多"互动的可能，在表演者与观众之外，观众之间也促成更多的互动。乐视音乐打造的"场馆"接近剧场或体育场，而"陌陌现场"更接近Live House。夜晚进出Live House的帅哥靓女，与游走于音乐节舞台及旁边的"搭讪广场"的男男女女如出一辙：他们是来看有格调的演出的，他们也都是有社交需求的。"陌陌现场"是最自由的且空间无限的Live House和音乐节的"搭讪广场"。

这里有一些"陌陌现场"的运营数据：2014年9月14—16日，周笔畅上演三天直播，观看人数累计1065万人次，同时在线用户的巅峰值为100万，参与互动的用户人均互动28次，9天内新浪微博#解救周笔畅#的话题阅读量为4279.7万，讨论量5.2万。

这些看起来很美的数据，依据线性的直观判断很容易陷入误区：第一，这些都依赖于强IP，周笔畅不是常驻歌手，上线期间好妹妹和任贤齐等知名歌手也来助阵，但之后没有再出现；第二，这些数据的规模和发生频率，与视频网站的重IP投资相比，也还有距离；第三，在陌陌直播之后，周笔畅新单曲的发布阵地选择了微博，粉丝会跟着走，微博话题阅读量和讨论量在新阵地也易重现。

但还有另一些数据，体现在流量红利和粉丝经济之外，陌陌还有充分的社交价值可开发：周笔畅在场的三天直播期间，每个用户新增6个好友，位于星光值贡献榜前10名的用户每天新增200多个好友。陌陌用户的"搭讪"，是之于社交环境的价值体现，而且完全产生于陌陌产品与用户本身的内环境之中。

截至目前，"陌陌现场"的常驻歌手周子琰(自习室女生)、毛泽少(《中国好声音》歌手)、路默依(《最美和声》学员)和杨炅翰(幕后创作歌手)等都达到了近百万甚至更高的星光值。从收益来讲，还无法YY的明星主播相比，但值得安慰的是，它数倍于Live House演出的收成与推广效力。未来，对明星IP的持久依赖性会减弱，成本的可控性也会增强。但打造更好的"搭讪广场"，推动用户之间的互动与其他服务的转化，才是更重要的目标。

在流量红利与粉丝经济之外，"陌陌现场"开拓了新的可能，但如果未来还是对明星IP抱有一定强度的依赖，将会陷入与视频网站的内容竞价之中。音乐现场直播基于社交环境也提供了更多的可能，而音乐在未来的价值会更多体现在复合产品之中，而不是限于横向流量与票房的比较。

音乐现场直播之于陌陌的价值，换一种角度来看也可能体现在其他视频、音乐平台之外的环境之中。而在更多平台体现价值的音乐形态，不一定只是现场直播。

对于那些可能身陷竞价之苦的视频网站而言，对音乐直播的重度投资也不一定是泡沫，比如十一期间在优酷土豆直播的理想音乐节的线上线下观众累计达500万，在腾讯视频直播的简单生活节的线上播放也近600万人次，之后这些百万级的用户如何习惯性地回归而不是"看完就走"，将成为是打造直播"场馆"的重要考题。对于更多试图借力音乐提升用户黏性的产品与平台来说，不妨在点播量的线性指标之外，挖掘那些与自身产品和服务生态深度融合的体验与价值。

资料来源：http://business.sohu.com/20151020/n423657683.shtml，有删改.

思考题： 1. 音乐直播的特点有哪些？

2. 你认为音乐直播是热潮还是泡沫？

第10章

广告产业创意
与策划

→ **章前引例**

士力架广告——林黛玉篇

士力架的广告大多以风趣幽默为主调，其中林黛玉版最让人记忆深刻。士力架广告情节创新，内容搞笑，对观众具有强烈的吸引力且能让人印象深刻，并能突出它的广告语——士力架：横扫饥饿。一直以来，士力架的广告就强调其"横扫饥饿"的功能性，突出其"能量食品"的产品属性。

在这则广告中，守门员非常饥饿，站都站不稳了，像林黛玉一样柔弱，吃了一口士力架后，立刻就变回自己。这则广告和士力架全球层面的广告调性保持一致，又不乏中国人特有的幽默感。有创意的广告自身就会成为"病毒"视频，这条片子深受网民喜欢，网民自发传播。创意才是病毒，恶搞需要智慧。在这则广告中，主人公刚出场的场景就颠覆了一般人眼中的足球运动员刚强有力的形象。画面中，一个柔弱少女在做守门员，这会让人产生这样的疑问：为什么会变成这个样子呢？于是随着故事的展开，观众最终发现原来是因为守门员饿了没有能量，吃了士力架之后立马变回自己，又回到了真正的比赛中。

该广告让消费者在不经意间产生了深刻印象，每当自己感到饥饿无力的时候就会联想到士力架。在潜移默化中，使消费者对产品建立了信心，对产品的认识度上升为对产品的忠诚度。

资料来源：http://wenku.baidu.com/view/aa748b63a45177232f60a26f.html?from=search，有删改.

10.1 广告创意初解

10.1.1 广告创意的定义

"广告"顾名思义就是"广而告之"。但是，这个家喻户晓的广告定义未免过于简单和局限，因为它只表述了广告的一个基本属性。广告是商品经济的产物，它随着市场的发展而发展；广告是一种经济活动，广告活动必须按照经济规律办事；广告是一门跨领域的综合性学科，广告活动的全过程涉及和影响社会生活的各个方面；广告的对象是人，他离不开人的感知、认识、思维、情感、兴趣、技艺、意志等许多新心理现象；广告是一种文化，它通过一定的艺术形式达到传播的目的。

在产品同质化严重的今天，产品的类似导致广告的相似，一件商品想要在市场中脱颖而出就一定要有不同于其他商品的思考与视角，从广告学的观点出发，即要有好的创意。

广告创意在广告中的作用犹如人们生活中不可缺少的空气与水，如果广告没有创意就没有实质存在的意义。在许多产品同质化的市场现状下，若没有好的广告创意来区分产品理性上或感性上的卖点，那商家又何必苦苦地对维系品牌形象情有独钟呢？那消费者在购买产品的时候又何必选择呢？

著名广告大师詹姆斯·韦伯·扬深刻指出："广告上的创意，是把所有广告的商品对消费者特殊的知识，以及人生与世界各种事物的一般知识，重新组合而产生的。"

20世纪80年代初，"创意"一词开始在中国广告界出现。创意作为一种重要的思维方式、工作方式，特别是作为一项职业、一种产业，是在欧美国家兴起的。但就"创意"的原意乃是创造性的意念而言，中国古已有之。

最早研究广告创意的是美国著名广告大师詹姆斯·韦伯·扬，其著作是1960年出版的《产生创意的方法》一书。通常把广告创意概括为使广告达到宣传目的的创造性主意，它包括策略性的思想和表现形式两个方面的内容。

广告策划中的"创意"的实质是根据产品情况、市场情况、目标消费者的情况、竞争对手情况等制定广告策略，寻找一个"说服"目标消费者的"理由"，并根据这个理由通过视、听表现来影响目标消费者的情感与行为，使目标消费者从广告中认知该产品的优势，从而促成购买行为。故此，广告创意的核心在于提出"理由"，继而进行"说服"。广告创意是以企业的营销策略、广告策略、市场竞争、产品定位等为依据的，绝不是创作者凭空想象的。目标消费者通过广告清楚地认知广告告诉他们的是什么，是否符合他们的需要，该产品能给他们带来什么利益，通过广告促使他们决定是否付诸行动。由此可知，广告创意是具有强烈的"策略性"的主意。

我们认为，广告的创意，也称广告的主题，其意义是指一则广告通过全部内容和形式所表达出来的中心思想。因为只有表现出中心思想，才是创意的宝贵所在，也只有如此，才能吸引人们的眼球，加深人们的印象，从而表现出灵魂与统帅作用。

10.1.2　广告创意的特点

广告创意是创造性思维的一种，具有创造性思维的一般特征，诸如求异性、创新性、灵活性等。除此之外还具有自身的特点。具体表现在如下几方面。

1. 关联性

关联性是指广告创意必须与广告主、广告商品相关联，还必须和目标消费者需求相关联，以取得树立品牌、促进销售的功效。美国广告大师詹姆斯·韦伯·扬说："每种产品与某些消费者之间都有相关联的特性，这种相关联的特性就可能导致创意。"找到产品特点与消费者需求的交叉点是形成广告创意的重要前提。

2. 广泛性

广泛性是指广告创意存在于广告活动的各个环节。从小的方面来说，广告创意体现在语言的妙用、画面的设计等方面；从大的方面来说，还可以体现在战略战术的制定、媒体的选择搭配、广告的推出方式等广告活动的各个要素上。

3. 独特性

独特性就是要"发前人所未发，言前人所未言"，要"超凡脱俗""标新立异"。平常所说的独辟蹊径、打破常规、匠心独具等，都是指广告创意具有的独特性，即新观念、新设想、新理论。那么如何才能做到独特与吸引人？这就要靠人们去思索、探求、比较。最根本的一条就是要在突出主题的基础上，配以极妙的衬托(包括妙语与图案)，去创新、去立异。

美国最权威的广告杂志《广告时代》总结了许多广告专家的观点后，对广告创意做出的结论是："广告创意是一项控制工作，广告创意是为别人陪嫁，而非自己出嫁。优秀的广告人员深谙此道，他们在熟悉商品、市场销售计划等多种信息的基础上，发展并赢得广告活动，这就是广告创意的真正内涵。"

在知识经济时代，新知识不断涌现，同时旧知识也在被不断地以新的视角重新定义和阐述，这就是一个整合的过程，这个过程需要创意的智慧迸发出火花。

美国著名广告大师大卫·奥格威指出："如果广告活动不是由伟大的创意构成的，那么它不过是二流品而已。"

▌10.1.3 广告创意的产生及过程

1. 广告创意的产生

关于广告创意是如何产生的，几乎是所有从事广告创作的人都会积极探索的问题。因为搞清了来源，就意味着明确了寻找创意路径。那么，广告创意究竟是如何产生的呢？我们总结了以下几点。

1) 了解相关要素

广告创意首先来自对企业、产品、市场、消费者的了解，没有对这些方面情况的详尽了解，一切就无从谈起。不断深入地了解企业、产品、市场、消费者，应该是广告创作人员的基本功，对这四方面的情况越是熟悉，就越有想出好点子的可能。所以大卫·奥格威特别主张要像小学生那样去做好"家庭作业"。所谓"家庭作业"就是仔细研究产品和企业。他说："除非你开始做家庭作业，不然就不会有制作成功广告的机会。我一直认为做家庭作业很沉闷，但是却别无他途。"奥格威本人在为劳斯莱斯汽车做广告的时候，就曾花了三个星期，仔细研究劳斯莱斯汽车的性能。他自己买了一辆劳斯莱斯汽车，亲自去访问加油站和汽车站，最后才写出了那句"当时速达到60英里的时候，劳斯莱斯汽车上最大的噪音来自那架电子钟"的经典广告语，从而绝妙形象地表现出世界上技术最优秀的劳斯莱斯汽车的密封、减震性能。

2) 对广告策划意图与实质的理解

对广告策划意图与实质的理解也是广告创意的重要来源。在创意过程中应尽可能不断地温习广告整体策划的纲领性问题，尽可能深刻地理解广告的意图和精神，从整体和全局以及战略的高度来考虑创意是非常重要的，它常常会给人以意想不到的启迪。有时候看似明白了广告策划的意图和精神，但其实并没有完全吃透广告整体策划的意图和精神。对广告策划理解得越深，特别是越全面深入地揣摩广告策略，对广告创意产生的帮助就越大。

3) 对媒介语言的把握

每一种媒介材料的构成都制约着这种媒介广告作品的创意思维，离开媒介材料的特点很难产生优秀的广告创意。相反，越是熟练地掌握媒介语言的特点也就越有创意思维的自由。

尤其是电视广告创作，对视听语言的驾驭与把握，也可能引发优秀的创意。有时候看似单纯的视听语言构成，单纯的艺术形式感，只要能和广告所要传达的信息很好地融合在一起，其本身就是极佳的创意。总之，上述三点需要用心感悟和揣摩，如此才会在头脑中迸发出闪亮的创意火花。

2. 广告创意的过程

无论创意多么神秘和充满随机性，作为人类的创造性劳动，其思考过程也会呈现一定的轨迹，因而是有规律可循的。包括广告大师在内的许多思想家、科学家对这一轨迹的描述可以帮助我们了解这一过程。

著名广告大师詹姆斯·韦伯·扬认为，广告创意的产生如同生产福特汽车那么确定，创意并非一刹那的灵光乍现，而要经过一个复杂而曲折的过程。不仅要靠广告人头脑中的各种知识和阅历累积而成，还要通过一连串看不见、摸不着的心理过程制造出来。

詹姆斯·韦伯·扬在总结多年广告创意经验的基础上，写成了《发展点子技巧》一书，提出了"创意五步骤"理论，具体的步骤如下所述。

1) 收集资料

收集资料是广告创意的准备阶段，也是广告创意的第一阶段。这一阶段的核心是为广告创意收集、整理、分析信息、事实和材料。按照詹姆斯·韦伯·扬的观点，广告创意需要的资料有两部分：特定资料和一般资料。特定资料是指那些与产品、服务、消费者及竞争者有关的资料。这是广告创意的主要依据，创意者必须对特定资料有全面且深刻的认识，才有可能发现产品或服务与目标消费者之间存在的某种特殊的关联性，这样才导致创意的产生。

詹姆斯·韦伯·扬举了一个关于肥皂的广告创意的例子："起初，我们找不出一种关于肥皂的独特性，但做了一项肥皂与皮肤以及头发的相关研究后，得到了关于这个题目的相当厚的一本书。在此书中，我们连续得到广告文案创意达5年之久，在此5年中，这些创意使肥皂销售增长10倍之多。"这说明收集资料具有重要意义。许多人错误地认为，创意就是一种毫无缘由、不可捉摸的灵光闪现，任何人为的准备，都是对创意的一种桎梏，这是一种非常错误的认识。俄罗斯著名音乐家柴可夫斯基说得好，"灵感——这是一个不喜欢拜访懒汉的客人"。灵感的出现都是在长期的资料储备和思想酝酿之后，绝不会降落在一个对创意对象一无所知的懒汉身上。广告创意绝不是无中生有，而是对现有的特定资料进行重新组合的过程。不掌握特定资料，创意就成了无本之木、无源之水。

一般资料，是指那些令人感兴趣的日常琐事，是创意者个人必须具备的知识和信息，这是人们进行创造的基本条件。不论你进行什么创意，都绝不会超出你的知识范畴。广告创意的过程，实际上就是创意者运用个人的一切知识和信息，去重新组合和使用的过程。

可以说，广告创意者的知识结构和信息储备会直接影响广告创意的质量。

收集一般资料，用广告大师乔治·葛里宾的话说就是"广泛地分享人生"和"广泛地阅读"。说白了就是要做生活的有心人，随时注意观察生活、体验生活，并把观察到的新信息、体验到的新感觉，收集记录下来，以备创意时的厚积薄发。

广告大师李奥·贝纳在谈到他的天才创意时说，创意的秘诀就在他的文件夹和资料剪贴簿内，他说："我有一个大夹子，我称之为Corning Language(不足称道的语言)，无论何时何地，只要我听到一句使我感动的只言片语，特别是适合表现一个构思或者能使此构思活灵活现、增色添音，或者表示任何种类的构思——我就会把它收进文件夹内。我另有一个档案簿，鼓胀胀的一个大包，里面全是值得保留的广告，我拥有它已经25年了，我每个星期都查阅杂志，每天早上看《纽约时报》以及芝加哥的《华尔街时报》，我把各种吸引我的广告撕下来，因为它们都做了有效的传播，或是在表现的态度上，或是在标题上，或是其他原因。每年大约有两次，我会很快地将那个档案翻一遍，并不是有意要在上面抄任何东西，而是想激发出某种能够运用到我们现在做的工作上的东西。"

李奥·贝纳的话具有很强的代表性，国内外许多在创意上有杰出表现的广告大师都是这样收集和积累创意源泉的。

2) 分析资料

在广告创意的前期准备阶段，当资料搜集完成后，便进入了广告创意的后期准备阶段，也就是分析研究阶段。

在这一阶段，主要是对收集来的一大堆资料进行分析、归纳和整理，从中找出商品或服务最具特色的地方，即找出广告的诉求点，然后进一步找出最能吸引消费者的地方，以确定广告的主要诉求点即定位点，这样，广告创意的基本概念就比较清晰了。

对资料的分析研究一般要经过以下几个步骤。

第一步，列出广告商品与同类商品的共同属性。

第二步，分别列出广告商品和竞争商品的优势、劣势，通过对比分析找出广告商品的竞争优势。

第三步，列出广告商品能带给消费者的种种便利，即诉求点。

第四步，找出消费者最关心、最迫切的需求，即定位点，找到了定位点，也就找到了广告创意的突破口。

詹姆斯·韦伯·扬把这一阶段称为"信息的咀嚼"阶段，创意者要用自己"心智的触角到处加以触试"，从人性需求和产品特质的关联处寻求创意。如果能在看似毫无关联的事实之间找出它们的相关性，并对它们进行重新组合，就能产生精彩的创意。

3) 酝酿阶段

酝酿阶段即广告创意的潜伏阶段。如果经过长时间的绞尽脑汁的冥思苦想之后还没有找到满意的创意，就不如丢开广告概念，松弛一下紧绷的神经，去做一些轻松愉快的事情，说不定什么时候，灵感就会突然闪现在脑际，从而产生创意。

事实上，大多数创意灵感都是在轻松悠闲的身心状态下产生的。比如宋代大文学家欧阳修自称生平文章多成于"三上"——马上、枕上、厕上。希腊学者阿基米德奉国王之命鉴别纯金做的皇冠是否掺假，冥思苦想也找不到答案，在来到澡堂洗澡时，他看到盆外溢出的热水，忽然顿悟。在随后的试验中，他找到了真假王冠的鉴别之法，还总结出著名的阿基米德原理。

4) 顿悟阶段

这是广告创意的产生阶段，即灵感闪现阶段。灵感闪现也称"尤里卡效应"。"尤里卡"是希腊语，意为"我想出来了"。当广告创意人员高呼"尤里卡"的时刻，就意味着创意的诞生。詹姆斯·韦伯·扬把它称为"寒冷清晨过后的曙光"。

创意的出现往往是"踏破铁鞋无觅处，得来全不费工夫"。经过长时间的酝酿、思考之后，一旦得到某些事物的刺激或触发，脑子中建立的零乱的、间断的信息，就会如同电路接通一般，使人恍然大悟，茅塞顿开。灵感的一个显著特点就是从不"预约"和"打招呼"，说来就来，说走就走，来无影去无踪，稍纵即逝。正如宋代文学家苏东坡所说："作诗火急追亡逋，情景一失永难摹。"灵感的这种突发性要求我们，当灵感突然降临时应立即捕捉住，并记录在案。爱因斯坦有一次在朋友家交谈，突然灵感闪现，他急忙找纸，一时没找到，竟迫不及待地在朋友家的新桌布上写了起来。

广告创意的准备、酝酿和顿悟三个阶段，正如王国维先生所说的做学问的三种境界："'昨夜西风凋碧树，独上高楼，望尽天涯路'，此第一境也。'衣带渐宽终不悔，为伊消得人憔悴'，此第二境也。'众里寻他千百度，蓦然回首，那人却在灯火阑珊处'，此第三境也。"经此三境，广告创意并未完成，他还必须经过第四境，即小心求证阶段。

5) 验证阶段

验证阶段就是发展广告创意的阶段。创意刚刚出现时，常常是模糊、粗糙和支离破碎的，其中往往含有不尽合理的部分，因此还需要下一番功夫仔细推敲和进行必要的调查和完善。验证时可以将新生的创意交于其他广告同仁审阅评论，使之不断完善、不断成熟。例如，大卫·奥格威非常热衷于与别人商讨他的创意，它为劳斯莱斯汽车创作广告时，写了26个不同的标题，请了6位同仁来评审，最后选出最好的一个——"这辆新型劳斯莱斯时速60英里时，最大的噪音来自车里的那架电子钟"。写好文案后，他又找出三四位文案人员来评论，反复修改后才定稿。

通过对广告创意过程的了解，我们就可以揭开创意的神秘面纱，认清创意的"庐山真面目"，把握创意的发展规律，从而创造出"确实有效"的广告创意。

10.2 广告创意的方法

10.2.1 广告创意的思维方式

广告创意本质上是一种创新思维，但同时，广告创意又是一种特殊的创新思维。首先，广告创意的目的与其他创新思维有所不同，它是为了达到广告目标，即抓住目标对象，促使他们采取购买行动。广告的创新思维只能围绕着广告目标来开展，脱离了广告目标，任何杰出的构想都毫无意义。其次，检验广告创意成功与否，并不在于其是否新颖独特，而在于是否被市场接受。如果不被市场接受，不被消费者认可，即使思路再新颖、想象再奇特、文字再优美、画面再漂亮，这样的创意也是不成功的。

创新思维是广告创意的灵魂。进行广告创意，必须熟悉创新的思维方式，如果不能熟练地运用创新思维，就无法有效地进行广告创意。

1. 发散思维与聚合思维

发散思维亦称扩散思维、辐射思维、开放思维、多维思维，是围绕着一个主题进行广泛遐想，不受任何限制，可以想到各种各样的事情。它由一点向四面八方发散开去，充分运用丰富的想象力，调动积淀在大脑中的知识、信息和观念，重新排列组合，从而产生更多更新的设想和方案。它的特点是求异性，它既不受已有的经验和知识的局限，又不受已经确定的方式、方法、规则、思路的束缚，使思维在同一原点上朝着各个不同方向扩展，产生众多的创造性设想。

聚合思维又称收敛思维、辐合思维和集中思维。如果说发散思维是放飞想象的话，聚合思维则是回收想象，就像光线透过凸镜集中在一个焦点那样，从不同的方向和不同的角度，将思维指向这个中心点，对想到的许许多多的新的设想进行过滤，并加以筛选、组合，剔除与其主题不符的设想和内容，寻求与广告目标相吻合的最佳方案。相对于发散思维而言，聚合思维是一种异中求同、量中求质的方法。只发散不集中，势必造成一盘散沙或鱼龙混杂，因此发散后必须进行筛选和集中，通过分析比较，选择最有价值的设想和方案。

发散思维与聚合思维是广告创意中最常用的思维方式。在进行广告创意时，发散思维与聚合思维可以单用，也可以结合使用。而在广告创意过程中，更多是将发散思维与聚合思维结合起来，一般分两步走。前一阶段采用发散思维，后一阶段，在发散思维的基础上再运用聚合思维。在发散思维阶段，创意者在目标明确的情况下开展自由想象，借助各种创意技能，对头脑中的各种原始意象进行加工组合，最后呈现各种形态的初始方案，越多越好。在聚合思维阶段，创意者以为达到目标而设定的种种规范来衡量各种初始方案，筛选出最适合完成目标的一项，方案最后选中的那一刻，也是创意正式诞生之时。

2. 形象思维与抽象思维

抽象思维又称逻辑思维，他是借助概念、判断、推理、比较、分类、综合、抽象、概括、归纳、演绎等抽象的形式来反映现象的一种概括性、论证性的思维活动。在具体的思维形成过程中，不必设计具体事物的形象，而是按一定的顺序由一点到另一点，因而抽象思维也被称为线性思维。

抽象思维贯穿于广告创意的全过程。在收集资料和分析资料阶段，要运用抽象思维进行分析、综合、归纳、演绎、比较、推理。在酝酿、沉思阶段，要让目标受众能够从心理上接受广告信息，也要运用抽象思维。比如某纯净水"27层净化"的广告语就是运用抽象思维，其思维过程是：27层过滤—纯净—有益健康，从而使目标受众在心理上接受它。在评估发展阶段，也要运用抽象思维，对创意进行条理化、系统化、理论化，也就是说要予以正确的逻辑表述证明，进行系统的理论发掘。总之，在广告创意的各个阶段都要运用到抽象思维。抽象思维如同整理加工信息的"滤波器"，创意者可以借助它对各种资料进行条分缕析，逐条深入地进行开掘。

形象思维又称艺术思维，是一种借助具体形象来进行思考的，具有生动性、实感性的思维活动。形象思维不像抽象的逻辑思维那样是直线进行的，它是一种多途径、多回路的思维，故也称之为面型思维。形象思维以知觉为基础，通过某一具体事物引发想象，从而产生创意。像牛顿看到苹果落地，阿基米德看见洗澡水溢出澡盆而想出检验金冠真假的方法……这些都是形象思维作用的结果。在广告创意中，形象思维有着极其重要的作用。在某牛奶的广告中，一家人喝奶的地点不是在家里，而是完全置身于大草原中，让受众形象地感受到该牛奶来自大草原，满足其品质可靠、天然纯正的诉求。

在创意思维中，各种思维能力是相互联系、共同作用的。在具体的创意思维中需要把逻辑思维和形象思维紧密结合起来，先深入研究对象的具体情况，获取有关对象完备的理性认识；再运用意识与无意识的活动能力，充分发挥知觉、想象的作用，对已有的理性认识做进一步的分解组合，求得新的发现；最后再运用逻辑思维能力对发现的新形象、新内容加以验证和扩展。

3. 逆向思维与顺向思维

所谓的顺向思维，是指人们按照传统的顺序从上到下、从小到大、从左到右、从前到后、从高到低的常规的序列方向进行思考的方法。这种方法平时用得最多，是最基础的思维方式，在处理常规性事物时具有一定的积极意义。在广告创意中也经常会体现这种思维。但是顺向思维的常规性容易形成习惯性思维，即思维定式，某些时候会影响创新思维的开发。

所谓逆向思维，是一种反常规、反传统的思维方法，即"倒过来"思考问题，从事情的反面来考虑，从而取得意想不到的效果。法国文学家莫泊桑说："应该时时刻刻躲避那条走熟了的路，去另寻一条新的。"如果说顺向思维是我们平时走熟了的路，那么逆向思维往往能帮助我们寻找一条新路。广告大师A.里斯在《广告攻心战略——品牌定位》一书中说："寻求空隙，你一定要有反其道思考的能力。如果每个人都往东走，想一下，你往西走能不能找到你所要的空隙？哥伦布所使用的策略有效，对你也能发生作用。"

在科学技术史上，有很多由于成功地运用逆向思维而取得成就的事例。如1800年意大利物理学家优特发明了优特电池，第一次将化学能转化为电能。英国化学家戴维想，既然化学能可以转化成电能，那么，电能是否也可以转化成化学能呢？于是他做了电解化学实验，获得了成功。他通过电解一些物质，于1807年发现了钾和钠，于1808年又发现了钙、锶、钡、硼等5种元素。迄今人类发现的103种元素中，他一个人竟发现了7种，可见逆向思维的作用。

此外，还有一种直觉思维，直觉思维是一种没有完整的分析过程与逻辑程序，依靠灵感和顿悟，快速地做出判断和结论的思维活动。直觉思维具有自由性、灵活性、自发性、偶然性和不可靠性等特点。

创意思维的使用方式是复杂的，可以单独使用也可以综合使用，有时一次广告创意活动中往往使用几种思维方式，而且在不同的环节中，某些思维方式会反复使用，直到得出想要的创意表现。熟练掌握各种思维方式，对广告创意创作人员来说是非常必要的。

10.2.2 广告创意的常用技法

在进行广告创意时，不仅要解决意识与观念问题，更要解决技巧与方法问题。前文介绍了如何拥有良好的创意思维的方法，但仅有这些还不够，还需要掌握一定的科学创意技能。这样，广告从业人员才能在科学的创意意识支配下，不断创新，使广告表现得"生机盎然"。自1941年奥斯本提出世界上第一种创意技法——头脑风暴法以来，现在已经发明了几百种创意技法，下面介绍一些最为常用的创意技法。

1. 水平思考

水平思考法又称横向思考法，是指在思考问题时向着多方位方向发展。1969年9月，在日本举办的世界广告大会上，英国剑桥大学的迪·伯诺教授做了有关水平思考法的发言。迪·伯诺教授主张，当你为实现一个新的设想而进行思考时，很有必要摆脱一直被认为是正确的固有观念的束缚。举例来说，按照人们的固有观念，水总是往低处流的，如果仅从这一观念出发，世界上就不会有能将水引向高处的虹吸管了。

水平思考法的原则有以下几项。

(1) 要摆脱旧意识、旧经验的约束；

(2) 要从多方面去思考；

(3) 要抓住一闪的偶然构思，深入发掘新的观念。

迪·伯诺教授举了如下一个例子，最能说明这种思考方法。

A从B处借了一笔债，如果无法偿还，就得去坐牢。B是高利贷者，他想娶A的女儿做老婆。姑娘至死不从。B对A的女儿说了一个解决办法：现在我从地上捡起一块白石头、一块黑石头，然后装进口袋里由你来摸，如果你摸出白石头，你父亲的那笔债就一笔勾销；如果你摸出黑石头，那你就得和我成亲。说完，它就从地上捡起两块黑石头放进了口袋，然而这个举动却被姑娘发现了。

迪·伯诺教授问与会者，如果你是A的女儿，你会怎么办？答案往往会有这样几种：姑娘拒绝摸石头；姑娘揭穿B捡起两块黑石头的诡计；姑娘只好随便抓出一块黑石头，违心地与B结婚。

然而，以上办法都不尽如人意，只有运用新的思维技巧——水平思考法，才能两全其美地解决问题。现在，我们如果以水平思考法来考虑的话，就要打破原有的观念，那就是将考虑的焦点移向水平方向，由口袋中的石头移到地上的石头。

当姑娘的眼光从口袋移到地面，也就是说，她转移了思维方向，想到B的两块石头是从地上捡起来的。于是，她伸手到口袋里抓起一块石头，在她拿出口袋的一刹那，故意将其掉落在地上。这时，她对B说："哎呀！我真不小心，我把石头掉在了地上了，我抓出来的那一块是黑是白已经无法知道了。但这也无关紧要，看看你口袋里剩下的那一块吧，我抓的肯定与口袋中的那一块不一样……"

口袋里无疑是一块黑石头，B不敢承认自己的欺骗行为，只好无可奈何地认定姑娘掀起的是一块白石头。就这样，姑娘利用水平思考法，将束手无策的局面扭转过来，取得了令人满意的效果。

水平思考法是一种超越性的思考方法，它可以从答案出发来对问题进行思考。水平思考的重要秘诀是逆向思维，即使是一种非常成熟的设想，也需要反复地进行逆向考虑。这种逆向思考法，已经成为一种重要的思维技巧。

2. 垂直思考

垂直思考法，又称直接思考法或逻辑思考法。这是一种十分理性的思考方法，它是按照一定的方向和路线，运用逻辑思维的方式，在一个固定的范围内，面向纵深即垂直方向进行的一种思考方法。这种思考方法就是人们通常所说的深思熟虑，是我们进行广告创意最常用、最基本的思考方法。垂直思考法的重点是思考的深度而不是广度，它要求思考问题的人目标集中、用心专一。

鉴于垂直思考法所获得的真理较具系统性、正确性及普遍性，故较适合学术研究，因此一般的学校教育较重视和鼓励这种思考法。垂直思考也具有使用价值，因为若能彻底了解与掌握逻辑中的原理，不仅可以使自己在推理过程中避免犯错，而且还能辨别别人在推理过程中是否犯错。在日常生活中，若缺少这种高度概括性的思考，将会问题百出。因为若每个举动、每种感觉都要一一深入分析、仔细思量才能被承认，即没有任何事情可以被视为当然的话，很多事情就没办法顺利运作。

然而，逻辑思考的大前提是保证结论的有效性，一旦前提有误，则结论必然有误，而且逻辑思考很容易画地自限。因此，往往预先设定一些限制，如以严密的定义、明确的范围为前提，并依此限制假想答案的范围，但很多时候这种界限其实并不存在，故问题的解答也根本就在范围之外。同时，垂直思考法还容易妨碍新概念的产生。基于逻辑思考的本质要求，要对头脑中的思绪做严密的控制，对每一件事都加以逻辑分析和综合。如此头脑永远强制性地要求每种事物都简单、明白、有条不紊，将难以接受事情的变化。一旦找出一条通往正确结论的途径，便不会再费神寻找其他更便捷的方式，形成产生新概念的最大障碍。逻辑思维方式还往往容易形成惯性及惰性思考。惰性的思考是不愿意舍弃过去，惯性的思考是渴望将过去继续推进到未来，均导致无法发挥新观念的最大效用。很多人常以为，不管选择何种解决途径，只要贯彻它并应用逻辑技巧寻求解答，必能水落石出，其实往往事与愿违。恪守现存的逻辑原则，不但常使我们在认识不清的时候便排斥一个新概念，甚至还可能使我们完全忽略一个极为有用的概念。

3. 头脑风暴

头脑风暴法，原意为运用风暴似的思潮来撞击问题，又称为"集体思考法"或"脑力激荡法"，是美国著名的BBDO广告公司创始人奥斯本首先在会议上采用的，目的是激发每个与会者的创造性思维。这种方法要求每个与会者进入一种兴奋状态，以闪电式、突击式的方式提出构想，独创性地解决问题。

1) 头脑风暴的原则

头脑风暴法的思维方法往往是灵感喷涌的源泉，但若想成功地运用这种方法，与会者必须遵循以下几项原则。

(1) 风暴原则。要求与会人员必须进入兴奋状态，闪电般奇思构想，不断迸发思维火花，提出超常规的思想。

(2) 新奇原则。这是对内容上提出的要求，激励与会人员提出异想天开的构想，不允许人云亦云、附和他人。

(3) 数量原则。这是鼓励与会人员的设想、意见在数量上越多越好，以量取胜，这样便于相互启发、综合优化。

(4) 自由原则。会议上强调轻松自由，不是辩论会，不允许批评他人的设想，提倡自由联想、自由思考、自由陈述。

(5) 简洁原则。陈述问题要击中要害，语言要精练、简洁而不简单。

(6) 综合原则。整合大家意见，形成最佳创意方案。

2) 头脑风暴法的操作过程

"头脑风暴法"的具体操作过程可分为以下三个阶段。

(1) 准备阶段。首先，要选择好创意会议的主持人，主持人必须要熟悉头脑风暴法的基本操作方法，有一定的组织能力且风趣幽默。其次，确定参加会议人员的名单及数量。与会人员名额一般在8人左右，并把所要解决的问题和相关资料提前送达与会人员。人员来源要求由不同学科、背景并且熟悉内容的人组成。

(2) 讨论畅想阶段。会议正式开始后，通过讨论热身，然后进入畅想。这一阶段是头脑风暴法成功与否的关键阶段。与会人员通过发散、聚合、联想、迁移、强化、逆反、想象、直觉、灵感、顿悟等阶段，提出尽可能多的新奇设想和方案。

(3) 整理创新阶段。畅谈结束后，对大家的创意构思进行整合，并指定专人进行具体的创作，此时，令人满意的创意便会诞生。

下面是以"头脑风暴法"创意的一个案例——"默写式头脑风暴"案例——"斯达舒"胃药广告。

在强手如林的胃药市场，修正药业的"斯达舒"只是一个毫无实力的小字辈。不管是产品的特点，还是品牌的基础，都无法在强手如林的市场中占有优势。但是，修正药业的广告策划人员毫不示弱，他们决定在广告这一环节先找出突破口。他们运用了默写式头脑风暴创意法，具体操作方法如下：与会人员控制在6人，先由主持人宣读议题，要求解答疑问，然后发给与会人员每人几张"设想卡片"，每张卡片上标有"1、2、3"的号码，号码之间留有较大的可供他人填补"想法"的空白。在第一个5分钟里，针对每个议题，每人写出3个创意设想，然后把卡片传到下一个与会者手中。接下来在下一个5分钟里，每个人又提出3个创意设想。这样经过30分钟共传6次，也就是总共产生108个设想。最后由主持人总结出大家公认的最佳创意来。此方法又被称为"635法"(6个人，每次3个创意，5分钟轮流一次)。在无数次的头脑风暴之后，突然有一天有个人突发奇想："斯达舒，不就是四大叔吗？"不起眼的一句戏言，在他们眼中却别有洞天。斯达舒创意跃然眼前：斯达舒名字难记，难记到急于为爸爸治病的小男孩误把"斯达舒"听成"四大叔"，从而闹出一连串笑话，整个广告30秒，用一个充满趣味的小故事，达到了让消费者熟记"斯达舒"品牌的效果，这一声"四大叔"，让市场立刻呈现出"一石激起千层浪"的效果。

新广告片很快就在央视以每天12次的频率播出，客户仅仅花费了300多万的广告费，就使斯达舒深深地印在了人们的心中，成为人们茶余饭后津津乐道的"幽默"话题，而斯达舒的品牌知名度也不知不觉地在全国范围内建立起来，并伴随着销量的大幅增长。

4. 联想法

联想是从一个事物、概念、方法、形象想到另一个事物、概念、方法和形象的心理活动。比如，从红铅笔想到蓝铅笔，想到画、画圆、印圆点，想到圆柱。联想越远越有创新性。联想有一定的方法，例如，从山如何联想到盘子，需要这样一个联想过程：根据对比联想，从山联想到水；根据接近联想，从水联想到鱼；根据相似联想，从鱼联想到虾；根据关系联想，从虾联想到盘子。联想是形成创意思维的基础，客观事物之间是通过各种方式相互联系的，这种联系正是联想的桥梁。通过这座桥梁，可以找出表面上毫无关系甚至相隔甚远的事物之间的内在关联性；通过联想让思维开阔，得到想要的答案。联想的类型主要有接近联想、相似联想、对比联想、因果联想、关系联想。

1) 接近联想

接近联想是指由不同的事物或现象之间比较接近的方面所导致的联想。接近联想是一种较为广泛的联想形式，它往往是从事物间比较接近的属性或者特征出发，进一步引申出新的意义。例如，我国台湾黄禾广告公司的一则广告《中国的月亮不够圆》，一个圆圆的月饼，被掰下几块，放置在南偏东的两小块，颇似中国香港和中国澳门。这里运用的就是接近联想法：

月饼—月亮—团圆

月亮不够圆—要团圆—祖国统一

一则普通的月饼广告，由于运用了接近联想，表达了人们思乡、渴望祖国统一的崇高愿望，也带动了商品销售。

2) 相似联想

对性质、形状、内容接近或相似事物产生的联想。例如，语文书到数学书，钢笔到铅笔；又如，由洋芋片披萨口味联想到披萨外形，相似点为披萨。

3) 对比联想

即由对某一事物的感知和回忆引起与它具有相反特点的事物的回忆，从而设计出新的项目，这就叫对比联想。广告创意中的对比联想实质上是逆向思维的运用，这里就要求创意人员摆脱传统的逻辑思维，充分发挥求异性的特点去想事物的另一面来进行创作，对比联想又可分为下列几种情况。

(1) 从性质属性对立角度进行对比联想;

(2) 从优缺点角度进行对比联想;

(3) 从结构颠倒角度进行对比联想;

(4) 从物态变化角度进行对比联想。

4) 因果联想

在逻辑上有因果关系的事物容易产生联想。比如,从成功联想到能干,从畅销联想到质量好、功能全。这是广告创意中最常采用的方法。比如,"全国驰名商标""出口销量第一""最受消费者喜爱产品""总统用的是派克""我只用力士(某国际著名影星)",这些充满诱惑力的语言很自然地引发消费者的因果联想,"既然如此,一定不错""既然不错,不妨一试",广告目的由此达成。

5) 关系联想

关系联想法是指对于事物间的各种联系的联想。例如,由月球想到宇宙是部分与整体的联想;由猿猴想到动物是种属关系的联想;由地面的潮湿想到昨晚下雨是因果关系的联想等。实际上所有的联想都可看作关系联想。事物之间是普遍联系的,事物间的联系多种多样,关系联想也就是这种联系的反映。

日本创造学家高桥浩说:"联想是打开沉睡在头脑深处记忆的最简便和最适宜的钥匙。"通过联想,可以发现无生命物体的象征意义,可以找到抽象概念的具象体现,从而使信息具有更强的刺激性和冲击力。

例如,白猫浓缩洗衣粉之挖耳勺篇,其巧妙之处就在于创意者找出了挖耳勺和洗衣粉这两个看似没有任何联系的物品的共同点,即两者都是日常生活必不可少的物品,且挖耳勺的小巧容量可突显白猫产品的超浓缩性。

5. 组合法

所谓组合法就是按照一定的技术原理或功能目的,将现有事物的原理、方法或物品做适当的重组或配置,从而产生新技术、新方法、新产品的创新创意技法。

创造学家认为,组合是创造思维的本质特征。组合创新是无穷的,组合技法也具有多种类型。

1) 主体附加

这种组合的本质就是在原有创意或技术思想中,补充新的内容,在原有的物质产品上增加新的附件。

2) 同类组合

即若干相同事物的组合,组合对象是两个或两个以上的同类事物。参与组合的对象在组合前后的基本原理和结构没有发生根本性变化,而是通过数量的增加来弥补不足的功能。如子母灯、双向拉锁、双卡手机、瑞士军刀等。

3) 异类组合

即两种或两种以上不同创意的组合,不同领域的技术思想的结合,以及不同类别的物质产品的组合。它的主要特点是组合对象(技术思想或产品)来自不同的方面,一般无主次关系，其创新性的特征很强。如日历收音机、手表项链等。

4) 重组组合

重组组合也叫重新组合，即在事物的不同层次上分解原来的组合，再以新的创意或构思重新组合。在这其中，虽然没有增加新的元素，但经过重新组合后，能增加许多新意。如搭积木、玩魔方等就是一种重组组合。

5) 综合法

综合法就是把对象的各个部分或因素结合成为一个统一体加以创新的一种组合技法。爱因斯坦的相对论就是在综合了物理、数学等知识的基础上而产生的。

下面是组合法的一个案例——日本先锋音响广告。日本先锋音响广告为了突出高昂激越、雄壮有力的音响效果，构思了一个令人叹为观止的广告画面：在广袤辽阔的天际下，举世闻名的尼亚加拉大瀑布从纽约的摩天大楼群上奔腾而下。其雄壮的气势，激越的力量，不仅给人以强烈的视觉刺激，而且给人以强烈的听觉刺激，人们从无声的画面中就能感受到声波的强劲冲击。这则广告的创意在于：把完全不同的空间以及相异的两个事物——尼亚加拉大瀑布和美国纽约摩天大楼，巧妙地组合在一起，构思出神话般奇幻美丽的超现实画面，从而极大地丰富了广告内容，增强了创意的内涵和广告的效果。

6. 属性列举法

属性列举法也称为特征列举法，是由曾在美国布拉斯加大学担任新闻学教授的克劳福德于1954年所提倡的一种著名的创意思维策略。此方法强调参与者在创作过程中观察和分析事物或问题的特性或属性，然后针对每项特性提出改良或改变的构想。

列举法的步骤如下所述。

(1) 列出事物的主要想法、装置、产品、系统或问题的重要部分的属性。

(2) 改变或修改所有的属性列举法，不管多么不切实际，只要能对目标的想法、装置、产品、系统或问题的重要部分提出可能的改进方案即可。

下面，以"椅子的改进"为例。首先，把可以看作椅子属性的东西分别列出，按"名词""形容词"及"动词"归类，并以头脑风暴法一一列举出来。如果列举的属性已经达到一定的数量，可以从下面两个方面进行整理：内容重复者归为一类，相互矛盾的构想统一为其中一种。将列出的试想，按名次属性、形容词属性及动词属性进行整理，并考虑有没有遗漏的，如有新的要素须补充上去。按各个类别，利用项目中列举的性质，或者把他们改变成其他的性质，以便寻求是否有更好的有关椅子的构想。如果针对各种属性进行考虑，更进一步去构想，就可以设计出新型椅子了。

7. 类比法

类比法又叫戈登法，是美国麻省理工学院教授威廉·J.戈登提出的一种创意方法。它的主要思想是比较相似事物之间的相同性，在创意过程中以强迫参与者脱离传统观点的方式，让其以新的观点看问题。也就是说，从与创意客体相类似的事物中，找出共性，并且强迫将两者进行联系，试图发现合理的、逻辑的表达和构想。主要有以下4种类比方法。

1) 狂想类比

此法鼓励参与者尽情思索并产生多种不同的想法，甚至可以牵强附会和构想不寻常的观念，比如弹簧和橙汁。在这种方法下，创意工作者可以将能够想到的任何事物和事件与所要创意的广告联系在一起，试图找到它们之间比较符合逻辑的内涵，加以创意表达。更多时候，这种联想是"纵向"的，也就是联想过程中所出现的事物并非同一个类别，仅仅是每一个联想环节中的两个事物具有一些直接的或者间接的关系。

2) 直接类比

直接类比是指将两种不同的事物，彼此加以"比喻"或"类推"，并要求参与创意者找出与实际生活情境类同的问题情境，或直接比较相类似的事物。此法更简单地比较两事物或概念，并将原本的情境或事物转换为另一个情境或事物，从而产生新观念。可利用动物、植物、非生物等加以比喻。

3) 拟人类比

拟人类比是指将事物"拟人化"或者"人格化"。如计算机的"视像接收器"是对人眼功能的仿真。在实践中所强调的是以同理心带入情境。拟人化的表现很容易吸引受众的眼球，因为这种表现形式使得产品更加生动、形象、富有人情味，容易拉近和消费者之间的距离。

4) 符号类推

符号类推是指运用符号象征化地类推。符号表现是抽象的，正是这种抽象使得符号类推作品经常具备哲学韵味，发人深思，也营造了一种淡淡的幽默气氛。不可否认，这种表现形式可使看得懂作品的受众在欣赏时心里暗暗叫好，感慨创意人员的巧妙构思，深化其对品牌的友好程度，但也可能导致一部分受众认为作品不知所云。毕竟，采用这种创作方法，往往基于创作人员深厚的创作功底、广博的见识、丰富的联想、哲学思维、精炼的表达，必然对受众的个人素质也有一定程度的要求。因此，运用与否，要看具体品牌和具体产品而定。

10.3 广告创意的策略

10.3.1 如何制定广告创意策略

典型案例

"立白"的逆反创意

2005年，在全国综合洗涤类的销售额排行榜上，立白(生产洗衣粉、肥皂、香皂等的著名公司)以16亿元的总额超过奇强,仅次于雕牌位居第二。

在立白迅速成长的过程中,它独特的广告手法与其他洗涤产品相比具有明显的不同。由于洗涤产品的购买者多为家庭主妇,所以无论国内外的洗涤产品在广告表现手段上都采用主妇形象,从而拉近与消费者的距离,增强说服力。而立白却反其道而行之,请著名喜剧明星陈佩斯担纲代言人,起到了奇效。

在黄金时段,消费者在电视屏幕上经常可以看到由陈佩斯代言的洗衣粉广告:在美国机场,陈佩斯挎着一个鼓鼓囊囊的黑色旅行包,行色匆匆,神情紧张,结果被洋警察误以为是贩毒者,经激烈追击,陈佩斯被抓住,拉开旅行包,却发现是一袋袋洗衣粉。"这是立白洗衣粉,是我老婆非要我带到美国来的。"陈佩斯扯着洋警察的领子说:"洗衣干净,不伤手的。"

资料来源:http://www.ot51.com/article_20107.html,有改动.

所谓广告创意策略,就是指在广告的创意活动中所具有的战略思想的表现。创意策略准确、到位,创意表现才能锦上添花,恰到好处。反之,再好的表现技法若不能为正确的创意策略服务,就只能表现为一种缺乏灵性的形式主义。

那么,应当怎样制定创意策略呢?对此必须注重以下几项原则。

1. 目标集中,诉求单一

广告作为一种传播行为,它在时间和空间上都受到一定的限制,这种限制表现在两个方面。

1) 传播范围有限

一方面,尽管各种媒体都有其庞大的覆盖面,但能真正接收到定点定时传播的广告信息的受众总是有限的;另一方面,任何产品都有相对应的主流消费群。既然广告的主体——产品不可能人人都适用、人人都喜欢,那么广告本身的内容与形式也就不可能令每个消费者都接受,所以在制定广告策略时,应集中目标,针对主流消费群(即目标消费群)的喜好特点,选择他们喜闻乐见的形式,并在他们习惯接收的时段和空间进行传播。目标集中,才能真正有效地发挥广告的效用。

2) 传播信息有限

任何一则广告所承载的信息量总是有限的,不可能在有限的时空中传达无限多的信息。这就要求在广告诉求上要单一,即在产品众多的个性特点中评估、筛选出对消费者最有价值、与类产品相比最具竞争力的信息加以说明和强调,以增强受众对产品的信心。有时候,广告主总认为自己的产品什么都好,又觉得广告是付费的传播活动,故总要求在广告中把产品的特点一一罗列,似乎不面面俱到就会有损失,殊不知过多的信息诉求反而会削弱消费者的印象,陷入"什么都有等于什么都没有""什么都突出等于什么都不突出"的怪圈。

2. 强调品牌,突出个性

广告创意的最终目的是促进销售,也就是通过广告传播使人们产生购买意向,如果观众看了广告，记住了故事、画面、人物或音乐，却记不住品牌，那实在是遗憾的事。因为消费者无法在购物时很快唤起记忆、认牌购买，这对广告商家来说显然是得不偿失的事。因此，在广告创意时应把品牌的认知列入重要位置，巧用功夫强化产品品牌，特别是对于瞬间即逝的视听媒介(电视、广播)广告，更应通过多样化的方式适时表现、适当重复，以加深受众对品牌的印象与记忆。

3. 注重整合，优势互补

所谓注重整合，优势互补，是指制定广告创意策略时，要考虑运用不同的媒介形成主题一体化的诉求。因为，现代广告已进入媒介整合的时代，任何品牌，单纯依靠某一媒介来推广难以形成神效。为此，注重整合，优势互补，已成为众多广告经营者的共识。这就需要在制定广告策略时，充分权衡各种媒体的功能、特征，以掌握其传播性和实用性。

4. 做广告不必生拉硬扯

广告创意如有定式，便等于给广告判了死刑。如今，有部分广告的创意已走入泥潭，或美女伴风扇、伴彩电，或壮士配补药、男人饮酒才算是好汉便是此类模式。只要是电器，必有美女陪伴。有个宣传冰箱、冰柜的电视广告，画面为众多身着艳丽衣裙的美女，手推冰箱、冰柜翩翩而行，轻松飘逸。且不说美女有无气力移动一人高的冰箱、冰柜，仅就广告创意的内涵而言，并未体现出产品的优点，而成功的广告，必然要求广告的表现角度应准确完美。

成功的广告应该是消费者与商品之间沟通的桥梁，让消费者接受并选择所宣传的商品。广告的内容可以脱离广告所宣传的商品本身，但所表现的寓意，不仅不可缺少而且应该是明确的。

5. 做广告要避虚就实

过去闯江湖卖药品的人，大多都先操练一套精彩的"把式"，把过路的行人吸引到场子上，然后掏出药来，向众人大侃药的功效神奇。此种售药方式，称为"大力丸模式"。这种方法虽吸引了观众，却带有一定的欺骗性，观众一旦感到上当，自然会对药品产生怀疑。现在广告创意者也还有用此法的，先说某山藏仙、某潭生龙，而后娓娓道出某山中、某潭边一处小厂生产了××。曾有这样一则电视广告：一位身着牛仔上衣的男青年，跨高头大马风驰电掣般走大路、绕小道、蹚大河、过平原，终于停下来翻身下马，手举啤酒，昂首狂饮，到此时方露端倪："饮××啤酒，使你更潇洒。"且不说广告内容有无潇洒之举，单说从广告逻辑上直接动用"大力丸"的广告模式，先吸引观众而后暴露其本来面目，观众就无法体会产品的优劣。有经验的企业家都清楚，饮料必须做广告，广告人也清楚做饮料广告难，难在如何在各式各样的饮品中独树一帜；难在不易跳出一种陈规模式。现在饮料的生产厂家除在配料、技术上严格要求外，更注重产品的包装结构与材质。香港一则纸盒装"维他纯牛奶"广告中，没有说鲜牛奶的生产技术如何如何好，而是用大量的动画、示意图形式，向人们展示其纸盒包装的密封与保质的先进措施。画面之一用卡通动画形式表现采用先进的灭菌处理后，可有效防止有害细菌的侵入，而后用示意图形体现纸盒包装运用了7层不同的保护材料，最后直截了当地说："这样的维他奶是真正的维他奶。"无疑，消费者会信任并接受它。

6. 做广告要有广告人的创意

随着商品经济的飞速发展，广告业生意日益兴隆。不少单位、个人由于看到了广告业的经济效益，纷纷组建广告公司，现今国内广告业务大多是凭借关系获得的，而非完全依靠广告公司的创意、制作能力来完成广告。如CI设计系统在国内刚一露头，许多广告公司无论有无CI设计能力甚至还没有弄清CI是什么，便纷纷列入广告公司的经营项目之中。广告人的创意能力是最能体现广告公司实力的，通过广告服务带来巨额收益是广告公司的目的，成功地宣传商品是广告人的责任，也是赢得厂家认可的重要条件。好的广告人往往为了一个好的广告创意不远万里到商品的每一个营销市场调查分析、设计方案。有一则宣传项链的广告，作者在叙述其创意过程时说，他起初只是想把项链悬挂在美女的颈项之上拍出片来了事，谁知事出预料，通过千余名女子的试戴，方才找到适合的模特，确保从肤色和皮肤的质感，到稍稍露出的尖尖下颌，再到白皙的胸部都配合得天衣无缝。

■ 10.3.2　常用的广告创意策略

1. 功能诉求策略

📖 **典型案例**

"可口可乐"创造"世界性语言"

"可口可乐、可口可乐！"大家一齐会心地笑道。可口可乐的商标已成为一种"世界语言"。"A TOUCH OF THIRST MAKES THE WHOLE WORLD KIN(口渴的感觉使四海成为一家)"，这一口号是可口可乐贯穿全球广告宣传的灵魂。

可口可乐采用全球统一的广告创意战略。可口可乐的广告牌成为世界各地的一道独特的风景线。可口可乐100多年来的广告一直以快乐、活力、健康为主题。自20世纪50年代有了电视广告以后，这一主题仍沿用至今。广告营造强烈的美式风格，把原为美国青少年热爱的摇滚乐、铜鼓乐、街舞等文化风潮扩散到世界的每一个角落，其电视广告片让人有"挡不住的感觉"，那不断复制青春活力的影像符号、滚烫的流行音乐、火爆的霹雳劲舞、快节奏的画面剪接、强调视觉语言的冲击力以及扣人心弦的广告口号，使世界上亿万消费者为之心旌摇荡。Coca-Cola这几个大字，这几个音符，成为有着显赫历史的名牌，成为美国精神的象征。

可口可乐广告的成功，在于把美国文化糅进了品牌，并通过美国文化中独具特色的音乐、画面、舞蹈从美国本土向世界各地渗透，从而创造了一种"世界性语言"。可以说，这是国际广告一体化创意成功的经典案例。

资料来源：张金海. 世界经典广告案例评析[M]. 武汉：武汉大学出版社，2000.

所谓功能诉求策略是一种传统的、广为选用的广告诉求方式，它具有表现商品实用性能和使用效果的特征。从广告的表达方式上来看，这种诉求策略一般不以产品形象为广告诉求点，而是把重点集中于产品的使用功能及效果上。具体来说，采用功能诉求策略应着重把握好以下两大原则。

1) 提出问题、解决问题

任何产品要想在市场上立足，都必须具备一定的功能，即拥有一定的优势特征。而要使这些优势特征得以良好地表现，就应明确提出问题并强调解决办法。

(1) 诉求单一，显现功能。功能诉求策略就是要充分利用图像和文案，集中强调使用过程和感受，表现功效主题，以坚定消费者对商品功能的信念。但每一种商品的功能很可能是多方面的。在诉求过程中，我们不能以"量"取胜，因为任何单则媒体广告所承载的信息都是有限的，而受众在单位时间和空间里接收信息的容量也有限度，所以针对所做的广告产品的特点，应通过比较、权衡，选择在同类商品中最独特的或者最具竞争力的功能进行诉求。诉求点越单一、越尖锐，对消费者的吸引力就越强，他们的印象也就越深刻。

(2) 现身说法、体验为主。在采用功能诉求策略时，为了注重表达效果，使消费者深信不疑，最好结合使用当事人现身说法的方式，以增强诉求效果。这也是以"耳听为虚、眼见为实"的策略，使受众获得切实感受，进而产生共鸣的良好途径。

(3) 反面论证，效果更强。所谓"反面论证，效果更强"，就是说有许多事情，从反面提出问题、论证问题，往往更容易深入受众的内心，说服力也更强。在采用这一方式时，应注意两个方面，一方面是列举的反面事实必须具有代表性，能切实引起消费者的共鸣；另一方面是所提出的解决办法应客观实在，具有明确的可行性。如果能做好这两个方面，那么反面论证必将会产生强劲的效果。

2) 善于表达，注重实效

要真正发挥功能诉求的效应，有一个重要点是不能忽视的，就是对产品的特点只有在恰到好处的表达中方能使人产生印象和联想，才能更好地突显产品的优势。为此应注重以下几个方面。

(1) 表达要科学、明确。产品的性能、特征，表现了产品的自身属性，对于这一方面的宣传应力求严谨、科学，既不能任意夸大、盲目引导，又要将切实的功能表达到位，传递给受众。对此可以用图文的形式来说明，但为了强调效果，有些可以用现场实验的方式来演示，有些还可以采用专家解说和推荐的方式。

(2) 表达应生动、形象。生动、形象的表达是宣传产品和增强受众信赖的必然要求。在功能诉求的表达上要求严谨与科学，并不排斥采用生动和形象的表达方法。因为科学说明并不是机械说教，严谨表达也不是生硬叙述。要使消费者更好地了解你的产品，就必然要用生动、形象的语言，打开消费者的心扉，减弱消费者与产品之间的陌生感，这样才能取得良好的效果。

(3) 运用对比增强说服力。突出表现产品功能的方式有很多，但它们之间所显现的效果往往会有一定的差别。其中运用对比的方式，不失为一种较好的手段，因为功能的优劣通过某些对比即可一目了然。在此，需要注意的是，在我国，由于广告市场发展尚不成熟，消费者的层次差异较大，而且地域及文化的差异也很明显，为使广告市场健康地发展，并避免出现恶言攻击和矛盾，《中华人民共和国广告法》明确规定任何经营者所发布的广告不得贬低其他生产经营者的商品或服务，即在广告宣传中，不得采用和其他同类产品相比较的方式。这里所说的比较，只能是自身产品的更新、改进比较或者是泛比。

2. 情感策略

典型案例

雕牌大打情感牌

雕牌洗衣粉投入巨额资金，在中央台、地方台、卫视台、有线台进行广告的"狂轰滥炸"，品牌知名度迅速提升，并在品牌塑造上大打情感牌。例如，借助当时"下岗潮"的出现，雕牌不失时机地抓住这一引起社会普遍关注的资源，借势进行品牌打造与传播，制作了"下岗片"：妈妈下岗了，家庭生活愈加拮据，并随着妈妈找工作的画面把情感推向了高潮，适时响起片中小主角的真情表白"妈妈说，雕牌洗衣粉，只用一点点，就能洗好多好多衣服，可省钱了。妈妈，我能帮您干活了"。随着下岗这一普遍社会现象的出现，这种宣传方式，引起了消费者内心深处的震颤以及强烈的情感共鸣，品牌迅速得以认同与提升。

资料来源：柏生，张伟.多维广告战[M].北京：中国经济出版社，2004.

古人云："感人心者，莫先乎情。"因此，在广告创意中，大多数广告人都十分注重情感诉求的策略运用。这一策略也是所有创意策略中最温和、最常用的一种。但要真正发挥情感诉求策略的独特作用，还应在一定的范围和时机上掌握尺度。具体来说，应注重如下几方面。

1) 目标消费群呈现多元化时

一般情况下，每一个产品都有其特定的消费群体，对此，可以将之称为目标消费群。有些产品适用面比较宽，男女老幼都适合；有的产品市场推广到一定程度后消费层面扩张或企业有意延展消费对象，这时，采用情感诉求策略比较容易照顾到消费层面，赢得他们的好感。因为采用功能诉求、名人推介、幽默化等诉求策略都有可能因为消费者的理解力、审美情趣、接受习惯等诸多因素的个体差异影响广告效果，而情感诉求策略则能利用温馨感人的形式打动不同消费者。所以，当产品的目标消费群呈现多元化特点时，采用情感诉求策略是明智和有效的。

2) 产品本身蕴涵感情因素时

有一些产品或服务本身是带有感情色彩的，或者是消费者在长期使用过程中已经约定俗成地赋予某一类产品情感象征，如钻石戒指、葡萄酒、化妆品、贺卡等。为这些产品、机构做广告推广，通常可采用情感诉求策略，以加深受众对其情感认知的程度。享誉全球的钻石品牌de beers(戴·比尔斯)总是抓住人们把钻戒当做爱情信物的心理，通过极富感情色彩的求婚情节来诉求"钻石恒久远,一颗永流传"的广告主题。

3) 利用感情色彩浓郁的节日

所有的节日都有一定的纪念象征意义,都凝聚着一定的感情色彩。这种感情所包括的内涵也是很广泛的,亲情、爱情、友情、乡情等。尽管由于民族不同会产生一些形式上的差异,但发自人们内心的真诚的感情是一脉相通的。比如元旦、春节、清明节、"五一"国际劳动节、"六一"儿童节、中秋节、重阳敬老节、"十一"国庆节,以及西方盛行的情人节、感恩节、圣诞节等。利用这些节日的时机进行产品特点的宣传和推广,往往能吸引许多消费者,由此产生极好的推广效应。

情感诉求是一种软性的宣传策略,其提出的观点、宣传的主张往往具有一定的冲击力和感召力,这一点毋庸置疑。但由于实质上的功利性(促销),消费者在一定程度上还是具有抵触情绪的,至少说戒备心理还是较大的。为了使消费者在不知不觉的情感诉求中产生共鸣、认可信息,就需要在广告和策略的运用中讲究方式,注重沟通效果。

3. 名人策略

📖 典型案例
乔丹的名人策略

美国篮球巨星飞人迈克尔·乔丹(Michael Jordan)是全球无可争议的运动明星,他的巨大影响不仅表现在他的篮球事业上,而且扩及全球经济、商业层面。世界上狂热的乔丹迷数以万计,他们热衷于购买乔丹太阳眼镜,也会顺便买乔丹古龙水,实在手头紧张,买块乔丹香皂,或是乔丹贴纸也好。就像乔丹古龙水的广告语:切入,切入,切入,借此切入乔丹的世界里。目前,与乔丹相关的产品还有耐克的飞人乔丹篮球鞋、萨拉·李公司的服饰、威尔逊运动用品等。一样的品牌,一样的产品,有了迈克尔·乔丹,就大不一样了。

资料来源:冯章.广告创意与策划[M].北京:经济管理出版社,2009.

采用名人广告策略在广告界是相当普遍的情形,其有效的特征在于,可以借助名人良好的公众形象、较高的知名度及美誉度,塑造企业及产品的形象,使观众因崇拜和喜爱广告中的名人而青睐产品。无数广告实践证明,名人广告的传播效应是直接而又深具影响的。特别是在提升品牌的信任度上更是功效卓著。但由于名人广告策略的运用牵涉许多环节,如名人的甄选,名人的形象与产品和企业的关联,等等,在这些复杂的环节中,如稍有不慎,都会影响整个广告效果。因此,在利用名人广告策略时,应注意如下方面。

1) 善于对名人进行细分与甄选

名人细分与甄选是确保名人与产品具有相关性的重要举措,是适应不同类型的企业与不同特色产品要求的一个重要策略。比如,就化妆品类型的广告而言,它的消费主体无疑是女性,那么所选择的形象代言人,应该以影视或曲艺界的女艺人为最佳。因为她们本身就是产品的使用者,并且,她们的气质与容貌正是许多女性消费者所期盼与追逐的。如果选用体育界的名人，其效果可能不会太理想。另外，不同的地区对广告明星的热衷偏好也有一定的差异，这往往与地方的文化背景、生活品位及既有观念有较大关系。因此，在利用名人策略时，结合地域以及名人与产品的相关性，是非常重要的一个方面。

2) 名人的形象与产品的定位应一致

采用名人广告策略时，应考虑名人的外在形象和内在魅力，并结合产品进行定位。如果名人广告策略所选择的名人形象与产品定位不一致，那么，就会给受众群体以不伦不类的感觉，其广告反应就不会良好，效果必然会大打折扣。只有做到定位适宜，才能相得益彰、事半功倍。

3) 产品与名人在广告中的地位应主次分明

广告的目的是推广品牌，提高产品形象。因此，名人在广告中的出现是为产品服务的，他作为一种表现与沟通的手段，只能从属于产品。这是一个重要的角度，如果对这方面模糊不清，就很容易造成名人与产品的角色错位，那无疑是创意的一个败笔。

4) 巧妙地将产品与名人结合起来

广告作为向消费者传递产品或品牌信息的工具，其创意是十分宝贵的。在采用名人广告策略中，既可以直接利用名人广告策略，也可以间接利用名人广告策略。所谓间接利用，就是指不需要名人直接传播，而是通过产品品牌的创意构想，使其发挥名人的广告效应。例如，浙江绍兴咸亨酿酒厂是从1986年开始生产黄酒、白酒的乡镇企业。由于该厂不断改进生产技术，狠抓产品质量，注重市场的广告宣传，目前已发展成为拥有一整套自动生产线的市重点骨干企业。其之所以能在较短的时间内脱颖而出，关键是用广告打响了"咸亨"商标，并在市场上树立了一定的信誉。

由于鲁迅小说的影响，人们对"咸亨酒店"很熟悉，也很想品尝"咸亨酒店"的绍兴酒。但消费者不知道绍兴酒厂的"咸亨"酒，这就需要通过广告告诉消费者，不但鲁迅笔下有"咸亨酒店"，现在绍兴也有"咸亨"酒，使消费者产生品尝"咸亨"酒的欲望。因此，在广告宣传中，他们从树立"咸亨"酒的品格和形象着手，对广告的主题、表现风格、媒介选择、宣传时机等方面进行了精心策划。在广告主题构思上，他们在商标上做文章，借鲁迅的影响，突出"咸亨"商标，使消费者充分熟知"咸亨"商标，进而使消费者买酒就想到"咸亨"酒。

4. 幽默策略

📖 **典型案例**

"双汇"火腿肠广告

数年前，著名喜剧演员冯巩、葛优曾经为"双汇"火腿肠做了一则幽默味十足的广告。一开始，葛优做沉思状，冯巩神秘兮兮地问："冬宝，干嘛呢？"葛优毫不含糊地答："想葛玲！"听了这两句对话，观众便会想起电视连续剧《编辑部的故事》中葛优(饰李冬宝)与吕丽萍(饰葛玲)的喜剧纠葛——冬宝死乞白赖地追求葛玲的一幕幕情景，情不自禁地大笑。尤其是最后由冯巩念出来的广告口号"双汇火腿，省优、部优、葛优"，加上葛优那大智若愚的"傻"笑，令人忍俊不禁。

该广告播出之后，在社会上引起了强烈反响。南京一所大学的调查表明，这个广告片是大学生最喜欢的。不仅是大学生，其他各界也同样喜欢它。同时，"双汇"火腿肠也在全国畅销了。幽默广告是以"笑"为中心的重要表现形式，这和当代广告注重娱乐、艺术和美的发展趋势基本上是一致的。从本质上看，幽默属于喜剧范畴，是一种调节精神的笑的艺术，它能使人在轻松愉快之中接受产品的信息。正如莎士比亚所说："幽默和风趣是智慧的闪现。"

资料来源：http://www.tudou.com/programs/view/aoOZBQWzqks，有删改.

幽默化广告创意策略是科学和艺术的智慧结晶。通过幽默化的广告表现可减少人们的压抑情绪，消除其对广告所持的逆反心理。它的重要作用还在于能克服众多宣传创意商业味太浓、艺术情趣匮乏、生动不足、刻板有余的弊端，从而更好地达成广告目的。幽默广告的作用与价值日益受到重视和推崇，究其原因便在于其独特的魅力优势。那么要运用好幽默化广告策略，还必须掌握好以下几条原则。

1) 产品主线而幽默

有关机构曾经对幽默广告进行了广告效果测试，发现有许多消费者在被问及对广告的印象时，只是记住了幽默而淡忘了品牌。这就广告创意的实质而言不免是一个遗憾。对此，我们应掌握好针对这一问题的策略。要紧扣产品主题，让消费者在充分享受乐趣的同时，自然深刻地接受广告的主导信息，不能为幽默而幽默。因为，幽默是为广告服务的，它应力求诉求点准确、清晰，而不是主次失调、朦胧含糊。如果一则广告传播后，观众记住的只是幽默的情节，而不是品牌和商品，那么，即使再幽默有趣，也是无济于事的。对此，广告创意人员还应善于策划产品的表现时机，即抓住幽默的精彩点亮出产品，给观众以眼前一亮、记忆深刻的感受。

2) 运用范围

尽管幽默是普遍为人所喜爱的，但就商业性的广告策略来说，未必所有的幽默人们都会接受，这与不同的消费者对广告的认知等有一定的关系。对有的人来说，幽默可以增进理解与记忆；而对另一些人来说，幽默可能会有其他感受。为此，运用幽默化的广告策略，应根据产品及目标消费者的不同点来权衡选择。因为，并不是所有的产品与企业都适宜采用幽默化策略，如果不加分析地笼统对待，往往会不伦不类、于事无补。具体来说，在运用时，一要注意选择适用产品。如休闲类的品牌及某些食物类宜采用幽默化策略；而一些庄重、严肃、功能性较强的商品或服务，如银行、保险、电器等就不适合采用幽默化策略。二要注意选择适当时机，即幽默化策略的采用应结合市场情况。当市场情况不太理想时，为了拉近产品与消费者之间的距离，增加亲和力，此时采用为最好。三要注意选择适合周期。任何一个产品都会经历从导入、发展、成熟到衰退的一个生命周期。这是品牌生存的客观规律，而产品经历的每一个时期所采用的广告创意策略都是各不相同的。一般来说，在产品市场的前期和中期，为了拓展市场，增强竞争力，大多采用功能诉求或名人广告策略，以充分显示产品优势；而到了后期，由于产品的不断更新、功能优势势必减弱，所增强的大多是情感细节，此时比较适宜采用幽默化的广告策略，在诙谐亲近的氛围中赢得消费者的情感认同。

3) 重表现手段

在当今，幽默化广告策略日益成为国际流行的创意时尚，当然要恰到好处地表现产品，幽默化还需要由具体的表现手段来实现。一般来说，在广告创意中，幽默效果的表现方式可以由以下几方面来完成。

(1) 运用夸张的手法。运用夸张的手法既可以强化特定的诉求点，也可以增强广告效果。

(2) 运用双关的手法。借助双关的修辞手法，有时可以起到言在此而意在彼的作用，从而产生令人捧腹的幽默效果。双关可以是谐音双关，也可以是词义双关。如冯巩、葛优为双汇火腿肠中所做的广告，其中有一句"省优、部优、葛(国)优"就运用了谐音双关的手法。

(3) 运用反常的手法。这是在广告创意中，特意借助某种一反常态的事件，而制造幽默氛围的表现方式。

加拿大一家广告公司为横滨轮胎制作了一条电视广告，情节是：四只老鼠偷吃奶酪，猫发现了它们，老鼠赶忙驾车逃跑，猫紧追其后。老鼠在前面时而加速，时而急转弯，时而又急刹车，猫被折腾得狼狈不堪。追赶中，车子撞翻了牛奶，从四溢的牛奶上驶过，车子却一点没打滑。一番惊心动魄后，车子终于停在老鼠洞口，老鼠们平安到家，猫却因为惯性没站稳而扑了个空。广告语是"现在你胜券在握"。在生活中，人们喜爱猫而讨厌老鼠，在这里，广告人反其道而行之，让猫处处露拙，而老鼠却充满智慧，整个情节因此而滑稽有趣。产品高超的防滑性能，在轻松的幽默气氛下得以充分展现。这则广告曾荣获美国莫比广告奖。

(4) 运用比喻的手法。比喻是最为常见的一种艺术表现方式。恰当地运用比喻不仅能够准确地传达诉求点，而且可以产生神奇的幽默效果。比如，"达克宁"借用"野火烧不尽，春风吹又生"的诗句，说明脚气带给人的无穷烦恼，并用一双手连根拔起脚底的野草这个形象的比喻传达"达克宁"对付真菌具有标本兼治的突出疗效，同样使刻板的药品广告形象化、生动化，使广告的信息快速、清晰地传递给消费者。

5. USP理论

罗沙·理夫斯提出建立每个产品"独特的销售主张"(Unique Selling Proposition，USP)，然后反复使用，将它传达给受众。他认为，一个成功的USP必须具备以下三个条件。

(1) 具有一个特殊的产品利益。

(2) 必须是独特的，是竞争对手没用过的。

(3) 必须具有销售力。

李德林漱口药水的广告语是"消除口臭"，这则广告直接、简洁、有力，消除口臭就是消费者使用漱口水想得到的利益。这则广告持续使用了32年，为厂家带来了巨大的利润。

霍普金斯为喜立滋啤酒提炼的广告语是"喜立滋啤酒是经过蒸汽消毒的"。其实生产啤酒的人都知道，所有品牌的啤酒瓶都是经过蒸汽消毒的，但问题是别人从来没这么说过。现在喜立滋抢先说出来了，效果不同凡响。它的弦外之音是，其他厂家的啤酒瓶没有经过蒸汽消毒！因此，喜立滋啤酒由原来的品牌排行第五位跃升为第一品牌。

很多人将宝洁公司的广告称做"两半"，因为这个公司的广告经常是以这样的形式出现：画面的左边，是使用宝洁产品前的人物形象；画面的右边，是使用宝洁产品后的人物形象。画面两边为同一个人，唯一的区别就是使用宝洁产品与否，无疑，右边画面中的人物形象更加美观。宝洁公司将这种广告形式和广告风格再三应用在其各类产品中，如洗发水广告、香皂广告、润肤露广告中，不仅没有激起人们的反感，反而加深了人们对产品和品牌的印象。宝洁公司是品牌多个产品齐头并进、公司多元化运营的典范，其成功之处在于对广告形式的"坚持"。

国内，脑白金的广告可谓在人们的骂声中生存，人们骂得越响，它出现得越是频繁。细想起来，这种做法也不无道理。试想，如果人们平时说话聊天，都能时不时骂两句，无形中做了宣传和广告，可以让不知道的人知道，让不关注的人关注，一传十，十传百，百传千。一些本来不关注这个广告的人，也加深了对产品的认知。况且，人们只是说"那个广告太差劲"，而不说"那个产品太差劲"。另外，持续长时间的统一口号倡导"今年过节不收礼，收礼只收脑白金"，强化了语言的力量，深深地印入人们的脑海中，构成一种强迫记忆。"脑白金"创造了神话般的销售额，其成功就在于对广告形式的"坚持"。

当然，一味地坚持并非好事，首先要衡量坚持所付出的代价，看看是否值得坚持，不能盲目坚持。

6. 品牌形象论

奥格威早在20世纪60年代就强调品牌形象是企业最重要的资产之一。

品牌形象简单地说就是消费者对产品或品牌的感知。一个品牌通常有几个不同的形象，其中最为突出的、能被增强而区别于同类产品的就是该品牌的形象。品牌形象通常能用拟人的方式加以描述，比如某品牌是年轻、冲动、活泼、有魅力的、充满活力的、有想法的女性，或某品牌是老成、传统但不拘束的男性。

品牌形象理论产生于产品同质化时代，在产品完全同质的基础上，谁更有独特气质，谁就能脱颖而出。

可口可乐公司于1997年推出的"Qoo"形象应该可以给我们很大启发。

典型案例
Qoo的中国名字——酷儿

出生：听说某一天酷儿来自森林，从此以后被一对好心的父母收养，是家里唯一的孩子。

身高和体重：秘密！

年龄：谣传他相当于人类的5~8岁

血型：未知(但是他的行为特征符合B型血)

特征：他只会说"Qoo" [ku：](当你喝完后自然而然发出的声音)，当他喝完酷儿饮料后脸颊上的红晕会变大

性格：他喜欢模仿大人，是个乐观的孩子，有点儿娇气，有点儿容易自我陶醉。尽管外表简单，但内心极有内涵

主要特征：有趣、可爱、笨拙、善良

技能：跳舞

喜爱的东西：洗澡、好喝的饮料、听话的孩子

讨厌的东西：淘气的孩子

朋友：山鸽(酷儿不仅能和人类沟通而且能与所有的生物沟通)

最喜欢的地方：公园

Qoo的其他：Qoo是个超级乐天派，调皮捣蛋又爱欺负人，不过只要一喝到Qoo这种好喝的饮料，小脸蛋就会变得红通通的，最喜欢在洗澡后喝。虽然是小孩子，但想法却很成熟，让人摸不着头脑，而且少一根筋的他，偏偏活动力超强，有时可是会让人大喊吃不消！

资料来源：http://wenku.baidu.com/link?url，有删改.

广告中，最常见的莫过于产品广告和品牌广告，品牌广告尽管对于销售额的影响不大，但是适合企业中长期的发展战略。产品的生命周期可能非常短暂，但是一个品牌从创办、维系到衰亡，通常要经历漫长的时间。

奥美广告公司在品牌管理方面具有绝对的话语权。在《360度品牌管家》这本书中，奥美将自己比喻为"360度品牌管家"，其使命是成为"珍视品牌的人最重视的代理商"。奥美所做的一切，都围绕着品牌：建立品牌、保护品牌，让品牌不断地产生利润。奥美认为，每一位顾客都是唯一的。为此，奥美强调以尽可能个性化的方式与顾客沟通。多年来，奥美根据不同国家、不同行业的特点，发展了一系列独到的沟通技巧，帮助企业进行卓有成效的品牌沟通。摩托罗拉、IBM、柯达、中美史克、空中客车、LG、旁氏、肯德基、德芙、雀巢、可口可乐、统一、上海大众、中国移动、红塔集团等，都是奥美的合作伙伴。

"大大小小的事情，都会与品牌建设有关。因为每个品牌都有自己的故事，我们可能会有各自不同的接触时间和体验方式去感受。而那些大大小小的事情其实都是故事的一部分，深刻影响品牌关系。很多时候，这些事情远非我们的直接控制范围之内。"因此，奥美坚持从全方位看待品牌，围绕着一个品牌，努力从各个方面寻找各种元素和线索，以捕捉更多与消费者之间的关联，而后对这些事实进行归纳，丰富品牌故事。

奥美在和顾客的合作中，不仅巩固了顾客行业内老大的地位，也使其营销策略成为行业内的标杆，引领着行业内广告的发展方向和趋势。奥美认为，项目成功与否的关键之处是和客户之间要有信任与配合，而这种信任和配合一般需要时间和非常开放的深度讨论后才能达成共识，只有品牌战略、资源调配、推动力和执行力等方方面面都环环相扣，项目

最终才能成功，"360度品牌管家"成功的重要标准是能否促进销售。当然，对于一个优秀的品牌而言，保障产品质量是重中之重。

7. 固有刺激法

李奥·贝纳于1935年8月在美国芝加哥创办了李奥·贝纳广告公司，后来又创办了芝加哥广告学校，由此他被尊称为"芝加哥广告学校之父"。李奥·贝纳先生于1971年逝世，但李奥·贝纳广告公司仍然是当今世界最大的广告公司之一。

李奥·贝纳认为，成功创意的秘诀就在于找出产品本身固有的刺激。固有的刺激也称为与生俱来的戏剧性。广告创意最重要的任务是把固有的刺激发掘出来并加以利用，也就是说要发现生产厂家为什么要生产这种产品以及消费者为什么要购买这种产品。一旦找到这些原因，广告创意的任务便是依据固有的刺激——产品与消费者的相互作用，创作出吸引人的、令人信服的广告，而不是靠投机取巧、靠噱头、靠蒙骗或虚情假意来取胜。按照这种理念，在广告文案写作中，李奥·贝纳认为，不论你要说什么，一般情况下，根据产品和消费者的情况，要做到恰当，只有一个字能够表示它，只有一个动词能使它形象化，只有一个形容词能描述它。对于创意人员来说，一定要去寻找这个字、这个动词和这个形容词。同时永远不要对"差不多"感到满足，永远不要依赖欺骗(即使是聪明的欺骗手段也不要用)去逃避困难，也不要依赖闪烁的言辞去逃避困难。

1) 运用固有刺激法的经典案例

李奥·贝纳运用固有刺激法最成功的一例广告是他为"青豆巨人"做的广告。为了向消费者传达广告主在收割和包装青豆过程中表现出的精心细致以及消费者对"新鲜"的渴望，李奥·贝纳在"青豆巨人"的广告中特别强调其"在月光下收割"。这个成功的创意成为广告界的经典范例。

广告标题：月光下的收割

广告正文：无论日间或夜晚，异人的豌豆都在转瞬间选妥，风味绝佳……从产地到装罐不超过三个小时。

李奥·贝纳解释道，如果用新罐装做标题是非常容易说的，但是月光下的收割则兼具新鲜的价值和浪漫的气氛，并包含着特种关切。"在月光下收割"，这在罐装豌豆的广告中的确是难得一见的妙句。

2) 三种背离固有刺激创意法的做法

在1960年的一次讲演中，李奥·贝纳先生从三个方面论述了与固有刺激法相背离的做法，当然，他也是以罐装豌豆"青豆巨人"为案例来做解释的。

(1) 自吹自擂。李奥·贝纳认为，有这种习惯的撰文人员可能会这样写"青豆巨人"的广告——"如果你想要最好的豌豆，你就要青豆巨人。青豆巨人经过精心种植与装罐，保证使你最后对味道满意。因为它们是同类产品中最好的，所以这些大而嫩的豌豆在美国最畅销。今天就在你买东西的食品杂货店中买一些吧。"

(2) 夸大之词。李奥·贝纳指出，有这种倾向的创意人员可能会醉心于这样的文案——"仕蔬菜土国中的大颗绿宝石。你从来不会知道一颗豌豆可以像这样——似露一般甜蜜，像六月清晨那样新鲜并洋溢着豌豆的芬芳。这不是一般的豌豆，这是青豆巨人，是蔬菜王国中的大颗绿宝石。把它端到烛光盈盈的餐桌上，如果你的丈夫把你的手握得更紧一点也不足为奇。"

(3) 舞文弄墨。这类人会这样写——"这种豌豆计划永远终止蔬菜战争。青豆巨人，它只不过像玉米粒那么大，剥豌豆的人轻易就能剥下。青豆巨人有一个保证豌豆永存于世的计划——豌豆在大地，善意满人间。"

8. 实施重心法

威廉·伯恩巴克(William Bernbach，1911—1982年)是广告创意领域最有影响力的人物之一，是著名广告公司BBD公司的创始人之一。威廉·伯恩巴克出生于美国纽约，从小受过良好的文化熏陶，在纽约大学获得文学学士、大学毕业之后，威廉·伯恩巴克凭借出众的文笔杀入广告界，先在葛瑞等一些广告公司工作了七八年，并于1947年和他人合伙成立了DDB广告公司。DDB公司的名称，源于三位合伙人多伊尔、戴恩和威廉·伯恩巴克的姓氏的第一个英文字母。自DDB公司创立之后，威廉·伯恩巴克担任总经理一职，直接创作了大量引起轰动的广告作品，使公司的业务蒸蒸日上，迅速跻身于美国最大的广告公司之列。

20世纪50年代，威廉·伯恩巴克提出了实施重心法。他认为，广告信息策略"如何表达"可以独立成为一个实施过程，广告的技巧不在于"说什么"——每家广告公司都知道说什么，而在于"如何说"。

按照他的观点，实施风格是广告中起决定作用的特征，有效广告的秘诀便是抓住问题，然后将其变成一项图像刺激而又诚实可信的优点。杰出的广告创意不是夸大，也不是虚饰，而是要竭尽创意人员的智慧使广告讯息单纯化、清晰化、戏剧化，使它在消费者脑海中留下深刻而难以磨灭的记忆。广告创作最难的事就是使广告讯息排除众多纷杂的事物而被消费者认知、接受，广告必须制造足够的"噪音"才会被注意，但这些"噪音"绝非无的放矢、毫无意义。

周密地实施重心法需注意以下4点事项。

(1) 尊重受众。广告不能以居高临下的口吻与意图接触的人们交流。

(2) 手法必须干净、直接。威廉·伯恩巴克说："假如你不能把你所要告诉消费者的内容浓缩成单一的目的、单一的主题，你的广告就不具有创新性。"

(3) 广告作品必须出众，它们必须具有自己的个性和风格。威廉·伯恩巴克说："我认为广告上最重要的东西就是要有独创性与新奇性。"

(4) 不要忽视幽默的作用。幽默可以有效吸引人的注意力，使人得到一种收听、收看和阅读的补偿。

思考题

1. 什么是广告创意？它有何特点？

2. 简述广告创意过程。

3. 简述广告创意思维的方法。

4. 广告创意的常用技法有哪些？

5. 简述常用的广告创意策略。

章末案例

农夫山泉其实是一家"广告公司"

一瓶平淡无奇的水，在农夫山泉看来，从研发设计到工厂建造，处处有故事。

"你可能不知道，你正在品尝的是长白山的春夏秋冬。"农夫山泉的一名销售人员站在台前介绍说。他面前的50张桌子上摆放了100瓶玻璃瓶装矿泉水。它们是农夫山泉在2015年推出的高端线新产品天然矿泉水和气泡矿泉水，水源取自长白山的莫涯泉。这件事被不断强调，而销售人员此刻所面对的，是农夫山泉的近百位餐饮客户、专业试酒师以及媒体。

在过去的一年中，这句极具煽情意味的广告词在你经过的电梯间里、你的手机上、你的电脑或电视屏幕里反复出现。现场观众被要求把两个口味的矿泉水倒进杯子里，然后分别配合品尝4款不同风味的点心。"虾饺和豆沙酥搭配天然矿泉水口感十分温润，而烤牛肉条和三文鱼搭配气泡水则能在吞咽时感到清冽。"销售人员引导说。

这大概是农夫山泉自创立20年来最郑重其事的一次产品介绍了。5月20日，2016年度酒单大奖颁奖典礼在上海静安区的香格里拉大酒店举行，它紧邻上海高端商务区之一的静安嘉里中心。农夫山泉以赞助商身份参会，它是众多酒品牌当中唯一的一个水品牌。用农夫山泉总经理助理周震华的话来说，这次采用的广告营销方式十分精准——你可能不知道，农夫山泉其实是一家"广告公司"。

在饮用水界，农夫山泉的广告文案容易流传，这和农夫山泉创始人兼总经理钟睒睒关系密切。深入人心的广告语"农夫山泉有点甜"就是钟睒睒本人的创意。钟睒睒一直以来都将自己定义为一名广告人，他曾经公开向媒体宣称，"我做这么多年企业，就是为了可以随心所欲地做广告创意"。

一直以来，农夫山泉都被业界看做由钟睒睒个人主导的一家公司。曾经，他意识到纯净水因为缺乏矿物元素而对人体无益，多番向媒体表露"不做纯净水，只做天然水"的决心。

甚至公开用不能在纯净水里开花的水仙花做试验，将占据绝大多数饮用水市场份额的纯净水厂商逼到死角。至今，农夫山泉与纯净水生产商华润怡宝仍处在长期暗掐的竞争中。2013年遇到公关危机时，钟睒睒也公开反击，被指善于运用舆论完成"事件营销"。农夫山泉每一款新品的产生都带有钟睒睒鲜明的个人风格。根据周震华的描述，农夫山泉的创意往往是"拍脑袋"想出来的。

其中，钟睒睒起主导作用，他的个人偏好、擅长之处对农夫山泉的每一款产品起着决定性作用。作为辅助，内部研发部门的主要工作是负责提供一些针对消费者需求的观察。

和老板聊聊他的某一个想法或梦想，是他们的工作常态。和以往任何一款产品一样，2015年2月上市的高端矿泉水也来自钟睒睒的"一时兴起"。

在农夫山泉的官方产品介绍里，这款高端水主打低钠淡矿泉。它来自长白山的莫涯泉，那里有低钠淡矿泉(钠含量小于20mg/L)，为稀有水源，适宜长期饮用。这款天然矿泉水线上售价定在35元至45元(750ml)的区间内，主要销售渠道则仅限于一些高端或进口超市，以及酒店等餐饮渠道——那是法国的依云、雀巢公司的圣培露等外资品牌的市场，本土品牌鲜有胜出者。

不过，挺进高端佐餐市场，并非农夫山泉的初衷。1954年出生的钟睒睒最初的想法颇有老一代民营企业家的特点，他认为在适当的高端社交场合及礼仪环境下，例如总理的谈判桌上，中国领导人和消费者应该有一款高端的玻璃瓶矿泉水。"玻璃瓶水是充满了对文化、文明的承载和对水的理解的产品，代表了中国的制造业水平。"十几年前，钟睒睒就在为这个想法寻找水源地了。他甚至为此"不计成本"，但周震华并未透露农夫山泉为这瓶水支付的具体成本。

其实，没有任何一家公司在创造一款用于销售的产品时会真的不计成本。不过，更大规模的投入，意味着更高程度的有利可图。找水源的过程充满不确定性。据农夫山泉介绍，十年间，他们的团队共找了78次水源，才最终找到理想的莫涯泉。

随着时间的流逝，创立于1996年的农夫山泉，其最经典的红瓶盖水也已存在近20年，年销售额高达150亿元，共有8个水源和15家工厂。而依云和巴黎水等外来品牌在高端水市场掀起的挑战也愈演愈烈，确定水源地已使农夫山泉付出较高的成本。钟睒睒意识到，这款高端矿泉水最好能带动农夫山泉的品牌升级，以便有效应对竞争局面及转型压力。在他看来，对中国制造来说，相比淘汰低端产业、转型做其他产业，远不如升级现有品牌来得更有效和实际。

定位清晰后，广告公司的工作核心当然仍是讲好一个故事。

钟睒睒对产品定位做了细化。他认为高端水市场的诉求绝不是解决口渴的问题，而应该是消费升级过程中出现的佐餐需求。"20年前，人们喝包装水，因为他们口渴。现在，他们用来消除一些酒中的酸涩感。所以哪里有酒，哪里就应该有包装水。"这也是为什么农夫山泉要以赞助商的身份出现在酒单大奖的颁奖现场——这里的每一个品牌都有可能是它的潜在客户。

为了有效营销，农夫山泉还计划未来专门针对目标客户举办产品分享晚宴——不同的餐点，搭配不同口感的水。无论在广告里，还是在产品发布场合，销售人员都不会忘记强调一件事，这款高端水产品拿下了5项全球设计大奖，包括被誉为设计界奥斯卡的国际包装设计大奖Pentawards铂金奖、第17届国际食品与饮料杰出创意奖(FAB Awards)、2015 D&AD木铅笔奖、2015年The Dieline国际包装设计大奖，以及2015年The Design Week Awards(2015年设计周奖)。

事实上，一款新产品的诞生总要遵循公司的研发及设计周期。从研发角度来说，农夫山泉至今仍在养生堂旗下一个名叫"北京万泰生物医药"的研发系统平台之下。在周震华看来，这是使农夫山泉保持市场竞争力的重要因素，"我们不是用研发饮料的人在做饮料，而是用研发医药、保健品的人来做饮料"。当农夫山泉内部的研发团队考虑是否采用一个特殊物质时，会把这个问题交由万泰生物医药的研发人员去完成。例如，为保证产品不变色变质，饮料品牌通常会选择全包。而农夫山泉旗下的"东方树叶"快速成为中国市场上第一个采用透明塑料瓶的茶饮，正是因为该产品借用了医疗业保存天然物质的研发积淀。

从流程上来看，万泰生物医药实际承担了农夫山泉部分基础研发工作，这在客观上也提高了研发的效率。相比之下，农夫山泉为瓶子的设计付出了更多的时间与精力。以外包装设计方案为例，农夫山泉花了3年时间找到5家全球顶尖的设计公司，比较了58稿共300多个设计之后，才拍板决定。

农夫山泉的要求是，设计一款真正独特的融合了长白山生态环境的包装。但有些设计方案太像酒瓶了，很难让中国消费者意识到这是矿泉水；有些印上了凶狠的老虎，让消费者产生了距离感；有些做得过于写意，辨识度存在问题；有些设计本身很不错，但色彩搭配又犯了中国人的某些禁忌。

令人满意的方案最早出现在2012年6月。但因受限于制瓶和印刷工艺难以将其完全付诸现实，农夫山泉只好忍痛放弃，再重新寻找合适的设计公司。"我们制造不出来他的设计，只能让他重新调设计，可是怎么调都调不出来。"周震华介绍说。难以调整的原因在于瓶口很细，而当人的手握住瓶子上半身时，必须考虑到力度的分配，以至于细微调整都有可能出现问题。同时，为了确保水的折射足够清透，瓶子的底部必须很厚。但问题是，农夫山泉找了几乎所有能找的生产厂家试做，但得到的样品底部总是倾斜而不平整。另外，农夫山泉想让瓶子看起来更干净且没有杂质，这意味着玻璃成分当中不能含铅。最终设计版本是农夫山泉把长白山的"四季"装在外形像水滴的玻璃瓶里。"我的工作就是让自然元素真正成为瓶子的一部分，让消费者立刻感觉到对长白山大自然的敬畏，仿佛身临其境喝了一口水。"英国设计工作室Horse的合伙人Sarah Pidgeon说："我们观看了无数玻璃瓶的圆形，最后我们呈现出的样子像自然界中的一个水滴。"瓶身设计采用了雕刻图案的手法来描绘长白山典型的4种动物、3种植物和1种典型的气候特征。每个图案都会配以相关数字和文字说明，每一个数字则指代一个具体的故事。比如说，1000代表在长白山栖息着全球仅存的1000只中华秋沙鸭，89就代表长白山共有89种蕨类植物，而270则说明长白山一年的冰雪覆盖期长达270天。

抚松工厂的设计花费了来自挪威的设计团队将近3年的时间。从厂房设计到观景台设计，设计师们不得不在这个国家森林保护区里小心翼翼地设计不影响其自然环境的方案。观景台下面支撑的部分，设计得像树枝一样，才能保证在工厂内能够听到外面的声音。挪威奥斯陆建筑学院教授Jan Olav Jesnsen为新工厂铺设了一条景观步道，整条走道由基件拼接而成，不用时可随时拆除。他先使用木桩固定好位置，确定地底下没有树根之后，再把桩打下去。如果遇到树根，则只能绕开那一带重新寻找位置。为确保拆除后也不会留下痕迹，桩基没有使用水泥。

总之，农夫山泉具备讲述故事的能力——产品研发及设计过程，包括工厂建造过程，都可以实现一定的品牌溢价。

2015年2月，农夫山泉位于长白山的抚松工厂正式投产，地址位于露水河国家森林公园距离莫涯泉3.5公里之处。与农夫山泉的抚松工厂隔空相望的，是同样强调长白山"世界三大黄金水源"特征的恒大冰泉，以及韩国农心品牌。另外两大优质矿泉水产地是欧洲的阿尔卑斯山和俄罗斯的高加索山。抚松工厂为此专门引进了全球范围内技术最高级别的无菌生产线。农夫山泉会特地强调这条生产线所带来的意义是生产100万瓶水也不会出现1瓶带菌的水。而婴儿水的外形像一个酒壶，但瓶身与80%的部分向内凹陷。凹陷部分适合手掌较大的父亲，而母亲则可以从另一侧抓取水瓶——这些信息，农夫山泉在广告里都告诉你了。

同时，抚松工厂的建成还代表了农夫山泉新的开始，甚至是一次"全面升级"。你确实可以从一些蛛丝马迹中察觉到农夫山泉内部正在发生的一些变化。5月11日，农夫山泉有史以来第一次玩起了明星代言，高价邀请韩国人气组合BIGBANG作为新产品茶π的形象代言人。在东方树叶被列入"最难喝的饮料名单"之后，农夫山泉推出了瓶身色彩鲜艳、风格清新的新产品。茶π的4个口味，也刚好跟BIGBANG相搭配。

资料来源：http://mt.sohu.com/20160714/n459222265.shtml，有删改.

思考题： 饮用水品牌进军高端市场该采用怎样的广告策略？

第11章

文化旅游产业创意与策划

⊙ 章前引例

绍兴咸亨酒店

咸亨酒店位于绍兴鲁迅街口一条狭窄的土路胡同里，根据鲁迅著名短篇小说《孔乙己》中对咸亨酒店的描写而开设，其店面布置一如鲁迅在小说中描写的那样，可以接待游客。在距鲁迅故居仅一箭之地的鲁迅路、解放路口建设成以鲁迅的名字命名的文化广场，一切大小建筑及其布局全以挖掘鲁迅的文化精神为灵魂；青石板铺就的广场中心，翠柏簇拥着鲁迅先生铜像；湖水半围广场，石坎河埠边泊着两口乌篷船，广场旁边的文化商场是由五幢低层建筑组成的L型布局群体，米庄食铺、祝福艺苑、朝花影社等店名，让人感觉就是当年的老店。整个广场并不太大，占地仅5000多平方米，但来此地的旅游者无不深深地浸润在鲁迅笔下的绍兴风情之中。这便是文化旅游的魅力，使人们在旅游中体验着不同地域、不同民族、不同时代的文化内涵，丰富了旅游产品的内容，也提高了旅游者的消费满意度。

资料来源：http://baike.baidu.com/link?url，有删改.

11.1　文化旅游产业发展概述

没有文化的旅游就没有魅力，没有旅游的文化就没有活力，在经济全球化的浪潮下，旅游业进入一个与时俱进、更新调整的时期。21世纪以来，随着世界各地文化旅游活动的极大拓展，文化旅游活动内容的不断丰富，文化旅游品牌的精心打造，文化与旅游紧密结合发展的趋势日益明显。文化产业与旅游产业有机融合发展呈现一片大好形势，成为提升文化品格、经济效益和社会价值的重要来源。

文化旅游是旅游业发展到一定阶段必须借助文化和文化产业来提升内涵、质量和竞争力的阶段产物，是"新"旅游现象中最为古老的，同时也是文化产业在拓展、延伸的过程中，寻求到的一种常态、巨大、辐射较广、影响持久的平台。纵观国内外，发展文化旅游已成为许多国家、城市和区域的重要发展战略。此外，现代社会人们工作、心理压力较大，发展文化旅游产业可以改善人们的身心状况，解除紧张疲惫感，同时有利于增长知识、开阔视野、丰富阅历，激发上进心、创造力和灵感，提高文化素养，这些都有助于社会的稳定、和谐与进步。文化旅游产业作为一个新兴的综合性产业，一个搭建在文化与旅游之间的桥梁，在文化经济领域发挥着日益重要的作用，并将从根本上推动中国旅游产业与文化产业的双赢发展。

■ 11.1.1　文化旅游的概念

文化是旅游的灵魂，旅游是文化的载体。文化和旅游的"联姻"使文化产业和旅游业实现了双赢，并形成一个新的产业——文化旅游业。文化旅游业是一种新兴的综合性产业，它关联度高、涉及面广、辐射力强、带动力大，具有生态性、可持续性、高附加值等特点。旅游文献将文化旅游活动的范围通常界定为对下列文化遗产资源的使用："考古遗址、博物馆、城堡、宫殿、历史建筑、著名建筑物、废墟、艺术品、雕塑、工艺品、画廊、节日、盛事、音乐舞蹈、民间艺术、剧院、原始文化、亚文化、民族社区、大小教堂以及能够代表民族及其文化的其他东西。"据此，世界旅游组织认为文化旅游是"人们出于文化动机而进行的移动，诸如研究性旅行，表演艺术文化旅行，参观历史遗迹，研究自然、民俗和艺术，有关宗教朝圣的旅行，节日和其他文化事件的旅行。

由此我们可以了解到以下信息。

(1) 文化旅游是通过旅游实现感知、了解、体察人类文化具体内容之目的的行为过程。文化旅游产业是文化产业的一个重要组成部分，但近年来，我国学术界和一些省市政府部门对文化旅游产业的认识存在泛化现象，许多人把旅游业主体都作为文化产业的组成部分，包括旅游交通企业、旅游住宿企业、纯自然观光型景区等。其实，这是把旅游文化与文化旅游混为一谈了。真正的文化旅游产业主要是指由人文旅游资源所开发出来的旅游产业，是为满足人们的文化旅游消费需求而产生的一部分旅游产业。它的目的就是提高人们的旅游活动质量。

(2) 文化旅游的核心是创意。创造一种文化符号，然后销售这种文化和文化符号，并强调文化旅游的"文化"是一种生活形态，"产业"是一种生产行销模式，两者的连接点就是"创意"。因此，文化旅游可以理解为"蕴含人为因素创造的生活文化的创意产业"。

■ 11.1.2　文化旅游的特征

(1) 知识密集性。文化旅游产品蕴含大量的知识信息，是一种知识密集型旅游产品。文化旅游能为旅游者提供大量丰富的科普知识、历史知识、社会知识，使旅游者接受艺术熏陶，提高文化修养，使游人从中得到某些感悟与升华。例如，到徽州民居中旅游，许多楹联很能教育人，或者崇尚孔孟之道，或者注重教化，或者抒情言志，或者劝人积德行善，或者教人治国济世，认真品读，大有茅塞顿开之感。

(2) 超强综合性。旅游产业本身就是一个综合性极强的产业，而文化旅游又赋予其更为丰富的内容。从旅游环节的角度看，文化旅游产业是集吃、住、行、游、购、娱、健、闲、体于一体的产业，并在每一个旅游环节中赋予了更为丰富的文化内容；从产业关联的角度看，文化旅游产业是集"旅游产业""文化产业""休闲娱乐产业""艺术产业""体育产业"及商业等于一体的庞大产业，产业边界越来越模糊。从某种意义上讲，文化旅游产业已经发展成一个万能的无所不包的产业，具有超强的综合性。

(3) 延展性。延展性是指以一项文化旅游产品为核心可以衍生一系列的其他产品。文化旅游产业的文化含量高，附加值大，通过深度开发与创新，能够挖掘和衍生一系列新产品，具有超强的延展性。文化既是旅游产业的一个重要内容，也是旅游产业的重要环节与表现形式，通过文化创意活动挖掘与表现丰富内涵，可创造出一系列意想不到的新型旅游产品。例如，大型实景歌舞剧《印象刘三姐》和《长恨歌》的演出，都成功地带动了当地文化旅游产业的发展。此外，文化旅游的延展性还表现为旅游产品内涵的功能延展。最有说服力的例子是在游览中，如果导游能适当引入精彩的故事典故，就可以提升所游览项目的档次，增加旅游产业的附加值。

(4) 载体性。文化旅游产业的发展不是孤立的，必须以历史文化景点、文化艺术场所、演出会展场所等为载体。文化旅游产业的发展程度与这些载体的品质和密集程度息息相关。文化渗透到现代文化旅游业的9个环节中，使得其每个环节都具有丰富的文化内涵。并且，这9个环节与相关的历史文化景点、文化艺术场所、演出会展场所等构成了文化旅游的产业链。一般来说，文化景点的演出会展场所布局得越密集、越完整，文化旅游产业链就越长。完整的文化旅游产业链不仅包括吃、住、行、游、购、娱、健、闲、体9个环节，而且由一系列相关的文化景点与场所构成，在文化旅游产业的发展中，其载体起着越来越重要的作用。因此，可以说文化旅游产业的载体是文化旅游产业链以及文化产业发展的关键性因素。

(5) 体验性与参与性。静态的文化观赏是一种传统的低层次的旅游方式。现代文化旅游倡导的是文化体验与文化参与行为。由于时代的变迁和发展，当代人对旅游的要求越来越高，单纯的静态观赏历史古迹已经无法满足当代人对文化旅游的需求，人们对文化旅游的体验和参与程度的要求越来越高，人们在体验和参与的过程中可感受文化的价值和魅力。此外，从市场主体的角度看，文化旅游市场的主体以中青年人群以及"身心年轻"的老年人群为主，客观上也要求具有参与性、体验性较强的文化旅游活动。因此，体验性与参与性越来越成为文化旅游的核心和本质要求。

(6) 创意性。运用文化符号创造出"无中生有"的文化吸引物是当代文化旅游产业发展的又一个显著特点。今天的文化旅游不仅仅与历史古迹相联系，更多是通过文化创意来实现的，好的创意本身就可能成为文化旅游的吸引点。例如，没有任何旅游资源的迪拜与阿布扎比每年吸引众多游客的秘籍，就在于好的创意。它们通过全新理念设计的现代超豪华购物中心(七星级的金帆船酒店、超豪华的文化广场、超豪华的清真寺等现代建筑和创意产品)，吸引游客从世界各地聚集迪拜与阿布扎比，带动了阿联酋文化旅游产业的大发展。此外，举办大型节事活动如各式选秀活动、博览会等，能够带来巨大的产业联动效应，促进文化旅游产业的大发展。

(7) 精品性。从产品的角度看，文化旅游产品资源的品位高，它是人类历史的结晶，是在历史发展中沉淀下来的人类精神与物质行为的精品。这些精品，既有在人类历史发展中作为各类精英的精神行为结晶的精品，如价值观念、学术思想等；也有作为各类精英的物质行为结晶的精品，如以物质形态遗存的建筑物及其内涵文化。

(8) 民族性与国际性。文化旅游的景点，一方面具有民族性，是一个民族精华的代表；另一方面具有国际性，因为文化旅游景点既是民族领先的，又是世界一流的，是被世界认可的高品位的民族精品，因而同时具有国际性和世界性。可以说，文化旅游产业所反映的文化内涵是民族性与国际性的统一。

11.1.3 中国文化旅游业的发展环境

文化旅游发展政策是在应对国际金融危机的大背景下出台的。2008年由美国次贷危机引发的全球金融危机，对我国经济社会转型发展提出了严峻挑战，文化产业和旅游业的产业调节功能及其对"保增长、扩内需、调结构、促改革、惠民生"的作用被高度重视。旅游业兼具经济功能和社会功能，具有资源消耗低、带动系数大、就业机会多、综合效益好的特点，逐渐成为国民经济的战略性支柱产业。

经过近10年的快速发展，文化产业在国民经济中的增长性、带动性和辐射性日益突显。统计资料显示，近年来我国文化产业每年保持15%的增长速度，远超GDP和第三产业的增速。在这近10年间，国家也相应出台了各种激励政策以发展文化旅游产业。

2009年以来，国务院相继出台了《文化产业振兴规划》和《关于加快发展旅游业的意见》，标志着文化旅游产业成为国家战略性产业。2009年，文化部与国家旅游局联合出台的《文化部国家旅游局关于促进文化与旅游结合发展的指导意见》是我国第一份关于文化旅游发展政策的文件。自此开始，文化旅游的概念及其相应的制度安排陆续出现在各级各类文件之中。

近年来，中央层面出台的文化旅游发展政策主要体现在《文化产业振兴规划》《国家"十二五"时期文化改革发展规划纲要》《文化部"十二五"时期文化改革发展规划纲要》《文化部"十二五"时期文化产业倍增计划》等文件之中，具体情况如表11-1所示。

表11-1 我国文化旅游发展政策相关介绍

发布时间	发布机关	文件名称	文化旅游发展政策内容
2009年8月	文化部、国家旅游局	文化部国家旅游局关于促进文化与旅游结合发展的指导意见	打造文化旅游系列活动品牌；打造高品质旅游演艺产品；利用非物质文化遗产资源优势，开发文化旅游产品；实施品牌引领战略，引导文化旅游产品开展品牌化经营；鼓励主题公园、旅游度假区设立连锁网吧、游戏游艺场所；举办文化旅游项目推介洽谈会，推动文化旅游企业开展合作；深度开发文化旅游工艺品(纪念品)；加强文化旅游产品的市场推广；积极培育文化旅游人才；规范文化旅游市场经营秩序
2009年9月	文化部	文化部关于加快文化产业发展的指导意见	促进文化与旅游相结合，以文化提升旅游的内涵，以旅游扩大文化的传播和消费。打造文化旅游系列活动品牌，扶持具有地方、民族特色的文化旅游项目；建立《文化旅游节庆活动扶持名录》和《国家文化旅游重点项目名录》；鼓励对演艺与旅游资源进行整合，在知名旅游景区打造高品质、有特色的演艺精品；在有效保护的基础上，对历史文化名城、文物古迹进行科学的开发与利用，合理开发传统手工技艺类和表演类非物质文化遗产；深度开发文化旅游工艺品，提升品位，拓宽市场

(续表)

发布时间	发布机关	文件名称	文化旅游发展政策内容
2009年12月	国务院	国务院关于加快发展旅游业的意见	大力推进旅游与文化、体育、农业、工业、林业、商业、水利、地质、海洋、环保、气象等相关产业和行业的融合发展；丰富旅游文化内涵，把提升文化内涵贯穿到吃、住、行、游、购、娱各环节和旅游业发展全过程；旅游开发建设要加强自然文化遗产保护，深挖文化内涵，普及科学知识；旅游商品要提高文化创意水平，旅游餐饮要突出文化特色，旅游经营服务要体现人文特质；要发挥文化资源优势，推出具有地方特色和民族特色的演艺、节庆等文化旅游产品；充分利用博物馆、纪念馆、体育场馆等设施，开展多种形式的文体旅游活动；集中力量塑造中国国家旅游整体形象，提升文化软实力

2013年4月25日，十二届全国人大第二次会议表决通过了《中华人民共和国旅游法》(以下简称《旅游法》)。这成为我国旅游业发展纳入法律体系的标志，也将成为我国旅游业发展的转折点。至此，我国旅游业形成了由国家大法、国务院条例、部门规章组成的完整的法律法规体系。

2014年，在党中央、国务院的正确领导下，在各级党委、政府的高度重视下，旅游发展环境不断改善。全国人大开展《旅游法》执法检查，推动了《旅游法》的贯彻落实。国务院出台《关于促进旅游业改革发展的若干意见》(国发〔2014〕31号)，提出了新时期旅游业改革发展的方向和任务。国务院成立旅游工作部际联席会议，创新了协调商议旅游业改革发展重大问题的机制；与中宣部、中央文明办共同开展提升中国公民出境旅游文明素质宣传活动，营造文明旅游的社会氛围。各省、区、市深入贯彻落实国发31号文件，强化了旅游统筹协调机制，海南、北京、云南、江西、广西、西藏6个省、区、市先后成立旅游发展委员会；海南、云南、上海等地修订了旅游条例；山东、浙江、甘肃、安徽等省先后出台贯彻落实国发31号文件的政策文件；旅游综合改革深入推进，共有10个市县开展国家旅游综合改革试点。

11.2　文化旅游创意策划的基本理论

旅游业是创意文化产业，没有高明的创意难以做好旅游策划。文化旅游创意策划就像一股难以抗拒的洪流，汹涌奔腾地将智慧符号的现代价值扩散到旅游业的每个角落。很难说是现代旅游业派生了这些特有的智慧符号，还是这些智慧符号成就了现代旅游业的发展。但有一点可以肯定，即使在一个完全陌生的环境中，文化旅游创意策划也一定会让游客在瞬间找到一份亲切与熟悉感。

11.2.1　文化旅游创意策划的概念

古人说："凡事预则立，不预则废。""预"就是对未来要做的事情的预测、安排，其中就包含创意策划的思想。纵观各地旅游开发的成功经验和失败教训，科学的策划是成功的首要因素，没有创意的策划或策划的受众不明确是失败的主要原因。

所谓文化旅游创意策划，是指旅游策划者为实现旅游组织的目标，以文化旅游资源为基础，通过对旅游市场和旅游环境的调查、分析和论证，创造性地整合旅游资源，别出心裁地设计和策划旅游方案，谋划对策，然后付诸实施，以便使旅游资源与市场密切结合，从而获得最佳经济效益、社会效益和生态效益的运筹过程。有专家认为，文化旅游策划的本质是思想、文化、创造、发现、理想等。文化旅游策划需要创意，创意是文化旅游策划的核心。创意是指运用创造性思维，对某一特定事物状态及相关因素进行联想、假想，从而创造出一种意图、意象和意境等。

■ 11.2.2 文化旅游创意策划的作用

1. 为旅游企业、相关政府部门创造社会价值和经济价值

21世纪是知识经济时代，知识经济的一大特征是智力、智慧产业将得到进一步发展，社会所需的知识比任何时代都要丰富得多。文化旅游策划机构的价值，越来越取决于对知识的应用能力。这种能力，就是思想、智力、方略等。智能与财富结合在一起，才会爆发出巨大的能量。

2. 充当智囊团、思想库，是企业决策者的亲密助手

第一，文化旅游创意策划接触面大、实践范围广泛。从规划直到营销的每个环节，策划活动都参与其中。第二，文化旅游创意策划的案例精彩、形式多样。在文化旅游创意策划的成功案例中，都有不少精彩绝妙的概念、理念、创意和手段。第三，文化旅游策划的思想活跃、理论很丰富。由于众多策划人努力实践，勤奋耕耘，在创造许多精彩的项目典范和营销经典的同时，还梳理出不少闪光的策划概念、思想，总结出富有创见的创意策划理论。这些都给旅游企业以智力、思想、策略上的帮助与支持，为旅游企业出谋划策，从而创造更多的经济效益。

3. 为旅游开发成功保驾护航

文化旅游开发建设要完成一个项目周期，需要经过市场调研、项目选址、投资研究、规划设计、建筑施工、营销推广、旅游接待等一系列过程，这些过程中的某一环节出现问题，都会影响旅游开发进程，甚至使景区"胎死腹中"。旅游策划参与其中的每个环节，通过概念设计及各种策划手段，可使开发的景区适销对路，从而占领市场。

■ 11.2.3 文化旅游创意策划的性质

1. 创造性

旅游创意的创造性也称原创性、新颖性、独特性，是指旅游创意必须产生具有新颖性

的构想。创意是金，贵在出新。创造性是旅游创意区别于一般旅游发展构想的根本特征，是旅游创意的灵魂和生命，也是判定旅游创意水平的首要指标。

2. 内隐性

旅游创意的内隐性是指旅游创意活动的核心环节，不同于旅游设施建设、服务提供与管理行为，它是一种表面上看不见、摸不着的内在心理活动，是一个思维活动过程。

3. 关联性

与其他创意一样，旅游创意依赖元素重组或异态混搭。这就是说，旅游创意必须与多种要素相互关联。同时，因为旅游产业的无边界特征和旅游需求的多元化趋势，使得它与其他类型创意相比，具有更为突出的综合性。

4. 符号性

旅游创意的符号性又称为象征性，是指经由创意生产出的旅游产品(旅游创意的终极对象)不同于日常用品，它可以产生丰富而独特的旅游体验，具有象征意义和符号价值，能够吸引游客的"眼球"。

5. 增值性

旅游创意可以"无中生有"，可以变废为宝，可以点石成金，可以锦上添花，可以化腐朽为神奇，可以变梦想为现实，大大推进了旅游资源价值的实现过程，提高了旅游产品的价值和旅游企业的效益，这就是旅游创意的增值性。

■ 11.2.4 文化旅游创意策划的特征

作为知识与智慧的集中体现，旅游创意策划具有以下几个特征。

1. 宏观战略性

旅游创意策划是对项目地旅游业发展的宏观把握、战略引导，是对项目地社会、经济、文化、市场、资源等条件的宏观性、全局性、战略性的把握与控制，主要从全局、整体、宏观、战略的角度解决项目地旅游发展在关键因素、特殊思想、特有理念、核心主题、阶段目标与主体战略等层面的问题。

2. 意象功效性

文化旅游创意策划强调"概念"在策划研究中的作用，并以"意象生成""宏观控制""弹性发展""突破创新"的核心趋向而区别于传统旅游策划。它实现了由传统旅游策划完整"展现"到意念性"启迪"的转变。文化旅游创意策划以一种开放性、理念化、非现实性形态为项目地旅游业的发展提供战略发展思路。

3. "研""策"并重性

文化旅游创意策划在对项目地未来旅游业发展的构思谋划过程中，注重"策划"与

"研究"的齐头并进，在"策划"中展现其"研究性"的特色，在"研究"中体现其"策划性"的特性。文化旅游创意策划是"策划"与"研究"并重的统一体。

4. 灵活普适性

文化旅游创意策划的灵活普适性主要体现在：在时间上的灵活性，即文化旅游创意策划可根据项目地的市场需求，高效、灵活地控制编制时间；在策划空间、应用领域、编制内容、参与主体上的普适性。在策划空间上，既适合大空间领域，又适合中小空间领域；在策划内容上，既可从宏观层面把握，又可从中观、微观层面引导控制。

5. 创新研究性

文化旅游创意策划在编制过程中，更注重理念、理论、主题、方法、战略、结构上的创新研究。这便要求策划人员在文化旅游创意策划的过程中注重特有理论、特殊理念的提炼与应用，增加核心主题、关键方法、主体战略、空间结构的创新研究，从整体上把握核心项目的创意策划研究，并使以上各个层面与规划区的空间布局、景观环境、文化背景、社会经济等内容相统一，继而实现项目地未来旅游业的持续、健康发展。

■ 11.2.5　文化旅游创意策划的分类

文化旅游创意策划的类型非常丰富，主要包括发展战略策划、形象策划、公关策划、广告策划、产品策划、品牌策划、旅游商品策划、服务策划、节庆活动策划、旅行社策划、饭店策划、景点策划等。现对其中比较重要的策划进行简要说明。

1. 旅游战略策划

旅游战略策划主要是宏观意义上的旅游发展战略策划，即在分析旅游发展的机会、必要性及可能出现的问题的基础上，对旅游发展战略思想、战略目标及战略重点的谋划。旅游发展战略包含的内容十分宽泛，其策划的重点应集中在宏观或国家及地区的层面上，尤其是一个地区的国际旅游业发展层面上，即侧重在研究旅游开发的必要性、机会和旅游开发所带来的问题的基础上，制定未来旅游发展战略。旅游发展战略是综合性的，既包含政策表述，又包含实施内容。例如，2015年8月17日，中航工业贵航与遵义市人民政府在遵义宾馆签订了《共同促进遵义市旅游产业发展战略合作框架协议书》。以海龙屯土司遗址列入世界文化遗产为起点，以承办全省第十一届旅发大会为契机，以提高旅游业市场化、产业化、现代化、国际化水平为目标，牢牢抓住红色文化、赤水丹霞、国酒茅台、万亩茶海等文化旅游资源聚合带来的无限空间和无限机遇，全面加快旅游业转型升级、提质增效。此次与中航工业贵航集团的旅游战略合作也是遵义市政府积极融入区域发展经济圈的一次有益尝试。

2. 旅游形象策划

旅游形象(TIS)在国外又称为旅游地形象，是旅游地区域内外公众对其总体的、抽象的、概括的认识和评价，它是旅游地的历史、现实与未来的一种理性再现。在旅游资源的开发规划过程中，旅游形象的塑造具有举足轻重的作用。如果一个旅游地的形象模糊混乱，则很难对潜在的旅游客源群体形成吸引效应，同时还会使现实的旅游者经历平淡，降低其重游率。而个性鲜明、亲切感人的旅游地形象是形成庞大旅游市场的源泉，并可以在旅游市场上形成较长时间的垄断地位。例如，在2016年3月10日—4月上旬举行的由昆明市旅游发展委员会主办，昆明学院承办的"昆明市旅游厕所LOGO设计大赛"。本次大赛将面向全社会征集昆明市旅游厕所LOGO设计方案和富有昆明地域、文化特色的旅游厕所外观设计方案，旨在通过征集能体现昆明市旅游特色的厕所LOGO，调动社会积极性，形成全社会关注推动厕所革命的热潮，吸引鼓励各界人士为旅游厕所建设、管理建言献策。同时，加快推进昆明"建设厕所文明，提升旅游形象"工程，使昆明旅游厕所符号化、品牌化。

3. 旅游营销策划

旅游营销策划是指旅游产品或旅游服务的生产商在识别旅游者需求的基础上，通过确定其所能提供的目标市场并设计适当的旅游产品、服务和项目，以满足这些市场需求的过程。旅游营销策划分为战略性策划和战术性策划。战略性策划具有长远性、整体性和宏观性；而战术性策划是具体的、可执行的。旅游营销有以下几种方法：旅游品牌营销、旅游体验营销、旅游网络营销、旅游整合营销、旅游互动营销等。

4. 旅游产品策划

旅游产品策划是在对旅游资源进行市场调查，通过创意形成、创意筛选、市场定位、概念形成和市场可行性分析后，为产品开发做好先导的过程。成功的产品策划的4条标准是定位准确、突显核心吸引力、游玩方式适应游客需求、投入产出合理。对产品策划而言，最重要的是确定游玩方式，又称为"玩法"。创意的最大难点，也是最核心的点，就是玩法。旅游产品策划的最高境界是创造全新的生活体验，形成人们向往的生活方式。例如，2015年，山东省曲阜市为进一步拉动旅游产品市场需求，带动一批有特色、有儒家文化内涵的高科技产品、地方手工艺产品向旅游产品转化，推动景区特色旅游纪念品创新，面向全国开展了征集孔子及儒家文化形象的旅游产品设计活动，共收集到各地作品130余件，其中设计稿件80余份、实物作品40余件，投入市场开始销售流通的作品达30多件。从各地和各种人群中收集旅游产品信息到最终将旅游产品投入市场，不仅能准确把握游客的需求，也能带动旅游地经济的发展。

5. 节庆活动策划

旅游节庆活动是文化现象和经济活动的双重载体，举办节庆活动的实质是以展示独特文化为手段，通过加强人流、物流、资金流和信息流的流动性来促进经济、文化和社会全面进步。旅游节庆活动作为促进地方社会发展的一个非常活跃的经济因素，它可以凭借其较高的产业关联度、巨大的经济带动力等特性推动区域经济发展。从这一意义上说，旅游节庆活动也是节庆经济。地方通过举办节庆活动，可以达到塑造主题形象、带动地区经济全面发展的目的。因此，大力发展旅游节庆活动逐渐在经济领域引起了政府的广泛关注。

例如，2015年3月6日于"2015广州国际旅游展览会(GITF)"上，韶关市旅游局启动了"旅游节庆月月有，四季韶关乐悠游——2015年万车自驾游韶关"等共42项节庆活动，将8大自驾游线路公之于众，这一举动令人瞩目，极大地促进了韶关的旅游业发展。

6. 旅游演艺策划

旅游演艺是旅游业和演艺的结合，融合了旅游风景的柔美与歌艺表演的刺激，形成一种如梦似幻的唯美画面，给人无限遐想，被称为新时代的"精神桑拿"。目前，"旅游演出，阳光娱乐"已成为我国群众文化生活的重要内容之一，国内旅游演艺消费需求日益旺盛，但有限的旅游接待能力无法满足巨大的市场需求，旅游演艺发展空间巨大。旅游演艺的快速发展是伴随着居民旅游需求水平的不断提高和国内旅游市场的不断扩大而出现的，是在旅游和演艺的共同推动下迅速发展起来的。演艺拓展了旅游空间，是旅游业发展的助推器，而旅游业又为演艺发展创造了条件和环境，是演艺市场繁荣的重要动力。旅游与演艺携手带来的旅游演艺市场的蓬勃发展已成为国内文化产业引人瞩目的新景观。旅游演艺的诞生，拓展了旅游业发展的新天地，有利于旅游业的健康可持续发展。例如，2015年6月16日，由国家旅游局、甘肃省人民政府共同主办的第五届"敦煌行·丝绸之路国际旅游节"在"丝路明珠"甘肃省嘉峪关市开幕。本次的"敦煌行·丝绸之路国际旅游节"旅游演艺活动以"畅游绚丽甘肃，发展丝路旅游"为主题，来自世界旅游组织、亚太旅游协会、丝绸之路沿线国家及境内外百家媒体和境内外旅行商等300余人参加，是自2014年丝绸之路获准列入世界遗产名录后，中国首例跨国合作、成功申遗的项目。甘肃是丝绸之路连接中亚、西亚的天然走廊和黄金通道，7000公里的陆上丝绸之路，在这里绵延1600多公里。如今，连续举办多年的"敦煌行·丝绸之路国际旅游节"已成为甘肃旅游业的一个闪亮品牌。

11.3　文化旅游创意策划的方法

11.3.1　文化旅游创意策划的思维方法

1. 联想系列方法

联想是由一种事物想到另一种事物的心理过程，由当前事物回忆过去事物或展望未来事物，由此事物想到彼事物，都是联想。在现实的联想中，"联"和"想"并不分开进行，而是"一气呵成"或转瞬之间完成的。例如，从嫦娥联想到登月飞船，就是由于想象力的作用把它们联系在一起。所以联想并不单纯是回忆，而是有想象力的微妙作用。而对于创意而言，重要的是把表面不相干的事物联系起来，而非单纯的回忆、回想。因此，奥斯本称创意活动中的联想是"依靠记忆力进行想象，以便使一个设想引发另外一个设想"。可以认为，联想是想象最初步的、最基本的形式。联想在创意过程中占有重要位置，善于联想，常常可以由已知达到未知，实现各种创意，所以有人说发明就是联想。"头脑风暴法"是联想系列方法的典型代表，它所遵循的自由思考、禁止批判、谋求数量和结合改善等原则，都为丰富的想象创造了条件。

2. 类比系列方法

类比系列方法是以两个不同事物的类比联想系列方法作为主导的创意方法系列，其特点是以大量的联想为基础，以不同事物之间的相同或类似点为纽带，充分调动想象、直觉、灵感诸功能，巧妙地借助其他事物找出创意的突破口。与联想系列方法相比较，类比系列方法更具体，是更高的一个层次，提喻法是类比系列方法的典型代表。类比系列方法包括拟人类比、仿生类比、直接类比、象征类比和幻想类比等。

3. 组合系列方法

组合系列方法是以若干不同事物的组合为主导的创意方法系列，其特点是把似乎不相关的事物有机地合为一体，并产生新奇性。组合是想象的本质特征，与类比系列相比，组合系列没有停留在相似点的类比上，而是进一步把两者组合起来，因此方法层次更高，它也是以联想为基础的。焦点法是组合系列方法的典型代表，它以一个事物为出发点(即焦点)，联想其他事物并与之组合，形成新创意。例如，玻璃纤维和塑料结合，可以制成耐高温、高强度的玻璃钢，很多复合材料都是利用这种方法制成的。

4. 臻美系列方法

臻美系列方法是以达到理想化的完美性为目标的创意方法系列，其特点是把创意对象的完美、和谐、新奇放在首位，用各种方法来实现，在创意中充分调动想象、直觉、灵感、审美等诸因子。完美性意味着对创意作品的全面审视和开发，因而属于创意方法的最高层次。联想、类比、组合是臻美的可靠基础，而臻美则是发展的方向。缺点列举法是较有代表性的臻美方法，是指找出作品或产品的缺点，提出改进的希望，使其更完美，更有吸引力。作品或产品的完美是无止境的，臻美也是一个不断努力的过程。

■ 11.3.2 文化旅游创意策划的操作方法

1. 双筛法

"双筛法"是一种"协调思想"的产物，它主要致力于协调各种关系，特别是文化旅游策划过程中旅游专家、旅游开发者、旅游客源市场(旅游消费者)和旅游地居民之间的关系，有效地解决其间的多种矛盾。"双筛法"的主要目的是有效地组织各种资源，既面向市场，又面向旅游开发者，充分发挥旅游专家的主导作用，动员一切可以动员的力量，依靠一切可以依靠的力量，设计出适合的旅游创意项目，满足人们的旅游消费需要，实现旅游开发的经济效益。

在文化旅游创意策划中应用"双筛法"应做好如下几项工作：旅游资源普查或调查，

旅游开发条件的调查，旅游资源和旅游开发条件的客源市场评价，旅游专家、旅游开发者与旅游地居民的意见调查，旅游产品的客源市场认可调查，最后确定旅游产品。总结起来，要经过5个步骤、2次筛选，所以称为"双筛法"。

双筛法的5个步骤具体如下所述。

(1) 文化旅游资源普查及其市场评价和旅游开发条件的详细调查与市场评价。在文化旅游创意策划的过程中，文化旅游资源的普查是至关重要的第一步，在对旅游资源进行评价时，最好进行总量分析和均分值分析，以便在全国范围内进行比较。

(2) 旅游项目的专家创意。这里所说的"旅游项目的专家创意"，是立足于专家对旅游市场进行充分的调查之后提出的旅游项目的创意。对于旅游项目的专家创意，应重视旅游资源、旅游市场、旅游开发条件的有机整合和系统协调的程度。

(3) 开发者与开发地区居民对于文化旅游创意的接受意向水平调查，这是第一次筛选。当专家创意的旅游项目出来之后，以座谈会和问卷调查的形式，充分收集开发者与旅游地居民的意见，进行一次交互式对话，确定一个有等级的旅游项目序列，同时对部分旅游创意进行修正与补充。

(4) 文化旅游创意修正与补充，旅游市场的认可意向调查，这是第二次筛选。在第一次文化旅游创意筛选的基础之上，将文化旅游创意设计成客源市场调查表格，对客源市场的意见进行收集；然后，对问卷内容进行统计分析，得出结论。

(5) 文化旅游创意的最后确定。通过两轮的筛选，文化旅游创意的设计已经获得了各个方面的认可，可以进行最后的确认，如图11-1所示。

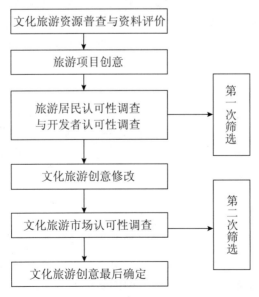

图11-1　文化旅游创意策划"双筛法"技术路线

2. RMP分析(资源、市场、产品分析)方法

这种方法是由吴必虎提出来的，即以旅游产品为中心，进行R性分析(Resources

Analysis)和M性分析(Market Analysis)，以此为基础进行P性分析(Product Analysis)，并最终提出旅游产品创意策划的方案，旅游产品创意(RMP)分析模式如图11-2所示。

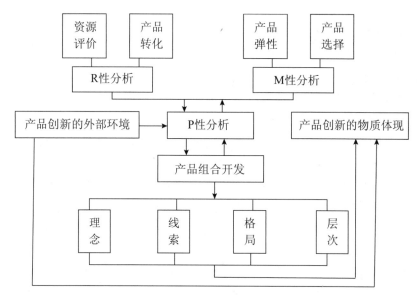

图11-2　文化旅游产品创意(RMP)分析模式

1) 资源(R性)分析：资源评价与产品转化

依托一定空间环境的旅游资源是旅游目的地借以吸引旅游者的重要因素，也是区域旅游开发的物质基础。旅游创意的设计必须立足于本地区的旅游资源，而不能凭空虚构，必须立足于"实"。在我国旅游开发的初级阶段，由于旅游市场是卖方市场，旅游资源本身就代表旅游主题，因而旅游开发设计方面只遵循了"实"的原则，没有进行创意或创意较少。但随着旅游业竞争愈演愈烈，尤其在20世纪90年代后，旅游市场变成买方市场，旅游地增多，旅游替代地竞争非常激烈，游客选择余地增大，游客消费需求增高，以前那种无须创意或创意平庸的产品已无法吸引游客。此阶段旅游创意必须在旅游资源评价的基础上进行选择、加工和拔高，突出旅游地资源的相对优势和个性、特性，彰显地方精神。地方精神是指能体现地方特色，并能增强地方社区认同感、自豪感和凝聚力的深层次精神内涵，其独特性与唯一性是对游客产生吸引力的源泉。

2) 市场分析(M性)：市场导向和产品偏好

就市场经济而言，旅游开发是一个经济过程，策划与开发的最终目的是使旅游产品进入市场。所以，旅游创意项目的选择要紧紧把握市场的脉搏，否则，即使旅游资源价值再高，其价值也无法实现，从而难以实现最佳旅游效益。然而旅游创意是灵活多变的，如何根据市场需求来进行选择呢？主要考虑两方面因素：一方面是旅游发展趋势；另一方面是旅游客源市场的构成，尤其是文化层次构成。

3) 产品(P性)分析：产品创新和空间布局

旅游产品的创意要求遵循一定的操作性框架，即所谓的有理念、有线索、有格局、有层次的"四有产品开发模式"。这一框架模式反映了策划师对目的地的形象、文化历史背景、空间结构、开发重点等的系统界定，具体应做到以下几个方面。

(1) 构建旅游产品理念系统。理念系统是区域旅游发展规划和旅游产品开发的思想基础，它主要建立在地方性研究和受众调查分析的基础之上。一个缺乏产品理念的旅游区，其产品开发可能会出现混乱和冲突，不利于参与激烈的市场竞争。

(2) 揭示深厚的历史文化背景。作为任何一种旅游产品，其产品设计和景观规划一方面需要体现一定顺序的历史关系，我们称之为景观系统的时间线索；另一方面需要揭示地方历史文化传统，充分体现与众不同的精神内涵。唯有做到这一点，才能使旅游产品保持竞争力，延长产品生命周期，保持经久不衰的趋势。

(3) 组织优化旅游空间结构。根据资源特点、城市格局、市场需求、政府政策等若干要素，综合考虑旅游发展的空间格局问题。区域旅游空间结构，往往由若干不同层次的景观群落组成：最高层为当地最大的旅游活动中心，其次为主要的重点景区，最下层为散布全境的零星的"无围墙化"景点。这些无围墙化处理的景点，无形中延长了游客的滞留时间，使旅游者的总体花费增加，进而增加了当地的旅游收入。上述不同层次的景观群落通过有效的旅游线路和活动组织加以连接和整合，实现旅游者的出游体验。

(4) 突显重点旅游产品层次。考虑到投资能力限制和旅游地的空间层次结构，在构建一个地区的旅游系统时，应集中精力、突出重点，利用主要力量去建设关键的主控系统，通过重点产品或项目的建设来带动整个区域的旅游发展。

11.4　文化旅游创意策划的原则和流程

11.4.1　文化旅游创意策划的原则

1. 可行性原则

文化旅游策划的可行性原则是指策划方案应该能够实施并取得科学有效的结果。旅游策划的目的是解决问题，促进区域或者旅游企业的跨越式发展。旅游策划的基础是策划主体的内外部现状。因此，旅游策划的目标、实施条件等要符合策划主体的能力、实力以及外界政治、经济、法律法规、社会道德和环境的要求。为了保证旅游策划的可行性，在制定策划方案之前，需要对策划的利害性、经济性、科学性、合法性进行全面的分析。唯有如此，才能促进旅游策划的实施，因此，文化旅游策划要遵守可行性原则。缺乏可操作性的规划与策划是无用的废纸，文化旅游策划以运作实施为首要前提。

2. 创新性原则

创新性原则是文化策划的核心、本质和灵魂，能否打破常规、标新立异、出奇制胜，决定了文化旅游策划的成败，衡量旅游策划优劣的重要标准就是看能否有创新和突破。文化旅游策划的创新原则应体现在策划的观念层面、操作层面和现实层面上。模仿而来的策划给人以似曾相识的感觉，从而失去吸引力，很难达到预期效果。

文化旅游策划创新，从旅游组织的角度来讲，主要是为了进一步拓展生存和发展的空间，创造一种有特色、有新意、有内涵的旅游构件和要素；从旅游者的角度来讲，主要是为了获得一种轻松愉快的新鲜旅游体验，暂时进入一种与日常生活有强烈差异的生活状态。

3. 独特性原则

文化旅游策划的独特性是指文化旅游策划不能因循守旧、墨守成规，而要勇于和善于标新立异、独辟蹊径，形成独特的策划方案。在策划过程中，要寻找、发掘和利用旅游资源的特色。经过开发的旅游资源，不仅应使它原有的特色得以保持，还应使其原有特色更加鲜明、有所创新和发展，绝对要避免破坏旅游资源原有的特色。

4. 人本主义原则

人本主义原则是指把以人为本，遵循人体生理与心理的规律，满足人类审美、修学、交流、康体、休憩及整个生活方式需求作为第一要义的原则。从个体而言，人们总是从修学、审美、休憩、康体、交流等某种或几种需求结合出发，开始旅游生涯。当旅游多年，积累丰富经验后，开始寻求不同于日常生活也不同于一般旅游的体验式旅游。当体验式旅游积累到一定的程度后，一部分人会把旅游作为一种生活方式，一种定时或不定时的与工作、日常生活同样重要的生活方式，一种自我实现中不可缺少的生存方式。

5. 文化性原则

文化是旅游的灵魂，那么文化一定是文化旅游创意策划的灵魂。文化旅游策划的本质就是通过旅游文化的营造和表现，把抽象、静态的文化符号变成旅游者可感知和体验的旅游要素。缺乏文化基础、文化背景和文化内涵的策划，一定是没有生命力的旅游策划。国内比较成功的主题公园项目的策划，如杭州的宋城、西安的大唐芙蓉园以及国内比较成功的主题演出剧目，如《印象刘三姐》《印象武隆》等都体现了这一点。

6. 弹性原则

旅游需求是随着时间的变化而不断变化的，因此文化旅游策划必须保持相当的弹性，为后续策划留有余地。只有优化旅游策划的系统结构，文化旅游策划才有弹性。文化旅游策划的系统结构的合理跨度和层次可以使系统目标更加明确，运转有序，保持充分的弹性和稳定。而当前中国一些主题公园在开发和策划过程中，由于没有很好地遵循系统弹性分层原则，整个过程缺乏系统的层次链，往往开园时很热闹，随后冷冷清清，趋于萧条。

7. 效益原则

文化旅游策划的目的是充分挖掘文化旅游资源的潜在价值，追求经济、社会和环境三方面最大的综合效益。在规划中要选准突破口，尽快收回投资，获取利润。在取得经济效益的同时，还要注意社会效益，更应注意生态环境的保护和建设，从而使旅游区真正实现可持续发展。

▌11.4.2　文化旅游创意策划的流程

目前，国内对旅游创意策划流程的研究相对较少，且未形成一个有机系统。文化旅游创意策划的流程源于传统旅游策划，又不同于传统旅游策划，其编制流程集传统旅游策划、概念规划以及城市规划的特点于一体，形成了独具特色的策划流程。文化旅游创意策划流程主要包括研究阶段、认识阶段、分析阶段、整合阶段、提取阶段、形成阶段共6个阶段，每个阶段层层连接、环环相扣、彼此联系、相互作用，最终构成了文化旅游创意策划特有的流程。

1. 研究阶段

研究阶段是文化旅游创意策划编制之前，旅游地与编制单位协商之后的第一步工作。该阶段的主要内容是在双方协商并达成意向之后所开展的实地考察、基础资料搜集以及调查研究等工作。该阶段重在对现场进行细致入微的考察、勘探，尽可能多地搜集编制单位编制创意策划案时所需要的旅游地资料，以便下一阶段工作的有序进行。

2. 认识阶段

在旅游地编制文化旅游创意策划前期，还有一个认识的过程，即认识阶段。此阶段是编制单位从宏观的、全局的角度对旅游地的区域环境、发展背景和政策环境进行深入的了解和认识，力争从区域的角度、整体的角度对旅游地的情况有全面的认识。

3. 分析阶段

分析阶段是旅游地编制文化旅游创意策划的重要环节，是在研究阶段、认识阶段的基础上，通过文献分析法、问卷调查法、现场考察法等方法，分别对旅游地的区域现状、发展现状、资源现状、市场现状、发展背景、基础资料进行全面系统的分析整理，从宏观的角度把握旅游地发展的阶段和趋势。若分析阶段的工作没有做足、做好、做细，就无法把握旅游地的核心发展命脉，便可能出现旅游地发展与策划案背道而驰、南辕北辙的局面。因此，分析阶段在编制旅游创意策划中占据着举足轻重的作用。

4. 整合阶段

整合阶段是编制文化旅游创意策划时的又一重要环节。该阶段的主要任务是在分析阶段的基础上，整合旅游地的分析资料、资源以及主题概念和理念等。

5. 提取阶段

提取阶段是编制文化旅游创意策划的核心环节，是对旅游特殊理念、核心概念、形象主题的提炼。文化旅游创意策划编制单位在整合、分析旅游地基本情况的基础上，提炼旅游地发展的核心命脉，并在此前提下提出旅游地发展的形象主题。富于表现力的创意策划主题是旅游资源与旅游需求的最佳结合点，一般应该具备以下特点：①形式新颖，与众不同；②富于思想性；③简洁明快，通俗易懂；④富于艺术表现力，具有市场感召力。

6. 形成阶段

编制文化旅游创意策划的落脚点与归宿便是形成阶段的各项工作。该阶段的主要内容包括发展战略的形成、概念主题的形成、形象理念的形成、空间结构的形成、项目布局的形成以及产品、项目设计的形成等。因此，文化旅游创意策划的形成阶段应在综合、全面分析与研究旅游地区域现状、资源现状、市场现状、背景现状的基础上，在整合、提取的前提下，系统地对形成阶段的各项内容进行高效、高质的策划与设计。

思考题

1. 如何理解创意是文化旅游的核心？
2. 简述文化旅游创意策划的性质。
3. 举例说明双筛法创意策划过程。
4. 如何理解文化旅游创意与策划的原则？

章末案例

杭州《宋城千古情》对文化旅游发展的启示

大型歌舞《宋城千古情》是宋城股份公司打造的一台立体全景式大型歌舞，该剧以杭州的历史典故、神话传说为基点，融合世界歌舞、杂技于一体，运用现代高科技手段营造如梦似幻的意境，给人以强烈的视觉震撼。从1997年《宋城千古情》推出至今累计演出近15 000场，接待观众4300万人次，是目前世界上年演出场次最多和观众接待量最大的剧场演出，被海外媒体誉为与拉斯维加斯"O"秀、法国"红磨坊"并肩的"世界三大名秀"之一。《宋城千古情》是宋城一绝，刀光剑影，炮声震天，美女如云，如梦如幻。那它的成功给我们带来了什么启示呢？

1. 文化与旅游的深度融合

宋城项目启动之初，其决策层就清醒地认识到：旅游的背后是文化。所以，宋城主题公园以建筑为形、文化为魂，把文化和旅游紧密捆绑在一起，使两者有机融合，形成互补、相互拉动，并以《宋城千古情》为引擎，通过"主题公园+旅游文化演出"的模式搞活市场。

现在，游客为了观看《宋城千古情》而到宋城，因为宋城，大量游客在杭州逗留时间至少延长一天。按照惯例，景区产品带动相关消费产业比为1∶7。从这个角度来说，《宋城千古情》为杭州创造了许多边际效应，带动了相关产业的发展。

宋城集团还适时抓住机会，推出不同民俗浓郁的传统文化节庆活动和旅游相关联的娱乐活动，如针对杭州天气炎热的特点推出的"泼水节"，深受游客青睐，让游客在等候观看《宋城千古情》时可以参加这些活动，同时看完《宋城千古情》后仍可以参加这些活动，从而把"主题公园+旅游文化演出"模式推向成熟。

宋城的最大优势就是整合力，这种整合是对资源、理念、文化的整合，其产生的裂变效应巨大。如今《宋成千古情》已不仅仅是一场演出，而成为杭州的城市标志和文化符号，既是文化精品，也是一个全新的旅游产品，又是对杭州这个千年古都的悠久历史和深厚文化的全面而生动的总结。通过《宋城千古情》，人们可以触摸到杭州这座城市的灵魂。

2. 整合多种元素制造意外效果

《宋城千古情》的成功是它打破了一般室内舞台演出常规，带给观众意想不到的视觉冲击。例如，在"美丽的西子、美丽的传说"版块，断桥在观众席间合拢，当白娘子和许仙正要在桥上牵手时，桥又从中间断开，突然间雷电交加、大雨滂沱，雨雾喷向观众，许仙被一道电光吸入金山寺，霎时间整个舞台变成一片汪洋，白蛇青蛇在波涛中显现，水位翻滚升高，法海在金山寺上拼命施法，白娘子困在空中的雷峰塔里挣扎，之后洪水滔天的舞台忽然又平静下来，观众个个目瞪口呆。又如，在"宋宫宴舞"版块，除了展现我国各地极具民族特色的舞蹈精华外，还巧妙合理地加入美国"百老汇"、法国"红磨坊"的舞蹈元素，极尽奢华。

题材是古代的，但表现的是最现代、最流行的时尚元素。如第一场"良渚之光"，就是在舞台中央放置一张巨大的蹦床，演员们不断在蹦床上腾空穿梭，做出各种惊险动作，将舞蹈、杂技、体育项目等整合在一起，使得整场演出非常饱满。又如第二场"金戈铁马"，则采用电影电视的特技拍摄手法，让观众感觉仿佛是在欣赏电影。在服装设计上，又融入了国际最新理念，在粉红色的荷花演出服上配以三朵同色调争奇斗艳的荷花装饰灯，使古典美丽与现代风韵在每一件演出服里完美融合，令人耳目一新。

此外，收缩、移动、升降等世界先进的舞台机械，观众移动席、LED高清大屏幕、旋转式三棱柱、摇臂、吊篮等设备，强化了舞台效果，这场声光视听盛宴，让观众在心灵深处极为震撼。

3. 创新不断是艺术的根本

宋城集团用12年打造《宋城千古情》的实践，就是一个不断创新的过程。董事局主席、《宋城千古情》总导演黄巧灵，做过记者，当过基层文化单位领导，又是个学者，熟知文艺市场魔棒的运行规律，深知观众对文化产品的心理需求。所以，《宋城千古情》上演之初，黄巧灵就定下一条硬性指标：这台节目必须一月一小变，半年一中变，一年一大变。宋城艺术团从上到下，把注意力都集中到创新上来，从硬件设施入手，全方位对节目细节进行挖掘和创新，吸纳各国各地演出的闪光点，通过不断提炼整合变成自己的创意，想方设法在舞台上实现。经过十多年的千锤百炼和不断创新，《宋城千古情》已逐步走向成熟，成为演艺界的艺术精品，赢得了广大观众的认可。

4. 整合营销，集约竞争

宋城的营销模式是"统一策划、统一营销、统分结合、相互分工"，它以杭州旅游市场为核心，以上海及华东地区为目标，积极扩大在"西湖一日游"市场中的占有率，在华东建立500家旅行社的委托代理网络，使长期客户占旅客总量的50%以上；注重企业公共关系，组织各种有冲击力的社会公关活动，扩大影响，提升注意力；把在景区举办各种大型节庆活动和文体竞赛作为营销的重要手段。通过举办活动既更新了景区文化，又丰富了文化内涵，活动本身也成为吸引旅客的一大亮点。

宋城集团的这种营销模式被称为"整合营销"，其特点是信息的横向传播，双方是平等关系，用"沟通"来取代"促销"，使产品反映消费者的需求。在实施过程中，更注重不同传播工具及手段优势的整合，降低企业宣传成本，使企业的价值形象与信息以最快时间传达给消费者。通过这些措施，宋城的营销计划得以顺利实施，达到了预期效果。

可以说，《宋城千古情》在国内外游客眼里已经不仅仅是一场演出，它已经名副其实地成为杭州城市的一个标志、历史文化的一个符号，就像巴黎有红磨坊，纽约有百老汇，到了杭州这座城市就必须先看《宋城千古情》，因为它传承了一座城市的历史文脉，播种了一座城市的历史文化，诠释了一座城市的文化底蕴，它与这座城市完美地融合在一起并成为这座城市的文化之魂，它为这座城市留下了难忘的历史记忆。这也就是文化对于旅游发展的重要性吧。

资料来源：http://blog.sina.com.cn/s/blog_5d5558050100jk83.html，有删改.

思考题：请你谈谈《宋城千古情》的创意成功之处。

第12章

会展业创意与策划

→ **章前引例**

德国汉诺威展览

德国汉诺威展览公司是会展服务机构十大品牌之一，始于1947年，是世界领先的展览公司，世界上规模较大的工业技术博览会，全球最有影响力的消费电子、信息及通信博览会。

总部位于德国汉诺威市的德国汉诺威展览公司成立于1947年，拥有世界上最大的展览场馆——汉诺威展览中心，净可展出面积为46.61万平方米。公司的展览主题主要是资本货物。每年举办的汉诺威工业博览会是世界规模第一的展览会，而汉诺威消费电子、信息及通信博览会则是全球最有影响力的展览会。

作为世界领先的展览公司之一，其在全球拥有790位员工，70个海外分公司和办事处。汉诺威展览中心总面积达到100万平方米，基础设施一流。公司年收入达到2.5亿欧元。

汉诺威展览公司的核心业务是在德国汉诺威及由其选定的国家举办领先的国际贸易展览会。汉诺威展览公司举办的旗舰展的主要特点是对国际观众和展商有巨大号召力。这些旗舰展览会旨在反映行业最新动向，引领国际市场潮流，同时，这些展会也是展示先进应用技术、发布最新前沿科技和研发成果的平台。

凭借丰富的办展经验和不断创新的办展理念，德国汉诺威展览公司每年举办逾50场专业贸易展览，共吸引来自100多个国家179万名观众和16 000名记者前往参观，每年吸引的展商总数约21 000家。

资料来源：http://baike.baidu.com/link?url，有删改.

12.1 会展业创意与策划概述

12.1.1 会展的概念

什么是会展？会展经济是一种什么样的经济？我们来看下面的一些阐释。

《辞海》中"展览会"的词条是："用固定或巡回的方式，公开展出工农业产品、手工业制品、艺术作品、图书、图片，以及各种重要实物、标本、模型等，供群众参观、欣赏的一种临时性组织。"《简明不列颠百科全书》中"展览会"的词条是："为鼓舞公众兴趣、促进生产、发展贸易，或者为了说明一种或多种生产活动的进展和成就，将艺术品、科学成果或工业制品进行有组织的展览。"

从《辞海》和《简明不列颠百科全书》的定义我们可以分析得出：所谓展览会的

"会"和我们通常所说的开会、会议有所不同，它主要指为了实现某种目的把人集中在一起，进行交流——既是参展商之间的交流，也是观众之间的交流，更是观众与展商的交流；所谓"展"就是陈列、展示(物品)。从"展览"或"展览会"的角度来说，就是会展的参与者通过物品或图片的展示，集中向观众传达各种信息，实行双向交流，扩大影响，树立形象，实现交易、投资或传授知识、教育观众的目的。

由于展览的一个显著特点是它常常与会议、各种"节"相结合，所以现代意义上的展览并不是孤立的"展"或"展览"，而呈现出将展览与会议、各类贸易、旅游、艺术节等相结合的趋势。这一方面是展览与会议、节事的内在联系使然，另一方面则反映了主办者对展览的重视，希望更隆重、更有效地举行。它大大地丰富了展览的内容，提高了展览的档次，增加了展览的吸引力。

会展的外延很广，它包括各种类型的会议、展览展销活动、体育竞技活动、集中性商品交易活动以及各种节事活动等。在现实中，如世界贸易组织会议(大型会议)、我国的广交会(交易会)、昆明世界博览会(博览会)、奥运会(体育运动会)、高新技术展览会、上海旅游节等都属于会展的范围。

与会展紧密相连的会展经济即以会议、展览和节事活动作为发展经济的手段，通过举办大规模、多层次、多种类的会议、展览和节事活动，带动源源不断的物流、人流、商流、资金流和信息流，从而创造商机、吸引投资、推动商贸旅游业的发展，进而拉动其他产业发展的一种经济现象和经济行为。一般认为，会展活动拉动经济的比为1∶10，会展在城市经济的发展中起到重要作用。

会展产业可以从两方面来划分，一种是从相关行业区分为展览业、会议业、体育业、旅游业等，另一种是从事业产业角度区分为会议、展览、体育赛事、旅游节庆等事件类型。

▌12.1.2 中国会展业的发展趋势

1. 专业化趋势

在过去相当长的一段时间内，我国会展业在办会展的过程中追求"全能型会展"，希望一个会展能够包罗万象。但是这样的愿望在实际运作中往往会面临经费、组织、管理等诸多困难，其最终结果便是导致展会特色不鲜明、吸引力不强。因此，走向专业化是中国会展业的必然选择。会展的专业化发展强调以专业的精神和专业化的诉求吸引参展商和参观者。会展业的专业化包含三个方面的内容：展会内容的主题化、场馆功能的主导化和活动组织的专业化。在一些会展业发达的国家，某些国际性品牌展览会总是固定在某个或几个场馆定期举行，这样既有助于会展公司和场馆之间开展长期合作，又有利于培育会展品牌。

2. 全球化背景

随着中国与世界各国经济关系的日益密切，大批海外企业希望利用中国展会推广自己的产品、服务或企业形象，同时不少海外会展商也瞄准了中国这个全球最大的市场。巨大的竞争压力逼迫国内的会展企业在理念和技术层面不断创新，而相应的管理部门也适时调整管控水平，熟悉国际规则，提高服务质量。

3. 创新化趋势

会展作为一项协助参展企业推销企业产品、服务或企业形象的活动，必须得到企业的认可。只有先把自己推销出去才能更好地帮助推销别人的东西。千篇一律的会展组织、布置和服务只会让参展商和参观者感到厌烦，要想在竞争日益激烈的会展市场中站稳脚跟，会展企业必须不断开拓创新。

4. 品牌化趋势

品牌是所有企业发展的灵魂，会展业要做大做强也同样需要在塑造品牌上狠下工夫。纵观全球会展业较为发达的国家，几乎都拥有自己的品牌会展，甚至有会展名城。因此，中国会展企业目前迫切需要借助品牌力量发展自身，以利于未来更有效地参与国际会展竞争。

12.2 会展业创意与策划的原则和方法

12.2.1 会展产业的创意方法

会展产业创意作为一个新兴的产业，根据各方的利益相关体(会展主办者、参展商、观众和服务商)，主要分为以下几种类型：会展项目创意、展台设计创意、场馆设计创意。其中，最主要的创意都集中在会展项目创意里，它又可分为主题创意、营销创意、运营创意(现场管理)三类。各方的创意都希望达到整体利益最大化的目标，实现双赢甚至多赢。会展产业创意的常用方法有以下几种。

1. 模仿创造法

人类的创造活动大致可分为两个阶段：第一阶段为初期创造活动，这一阶段的创造依赖模仿；第二段为后期创造活动，这一阶段则侧重在模仿创造的前提下进行再创造。可见，创造通常由模仿升始。模仿创造法在人类的创造历史上占有重要的地位，在会展业的创意中，模仿创造法是运用最为广泛的创意方法，会展产业的运作所涉及的相关部门和工作人员繁多，因此会展业的运作往往具有相对固定的流程。因此，与之相应的会展创意多从以往的会展创意中吸收部分元素进行再创造。

2. 逆向思维法

逆向思维法是指为实现某一创新或解决某一常规思路难以解决的问题，而采取的以反向思维解决问题的方法。逆向思维法对会展创意非常重要，会展创意人员须从参展商或参观者的角度进行思考，设计出符合参展商和参观者心理预期的创意。逆向思维具体包括换角度思考、换位思考和发散性逆向思考三种方法。换角度思考是指对事物从常见的角度思考后另辟蹊径，从其他角度进行思考。换位思考则是将事件或现象的正反两面特征全部或部分独立后进行思考。发散性思维是指由一点到多点，由点及面，由此及彼，进行多向度思维的方法。

3. 同质异化法

同质异化法就是对一些人们早已熟悉的事物从新的角度运用新的方法进行再处理，将熟悉的事物陌生化的方法。如前所述，新创意往往产生于对过去创意的超越创新之上，会展创意人员应积极从过往熟悉的事物中提炼出有价值的元素，进行新的阐释，从而形成更好、更有价值的会展创意。

4. 移植嫁接法

移植嫁接法原是环境工艺创新的一种重要方法，在创意领域，所谓移植嫁接就是要嫁接、改造创意的不同元素从而创造全新的创意。在会展创意中，我们可以借鉴来自影视、艺术、广告等各种门类中的创意元素，丰富展会的形式和内容。

12.2.2　会展业策划的特征和原则

1. 会展策划的概念

会展策划，是在会展活动开始的最初阶段就要进行的，有时甚至要贯穿会展活动始终的一种优先的、提前的、指导性的活动。

在会展的决策过程中，由于举办者的机构不同、所针对的问题不同、会展项目的新旧不同等，决策的程序也不尽相同。

大型活动如以国家政府部门、贸促机构、工商会、集团公司等为主办者的会展，大多有相应的部门或人员专门从事展会工作并有固定的决策程序，会展策划的环节相对也比较规范合理。对于小公司而言，可能策划的环节会比较简单；连续参加或者连续举办的展会决策过程可以比较简单些，这一方面体现举办者政策和战略的连续性；另一方面也反映出这些展会项目合适、效果好。对于这些项目，举办者无须再作决策，只要在局部或细节上加以调整即可。但对于初次举办的项目，举办者应该充分调研，全面考虑，慎重选择。只有加强决策的科学性，才能避免盲目性。

一般说来，一份完整的会展策划基本上包括策划者、策划对象、策划依据、策划方案和策划效果评估等要素。

策划者在会展过程中起着"智囊"的作用，策划者的素质直接影响会展成果的质量水平；策划对象既可以是某项整体会展活动，也可以是会展诸要素中的某一要素(如会展设计)；策划依据包括策划者的知识结构、信息储存以及有关策划对象的专业信息；策划方案是策划者为实现策划目标，针对策划对象而设计创意的一套策略、方法和步骤；策划效果评估是对实施策划方案可能产生的效果进行预先的判断和评估。

会展策划诸要素之间互相影响、互相制约，构成一个完整的体系。

本课程所涉及的会展策划是使会展策划(设计)人才具有全局性、前瞻性的专业理念，在全球化的背景下，要求策划人员既能站在会展业的前沿，高屋建瓴地进行策划，又能掌握系统扎实的会展设计、管理等知识，从而更好地胜任会展策划及其相关工作。

2. 会展策划的特点

1) 针对性

会展策划是具有针对性的活动，它是会展理论在会展活动中的具体运用。在进行会展策划时，应首先明确会展活动应达到什么目的，它是针对什么问题而举办的会展。譬如，有的会展以特定消费群体的生活方式为依据，具有鲜明的主题，这就要求在进行策划时必须围绕主题组织展品、开展活动。

2) 系统性

会展策划是对整个会展活动的运筹规划，因此具有系统性的特点。

系统性表现在策划时要针对会展的各个方面、各个环节进行权衡，通过权衡，使企业目标特别是通过参展而实现的企业市场营销目标具有一致性，使其在产品、包装、品牌、价格、服务、渠道、推销、广告、促销、宣传等方面保持统一性。系统性可以减少会展策划的随意性和无序性，提高效率。

随着会展理论研究的不断深入，近年来有学者提出"立体策划"的概念，可以说是会展策划系统性的一种表现。

3) 变异性

《孙子兵法·虚实篇》中说："兵无常势，水无常形。能因敌变化而取胜者，谓之神。"这里的"神"是指战术上的灵活性、变通性。市场永远是千变万化的，会展策划也必须充分考虑到市场的变化。例如，2003年春，突如其来的"非典"疫情打乱了几乎所有的会展计划，作为会展策划者必须有充分的应对措施，才能适应这个变化。据悉，由于"非典"的重创，中国会展业当年损失40亿元人民币，占会展全年收入的1/2。然而，当年的广交会开拓网络展览，其网上展览成交额达2.18亿美元，中国会展人首次学会了对危机说"不"。

变异性强调对市场环境的适应性，它是为了更有效地实现既定的战略目标。

4) 可行性

可行性是指会展策划方案在现实中要切实可行。没有可行性的策划方案写得再好看也只是纸上谈兵。一般说来，会展策划方案必须经过分析论证才能实施。分析论证策划方案的可行性主要围绕策划的目标定位、实施方案以及经济效益等方面进行。

3. 会展策划的原则

会展策划是为综合性、大规模的会展活动提供策略的指导和具体的计划。它必须遵循市场经济的客观规律和会展活动的基本原则。

1) 借势原则

所谓借势，就是借助别人的优势为己所用，优秀的会展策划人要懂得"巧借东风为我用"的策划理念，借势有借大势、借优势、借形势之分，亦即通常所说的"三借"原则。

人们往往讲大势所趋，就是指客观事物的发展是阻挡不了的，它告诉我们宜应势而动，顺应时代发展的潮流，才能有所作为。

对于会展活动来说，全球会展经济的发展是大势，某一会展企业的战略发展也是大势，大势即指事物的战略性发展规律，掌握大势，有利于在会展策划时保持主动性。例如，在秉承科学发展观、构建和谐社会的今天，会展策划只有乘势而前，高效、节俭、务实地办会展，遵循可持续发展的大势才是健康、可取之路。

借优势一方面要了解掌握本部门、本单位的优势，另一方面要了解掌握竞争对手的优势，知彼知己，才能百战不殆。特别是在产品同质化竞争日益激烈的今天，从企业参展的策划来说，要想在某一展会上脱颖而出，就必须发挥企业的优势，或是拿出具有独特性或创新性的展品，或是向目标客户提供周到的服务，或是设计出新颖别致的展台，精心策划，以己之长，取得竞争优势。

以达沃斯论坛为例，首先，瑞士得天独厚的中立政治和文化地理的优势，为世界经济论坛的建立和发展提供了优越的条件，瑞士地处欧洲中南部，经济发达，交通便利，语言和宗教信仰多样，是欧洲多元文化的集中地。其次，论坛总部所在地日内瓦优越的经济环境为世界经济论坛的建立和发展创造了良好的条件。最后，日内瓦地处风景宜人的莱蒙湖畔，依山傍水，景色秀明，夏无酷暑，冬无严寒，自然条件优越。论坛年会地点达沃斯是瑞士著名的旅游滑雪胜地，自然条件和人文环境无与伦比，凭借这些优势，使得达沃斯论坛闻名遐迩。

形势一般指当前事物的发展方向，一个国家，一个企业，首先要制定战略发展目标，也就是长期目标。但事物发展总是要起伏变化的，往往一些新的变化，使我们不得不修改既定的方针。对于会展策划来说，掌握市场变化的信息很重要，策划人要能胸怀大局，积极面对变化，随时拿出符合事物发展规律的主意、方法、措施。

2) 目的性原则

举办会展活动，从大的方面说，或者是为了促进地区经济的增长，或者是为了传递有关的信息、知识、观念，或者是为了打造城市品牌，促进经济一体化发展，总有一定的目的，从展览的组织者和参展厂商方面来说，或塑造展会品牌，或塑造企业形象，或突显公司知名度，也都有某种特定的目的。因此，在会展策划过程中，应该遵循目的性原则，具体在策划过程中，应针对某一特定的问题进行市场调查，在会展的决策、计划以及运作模式、媒体策略等方面都必须有针对性地进行。

3) 操作性原则

会展策划不但要为会展活动提供策略指导，而且要为它们提供具体的行动计划，使会展活动能够在总体策略的指导下顺利进行。会展的实施是会展策划的直接目的，因此会展策划应该有充分的可操作性。会展策划的操作性原则要求在做策划方案时结合市场的客观实际情况，以及企业、会展公司的具体情况和实施能力来进行，否则就是纸上谈兵。

4) 创新性原则

创新性是会展策划所追求的目标。在市场经济条件下，要达到万商云集、闻名遐迩，会展的新颖性是必不可少的。会展的"新"首先体现为策划的"新"。

会展策划的创新性主要表现为会展理念的创新、目标的选择与决策的创新、组织与管理的创新、会展设计的创新等。

5) 有效性原则

任何会展活动都应该产生一定的效果，而且不仅仅是有效，还必须达到预期效果或者超出预期效果。会展活动的效果不应仅仅凭借会展策划者的主观臆想来预测，而应该通过实际的、科学的会展效果预测和监控方法来把握。

6) 规范性原则

随着中国加入WTO，作为服务贸易的一部分，会展业将全方位对外开放，服务贸易壁垒将逐步被拆除，中国展览业将面临外国同行更为直接和激烈的冲击，会展经济将会以更快的速度和国际接轨。因而，尽快建立统一、公平、有序的市场体系，提高展览市场的透明度和规范度，是我国会展业亟待解决的问题。

会展策划的规范性原则要求，首先，必须遵守法律原则，在不违反法律法规的前提下展开会展策划。我国会展方面的法律规范主要包括国务院部委颁布的行政法规和其他一些规范性文件，如《中国加入世贸组织(WTO)服务贸易谈判中关于展示和展览服务中的承诺和减让》《展会知识产权保护办法》以及国家工商行政管理局发布的《商品展销会管理办法》《展览会的章程与海关对展览品的监管办法》等。其次，必须遵守伦理道德，在不违背人们的价值观念、宗教信仰、图腾禁忌、风俗习惯下进行策划。

规范性原则还要求会展策划必须遵循行业规范，做到管理规范、程序合理、操作有方、竞争有序，在深刻把握会展经济内在规律的基础上完成策划。

12.3 会展业策划内容与基本流程

12.3.1 会展策划的内容

会展策划行为离不开市场，策划行为必须以市场为导向，利用各种宣传、广告手段，营造商业氛围和市场声势，并利用各种关系和途径，建立庞大的展会营销网络，进行广泛的市场推广和招展招商，最终令目标客户纷纷前来报名参加。在整个策划活动中，以专业的展会服务，赢得买家和卖家的支持与信赖十分重要。以展览为例，会展策划原则上应该以使80%以上的参展商都达到参展目的，使70%以上的参观商都达到参观效果为标准。

会展策划是一项综合性的工程，它所涉及的内容是多方面的，一般说来，会展策划的内容有会展的调查与分析、会展的决策与计划、会展的运作与实施、会展的效果评价与测定。

1. 会展的调查与分析

会展的市场调查是选定会展项目的重要依据。它是会展策划的基础，也是必不可少的第一步。

一般情况下，市场调查要根据本地、本区域的经济结构、产业结构、地理位置、交通状况和展会设施条件等特点，围绕市场进行调查，市场调查的主要内容包括会展环境的调查、会展企业情况的调查、会展项目情况的调查、会展市场竞争情况的调查以及参观商、支持协助单位等情况的调查。只有在充分了解市场潜力、市场限制以及市场动态等信息的基础上，才能有的放矢地进行策划。

2. 会展的决策与计划

在会展决策过程中，应该掌握一定的决策策略。影响会展决策的要素有营销需要、市场条件、营销方式、内部条件等，会展的决策与计划应从分析决策的要素入手。先确定会展的基本目标、集体目标和管理目标，然后决定展会的战略安排、市场安排、方式安排等。

3. 会展的运作与实施

会展的运作与实施是进行会展的中心环节，也是会展策划的重心之所在。在这个阶段，会展策划人员根据《会展策划书》的计划与安排进行广告宣传工作，组织招展招商工作，开展会展设计工作以及与会展活动策划相关的具体工作。

会展宣传的主要方式包括媒体广告和户外广告等。对于媒体广告(包括专业媒体，如报纸、杂志、网站等；大众媒体，如电视、电台、主导性报纸等)，主办者可以围绕不同的会展特点和亮点来进行宣传；除此之外，还可以通过新闻发布会、行业研讨会等形式来传播展会信息。对于户外广告，则可利用人流量较大的公共场所，以海报、灯箱、广告牌、宣传布幅、彩旗等形式，进行宣传。

组织招展招商工作要求充分宣传、认真选择。在招展招商的准备阶段，需要建立潜在客户名单，设计并发放参展说明书，熟知参展中的知识产权问题等。

展会工作筹划的步骤一般为：第一，按实际需要将工作分为招展招商组团、设计施工、展品运输、宣传联络、行政后勤、展台工作、后续工作等几大类；第二，在各大类之下详细列明具体事项；第三，弄清工作之间的关系；第四，要定期检查工作进度和质量，及时发现并解决问题，以保证整体工作协调正常运作。

4. 会展的效果评价与测定

计划、实施、评估，是现代经营管理的三个步骤。会展的效果评价与测定是全面验证会展策划实施情况必不可少的工作。当整个会展策划、实施工作结束后，会展人员应及时进行评估，总结经验，寻找问题，并写出评估测定工作总结报告，为以后的会展工作准备可借鉴的历史参考文献，以不断提高会展策划的水平。

会展评估工作一般可分为以下两个方面：一是对展会环境、展会筹办工作及展会后台工作的评估，这一部分工作在展会结束时完成；二是对展台工作及展会前台工作进行评估，这一部分比较复杂，先在展会结束时针对展台工作进行评估，然后在展会的后续工作过程中跟踪评估。

12.3.2 会展策划的基本方法

方法是对具体行动方案如何产生的反映，是制定方案的一种手段。通常所说的策划方法就是指利用现存的可利用资源，选择最佳手段完成策划目标的过程。会展策划方法是多种多样的，到底选择何种方法进行策划，不仅要看会展策划团队所能利用的资源条件如何，更要看策划者本身所具备的学识、能力和素养。

常使用的策划方法有以下几种，同样也适用于会展策划。

1. 系统方法

系统方法的主要原理是把事物看成一个完整的系统，这个系统既包括自身组成要素的各个方面，又包括各要素间的联系以及各相关事物间的关系与地位。系统方法要求从系统的一方面或几个方面或整体出发，对策划对象进行不同角度的整体分析。

采用系统方法通常有以下5个步骤。

(1) 确定策划目标。从系统的整体要求出发，提出需要解决的中心问题，确定会展活动所必须达到的目标与希望达到的目标。

(2) 综合拟订方案。根据既定的会展策划目标，制定可以实现的各种方案。

(3) 分析评价方案。策划所形成的各种方案各有优缺点，应该通过分析、比较和评估，确定具有最佳价值标准、满意程度高的方案。

(4) 系统选择，策划优选。通过综合分析、比较和计算，从诸多备选方案中选出最优化的方案。会展策划人员应该提出书面的策划报告，由会展项目主管部门决定最终方案。

(5) 跟踪实施、调整方案。策划人员应跟踪方案执行情况，以便及时发现问题，修改、补充原方案，最终实现策划目标。

2. 头脑风暴法

所谓的头脑风暴法是指采用会议的形式，如召集专家开座谈会征询他们的意见，把专家对历史资料的解释以及对未来的分析，有条理地组织起来，最终由策划者做出统一的结论，在这个基础上，找出各种问题的症结所在，提出针对具体项目的策划创意。

在举行会议时，策划人要充分说明策划的主题，提供必要的相关信息，创造一个自由的空间，让各位专家充分表达自己的想法。为此，参加会议的专家的地位应当相当，以免产生权威效应，从而影响另一部分专家创造性思维的发挥。专家人数不应过多，应尽量适中，因为人数过多，策划成本会相应增大，一般5~12人比较合适。再者会议的时间也应当适中，时间过长，容易偏离策划案的主题；时间太短，策划者很难获取充分的信息。这种策划方法要求策划者具备很强的组织能力、民主作风与指导艺术，能够抓住策划的主题，调节讨论气氛，调动专家的兴奋点，从而更好地挖掘专家潜在的智慧。

头脑风暴法的优点是：易于获取广泛的信息、创意，易于互相启发，集思广益，在大脑中掀起思考的风暴，从而启发策划人的思维，想出优秀的策划方案来。

3. 德尔菲法

所谓德尔菲法是指采用函询的方式或电话、网络的方式，反复咨询专家们的建议，然后由策划人做出统计，如果结果不趋向一致，那么就再征询专家，直至得出比较统一的方案。

这种策划方法的优点是：专家们互不见面，不能产生权威压力，因此，可以自由地、充分地发表自己的意见，从而得出比较客观的策划案。运用这种策划方法时，要求专家具备与策划主题相关的专业知识，熟悉市场情况，精通策划的业务操作。根据专家的意见得出结果后，策划人需要对结果进行统计处理。但是这种方法缺乏客观标准，主要依据专家判断，再者由于次数较多，反馈时间较长，有的专家可能因工作忙或其他原因而中途退出，影响策划的准确性。

4. 智能放大法

智能放大法是指对事物有全面而科学的认识，然后在这种认识的基础上对事物的发展做夸张的设想，再运用这种设想对具体项目进行策划。

由于这种方法受到一定的时间、地点以及人文条件的制约，具体操作要靠策划人自己来准确把握。这种策划方法容易引起公众议论，形成公众舆论的焦点，进而很快拓展其知名度，成为炒作的原料。"没有想不到的，只有做不到的"，是这种策划方法遵循的原则。但是这种策划方法并不是一味地往大处想，而是在现有的客观条件下，合理地考虑到公众的心理承受力。也就是说，智能放大法是有一定风险的，太过于夸张，容易导致策划向反面发展，从而彻底改变策划的初衷。

需要指出的是，不论采取哪种策划方法，都必须围绕会展目标进行。从根本上来说，会展策划是调动一切可能利用的资源，运用科学合理的方法与手段，对会展项目的开展进行筹划、指导运作、实施的过程。会展策划所采用的方法是否得当，往往是策划方案是否可行的重要因素。

总之，会展作为一种营销方式，在开拓市场、巩固市场等方面发挥着重要作用。但是会展是一项复杂、浩繁的工程，它的工作环节很多，为了保障其可行、顺利、有效地开展，必须重视会展的策划工作。有学者指出，只有当会展被认为是最有效的营销方式时才决定举办会展；而在决定举办会展后，能激发创意，有效地运用手中的资源，选定可行性方案，达到预期目标或解决一个难题，就是策划。会展策划在整个会展过程中扮演着重要的角色。

■ 12.3.3　会展策划的流程

大型展会如世博会的策划，不仅要考虑经济因素，还要考虑政治因素、社会文化因素等，因而，有时国家有关部长乃至元首都会参与其中。在我国，虽然展会市场化的进程在加快，但不少大型展览会还带有政府行为的色彩，因而，其决策规划情况更加复杂。这里，参照国际展会的一般惯例，就一般展会的策划流程进行概述。

1. 成立策划小组

会展策划工作需要集合各方面的人士进行集体决策，因此，首先要成立一个会展策划小组，具体负责会展策划工作。一般而言，会展策划小组应由以下几种人组成。

(1) 项目主管。一般由总经理、副总经理或业务部经理、创作总监、策划部经理等人担任。在会展公司里，业务主管(贸易展会经理)具有特殊地位，他是沟通会展公司与展会服务承包商、参展商的中介。一方面，他代表会展公司与展会服务承包商、参展商等洽谈业务；另一方面，他又代表展会服务承包商、参展商等监督会展公司一切活动的开展。

(2) 策划人员。一般由策划部的正副主管和业务骨干来承担，主要负责编拟会展计划。

(3) 文案撰写人员。专门负责撰写各种会展文案，包括会展常用文书、会展业务社交文书、会展业务专用文书、会展业务推介文书、会展业务事务文书、会展业务合同协议文书、会展业务法律文书以及会展策划案等。文案撰写人员应该能够精确地领悟策划小组的集体意图，具有很强的文字表述能力。

(4) 会展设计人员。专门负责进行各种类型的视觉形象的设计。会展设计人员是策划小组很重要的组成部分，因为在整个会展策划过程中，诸如各种类型的广告设计、展示设计、展示空间设计等都需要设计人员的参与。设计人员必须具有很强的领悟能力和很强的将策划意图转化为文字、图画的能力。

(5) 市场调查人员。能进行各种复杂的市场行情调查，并能写出精辟的市场调查报告。

(6) 媒体联络人员。要求熟悉各种媒体的优势、劣势、刊播价格，并且与媒体有良好的关系，能按照会展策划的部署，进行媒体规划，争取最佳的广告宣传效果。

(7) 公关人员。能够为会展公司创造融洽、和谐的公众关系氛围，获得各方面的支持帮助，同时能够从公关的角度提供建议。

在会展策划过程中，由项目主管负责，各方面人员需通力配合、协调一致，共同做好会展策划工作。

2. 进行市场调查

市场调查是指以科学的方法，有系统、有计划、有组织地收集、调查、记录、整理、分析有关产品或劳务市场等信息，客观地测定与评价，发现各种事实，用以协助解决有关营销的问题，并作为各种营销决策的依据。

会展市场调查是会展策划的基础。从传播学的角度来看，市场调查是会展策划者为了了解市场信息，把握市场动态，进而确定会展目标和主题，编写会展策划方案，选择会展策略，检查会展效果等所必需的调研工作。只有在系统地收集有关市场与相关背景的资料，并加以科学概括分析的基础上确立的会展策划，才能卓有成效地实现其总体目标。

在执行市场调查时，不仅要考虑本区域的优势产业和主导产业，还要考虑重点发展中的行业、政府扶植的行业等。具体分析行业市场状况时，要摸清市场的归属，即买方市场还是卖方市场等。

主办者需要将市场调研的重点放在以下4个方面。

(1) 市场前景分析(如政策可行性、市场规模及类型等);

(2) 同类展会的竞争能力分析;

(3) 本次展会的优势条件分析;

(4) 潜在客户需求调查。

总之,在瞬息万变的市场中,如果没有科学的市场调研和预测做先导,会展的策划、运作就很难达到预期的目的。

3. 决定会展策略

做出会展决定是一个决策过程,应该有相应的程序。在一般情况下,会展决策应考虑营销需求、市场条件、营销方式、内部条件等因素。在充分地进行市场调研与预测之后,接下来,需要进行会展目标市场的定位与制订会展营销计划。

以展览会为例,组织者在进行目标市场定位时需考虑以下几个因素。

(1) 展览会的类型。组织者首先要明确自己所主办的是什么类型的展览会,因为政府主办的展览会、公益性质的展览会和商贸展览会在具体操作模式和策略的制定上有很大区别。

(2) 产业标准。导致展览目标市场定位复杂的原因之一是举办一次展览会往往要涉及多个产业。如举办一场汽车展览会,组织者除考虑汽车生产企业外,还要努力吸引销售、运输等汽车需求较大的企业,甚至包括一些研究机构等。

(3) 地理细分。由于不同地区的参展商和专业观众有着不同的需求特征及营销反映,所以地理变量经常被作为划分展览市场的依据。在进行地理细分时,展会组织者不仅要分析不同国家的参展商对展览会的个性化要求,而且要弄清参展商在本国的具体分布,这样才能行之有效地进行决策。

(4) 行为细分。行为细分是指根据参展商的参展动机、购买动机、购买状态或对展览会的态度等进行划分,其中参展动机被认为是进行展览市场细分的最佳起点。决定会展策略应该在充分掌握现有相关资料的基础上进行,如宏观政策环境、企业经营实力、会展市场竞争状况、顾客满意程度等。如从会展营销的角度来说,一份会展营销计划应包括会展营销现状分析、企业(或具体会议、展览会、节事活动)SWOT分析、营销目标的确立、市场营销组合策略、具体的行动方案、营销预算费用以及营销计划的执行与控制等。

4. 制定媒体策略

现代社会是一个信息社会,人与人之间、企业与企业之间都需要交流,而信息交流的主要载体便是各种各样的媒体。实施有效的媒体策略对会展活动组织者至关重要,会展组织者要根据有限的广告预算以及举办会议、展览会、节事活动的需要和条件,来选择合适的媒体。在选择媒体的类型时需要综合考虑目标受众的媒体习惯、产品性质、信息类型以及广告成本等因素。

在市场经济的冲击下,中国传媒的市场化步伐越来越快。市场化程度的提高,带来了媒体的迅速成长或衰落，会展专业媒体也不例外。因而，在制定具体的媒体策略时，必须要分析媒体在会展活动中的成长策略。以展览活动为例，在制定策略上，要综合考虑媒体在宣传活动中、在联系活动中以及在提升展览企业形象活动中的成长策略等。例如，若从提升城市形象的角度分析，在一次大型的国际会议、展览会或节事活动中，城市政府面向媒体的主要工作包括以下三点。

(1) 在会展活动开始之前，政府需要媒体对展会前期的准备工作、展会的特点及创新性等做大量宣传报道，具体方式有举行记者招待会，或组织专家学者讨论并在专门的媒体上发表声明，以吸引市民和潜在专业观众的注意。

(2) 在展会举办期间，继续组织有关媒体尤其是本地的主流报纸或电视台对会展活动做进一步宣传，以满足不同公众对此次活动的关注需要。

(3) 活动结束之后，政府应该鼓励媒体对此次活动的效应和成果等做总结性的报道，以加深公众的印象，并达到提升城市形象的目的。

若从参展商与媒体的角度来说，一方面，在展会开幕之前，参展商除了可以通过直接邮寄等方式与客户联系并邀请对方光临自己的展台外，还要积极利用各种形式的媒体对本企业的参展活动做大量的宣传，可以在报纸、杂志或参展手册上刊登广告，也可以利用展会主办者发行的展会快讯，宣传和介绍企业参展产品，以吸引专业买家来洽谈。在展会期间，还可以通过别出心裁的现场表演、公关事件，或召开新产品推介会等，来吸引媒体和专业观众的广泛关注。

另一方面，为推广企业的品牌形象或提高产品的知名度，参展商必须与媒体保持良好的关系，并积极提供有价值的新闻，争取让媒体在展会期间对本企业给予更多的报道。

随着会展活动的不断升温，不仅是大众媒体，专业媒体也跟着热起来。纵观现有的会展杂志、报纸及网站的竞争格局和特点可以发现：专业刊物正走向多元化，刊物定位也更加鲜明，媒体的形式丰富多彩，互联网正在被深入地应用，因而，在会展的媒体制定方面，必须与时俱进，选择更加有效的媒体策略。

5. 制定设计策略

商业展览展示设计是以传达展览信息、吸引参观者为主要机能的有目的、有计划的环境、展台、展品设计。好的设计能提高展会的品位，吸引参展者、参观者，对产品营销也起着潜移默化的作用。

一般而言，较大规模的展会活动，与会展有关的设计问题在开展前9个月就开始运作了。

从参展商的角度来说，设计不仅仅是一个展台设计的问题，在策划阶段就要考虑设计展览结构、取得展览公司的设计批准、制作展会宣传册等事项。

展台设计根据具体情况的要求有不同的设计原则、功能区分，所以其设计策略也是千变万化的。

我们以宣传材料的设计与制作为例。对于参展商来说，狭义的宣传材料主要指各种文字资料，如宣传册页、新闻稿件等。而事实上，宣传材料不仅仅限于现场分发给观众或记者的文字资料，它还包括很多形式，如直接邮寄资料、产品介绍、DVD、纪念包(手提袋)、酒店的户外广告或展会的每日快讯等。

在宣传材料外观的设计上，必须要尊重整体风格，同时，要能形成强大的视觉冲击力。外观设计主要是解决材料的形状和大小两个问题，并要求设计富有人性化，便于人们携带。

6. 制定预算方案

良好的财务管理和预算控制是筹办会展最重要的因素之一，如果安排得当不仅能起到增加收益、提高效益的作用，而且便于管理者了解收入的来源及比例、分析主要的投入项目、确定主要的收入来源。预算是协助管理人员实现财务目标的一个工具。可以把预算看做一张地图，它能引导公司达到所寻找的目标。为了达到这个目标，在制定会展预算时必须做到有计划、有步骤，不断更新信息。

一般说来，制定一份会展预算至少包括以下几方面内容。

(1) 历史数据。回顾过去的工作，以便制定出相对精确的新预算。

(2) 行政管理费。包括项目共享的费用如工资、奖金和复印、电话、信函来往、计算机等要支付的费用。

(3) 收益。即预算带来的收入，包括拨款、预算、注册费、出售展品和纪念品的收入、赞助等。

(4) 固定费用。如印刷和邮寄宣传资料所需的费用。

(5) 可变费用。如餐饮费等。

(6) 详细开列的项目。详细开列的项目列明预算中的各个项目。

(7) 调整控制。由于预算是根据估计数据制定的，因此不一定准确，需要不断地调整。

在会展中，为了衡量一个项目的财务成果，必须设置一个用于实现既定财务目标的预算开支。预算采用的方式，可视具体情况而定。

7. 撰写策划方案

会展策划就是会展的策略规划，为了会展的成功举办，必须对会展的整体性和未来性的策略进行规划。它包括从构想、分析、归纳、判断，一直到拟定策略、方案实施以及事后的追踪与评估过程。

会展策划与计划不同，它有为达到目的的各种构想，这些构想和创意是新颖的，与目标保持一致的方向，有实现的可能。把策划过程用文字完整地记录下来就是会展策划案。

广义的会展策划案涵盖经市场调查而产生的可行性研究报告、项目意向书、项目建议书以及广告策划方案、宣传手册等，包括围绕某次会展的展前、展期、展后的所有的策划文案。

8. 实施效果评估

展会的效果是长期的。展出者在重视并投入很大力量进行展台设计、产品展示、展览宣传、展台接待和推销等工作的同时，也应当投入相当的力量做会展后续工作。如果说会展相当于"播种"，建立新的客户关系，那么，会展的后续工作就相当于"耕耘"与"收获"，将新的关系发展为实际的客户关系。会展的后续工作有很多，实施效果评估是其中的重要一环。

会展的效果评估内容也很丰富，有展会工作评估和展会效果评估。展会效果评估需要由展出者自己安排或委托专业评估公司来做。展会效果的评估内容有定性的内容也有定量的内容，在条件许可的情况下尽量用定量的评估内容，这样能使评估的结果更客观、更有价值。

思考题

1. 简述我国会展业的发展趋势。
2. 简述会展策划的原则。
3. 简述会展策划的基本流程。

章末案例

2010年上海世博会的主题为"城市，让生活更美好"

"和谐"的理念蕴藏在中国的古老文化之中。中华文化推崇人际之和、天人之和、身心之和。《礼记》在描绘"大同社会"时提出："大道之行，天下为公，选贤与能，讲信修睦。"中国的先秦诸子也都在各自的著述中对和谐社会做出设想。同时"和谐"也见诸西方先贤的理想。古希腊哲学家毕达哥拉斯系统地提出了和谐说，和谐包含着对立和统一。同一时期的另一位哲学家赫拉克利特进一步提出"看不见的和谐比看得到的和谐更美好"的主张。而在《理想国》和《法律篇》里，柏拉图也开始寻求"整个社会将获得非常和谐的发展，各个阶级将获得自然赋予他们的那一份幸福"的美好状态。

数百年来，人们对"和谐城市"模式的探讨，从来没有停止过。从"乌托邦"到18世纪的"理想城市"，再到"田园都市"，一系列的理论、主张和模型无不在探索如何实现城市在空间上、秩序上、精神生活和物质吐纳上的平衡与和谐。自20世纪80年代以来，随着环境问题和发展问题的日趋严重，可持续发展的理念应运而生。各国城市政府为提出的发展战略大多围绕着如何重建人与城市、人与自然的和谐，最终达到现在与未来之间的和谐。由此可见，对"和谐生活"和"和谐城市"的追求和实践贯穿于人类社会的发展历史，并且正越来越彰显在人们为未来城市所描绘的蓝图之中。

建立"和谐城市"，是从根本上立足于人与自然、人与人、精神与物质的和谐，在形式上体现为多文化的和谐共存、城市经济的和谐发展、科技时代的和谐生活、社区细胞的和谐运作以及城市和乡村的和谐互动。"和谐城市"的理念将为城市管理和城市规划提出更新的挑战，并将之引入更高的境界。

1. 城市多元文化的融合

从发端之日起，城市就是由形形色色的人组成的。在城市发展过程中，军事、贸易和迁徙进一步推动了多元文化的碰撞和融合，也形成了每一座城市的独特气质。这种气质一方面基于一个城市的文化底蕴和创意产业，另一方面则集合了城市中各个社会群体和阶层的生活方式和价值取向。

世界各国的人们比以往任何时候都更为关注文化自由以及文化的识别性。全球化下的城市文化面临着来自多方的冲击。信息和人员的大量流动使得城市之中的强势文化和弱势文化、异域文化和本土文化、移民文化和主流文化之间的碰撞达到了前所未有的程度。

多元文化同时意味着历史和未来的和谐。越来越多的城市管理者认识到，一个兼顾了历史和未来，促进多元文化和谐共存的文化战略，以及融合之中的个性，即鲜明的文化识别(Cultural Identification)，是实现城市可持续发展的重要一环。

2. 城市经济的繁荣

最早的城市是从集市发展而来的。城市经济发展的原动力是城市的集聚效应。在知识经济时代，创新和创业越来越成为城市经济可持续发展的核心动力。一个城市的创新能力基于其研究实力，但更多来自人与人之间富有创造性的互动。创业能力固然和城市的财富有关，但其实更多地根植于鼓励创业的文化传统，而城市是否具备优质的工作和生活环境，是否具备吸引一流人才的能力，又直接关乎一个城市的经济前途。此外，良好的基础设施和完备的服务业，也是城市经济繁荣的必要条件。

毋庸讳言，城市经济发展与环境资源保护之间存在冲突。建立循环经济模式，已经成为实现城市可持续发展的重要策略。这种经济发展模式倡导减少生产中的资源利用(Reduce)、产品反复多次使用(Reuse)以及废弃物再利用(Recycle)，即"3R原则"，最终达到经济发展与环境的和谐。

总之，未来的城市经济将更加充满活力，而这种活力是建立在两大基础之上的，一是市民的创新和创造力，二是人与自然的和谐共处。

3. 城市科技的创新

城市是人类科技创新的巨大舞台。城墙之内，各种创新要素汇聚交融，创新思想由于人们的密集沟通和互动而得以迸发。与此同时，城市的研发和生产设施又使得创新的火花快速转化为技术，进而变成造福人类的产品和服务。

20世纪以来，科技的突飞猛进令大规模城市化成为可能。同时，人们物质生活的丰富和提高在城市得到集中体现。科技大大改进了人类的日常生活，而这种物质生活也在人类的文化精神生活上刻下了深深的烙印。

在未来城市中，科技将在保护不可再生资源、集约利用能源、保护物种多样性、创造可持续的人居模式方面发挥巨大的作用。

4. 城市社区的重塑

社区是城市的"细胞"，是城市人最常见的生活空间形式。健康的"细胞"才能造就健康和谐的城市。文化融合、经济繁荣，无不是以社区为基本单位实现的。

城市社区的建设和重塑一直是城市管理者面临的最直接的任务。如何才能让贫困社区从城市的社会地图上消失，曾经是城市发展史上最鲜明、最持久的困惑。当今时代，发达国家城市居民结构的变化和发展中国家城市人口的空前增长令这项任务更为繁重。联合国人居组织在其《千年宣言》中提出了建设"无贫民窟城市"的目标，力争在2020年使世界城市中的一亿贫民区内居民的生活获得重大改善。

在可持续发展的目标下，21世纪城市社区的重塑意味着必须创造"均衡社区"，而"均衡社区"应该具有以下几个特征：合理的居民构成，合理的房屋所有权结构，完善的基础设施，宜人的居所环境，充分的就业和创业机会，以及深厚的社会凝聚力。

5. 城市和乡村的互动

自城市诞生之日起，城市和乡村在经济、社会和环境方面就是相互依存的。农村居民通过向城市销售产品谋生，而城市的繁荣也要依靠农村腹地的资源和需求。

城市的扩张给不可再生资源带来了巨大压力，城市规划的新思想、建筑和能源科技的运用可以最大限度地缓解这种压力。同时，大量农村人口的流入向城市管理提出了艰难的课题。一方面，城市社区的建设和改造将赋予城市化人口良好的生存环境；而另一方面，小城市和集镇的建设，也能有效减轻大城市所承受的人口和就业压力。在全球化的冲击下，一些国家的农业地区丧失了竞争优势，良好的城乡互动能够帮助农民成功地转换经营方式、重谋生计，或者重塑农业生产结构，恢复农业的竞争力。如何协调城乡之间的人流、资金流、商品流和信息流，与城乡能否和谐同步发展紧密相关。

目前，全世界近一半人口生活在农村，发展中国家城乡间的差异促使有关国际组织呼吁充分利用农村和城市之间的互补作用和相互联系，在设法消除城市贫困的同时，努力消除农村贫困并改善农村生活条件。

6. 吉祥物设计

海宝，以汉字"人"字为创意核心，配以代表生命和活力的海蓝色。他的欢笑，展示着中国积极乐观、健康向上的精神面貌；他挺胸抬头的动作和双手的配合，显示了包容和热情；他翘起的大拇指，是对来自世界各地的朋友发出的真诚邀请。

7. 会徽设计

会徽图案从形象上看犹如一个三口之家相拥而乐，表现了家庭的和睦。在广义上又可代表包含"你、我、他"的全人类，表达了世博会"理解、沟通、欢聚、合作"的理念。

会徽以绿色为主色调，富有生命活力，增添了向上、升腾、明快的动感和意蕴，抒发了中国人民面向未来，追求可持续发展的创造激情。

上海世博会会徽和吉祥物见图12-1。

图12-1　上海世博会会徽和吉祥物

资料来源：http://xueshu.baidu.com/s?wd，有删改.

思考题：解释一下上海世博会的创意内涵。

第13章

文化产业创意与策划
典型案例解读

13.1 《舌尖上的中国》的成功之道

央视《舌尖上的中国》火了，它不仅充分调动了无数观众的味觉，也深深触动了观众内心深处的情感家园。许多嗅觉灵敏的商家借机推出《舌尖上的中国》出现的菜品，旅行社推出了有关《舌尖上的中国》的美食之旅，很多临近毕业的学生也纷纷推出了"舌尖上的母校"，回忆和记录校园生活中的美食……一部美食电视纪录片勾起了人们情感的阵阵涟漪，引发了《舌尖上的中国》的文化现象，这其中的韵味值得人们深思：舌尖上的中国，满足的仅仅是舌尖吗？如果不是，那么它传播的成功之道何在？这些问题的答案正是本文所要探寻的。

13.3.1 满足的不仅仅是舌尖

《舌尖上的中国》是一部以舌尖上的美食为题材的纪录片，之所以受到观众的追捧，是因为它是一部内涵十分丰富的纪录片，满足的不仅仅是舌尖上的味觉，还带给人们丰富的视觉、情感、精神和文化享受。

(1) 味觉的满足。中国不乏山珍海味，但在传统的印象里，最美的山珍海味往往出自名厨名店，但这部纪录片放弃了传统美食片的老套路，搜集的都是原汁原味的"土货"：老包家腌笃鲜的腾腾热气、临安姚贵文豆腐摊上的阵阵炸香、大理老黄制作的诺邓火腿的悠久绵长、台湾乌鱼子的绵密滋润……无不看得人们垂涎欲滴。当今中国城市酒店餐馆的菜谱很多都是雷同的，而《舌尖上的中国》向人们展现的美味极具地方特色，充分调动了人们的味觉。

(2) 视觉的满足。《舌尖上的中国》画面拍摄得很大气，处理得很精致，带给人们从未有过的美食视觉体验。一片薄薄的五花肉经过创作者的构思制成了惟妙惟肖的中国山水画，人们丝毫感觉不到油腻，体验到的是中国古典书画美；兰州拉面师傅甩动面条时的从容淡定，面质的纤细嫩白给人留下了深刻的印象；淮扬文思豆腐厨师出神入化的刀工，豆腐入水后的精细入微，令人叹为观止。第一集是《自然的馈赠》，一开始画面在高原、山林、湖泊和海岸线之间切换，让人们感受到食物来源地的丰富与壮阔。

(3) 情感的满足。《舌尖上的中国》不仅追求味觉和画面的真实，而且揭示了这些美食背后的情感，正如该片执行总导演任长箴所说："我们记忆中好吃的东西是因为带着人的温度。"能让人们记住的美味往往都有一段饱含深情的故事，呼兰河畔金顺姬对母亲制作的泡菜的眷恋，东北邻家妇女齐心合力做酱坯时忙碌的场面，平淡而富足的日子里姚贵文和王翠华相互"抱怨"的爱慕……还有苗家母亲送女儿龙毅上学时朴素的话语："满女啊(小女儿)，现在天快亮了，你自己走吧，这个天是越走越亮的，我要回家做事去了。"这一幅幅动情的画面揭示了美食背后那份浓浓的亲情、友情和爱情，让人们在享受美食的同时，也喝了一碗"心灵鸡汤"。

(4) 精神的满足。《舌尖上的中国》广泛借用了民族志传播学的相关方法，该片广泛抽取中国各地的美食样本，讲述了一个个中国人为了食物顺应自然、改造自然的故事，用镜头如实记录中国人的美食生活。分集导演张铭欢和他的同事们确立了选材的标准：拍摄承载中国人精神的食物！相对于麦当劳、肯德基等西洋食品制作过程的规范严谨和透明，《舌尖上的中国》展示的食品有点"土"、有点"怪"，但正是这种"土"和"怪"突显了古老中华民族的智慧和精神，展现了中国人勤劳、智慧、奉献、乐观、豁达的精神品质。

(5) 文化的满足。《舌尖上的中国》展现的不是中国精美绝伦的山珍海味，也不是技法非凡的帮派菜系，它向观众展示的是普通生活中普通人的饮食流变，展现的是中国千差万别的饮食习惯和独特的味觉审美体验，通过展现中国人在选取食材、制作食材方面的生存智慧，揭示了东方人的生活价值观，为观众认识和理解传统和变化着的中国开辟了一个新的通道，让观众从中体会到中华饮食文化的精致、悠久和绵长，体会到这个古老国度的国民对待自然、对待生活、对待家庭、对待社会抱持着什么样的态度。一部看似简单的美食片，蕴藏着深厚的文化内涵，引发了中国人的文化自觉和文化自豪感。

13.1.2　传播的成功之道

(1) 独特而新颖的视角。选材视角的独特性是该片成功的关键，首先，它选择了一种关系视角。它把着力点放在人与美食、人与人、人与自然的关系上，探索中国人如何因地制宜地从脚下的土地攫取、收获和进食，揭示中国人的一些基本的价值取向。这种关系视角的选取为揭示和展现文化、情感等更多主体留下了空间。其次，它选择了一种平民视角。采摘松茸的丹真卓玛、普通的挖藕人圣武和茂荣、看管竹园的老包等都是现实生活中的普通民众，选择这些普通民众作为叙述的主体，显得更加真实、更加感人。

(2) 具象化的传播。网络时代，空泛的议论已经很难激起人们的兴趣了，《舌尖上的中国》很清楚这一点，在传播的过程中采用具象化的表达方式。它将中国美食的宏大主题浓缩聚焦在一个个感人的小故事上，每一道美食都通过一个真实的故事来展示。每个故事都是经过精心选裁的，突显故事的变动性、情节化和人情味。故事中的人物、地点、语言等都是原生态的、真实的，人们观看纪录片，仿佛在欣赏美食，又仿佛在倾听感人的故事。有网友感言，看到第6集中阿刘在盐田中忙碌劳作的身影、素琼一大早带着家人摘辣椒的画面，便想起自己远在老家的父母，情到深处不禁潸然泪下。

(3) 诉诸情感的唤醒。与央视之前的《大国崛起》和《走向和谐》采用理智型传播方式不同，《舌尖上的中国》更多采用的是情感传播路线，充分调动观众的情绪，给人们丰富的情感体验。与之前的宏大叙事不同，《舌尖上的中国》更注重情感的挖掘和表达，在端上视觉饕餮盛宴的同时，更记录了一菜一羹背后的人情温暖。看到这部充满温情的纪录片，有人想起小时候在农村生活的艰辛，有人体会到母爱的厚重，也有人体验到人性的温暖和厚实，不同的人通过不同的视角从中解读出不同的情感，诉诸情感的传播方式取得了很大的成功。

(4) 主题的巧妙涵化。将宏大命题微观化是本片的一大特色，7集系列片呈现了诸多美食以及由美食衍生的故事，这些素材不是杂乱无章的，将它们串联起来的是人与食物、人与自然和人与人的关系主题，而这个主题的展现不是靠空洞的说教来完成的。《舌尖上的中国》没有正面宣扬中国美食文化的博大精深，而是将中国美食文化巧妙地融入美食背后的生产过程中，融入美食独特的制作工艺中，融入平常百姓的饮食生活中，始终采取故事化的叙事方式。解说词中有这样一段描写："松茸出土后，卓玛立刻用地上的松针把菌坑掩盖好，只有这样菌丝才可以不被破坏，为了延续自然的馈赠，藏民们小心翼翼地遵守着山里的规矩。"通过这一细节，可以看出创作者对环保、人与自然和谐相处、可持续发展等理念的关照。只是这些主题的揭示很含蓄，没有大段的刻意议论，而是在紧要处用简短的一两句话点题，因为之前已经有了很好的铺垫，关键处的升华不仅不会让人感到突兀，而且能让人感受到片子所传达的深深的人文关怀和历史韵味，让人感觉片子很有韵味、很深刻。

(5) 传播时机的正确选择。在食品安全事件频出的年代，人们对工业化流水线生产出来的食品产生了很大的疑虑，到底还有没有安全、健康的食物？正是在这种背景下，《舌尖上的中国》呈现的原生态的健康美食让人们重新找到了传统美食的可贵和食物中蕴含的人情味。文化学者于丹认为："在一个普遍议论食品安全的时代，《舌尖上的中国》给了中国人一种很朴素的乡土里长出来的信任。就是在我们不需要那么多的化学添加剂、不需要现代工艺流程的时候，我们中国人本来就吃得挺好。"

(6) 文本信息权威多源。观看《舌尖上的中国》可以发现，片子的叙事都是通过实实在在的整天制作和享受美食的普通民众来完成的，他们是故事的讲述者，同时也是故事的创造者和参与者，这种信源给人一种朴实的信任和真诚感。纪录片的解说词融汇了多学科知识，地理学、化学、生物学、民俗学、历史学等多学科知识在需要的时候巧妙登场，少而精当，使文本信息异常丰满，这种解说文本的编织打破了以往单纯文学叙事的窠臼，避免了空洞说教的呆板，让人可感可信。

(7) 剪辑的精准到位。"人类文化研究中对研究对象的考察通常有宏观和微观两个层面，反映在纪录片层面即是全面与深度。"《舌尖上的中国》在选材和画面的剪辑上也同样关照了这两个维度，既有不同季节、不同地域壮阔画面的切换，也有关注小人物命运的特写画面，如《主食的故事》一集中，宁宁与外婆合手做宁波水磨年糕的画面，运用的就是一个特写。不仅关照宏观与微观，而且还注重画面的动静搭配，切换频率的舒缓和紧凑，整个片子以轻松快捷的叙述节奏和精巧细腻的画面来推进，既清新自然，又蕴含跳跃的律动，在行云流水中传达出勃勃生机和无限敬仰。

(8) 新技术的巧妙运用。与文字记录相比，影像纪录片对音频、视频、图像等技术的要求要高很多，也正因为如此，影像纪录片能够更加形象和真实地反映客观存在。为了保证拍摄画面的高质量，节目组首次使用了2012年刚刚投放市场的拍摄设备SONY F3，拍摄了大量的浅景深镜头，微观呈现更具震撼力。《大国崛起》和《走向和谐》等历史纪录片出于还原历史的需要较多地运用动漫、特技等虚拟手法和虚拟元素，而《舌尖上的中国》记录的是现实的中国美食，它更加注重拍摄原生态的真实画面，这种真实呈现具有更强的可感性。

(9) 音乐的浑然天成。《舌尖上的中国》的创作团队非常重视音乐在纪录片中的运用，它的配乐不是随便找几首轻音乐或者背景音乐牵强附会，而是由专门的音乐人倾心打造，音乐运用具有很多可圈可点之处。该片原创音乐共有19首，由国内最具国际化风格的青年影视作曲家阿鲲担纲创作。主题音乐《劳作的春夏秋》用三个段落再现劳动耕作中的三个重要季节，音乐的第一段落用急进的弦乐与高低跳跃的木管乐器，营造出万物亟待复苏的勃勃生机；第二段双簧管甜美的音色如同一股清凉之风将时间带到了夏季，低音部持续跃动的弦乐继续进行着欣欣向荣的接力，仿佛也为田间的辛苦劳作送去抚慰；第三段收获的季节到了，音乐的旋律变得热闹、奔放和喜悦。这一主题音乐同时衍生出全片其他配乐，既做到了全片风格的统一又保证了必要的创新，音乐和画面、叙事节奏的配合相当默契，让人在欣赏这部人文纪录片美食的同时又享受了一顿视听盛宴。

13.1.3　成功的启示

《舌尖上的中国》是国内第一部商业化运作的纪录片，它的播出取得了很大的成功，有些成功可能是创作者始料未及的。《舌尖上的中国》堪称中国纪录片创作史上具有里程碑意义的作品，它本身包含许多有待发掘和思考的方向和话题，给人带来很多的启示。

(1) 民族化的坚守。越是民族的，就越是世界的，《舌尖上的中国》的成功在很大程度上源于其对民族特色和民族性的坚守，它没有一味地模仿BBC或者美国探索频道的做法，而是选取了中国题材、中国视角来展现中国独特的美食生态，彰显了中国文化的自信。在倡导文化大发展、大繁荣的今天，在推进文化体制改革的当下，我们的文艺创作者应该从《舌尖上的中国》汲取有益的养料，要在坚持民族性的基础上去挖掘和创作文化精品，这样才能被观众和世界所认可，这样中国纪录片或者影视产业的大发展、大繁荣才能成为现实。

(2) 国际化的传播。北京大学艺术学院院长王一川在接受采访时曾表示，他们做过一个调查，发现外国大学生对中国文化的感受，首先是美食，然后是中国的服装，接下来才是中国的绘画艺术。通过美食传播中国文化，是一条捷径。这一点在今年的戛纳电影节上得到了充分的印证，据报道，《舌尖上的中国》的参展引起了广泛关注，问询量在所有的参展作品中位居第二，法国、德国、韩国等电视台纷纷表示要购买版权准备播出。我们整天喊着要发出中国的声音，塑造良好的中国形象，但常常找不到突破口，找不到好的传播素材，《舌尖上的中国》播出的成功，为我们的国际形象传播开辟了一条新的通道。

(3) 产业化的运作。据报道，《舌尖上的中国》在中国播出后，不少旅游机构纷纷推出"舌尖上的旅行"等主题线路，或在原有热门线路行程的基础上增加"美食"比重，吸引不少游客咨询预订；淘宝商城上有关《舌尖上的中国》的美食产品销量猛增；相关实体餐馆的生意也异常火爆。从中我们可以看出一部成功的纪录片可以引起连锁的产业效应，能带来可观的经济收益。多年来,中国的影视产业受到资金的困扰难以取得长足的发展,其主要原因就是中国影视产业链条的单一。今后的纪录片可以采取商业化、产业化的运作模式,以纪录片创作播出为载体,推动相关衍生产品的发展。在这一点上,日本的做法值得我们学习:日本动漫产业发展就十分完备,其动漫产品的播出收益在整个产业链中所占的比重其实并不大,而与产品相关的文化体验、实物产品销售、产品出口等却占据了很大的份额。可喜的是,国内已经有人这样做了,光明日报社准备跟进推出《舌尖上的中国》英文版图书,推动纪录片产品的延伸发展。

13.2 从电影《大圣归来》看中国动画的文化回归

2015年暑期,《西游记之大圣归来》在全国热映,虽然它只是一部动画电影,折射的却是现实主题。在电影中,孙悟空在大闹天宫后被压在五指山500年,在民间齐天大圣便成为一个传说,在众人心中他成了一个遥不可及的英雄。影片的开始讲述了长安城山妖横行霸道,唐僧的前世就是江流儿,他的父母在与山妖搏斗时丧生,后来江流儿被好心的僧人收养,江流儿渐渐长大,视齐天大圣为自己的英雄。

有一天,山妖出山来劫掠村庄里的童男童女,小小年纪的江流儿因救下了一个小女孩,惹怒了山妖,遭到山妖的一路追杀。在逃跑的路上,误入了五行山,解除了孙悟空的束缚。被解救的孙悟空手腕尚未解除封印,没有了往日的桀骜不驯,此时的他变得落魄不堪,只不过是一只从石头中蹦出来的普通猴子罢了。他更像是一个现实社会中的中年人,在生活中的琐事、工作的重压之下想回到从前,回到原来安静平凡的日子。后来因为突然遇到了江流儿,他从开始的手足无措,觉得江流儿在身边是一种负担,到后来逐渐发现这个小孩竟然是自己生命中的一个惊喜,甚至是自己的一个了不起的成就,于是他在迷茫中找回了自己,战胜了邪恶。

■ 13.2.1 《大圣归来》的艺术特色

1.《大圣归来》的创作过程

2007年,动画片《西游记之大圣归来》在田晓鹏的带领下展开创作。早在1997年,田晓鹏就萌生了制作动画电影的想法,他曾经参与制作了我们都熟知的大型电视动画片《西游记》。影片借鉴了20世纪80年代经典动画《大闹天宫》的经典曲目,同时,在片中运用了很多具有中国传统特色的艺术形式,如戏曲、山西的皮影戏、四川的变脸等。《大圣归来》中的孙悟空在原有的猴、人、神三合一的形象基础之上更多地融入了现代元素,塑造了一个具有现代感的齐天大圣。唐僧以他的前世中的第一世，一个聪明伶俐且正义勇敢的小男孩的形象出现。影片中的反面人物混沌不像以往以丑恶的形象出现，而是以一个潇洒、帅气的造型出现。整部影片创作历时8年，8年的创作过程中遇到很多困难，但是由于田晓鹏和他的团队的坚持与努力，创造了又一部深入人心的经典之作。

2.《大圣归来》的主题内涵

吴承恩笔下的孙悟空被描绘成一个盖世英雄，它机智、灵敏、勇敢，同时具有反抗压迫、战胜邪恶的战斗精神。吴承恩使它成为文学史上又一个艺术典型。相比经典文学著作而言，电影《大圣归来》从另外一个角度诠释了《西游记》这个神话故事、这个传奇的人物形象，用故事的形式反映了正义与邪恶尖锐的矛盾冲突与斗争。从五指山出来的孙悟空不再是那个可以大闹龙宫、桀骜不驯的孙悟空，经过岁月洗礼，它失去了法力，仅仅是一只落魄的猴子而已。孙悟空被年幼的小"唐僧"感动，经过内心一系列的斗争与自我审视、自我反省，终于战胜了自己并重拾信心。《大圣归来》讲述的是一个认识自己、肯定自己、重拾自我的故事。

3.《大圣归来》的人物形象

孙悟空的形象在国人的精神世界中早已深入人心，不同的影片塑造了不一样的孙悟空。《大闹天宫》中的孙悟空是人、神、兽三合一的形象，他既有动物的外貌特征：尖嘴猴腮、红屁股、长尾巴，还是一个可以腾云驾雾、一个筋斗翻十万八千里的神猴。《大闹天宫》略去了孙悟空逃不出如来佛祖的手掌心这一情节，把孙悟空写成了一个不败的神话、一个反抗到底的人物形象。《大话西游》中的孙悟空嘻哈搞笑，和凡人一样拥有刻骨铭心的爱情，和凡人一样有着无尽的痛苦和矛盾。《西游•降魔篇》中的孙悟空颠覆了所有的经典形象，展现在观者面前的是一个阴险、狡猾、隐忍、充满兽性的猴子形象。《大圣归来》中的孙悟空以一副颓败的大叔形象出现，没有了往日的光辉与荣耀，故事更多地描绘了大圣内心的挣扎，更贴近人性的一面。

在造型方面，《大圣归来》中的孙悟空可以说称不上是"美猴王"。《大闹天宫》中的孙悟空是借鉴中国传统文化京剧的脸谱设计出来的，它具有典型的猴子形象："棕色毛发，月牙眉毛，眼睛和鼻子被红色的心形所包围，嘴是条长长的线，嘴角又根据猴子嘴形特点增加了简单的纹饰，简单大方而又艳丽瑰奇；而服装也是深入人心，黄色上衣，虎皮短裙，红色长裤，足穿一双黑靴子；身手矫健，比例和谐，幽默搞笑。"在《大圣归来》中，齐天大圣面部被设计得很长，更接近大猩猩，脸上有明显的法令纹，杂乱的棕色毛发，是一个典型的中年大叔的形象。按照大圣的内心变化过程，设计团队共设计了三套行头：第一套服装是在影片开头，被压在五指山之前，大闹天宫的时候大圣身披红斗篷，衣着铠甲，精神抖擞，头饰上还插有两根长翎子，夸张绚丽，这套服装是为了致敬《大闹天宫》，同时唤起人们心中经典的大圣形象。第二套服装，上身穿一件破旧的黄色粗布衣服，下身穿一条粗布的蓝灰色裤子。用在五指山封印之时，衬托大圣失去法术的无能为力和软弱。第三套用在英雄和反派战斗之时，清晰强大、纹路分明，衣着华丽，代表了对自己的肯定和勇于战胜邪恶的决心，在大圣服装的设计上都参照、汲取了唐代铠甲的设计元素。

大圣除了面部设计得比较长之外，整个形象也极具个性化，被设计得又瘦又高，与江流儿形成了鲜明的对比，和唐僧有着一种如父如子的特殊感情。黑格尔在《美学》中宣称："性格就是理想艺术表现的真正中心。"导演田晓鹏认为，大圣应该像金庸笔下的令狐冲、乔峰那样，是一位东方侠客的形象，为了体现孙悟空在这一世的沧桑经历，创作者突破旧的审美，用现代的审美观念塑造人物形象，个性化的形象，加之形象的独特性格，使观者能更多地发挥自己的想象去感受形象内在的情绪，从而留下深刻的印象。

除了孙悟空，其他造型也各具中国传统特色，在细节处渗透着中国的文化元素，如影片中的反派人物混沌的原形是一只大肉虫，我国古代著作《山海经》第二卷《西山经》有云："又西三百五十里曰天山，多金玉，有青雄黄，英水出焉，而西南流注于汤谷。有神鸟，其状如黄囊，赤如丹火，六足四翼，浑敦无面目，是识歌舞，实惟帝江也。"影片中龙的形象也出自《山海经》，最接近我们中国人想象中龙的形象，在汲取我国传统文化的同时又具有现代感。电影海报上那条龙的表情、长相、盘踞的方式，与中国传统纹样的盘龙纹十分相似，与中国古代皇帝所用的龙纹是一脉相承的，气势庄严肃穆。除此之外，如和尚的造型也极具中国特色，中国和尚穿的影青色僧袍以及绑腿、草鞋等至今还能在寺庙中看到。

4.《大圣归来》的场景设计

《大圣归来》的场景结合了中国传统的民间艺术造型，并在此基础上用现代技术进行了新的创造，既具有装饰意味，又暗合中国传统元素。片中通过江流儿的逃亡之路，向受众展现了制作精良的桂林山水，加之背景音乐采用了中国传统乐器，让人能够深刻地感受到逃亡途中的苦与乐。场景造型简单，色彩丰富又有细节变化，结合中国水墨画使影片营造出一种仙境气氛。在景物处理上，有虚实变化，突出了神话中的奇幻之境，使整部影片画面妙趣横生。江流儿误入八戒庙所看到的四人金刚，正是中国古代寺庙特有的。

13.2.2 《大圣归来》的成功之处

1. 准确的市场定位

《大圣归来》不仅结合了中国悠久的传统文化，同时也吸收了国外动画电影的精髓，如美国好莱坞动画、日本动漫。美日很多经典的形象能经久不衰，很大一部分原因在于并未把动画片设定为儿童的"专属"，而是在更大程度上扩大了受众的范围，达到一种老少皆宜的效果。《大圣归来》让很多80后、90后青年找到了童年心中的大圣形象，激发了受众的共鸣，弗洛伊德认为："童年的印记一般是人格发展的前提和基础，从这个意义上看，动漫文化具有超越年龄层次的社会影响力。"《大圣归来》正是突破了中国长期以来把电影动画定位为教育儿童的工具的局限性。

宫崎骏曾说："动画是一种如此纯粹、素朴，可以让我们贯穿想象力来表现的艺术……它的力量不会输给诗、小说或戏剧等其他艺术形式。"当今社会中动画电影俨然已经成为一种文化，好莱坞电影是承载传播西方文化的产业重要代表。一直深受众人喜爱的原因，一方面是其具有一定的普世的文化价值；另一方面是由于电影融入了大量的西方文化。如果说《大话西游》假借孙悟空前世的肉身凡胎，讲述了一个凄美的故事，《大圣归来》则从肉身凡胎的唐僧角度出发，展现了一个迷茫中找到自我的孙悟空形象。《大圣归来》汲取了好莱坞电影的长处，展现了更为普世的人性主题，将现代人普遍的生存状态通过孙悟空符号化的意义传达出来。

2. 精心策划，细心制作

对我们中国人而言，《西游记》的故事耳熟能详，关于西游题材的影视作品屡见不鲜。但是《大圣归来》确实将《西游记》的故事做出了诚意。该片将中外因素有机融合在一起，不仅有中国传统文化的内核，也有好莱坞式的叙事方式，更有日本动漫的优美画风，再加上质量过硬的制作技术，《大圣归来》获得成功是情理之中的。可以看到，《大圣归来》中的孙悟空不是可爱的毛猴子，只是长得更接近猿猴，形象更为冷酷。唐僧，即影片中的江流儿，也没有穿着高贵的袈裟，而是成了齐天大圣的铁杆粉丝，崇拜着孙悟空的一切传说。江流儿自幼丧母，对齐天大圣充满好奇，他在影片中扮演着萌孩的角色，十分调皮但又信念执着，惹人厌烦但又能让人对他心生怜爱。他的喋喋不休曾经让刚刚解封的孙悟空十分崩溃，气得孙悟空打断了一棵树。后来，俩人一起踏上了冒险之旅，途中还遇到贪吃的猪八戒和神秘的小飞龙。《大圣归来》中的猪八戒更是让人忍俊不禁，他竟然是在孙悟空大闹天宫时，被孙悟空一巴掌打下天界，阴错阳差地投胎成了一只猪，五百年来都没吃过一顿饱饭，所以对孙悟空怨声连连。但是当他亲眼看到孙悟空突破法印，重新披上战袍，释放能量时，他的那一句发自肺腑的"大圣"，不难让我们感受到他对孙悟空的真心崇拜。《大圣归来》中的人物形象改编十分大胆，给观众带来耳目一新的感觉，但又觉得整个故事是那么的顺理成章，好像就应该是那么一回事，真正做到了如行云流水一般地自然。

除了内容的精心策划，《大圣归来》的制作质量也属于良心之作。制作动画必须有足够的耐心与细心，要具备足够多的画幅才能支撑起一部流畅的电影。所以从一开始的线稿、建模到后来的填色，《大圣归来》都做得一丝不苟。目前，我国很多动画电影公司没有做到如此用心，觉得动画片就是放给孩子看的，在制作时不必那么用心。但是《大圣归来》真正做到了精益求精，所有的细节都经过精心雕琢，从而给观众带来非同凡响的审美感受，因而获得了观众的交口称赞。

3. 故事选材具有厚重感

随着人们的审美品位越来越高，简单的故事题材已经难以满足他们的需求，只有具备厚重感的故事选材才能激发观众的观影兴趣。《大圣归来》的故事题材具有非常浓烈的厚重感，导演田晓鹏在接受采访时曾经说过，他之所以没有在《大圣归来》中将江流儿就是唐僧的身份揭露出来，就是因为江流儿是经过十世轮回，才逐渐修到唐僧的身份的。他刚降生时，是不可能立马以佛祖为信仰的，所以他一直问孙悟空，自己在念经时，佛祖会不会听到，可见他对佛祖也存有一丝疑虑。《大圣归来》就是讲述江流儿与孙悟空的相遇，一个籍籍无名的小和尚，一个落魄的英雄齐天大圣，两人没有义务、没有使命，在时间推移中，他们之间形成了实实在在的，并不以佛祖为"纽带"的感情羁绊。当江流儿被山石掩埋时，孙悟空悲愤交加，进而冲破法印的限制，重新变回齐天大圣，可见江流儿对他的影响之深。在《大圣归来》中，没有大圣奉命保护唐僧的故事，只有大圣舍命呵护江流儿的故事。这样的设置既让观众有熟悉感，又有陌生感，在这样的情感交织中，观众感受到《大圣归来》满满的诚意，感受到《大圣归来》的厚重感，进而产生了想深入了解江流儿是如何修成后来的唐僧的。

4. 采用自媒体营销

《大圣归来》没有因循守旧，没有采取传统的地面推广模式，而是选择自媒体作为主要的营销与传播途径。在选择传播平台方面，《大圣归来》将视角放在了微博传播上。通过分析2015年7月10日—8月4日的《大圣归来》官方微博的内容可以发现，微博内容大致分为如下几种：一是原创文，集中于影片上映前的内容宣传、影片上映后的票房播放和相关官方活动等，创作数量比较少；二是转载一些大V的内容，他们是草根阶层的舆论领袖，如果他们对一部影片给予好评，往往能吸引更多的人去观看，转发大V舆论能帮助话题发酵，获得更高的关注度；三是转载一些普通微博用户的内容，通过分析这些用户的内容，可以看到他们主要集中于创作同人图方面，与普通微博用户加强互动，能获得更好的传播效应。《大圣归来》的官方微博每天都能收到大量的点评意见，满足了受众想要被关注的心理渴求。事实也证明，借助微博平台，《大圣归来》的话题热度被大大提升，为其迈向成功之路起到了推动作用。

《大圣归来》获得的巨大成功毋庸置疑，为我国国产动画片的发展壮大提供了宝贵的经验和有力的借鉴。如今，动画片市场已经不再是低幼儿童所特有的，成年人动画片市场具有更大的开发价值。我国动画片要不断创新故事题材，使其内容具有新鲜感和厚重感，满足观众的好奇心，同时利用合适的传播与营销方法，扩大动画片的影响面，使更多的人接触它。

13.2.3 中国动画未来的发展

文化孕育不是孤立存在的，是与时代的变迁、民族的发展息息相关的。中国动画同样也是在五千年积累的文化环境中不断成长、成熟的。在全球化的背景下，电影动画承载着文化传播功能，成为一种传播媒介和文化符号。动画艺术的精髓，是将某种精神文化附着在动画形象上进行传播。观众接受和喜爱一个动画形象，同时便接受了这个动画形象作为视觉符号所传播的精神文化内容。动画产业发达的国家，如日本、美国都将文化资源运用到动画作品的制作中，通过动画形象的传播，将传统文化渗透到受众的心灵深处。中国本土艺术形式，如水墨画、书法、剪纸、泥塑、年画、壁画、雕刻等民间艺术形式，有着浑厚的受众群体，为中国动画提供了创作的源泉。

民族文化是一个国家的精神支柱，关系民族的生存与发展乃至国家的前途和命运。在科技经济全球一体化的巨大冲击下，西方社会更是以强势经济为后盾，对东方展开"文化殖民主义"，试图把东方文化纳入自己的文化体系中来。好莱坞制作的动画片《花木兰》对中国文化的曲解随处可见。动画创作对于本土文化进行发掘，塑造真正意义上具有中国特色的民族形象才是我们未来的创作方向。这不仅涉及动画产业问题，更为重要的是中国动画已经承载了发扬我国文化的责任，已经具备了文化上的战略意义。

在经历了漫长的现代艺术历程之后，现代主义对于"新"的追求逐渐消失，"新"已不再是衡量艺术的标准，而衡量的标准更倾向于在艺术中有没有"根"的体现。后现代艺术是我们这个时代的新产物，它的真正所指被忽视，后现代艺术追求的是"回归文化"。它是一种寻根的艺术：寻找和重新发现民族文化。对于民族文化的回归正是我们在推动动画产业发展时应该思考的问题，在动画艺术中呈现的主题应该回归到民族文化中去探索。

从古至今，东西方的文化累积，使得我们拥有各式各样的文化资源。在这样庞大的艺术宝库中，我们需要一种归属感，这种归属感正是民族文化带给我们的。鲁迅曾经说过："只有民族的，才是世界的。""历史中传统的积累是一种内动力，还原是相对的，裂变中的传承、转化中的创造却是绝对的。""对他国动画亦步亦趋的模仿是不利中国动画电影发展的，只能导致中国动画衰亡，只有民族化，才是中国动画电影的出路。"古往今来，中国的民族文化是各种艺术创作的源泉。

13.3　从京剧《王子复仇记》看我国文化产品走出去

倡导文化产品走出国门，是我国文化产业发展战略的一项重要举措。近年来，我国文化产品纷纷抢滩海外市场，在国际舞台登台亮相。其中不乏成功的案例，如杂技芭蕾《天鹅湖》、功夫舞台剧《少林传奇》等，但铩羽而归的也不在少数。总结这些案例的成功经验，分析其失败原因，对我国文化产品走出国门有着积极的借鉴意义。本节通过对上海京剧院《王子复仇记》在荷兰成功演出的分析，为我国文化产品走出去提供一些经验和启示。

13.3.1　京剧版《哈姆雷特》在荷兰

2007年5月16日，应海牙唐人街华人联合会邀请，上海京剧院在海牙舞蹈剧院演出了根据莎翁名剧《哈姆雷特》改编的京剧《王子复仇记》，获得了当地观众的热烈好评。这是该剧继2005年赴丹麦参加"哈姆雷特之夏"戏剧节、同年10月到荷兰参加中国文化节、2007年5月参加德国科隆艺术节演出成功之后，再度来到荷兰。当天的演出，除270张赠票用于酬谢赞助单位外，其余730张票全部售出，观众的购票热情完全超乎组织者的想象。

改编后的《王子复仇记》，剧中人物全部起了中国名字，然后根据中国京剧的表演特点，在保持原剧框架的基础上，将原著中脍炙人口的段落进行了京剧唱段的精心处理。同时重点突出哈姆雷特复仇这条情节主线，删除多条副线，着重刻画哈姆雷特的情感矛盾和心路历程。

与上海京剧院以往创作的剧目不同，《王子复仇记》采用小制作、低成本、"轻装简从"的创作模式。全剧只有12名演员，舞美也追求写意、简约的风格，通过四扇屏风和五把椅子的巧妙组合，分别表现宫廷、城墙、坟地等场景，虽然与传统京剧一桌二椅的虚拟场景略有变化，但总体上仍属于非常中国化的写意风格。

这次上海京剧院赴荷兰演出，邀请方与科隆艺术节共同分担其国际旅运费，并负责该团在荷兰期间的食宿交通和场租、宣传等一切费用。除此以外，支付3000欧元演出费和每人每天40欧元开支。荷方为此次演出共支出费用5.159万欧元，主要通过政府拨款、基金资助、企业赞助以及票房收入等，使之达到收支平衡。这场演出不仅具有经济效益，而且具有社会效益，获得海牙市政府的高度评价和社会的良好反响，并为组织方赢得了很好的声誉。可以说，上海京剧院《王子复仇记》在荷兰演出是中国文化产品"走出去"的一次成功实践。

■ 13.3.2　成功的启示

从2005年赴丹麦参加"哈姆雷特之夏"戏剧节起，《王子复仇记》频频受邀出访，包括这次赴荷演出，均得到国外媒体和主流社会的赞誉，获得了经济效益和社会效益双丰收，其成功因素主要包括以下几个方面。

1. 根据国际市场需求制作适销对路的产品

中国文化产品走出去，关键要有好的产品。改编京剧《王子复仇记》的创作初衷，是为了参加丹麦的"哈姆雷特之夏"戏剧节。该戏剧节每年8月在丹麦克伦堡举行，而克伦堡即为传说中《哈姆雷特》故事的发生地。上海京剧院在做好市场调研的基础上，针对国际演艺市场需求和西方观众的欣赏口味，精心创排了这部量身制作的演出剧目。戏剧节举办期间，来自丹麦和世界各地的戏剧团体以各自不同的形式演绎了《哈姆雷特》，而上海京剧院的《王子复仇记》是唯一以东方戏剧形式演绎西方经典的剧目，引起人们极大的好奇心和关注。由此可见，适应国际市场需求，开发适销对路的艺术产品，是中国文化产品走出国门的重要前提。

2. 坚持东西方艺术融合的创作理念

不同艺术形式之间相互借鉴、碰撞和交融，是世界文化艺术始终保持青春活力的重要原因。上海京剧院改编的《王子复仇记》正是中西文化兼容并蓄的结果。京剧作为我国传统艺术的国粹，多年来，经常出现在国际文化市场上，但多为折子戏、武打戏，少有文戏、全本剧。因为文戏所讲述的故事情节难以在西方观众中引起共鸣，东方婉转的情感表达方式也不易为西方观众所理解；文戏大段的唱、念表现形式，使本来对东方文化就极为陌生的西方观众更是难以接受。而上海京剧院改编的《王子复仇记》，在吸收西方文化成果的同时，大胆进行了创新。借取西方观众所熟知的故事，运用中国京剧的表现手法，适应西方观众的欣赏需求，压缩冗长的唱段，增加对话和独白，使整个剧情节奏加快，让国外观众在欣赏西方经典故事的同时，充分领略了中国京剧艺术的魅力。

3. 人的作用不容忽视

上海京剧院改编的《王子复仇记》之所以频频受邀出访，除了剧目本身的原因，人是关键的因素。笔者在与外方接触时，外方多次谈到，与上海京剧院合作非常愉快，相互很容易沟通理解，并达成一致。这一方面有赖于翻译的作用，而从另一个角度，则反映了上海京剧院领导的外向型思维和长远眼光。因此，艺术团体要想拓展海外演出市场，真正融入国际演艺网络，最终形成良性循环，必须要有一支熟悉掌握国际通行规则，具有外向型思维、敢于创新、善于谈判的人才队伍。这是我国文化走出去的又一重要条件。

4. 充分利用当地文化政策

荷兰组织方虽不是专业演出商，但多年来为政府部门工作，熟知政府各项资助政策。这次上海京剧院在荷兰的演出，组织方从海牙市政府鼓励多元文化和少数民族融入政策经费中获得2万欧元资金补助，占总收入的39%。由此可见，了解并充分利用当地有关政策对我国文化产品走出去有很大的帮助。

13.3.3　可资借鉴的经验

任何演出成功与否，往往取决于双方的合作是否顺利。荷兰组织方运作这场演出的一些做法和经验值得我们认真学习与借鉴。

1. 聘请专业人士开展立体式、多层次的票务营销

从确定邀请上海京剧院来荷兰演出到最终成行，组织方只用了不到1年的时间。在演出前近3个月的时候才开始宣传，打破了至少提前1年进行宣传的惯例。为此，荷方聘请了富有多年剧场票务营销经验的专业人士，实施了立体式、多层次营销战略：在剧院演出手册上做常规宣传，发出市长签名的信件5000封，在报纸、网络以及旅游指南上刊登广告，在超市发送广告传单，推出各种优惠套餐等。荷兰最知名的报纸《人民报》从4月起每周免费刊登3～4次广告(《人民报》通常只给质量好的演出提供免费宣传)，并精心构思了广告语，以"当京剧遇到莎士比亚""哈姆雷特在中国"为标题，吊足了人们的胃口。在利用网络宣传时，利用一定的技术手段，使信息出现在搜索引擎的头条，从而锁定了一批没有明确目标的隐性观众。经过密集的宣传"轰炸"，上海京剧院的演出票不到3个月销售一空。而荷方支付给营销人员的4000欧元酬劳，加上付出的宣传费共7000欧元，还不到整个演出投入的14%。也就是说，只花了3000欧元就达到了理想的宣传效果。

2. 演出前做足功课，将剧场变成课堂

我们的文化产品不仅仅要走出国门，更要走进人心。东西方文化有着巨大的差异，随着我国综合国力的发展，越来越多的外国人，包括部分出于猎奇心理的人，对中国文化

深感兴趣。如何让西方观众对东方艺术从猎奇到欣赏再到接受，不是一朝一夕所能完成的事，而要通过长期的努力，潜移默化，反复影响外国观众。荷方为了帮助当地观众了解中国京剧，保障演出效果，与当地的文化机构、学校、中国音乐研究专家、孔子学院等展开合作，组织了三场关于中国文化以及京剧历史、乐器、行当等知识的讲座。开演当天，还在剧场内举办了一个小型讲座，观众凭票可免费入场听讲。荷兰当地的一位中国音乐研究专家边讲解、边让演员演示，使观众充分了解中国京剧的艺术魅力和表演技巧。演出前，荷兰专家还向观众介绍了中国京剧的欣赏习惯，并让乐师分别逐节演奏，分辨不同乐器的功用，让观众未见其形，先明其理。另外，观众还可以到后台参观，近距离观看演员化妆。这些都对观众理解剧情、融入其中起到了极为重要的作用。

3. 演出后信息汇总和分析，建立信息反馈机制

一般情况下，我们了解的演出，通常在演出结束后就万事大吉，缺乏对观众信息的搜集和分析，缺乏来自观众反馈的第一手资料。在这方面，荷方的信息追踪反馈分析机制值得我们借鉴。荷兰剧场的售票系统包括对观众的来源、年龄、获得演出信息的渠道等数据的全面统计。在购票时，所有观众信息都被输入电脑。演出后，剧场和营销人员通过对数据的分析，了解演出所吸引的群体，研究最有效的营销手段，以增强以后组织演出的针对性和宣传的有效性。同时，也为今后有针对性地引进演出节目提供了重要的依据。

在产品差异化理论中，厂商将产品差异视为一种主要的战略变量，通过实施产品质量差异、提供附加服务、选择广告宣传的商业手段、选择比较有利的工厂位置和销售地点等差异化手段，影响消费者的偏好并确立自己的独特品牌，以尽量弱化由激烈的价格竞争所导致的不稳定和破坏效应。文化产品的差异化，可以实现与众不同的产品特性和观赏体验效果，使产品具有不完全替代性，满足消费者的多样性和个性化需求，从而提升文化企业的国际竞争力。

京剧《王子复仇记》的成功，就是产品差异化的结果。坚持东西方艺术融合的创作理念和不同艺术形式之间的相互借鉴、碰撞和交融，是世界文化艺术始终保持青春活力的重要原因。《王子复仇记》借取西方观众所熟知的故事和情节，运用中国京剧的表现手法和形式，适应西方观众的体验性欣赏需求，使整个剧情节奏加快，让国外观众在欣赏西方经典故事的同时，充分领略了中国京剧艺术的魅力。因此，中国文化产品走出去，关键要坚持产品差异化原则，提供高质量的好产品。要关注西方消费者的情感、内心感受及相关动因，让消费者直接融入艺术表演的氛围，在欣赏艺术表演的同时，带来某种心理和情感上的满足。

13.4 北极圈的圣诞之梦

13.4.1 "圣诞老人村"介绍

在芬兰拉毕省省会罗瓦涅米市以北8公里处的北极圈上，有一个独具特色的旅游景

点——圣诞老人村。每年源源不断的游客从世界各地蜂拥而至，专程来这里拜访圣诞老人，一睹这位神话"老人"的风采。其实圣诞老人村不过是一个人造景点，圣诞老人的接待室也只是个不足40平方米的摄影棚。由特型演员装扮的圣诞老人坐在童话木屋当中，与每一位到访者合影留念。照片由专职摄影师来拍照，照相一次19欧元，立等可取。照片包装精美，上面注有游客到访时间和圣诞老人的签名，是每一位来访者必求之物，具有珍贵的保存价值。就是这样一项成本不高、场面不大的照相业务，逐渐造就了一个实力雄厚的文化产业，并带动了当地旅游业的蓬勃发展。

据当地有关部门统计，每年来罗瓦涅米市的游客有40万，圣诞老人村是来访者必去之处。按照与圣诞老人合影一次为19欧元来计算，这位"圣诞老人"一年就能为该市创收760万欧元。从20世纪80年代初这位"老人"来到这里以来，圣诞老人村的规模持续扩大，旅游品种不断增加。在圣诞老人屋周围，一系列的配套设施应运而生，其中包括邮局、商店、饭店、餐馆和养鹿场等。这些配套设施丰富了旅游内容，满足了游客的需求，同时也为当地带来了巨额收入。比如，圣诞老人邮局是来访者非常喜欢的地方。人们都希望把来自圣诞老人故乡的问候传递给家人和朋友。为此，邮局专门准备了各种充满童话色彩的圣诞邮票、明信片、贺年卡和各种精致礼品。一张贺年卡1欧元，邮票0.8欧元，一年40万的客流量，邮局仅这一项业务就能够创收72万欧元，更不必说很多人发出的贺卡不只一张。

罗瓦涅米市其实只是一个人口不足6万的小城市，在建造圣诞老人村之前并没有任何特殊的旅游资源。但是在短短20多年的时间里，当地旅游部门通过创建这个人造圣诞老人村，改变了城市面貌，不仅带动了当地经济发展，完善了城市服务设施，而且大大提高了芬兰的国际知名度。现在来芬兰的外国游客如果不去一趟罗瓦涅米市，都会感到无比遗憾。不少人来芬兰就是为了走访圣诞老人村，圣诞老人村已成为罗瓦涅米市乃至芬兰国家的旅游品牌。每天往返于赫尔辛基和罗瓦涅米之间的航班多达5趟，圣诞期间增加至10趟。

一个人造的旅游景点能够取得如此之大的成功，不能不说是一个奇迹，其中一些关键性的因素值得我们探讨和研究。

■ 13.4.2 "圣诞老人村"成功的关键因素

1. 充分利用有利的地理位置，大胆创新

罗瓦涅米市靠近北极圈，穿过市区向北走8公里，就进入北纬66度33分07秒、东经25度50分51秒的北极线。1950年，美国前总统罗斯福的夫人来到芬兰后，被北极圈上设立的一块标志木牌所吸引，人们由此发现了北极圈这一特殊地点的旅游商业价值。1985年，当地旅游部门大胆设计，在靠近市区北极线上开始兴建圣诞老人村。旅游景点之所以选在这里，一方面可借助城市的各项服务设施，支持圣诞老人村的发展；另一方面可利用北极线的独特优势吸引游客。为了让游客在这里实现北极之梦，在圣诞老人村口的道路中央特别画出一条醒目的北极线，上面标有精确的经纬度。跨越这条线就意味着进入北极圈，进入

圣诞老人的家乡。人们一到这里就纷纷站在北极线上拍照留念，以证明进入了北极圈。

2. 创意新颖，注重文化内涵

虽然罗瓦涅米市靠近北极圈，但是在地上只有一条北极线是不会把成千上万的游客吸引过来的，必须要把圣诞老人"请"到这里，创造一种北极文化氛围。为此，芬兰人以芬兰北部拉普兰地区的耳朵山为素材编出了一个童话故事，以说明芬兰是圣诞老人的故乡，为在罗瓦涅米市郊建造圣诞老人村提供理论根据。

在这个故事，耳朵山是圣诞老人的老家，但一般人都不会知道耳朵山的秘密通道。为了使热爱圣诞老人的人们能有机会和他见面，圣诞老人经过深思熟虑，决定在罗瓦涅米市附近修建一个村庄，接待来自世界各地的客人。这个故事经过广泛传播，被世人所接受，许多国家的儿童都认定圣诞老人的家乡就在芬兰。

为了扩大对外影响，芬兰人除了精心装点圣诞老人村外，还十分注重做孩子的工作。圣诞老人的助手们对来自世界各地的小朋友的来信都很重视，认真阅读并用15种文字及时回信，在孩子幼小的心灵中留下深刻印象。他们在回信中以圣诞老人的口吻回答孩子们提出的各种问题，祝福他们幸福成长，并欢迎孩子们来圣诞老人村做客。曾经有一位中国鞍山的小朋友来信，请求圣诞老人给他回信，因为他的父母告诉他世界上根本就没有圣诞老人，如果能收到圣诞老人的回信，他就可以说服父母来芬兰拜访圣诞老人。圣诞老人村的感染力可见一斑。到目前为止，圣诞老人收到了来自194个国家和地区的各种来信多达1110万封，仅一年圣诞节就有55万封，平均每天3.2万封。圣诞老人村创造的北极文化造就了芬兰良好的国际形象。

3. 注重人性化服务，追求完美的圣诞体验

1984年圣诞节前，芬兰北部拉普兰省省长阿斯科·奥伊纳斯宣布整个拉普兰地区为"圣诞老人故乡"。1985年，圣诞老人村开始兴建。从那时起，圣诞老人村的建设始终坚持以人为本的原则，处处考虑游客的需要，让远道而来的客人得到心灵的满足和旅游的快乐。如在圣诞老人村有一个红色的邮筒，投放在里面的信件都是留待圣诞节前才发出的。游客不管什么时候来访，只要把明信片投进这个邮筒里，就一定会在圣诞节给家人或者朋友带来一个惊喜。为了满足游客跨北极的成就感，老人村备有各种文字的北极圈证书，供游客挑选，留作纪念。为了同来自世界各地的游客进行交流，守候在木屋内的"圣诞老人"学会了十几种语言。遇到中国客人，这位"老人"会用中文问一声"你好"，有时还会双手抱拳用中文祝福"恭喜发财"，令中国客人感到惊讶和开心。在北极圈乘坐鹿拉雪橇是最富诗意的项目。在老人村附近的鹿苑里，游客可以乘坐圣诞老人的雪橇在雪地里飞驰，使儿时梦想变成现实，而且还能得到一本驾驭鹿橇的执照，令人欣喜若狂。在圣诞老人村的购物商场里，各种圣诞礼物和鹿制纪念品琳琅满目，人们在这里可以尽情欣赏北极的传统手工艺术，选购自己中意的纪念品。圣诞老人村这些人性化的设计和运作，给人们留下了深刻印象和美好记忆，同时又吸引着更多游客前来旅游观光。

4. 科学管理，合理开发

圣诞老人村以圣诞老人而闻名，要办好这个旅游景点就要合理打好圣诞老人这个招

牌。为此，当地旅游部门格外重视维护圣诞老人的形象。尽管与圣诞老人合影是十分赚钱的生意，但是在整个罗瓦涅米市只有圣诞老人村允许设立圣诞老人照相业务，而且只此一家，从而确立了圣诞老人的正宗地位。由于近几年圣诞老人村的影响越来越大，圣诞老人村的经营开始冲破传统模式，向IT领域发展。在芬兰国家电视台的帮助下，圣诞老人电视台网站开始成立，人们通过电视网络可以更多地了解圣诞文化。为了扩大对外影响，圣诞节期间圣诞老人村里还举办圣诞艺术节，人们在这里可以欣赏到各种圣诞音乐及民俗舞蹈。随着信息技术的发展，圣诞老人村正在进入新的发展时期。

圣诞老人村是大胆创新的成功范例，而它的生命力正是在于它开发了丰富的文化内涵，并辅以科学的管理和人性化的服务。

圣诞老人村的文化产业案例是一个多面体成功的典型，有许多方面值得我们学习借鉴。其一，它采取"搭便车"的战略，善于利用全世界具有最强文化亲和力的品牌"圣诞老人"，将之转化为自身的核心产品品牌。其二，它将品牌内涵具体化为系列产品，特别是营造与圣诞节相关的文化氛围和体验氛围。其三，结合圣诞老人品牌，该城市全面开发及拓展与圣诞老人和圣诞节文化有关的产业链，特别是面向西方世界儿童和世界各地游客的文化旅游产业链。此外，它通过提供各种细致周到的服务，保持圣诞老人村品牌的亲和力和持续吸引力。其四，它也提示人们，利用亲和力强的历史文化资源和具有知名度和忠诚度的品牌进行产业嫁接，可以取得很好的效果。

圣诞老人村成为综合利用本地自然资源、历史文化资源并与创意结合的典范。传说中的圣诞老人的历史文化资源、冬雪飘飘的自然资源和圣诞老人与儿童见面打造体验活动的创意相结合，开辟了一个崭新的圣诞文化旅游的新亮点。它为我国各地利用自然资源与历史文化资源，打造新的文化旅游资源，发展特色文化产业提供了重要的借鉴。

参考文献

[1] 约翰·霍金斯. 创意经济：如何点石成金[M]. 洪庆福，等，译. 上海：上海三联书店，2006.

[2] 陈放，武力. 创意学[M]. 北京：金城出版社，2001.

[3] 张鲁君. 文化创意与策划[M]. 福州：福建人民出版社，2014.

[4] 赵晶媛. 文化产业管理[M]. 北京：清华大学出版社，2013.

[5] 胡智锋. 中国影视文化创意产业发展创新研究[M]. 北京：中国传媒大学出版社，2014.

[6] 胡惠林. 文化产业与管理[M]. 天津：南开大学出版社，2007.

[7] 胡惠林. 中国文化产业发展战略论[M]. 上海：上海人民出版社，2012.

[8] 杨东篱. 文化市场营销学[M]. 福州：福建人民出版社，2014.

[9] 罗立彬. 文化市场营销学[M]. 北京：高等教育出版社，2013.

[10] 王永章，李冬文.国际文化产业典型案例选编[M]. 北京：北京出版社，2008.

[11] 王大勇. 电影营销实务[M]. 北京：中国民主法制出版社，2011.

[12] 丁培卫，王育济. 广告创意与文案策划[M]. 福州：福建人民出版社，2012.

[13] 陈海娟，郎会成. 娱乐业营销[M]. 北京：企业管理出版社，2000.

[14] 李思屈. 文化产业概论[M]. 杭州：浙江大学出版社，2004.

[15] 严三九. 文化产业创意与策划[M]. 上海：复旦大学出版社，2008.

[16] 陈少峰，等. 中国文化旅游产业报告2015[M]. 北京：华文出版社，2015.

[17] 何鸿. 艺术品市场管理与研究[M]. 杭州：中国美术学院出版社，2011.

[18] 张晓明. 中国文化产业发展报告(2015—2016)[M]. 北京：科学文献出版社，2016.

[19] 唐任伍. 文化产业创意与策划[M]. 北京：北京师范大学出版社，2014.

[20] 宫承波，要力石. 出版策划[M]. 北京：中国广播电视出版社，2007.

[21] 派恩，吉尔摩. 体验经济[M]. 夏来良，鲁炜，译. 北京：机械工业出版社，2002.

[22] 许传宏. 会展策划[M]. 上海：复旦大学出版社，2010.

[23] 高小康. 文化产业创意与策划[M]. 南京：南京大学出版社，2014.

[24] 哈罗德·L. 沃格尔. 娱乐产业经济学[M]. 支庭荣，等，译. 8版. 北京：中国人民大学出版社，2013.

[25] 张岱年，万克立. 中国文化概论[M]. 北京：北京师范大学出版社，2014.